Art: Sumire Kowono

Sowohl Disney als auch Yana Toboso haben Werke geschaffen, die in meinem Leben einen festen Platz einnehmen und mich nicht mehr loslassen. Deshalb fühle ich mich sehr geehrt, dass ich die Möglichkeit habe, den Manga für die Episode of Heartslabyul zu zeichnen. Ich wünsche euch viel Spaß damit.

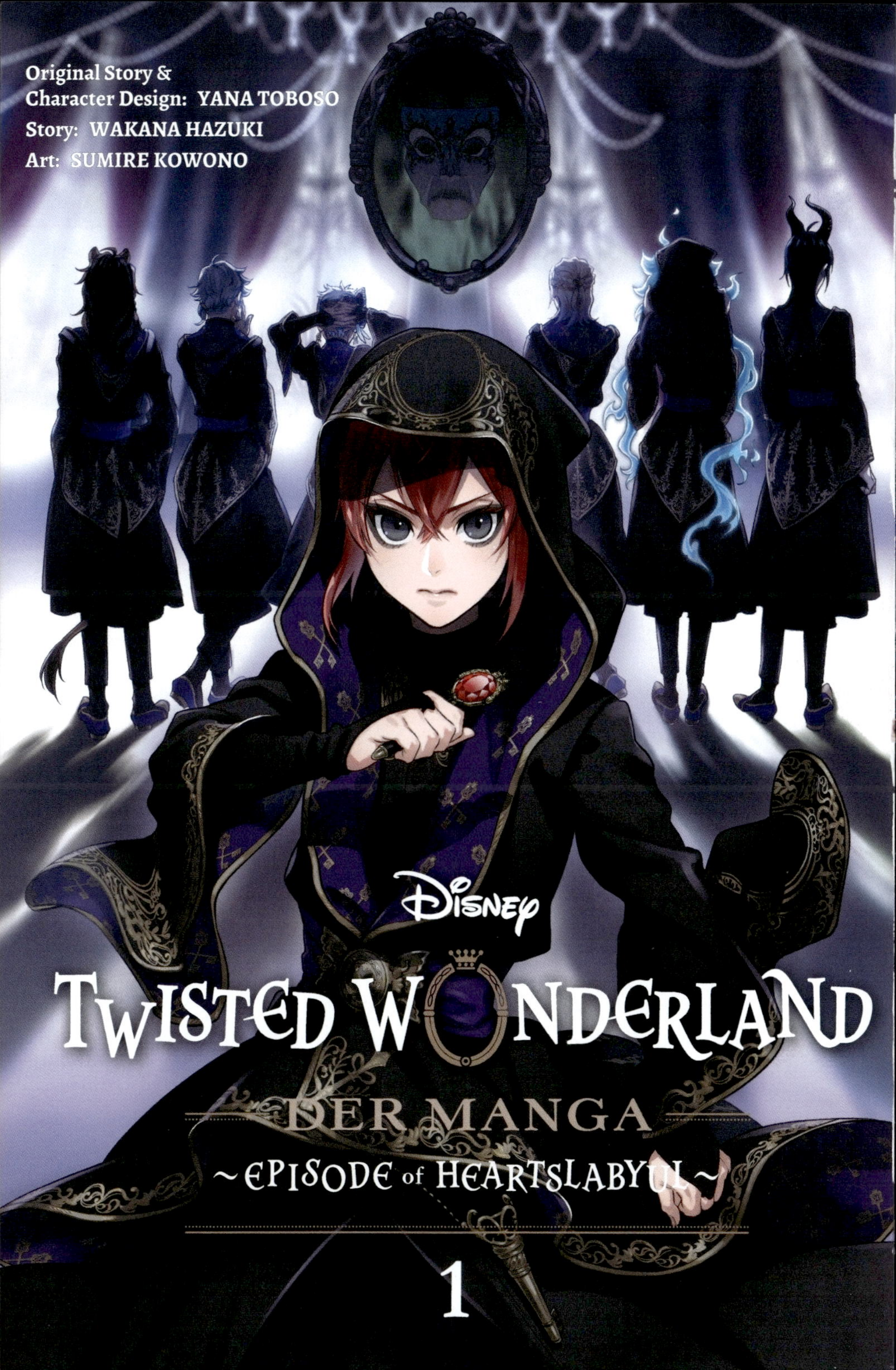
Original Story & Character Design: YANA TOBOSO
Story: WAKANA HAZUKI
Art: SUMIRE KOWONO
Disney
TWISTED WONDERLAND
DER MANGA
~EPISODE of HEARTSLABYUL~
1

Disney

Twisted Wonderland

Der Manga

~Episode of Heartslabyul~

1

Inhalt

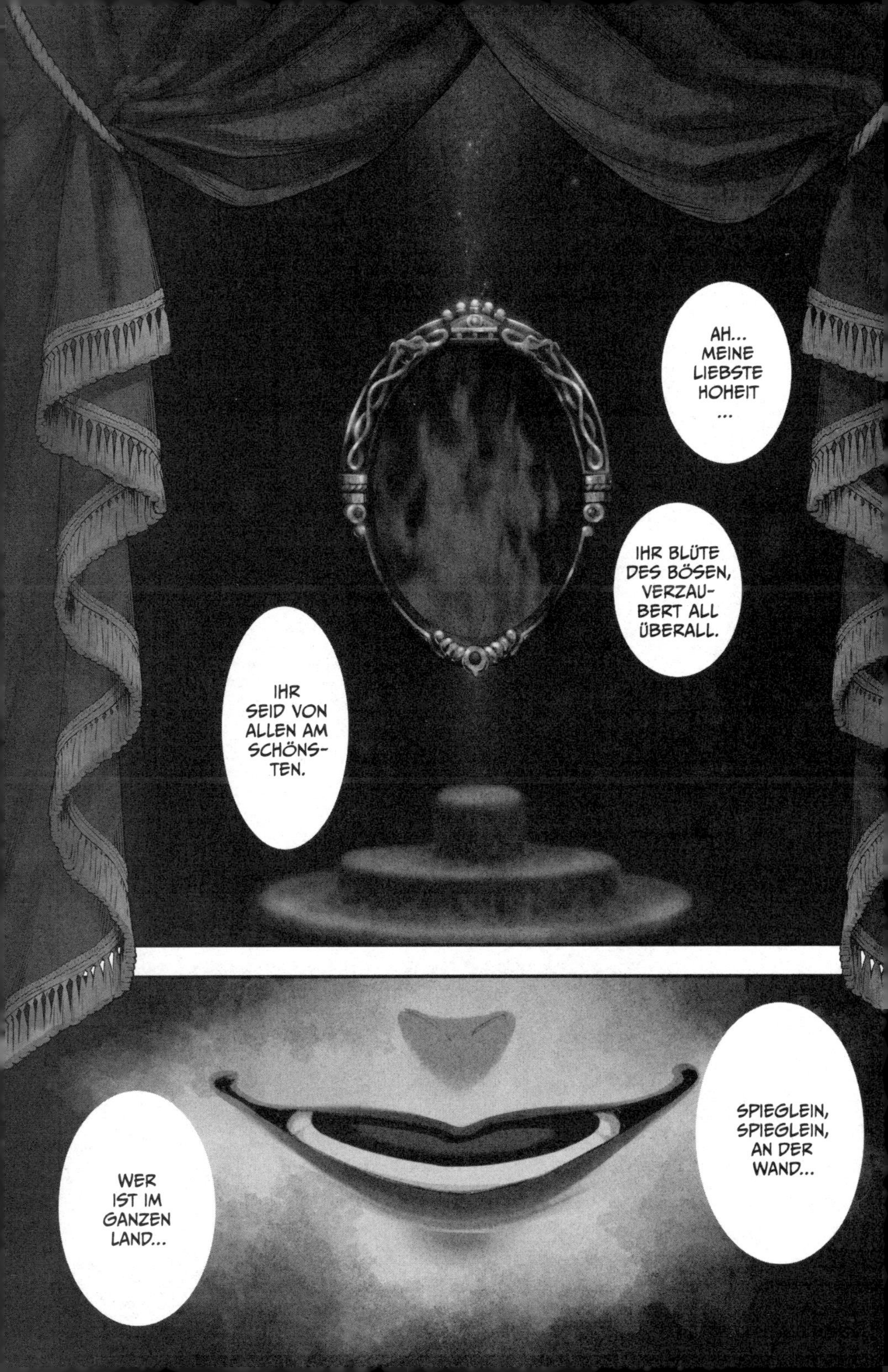
AH... MEINE LIEBSTE HOHEIT ...
IHR BLÜTE DES BÖSEN, VERZAUBERT ALL ÜBERALL.
IHR SEID VON ALLEN AM SCHÖNSTEN.
SPIEGLEIN, SPIEGLEIN, AN DER WAND...
WER IST IM GANZEN LAND...

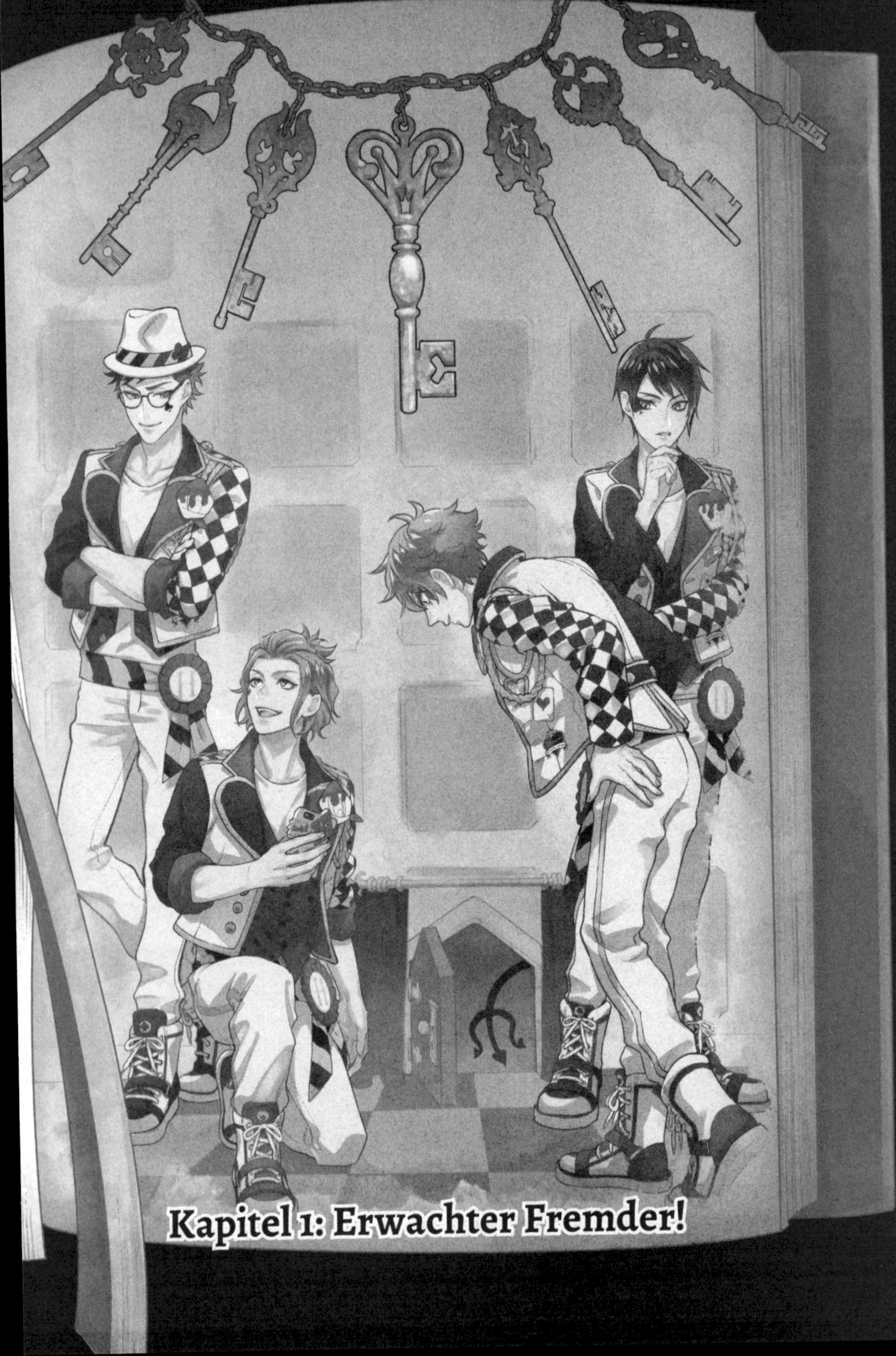

Kapitel 1: Erwachter Fremder!

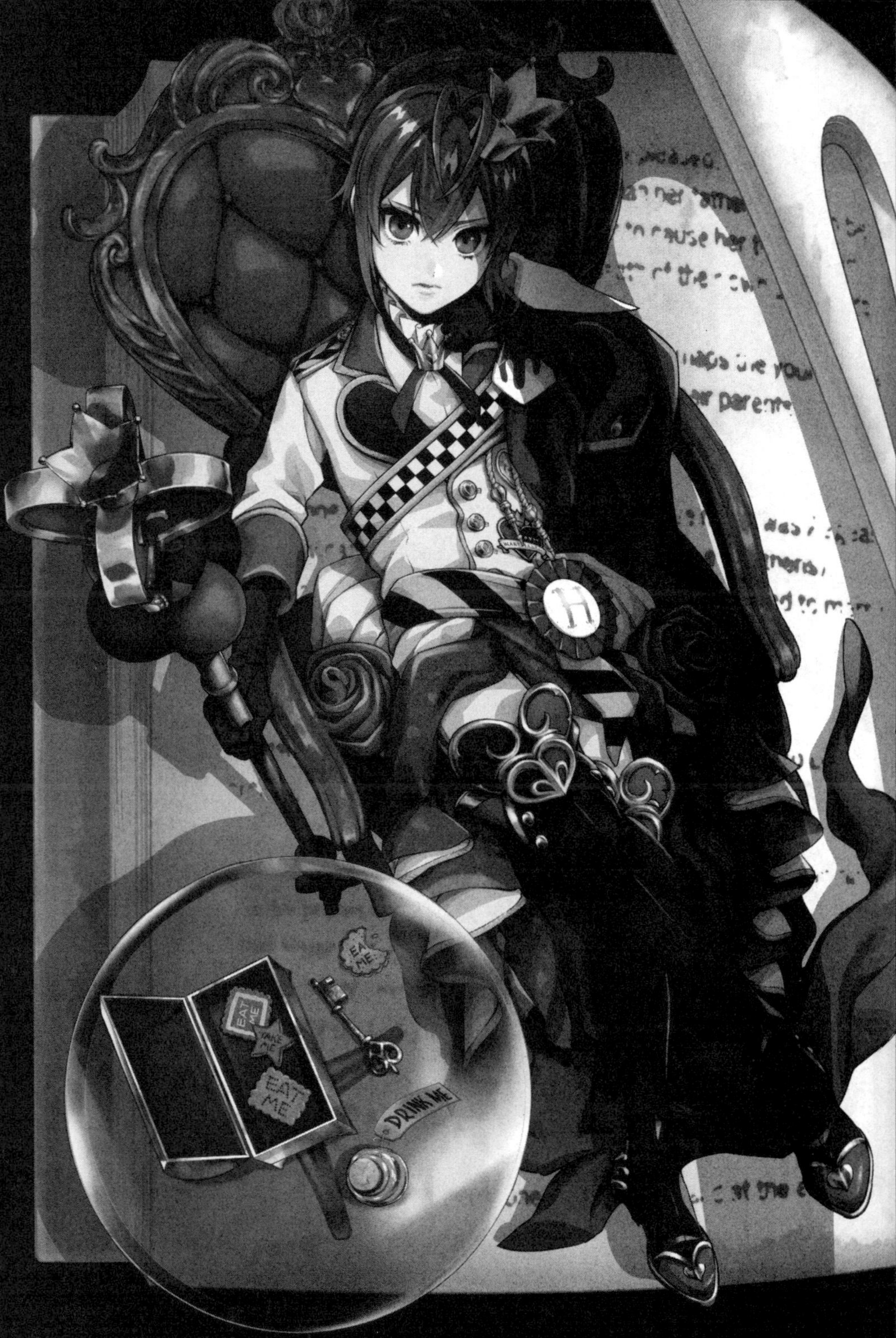
EAT ME
EAT ME
DRINK ME

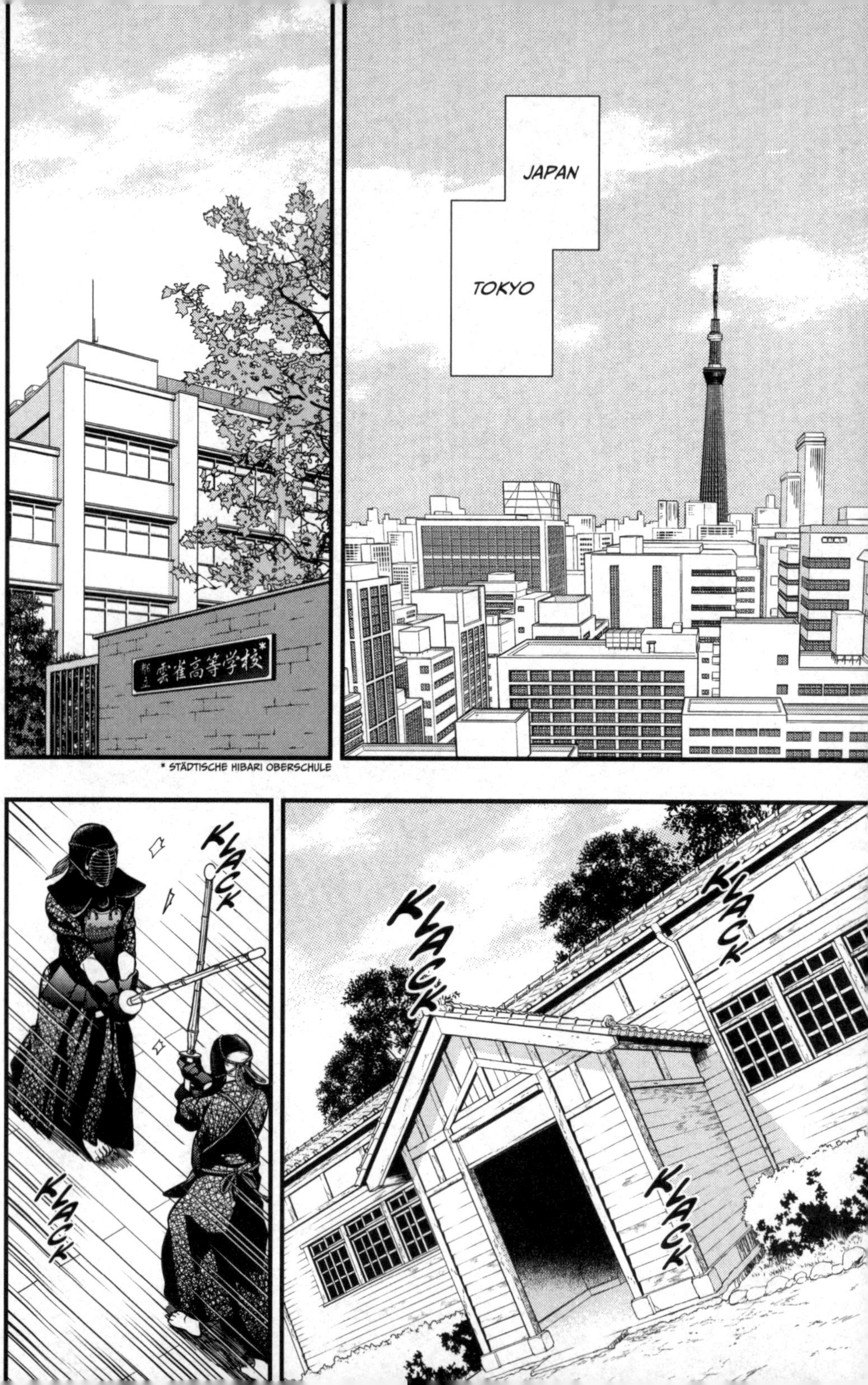
JAPAN
TOKYO
都立 雲雀高等学校*
* STÄDTISCHE HIBARI OBERSCHULE
KLACK
KLACK
KLACK
KLACK
KLACK

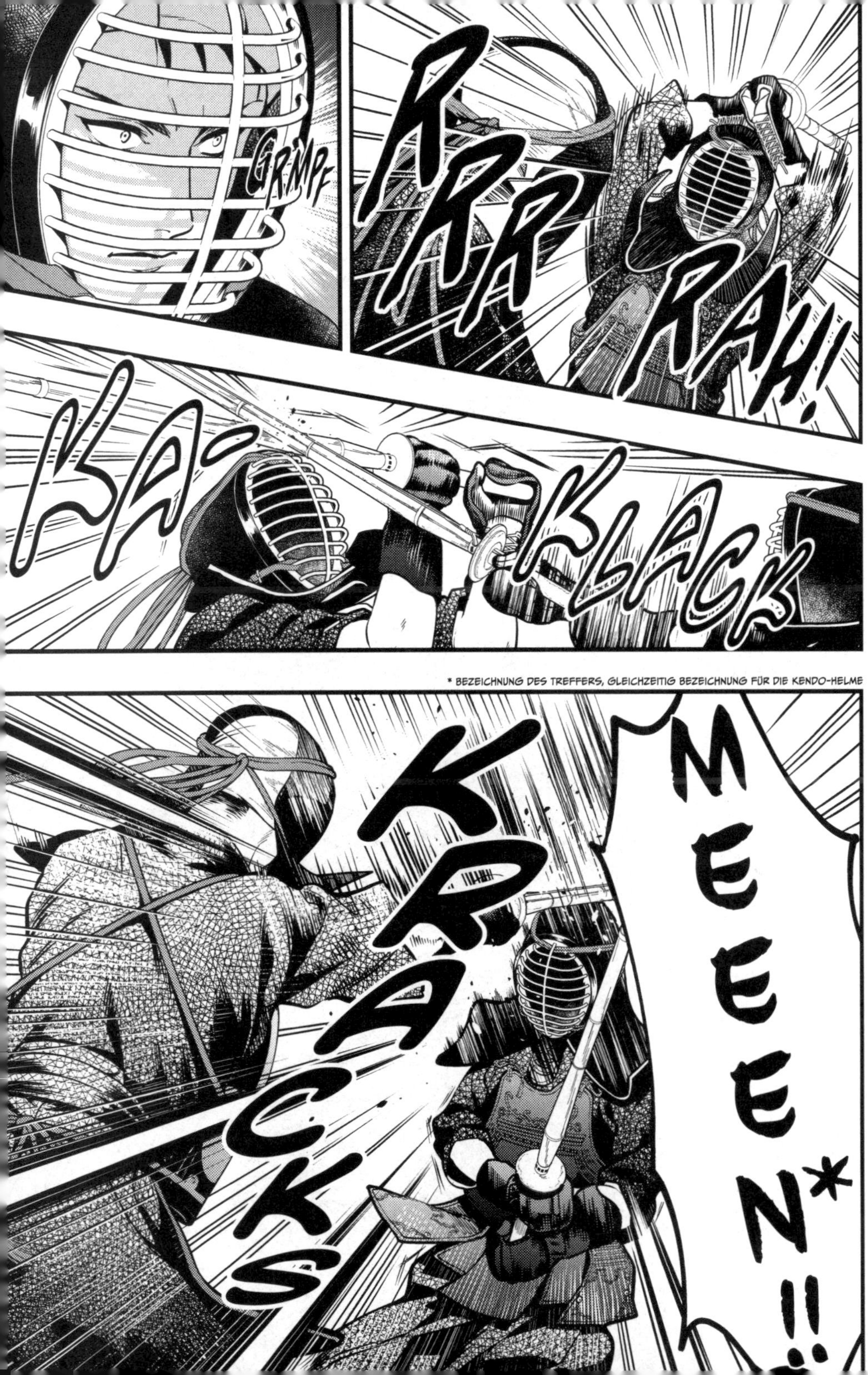
GRMPF
KRRRRAH!
KA-KLACK
KRRACKS
MEEEN*!!
* BEZEICHNUNG DES TREFFERS, GLEICHZEITIG BEZEICHNUNG FÜR DIE KENDO-HELME

* BEZEICHNUNG FÜR EINEN TREFFER, DER GEZÄHLT WIRD; AUCH »EINS« BZW. »EIN PUNKT«

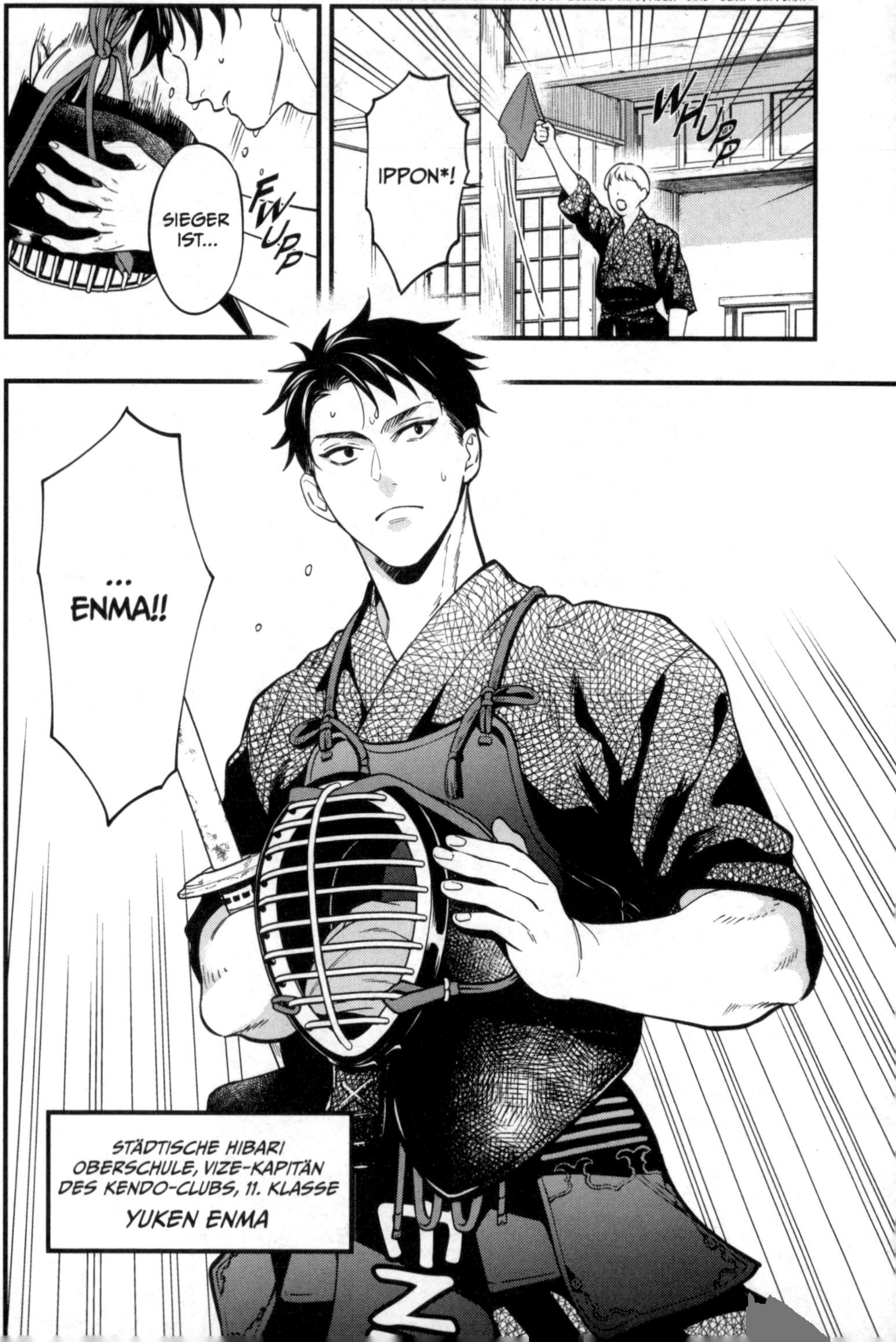

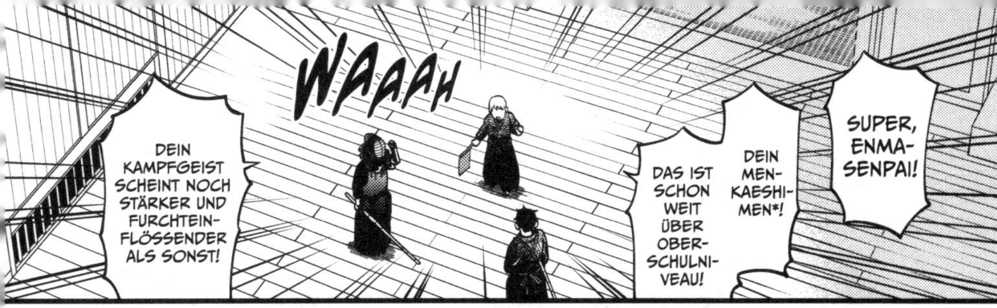

* EIN KONTERANGRIFF, BEI DER EIN KÄMPFER EINEN GEGNER DARAN HINDERT, SEINEN HELM ZU SCHLAGEN UND GLEICHZEITIG DEN GEGNERISCHEN HELM TRIFFT

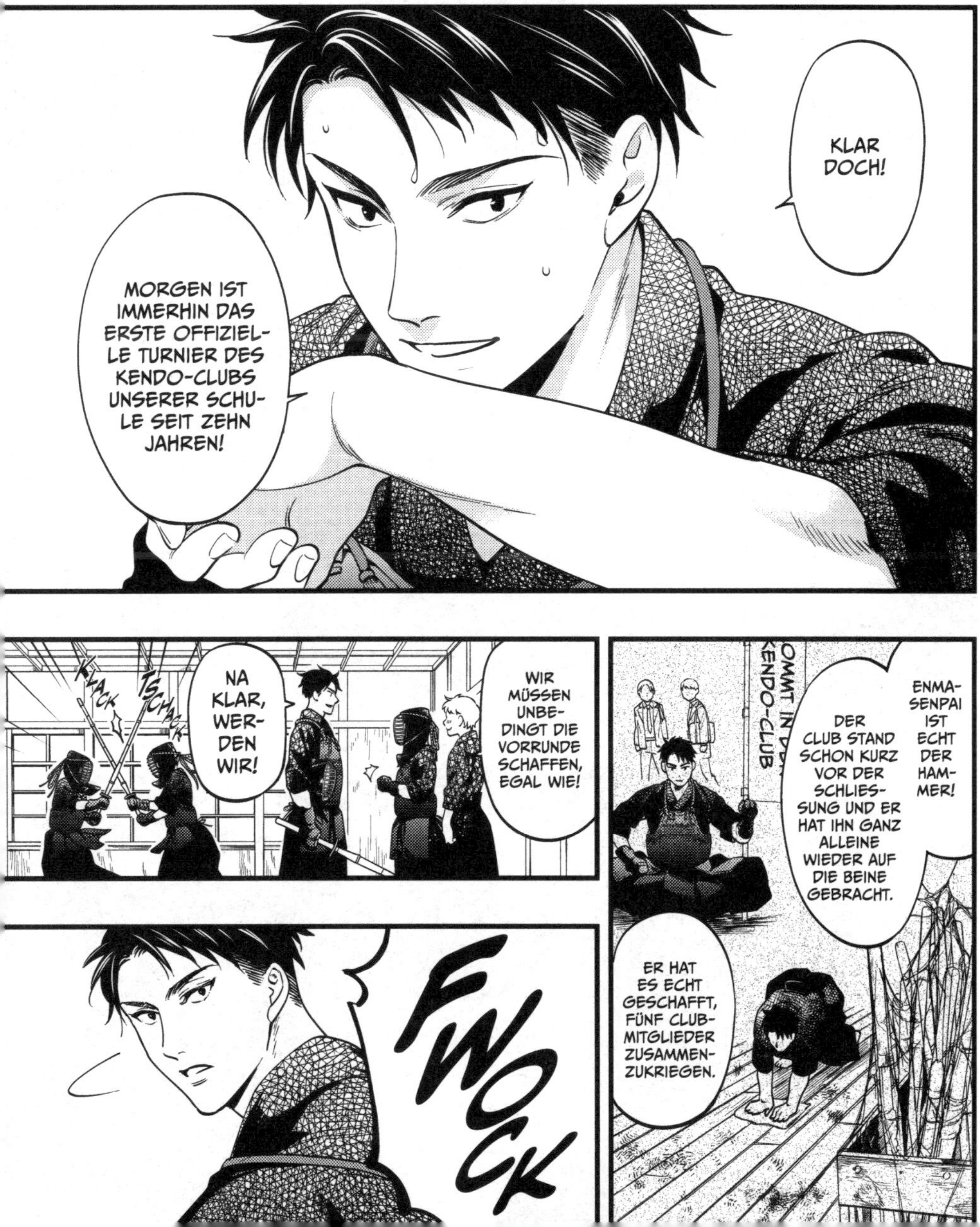

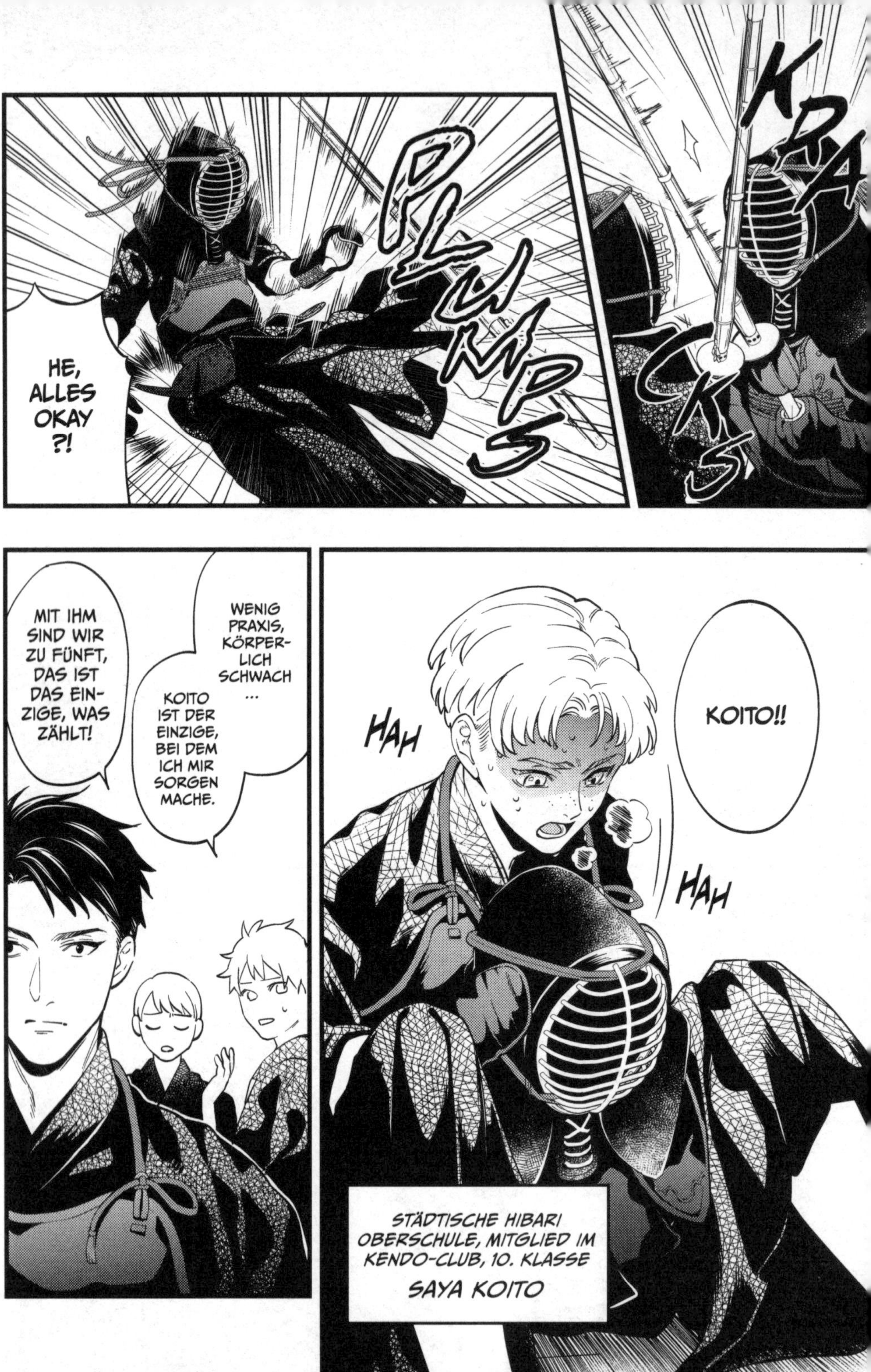
KRACKS
PLUMPS
HE, ALLES OKAY ?!
KOITO!!
HAH
HAH
STÄDTISCHE HIBARI OBERSCHULE, MITGLIED IM KENDO-CLUB, 10. KLASSE
SAYA KOITO
WENIG PRAXIS, KÖRPERLICH SCHWACH …
KOITO IST DER EINZIGE, BEI DEM ICH MIR SORGEN MACHE.
MIT IHM SIND WIR ZU FÜNFT, DAS IST DAS EINZIGE, WAS ZÄHLT!

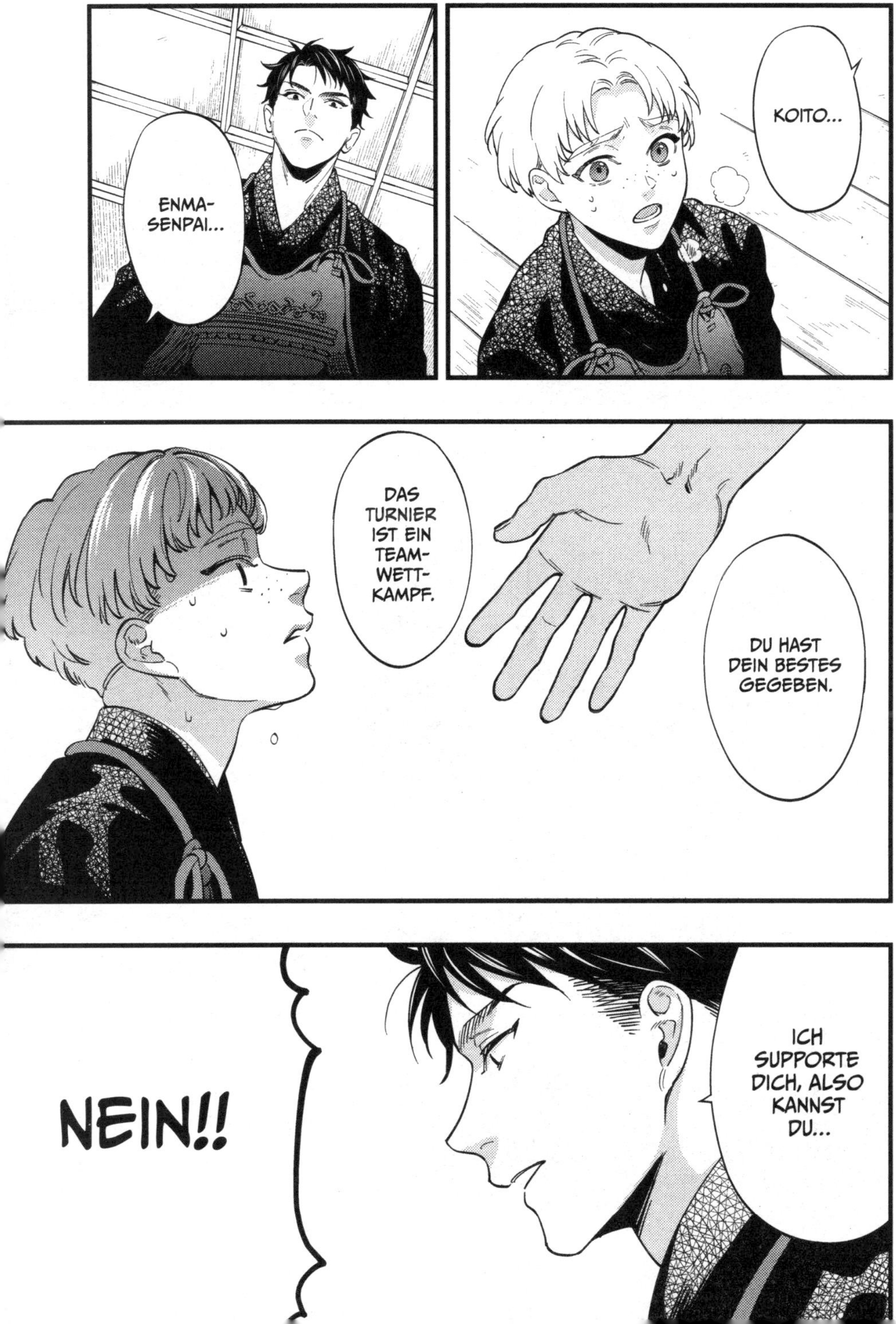
KOITO...
ENMA-SENPAI...
DU HAST DEIN BESTES GEGEBEN.
DAS TURNIER IST EIN TEAM-WETTKAMPF.
ICH SUPPORTE DICH, ALSO KANNST DU...
NEIN!!

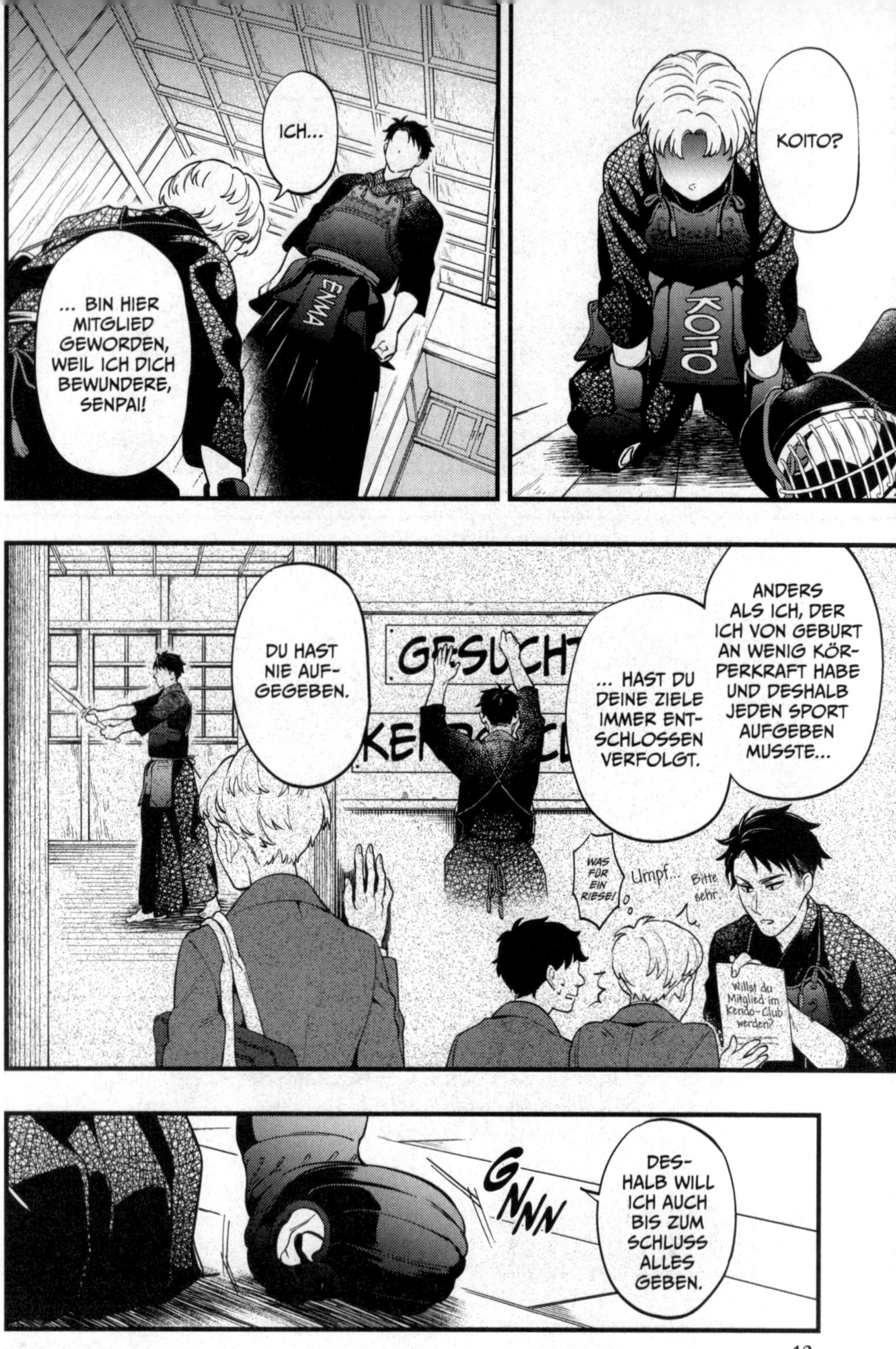
KOITO?
ICH...
... BIN HIER MITGLIED GEWORDEN, WEIL ICH DICH BEWUNDERE, SENPAI!
ANDERS ALS ICH, DER ICH VON GEBURT AN WENIG KÖR-PERKRAFT HABE UND DESHALB JEDEN SPORT AUFGEBEN MUSSTE...
... HAST DU DEINE ZIELE IMMER ENT-SCHLOSSEN VERFOLGT.
DU HAST NIE AUF-GEGEBEN.
GESUCHT
Bitte sehr.
Umpf...
WAS FÜR EIN RIESE!
Willst du Mitglied im Kendo-Club werden?
GNNN
DES-HALB WILL ICH AUCH BIS ZUM SCHLUSS ALLES GEBEN.

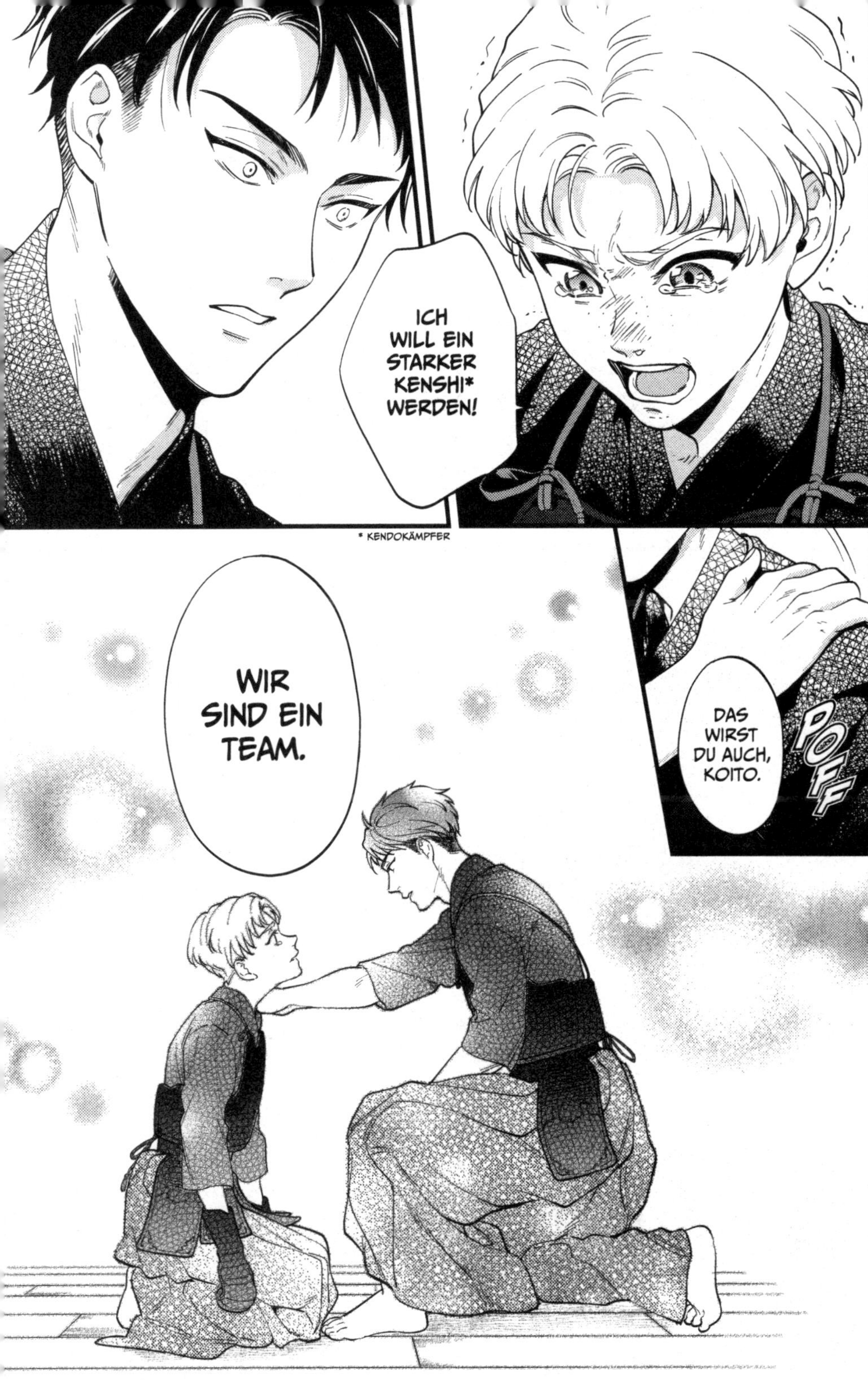
ICH WILL EIN STARKER KENSHI* WERDEN!
* KENDOKÄMPFER
POFF
DAS WIRST DU AUCH, KOITO.
WIR SIND EIN TEAM.

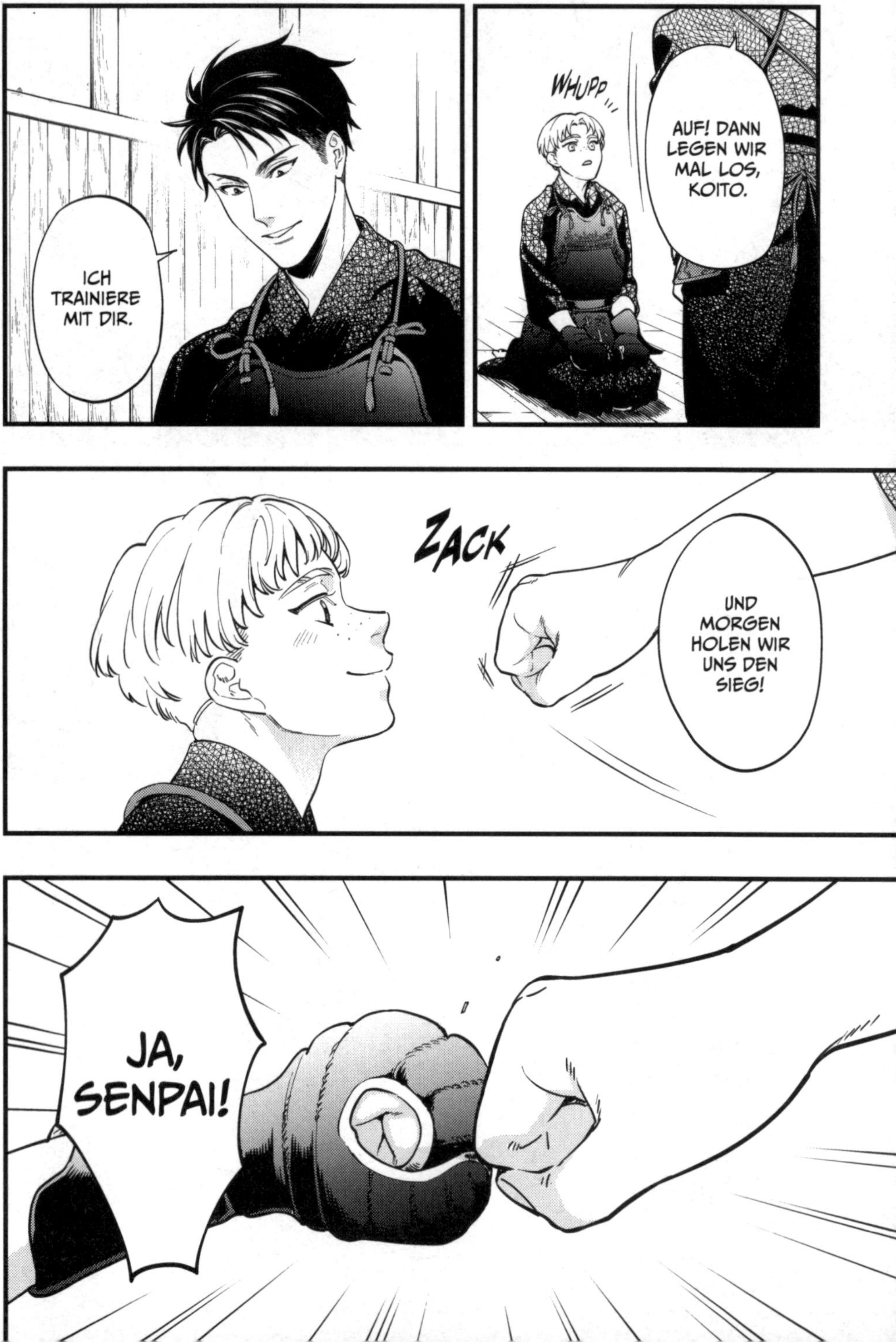
AUF! DANN LEGEN WIR MAL LOS, KOITO.
WHUPP
ICH TRAINIERE MIT DIR.
ZACK
UND MORGEN HOLEN WIR UNS DEN SIEG!
JA, SENPAI!

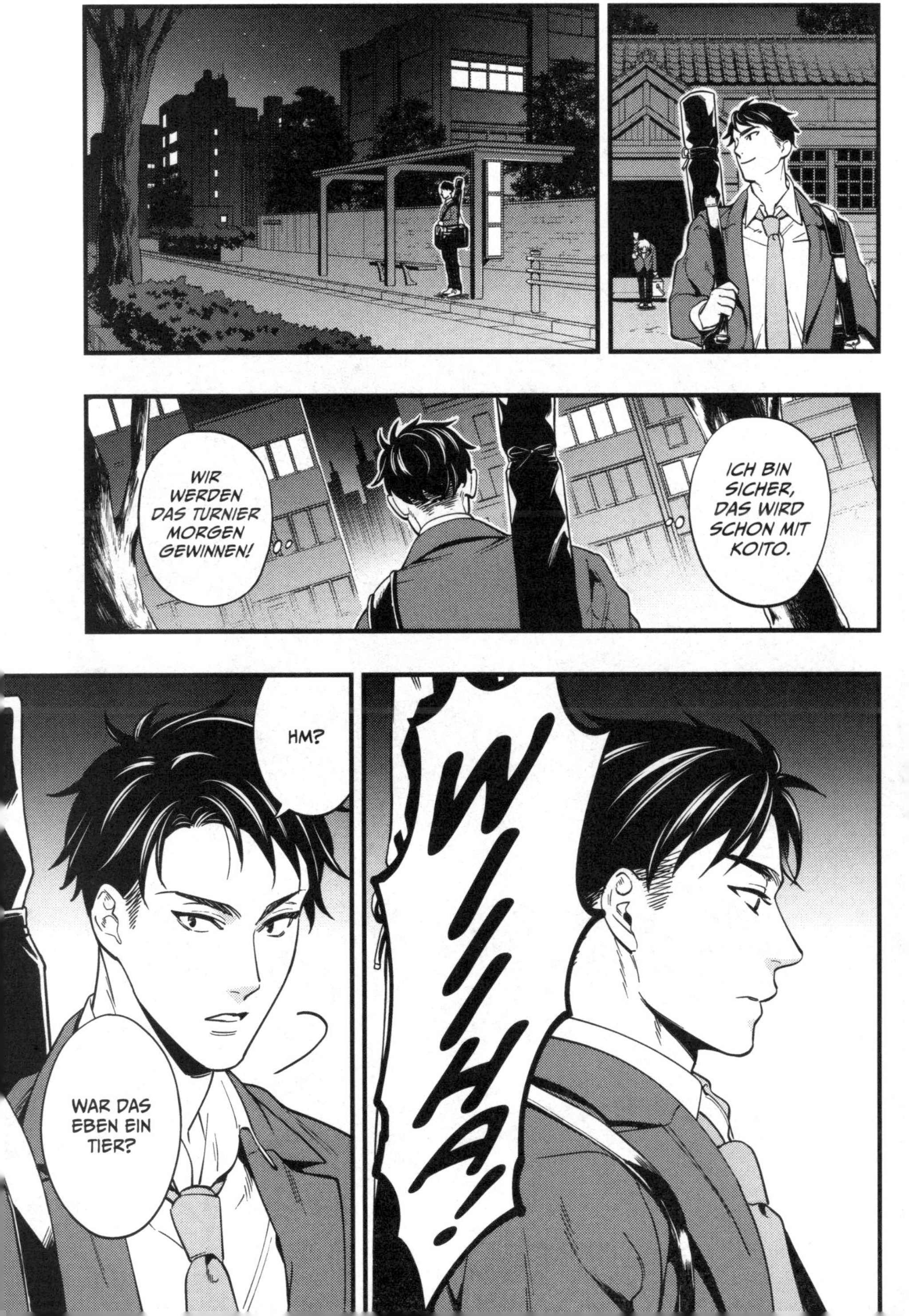
ICH BIN SICHER, DAS WIRD SCHON MIT KOITO.
WIR WERDEN DAS TURNIER MORGEN GEWINNEN!
WHAM!
HM?
WAR DAS EBEN EIN TIER?

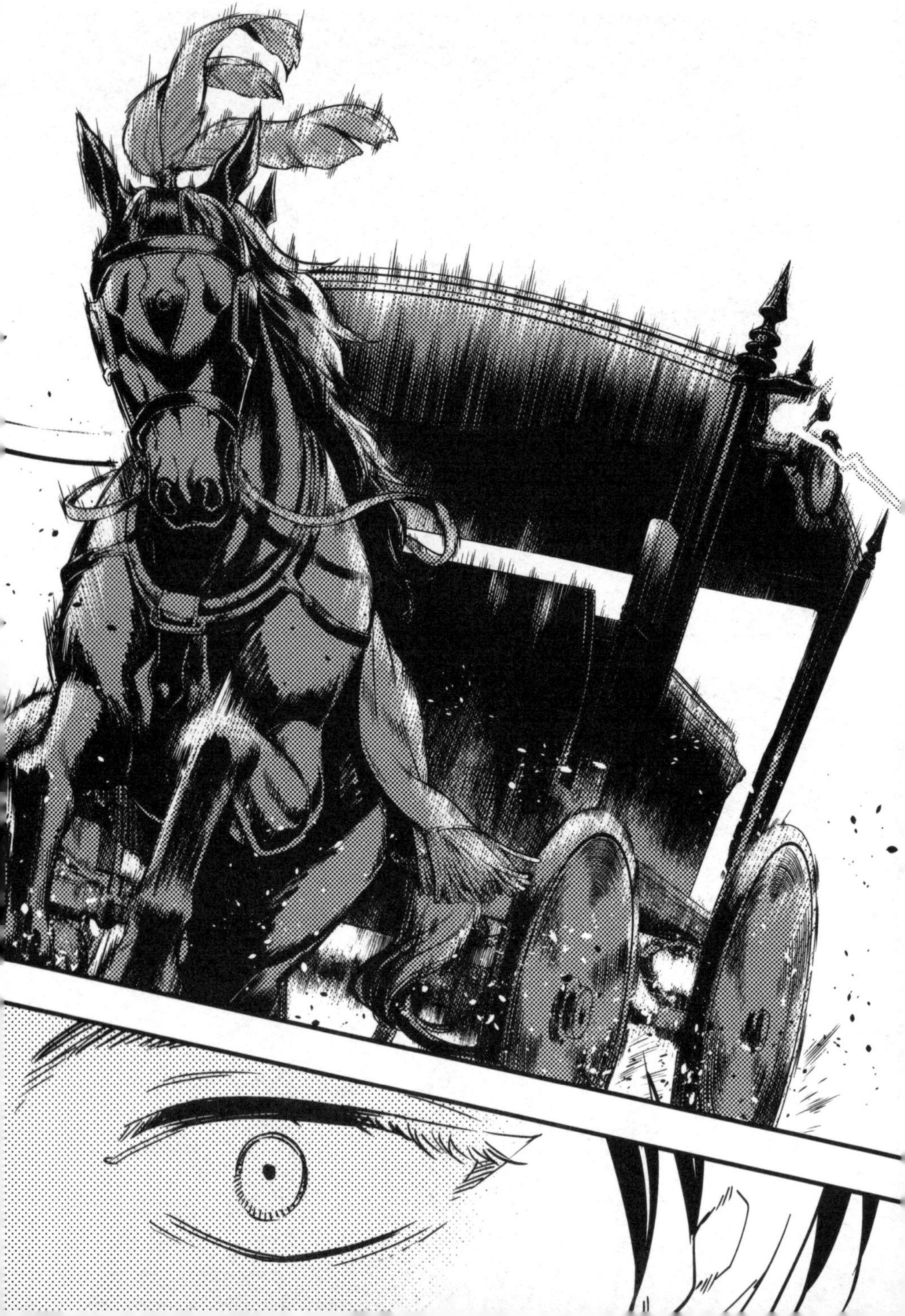

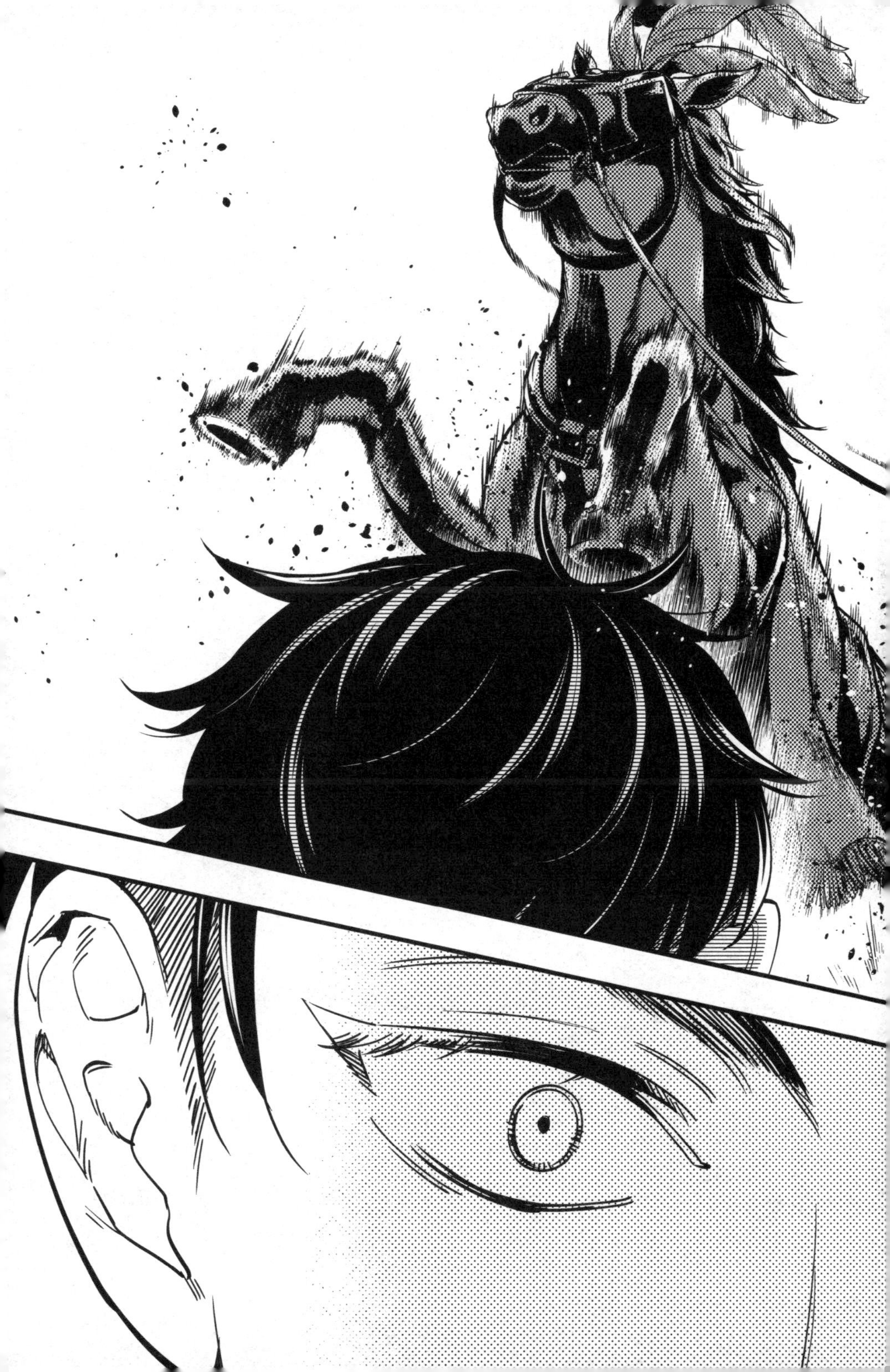

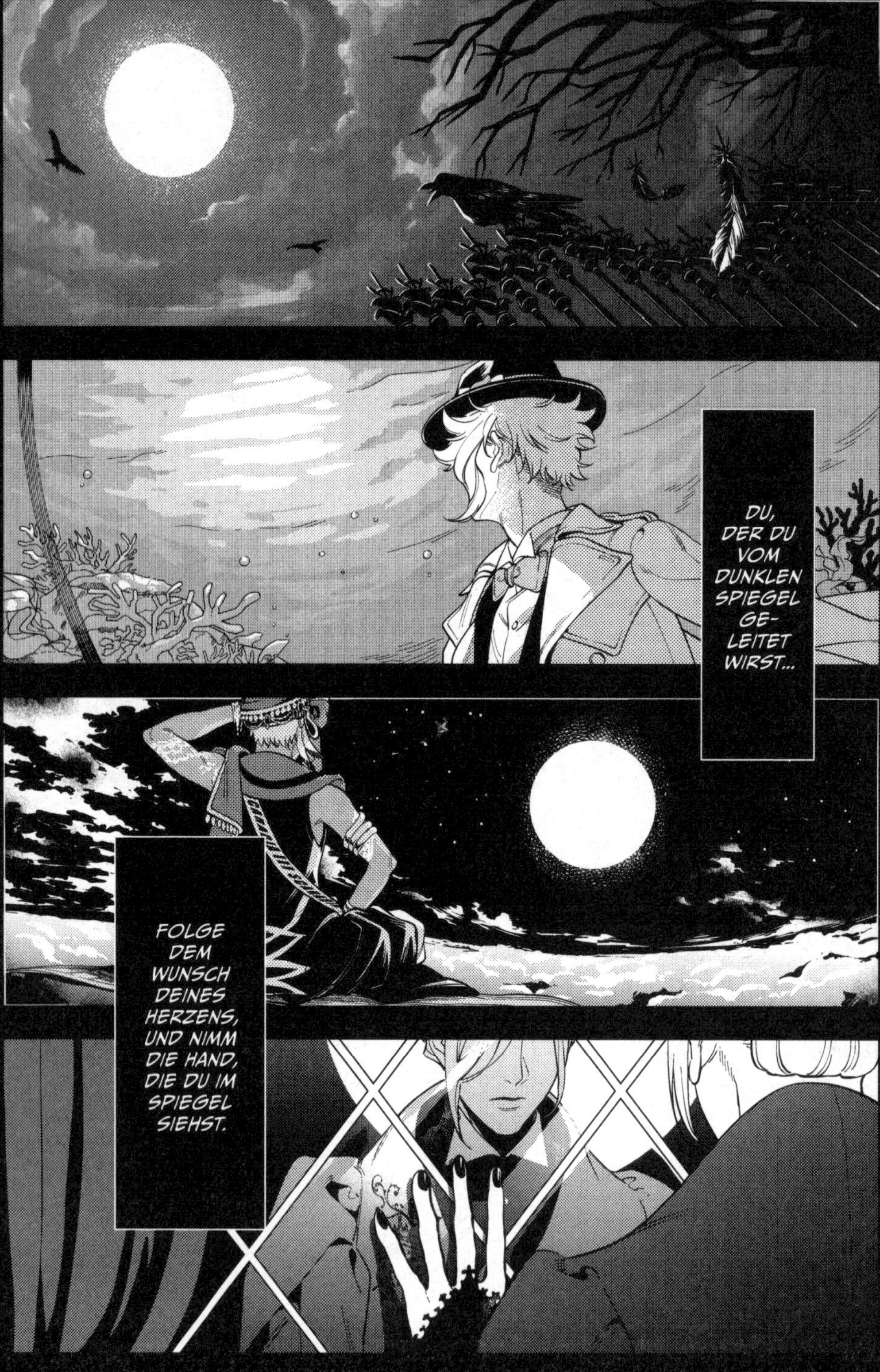
DU, DER DU VOM DUNKLEN SPIEGEL GE- LEITET WIRST...
FOLGE DEM WUNSCH DEINES HERZENS, UND NIMM DIE HAND, DIE DU IM SPIEGEL SIEHST.

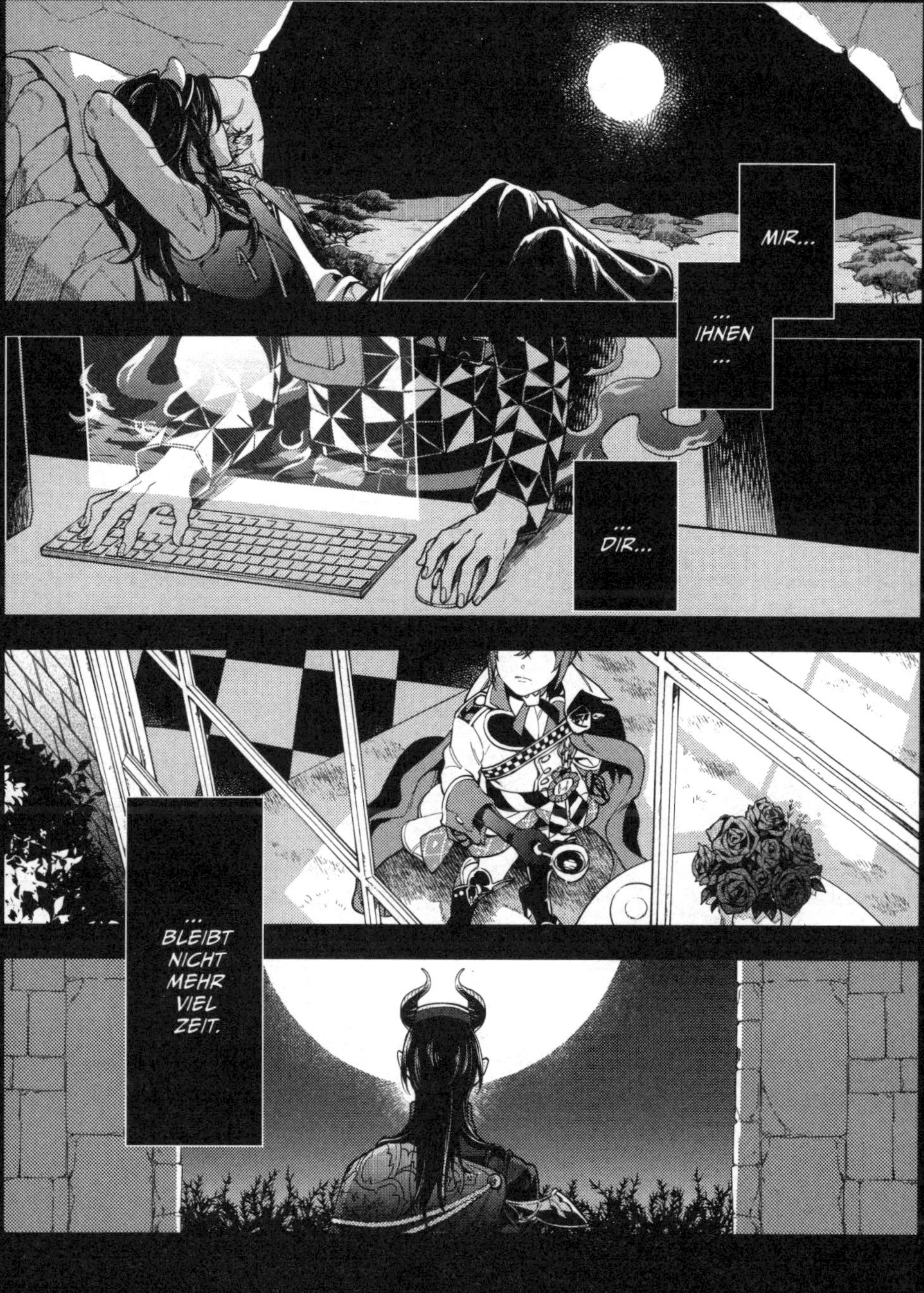

LASS DIESE HAND NIE MEHR LOS...

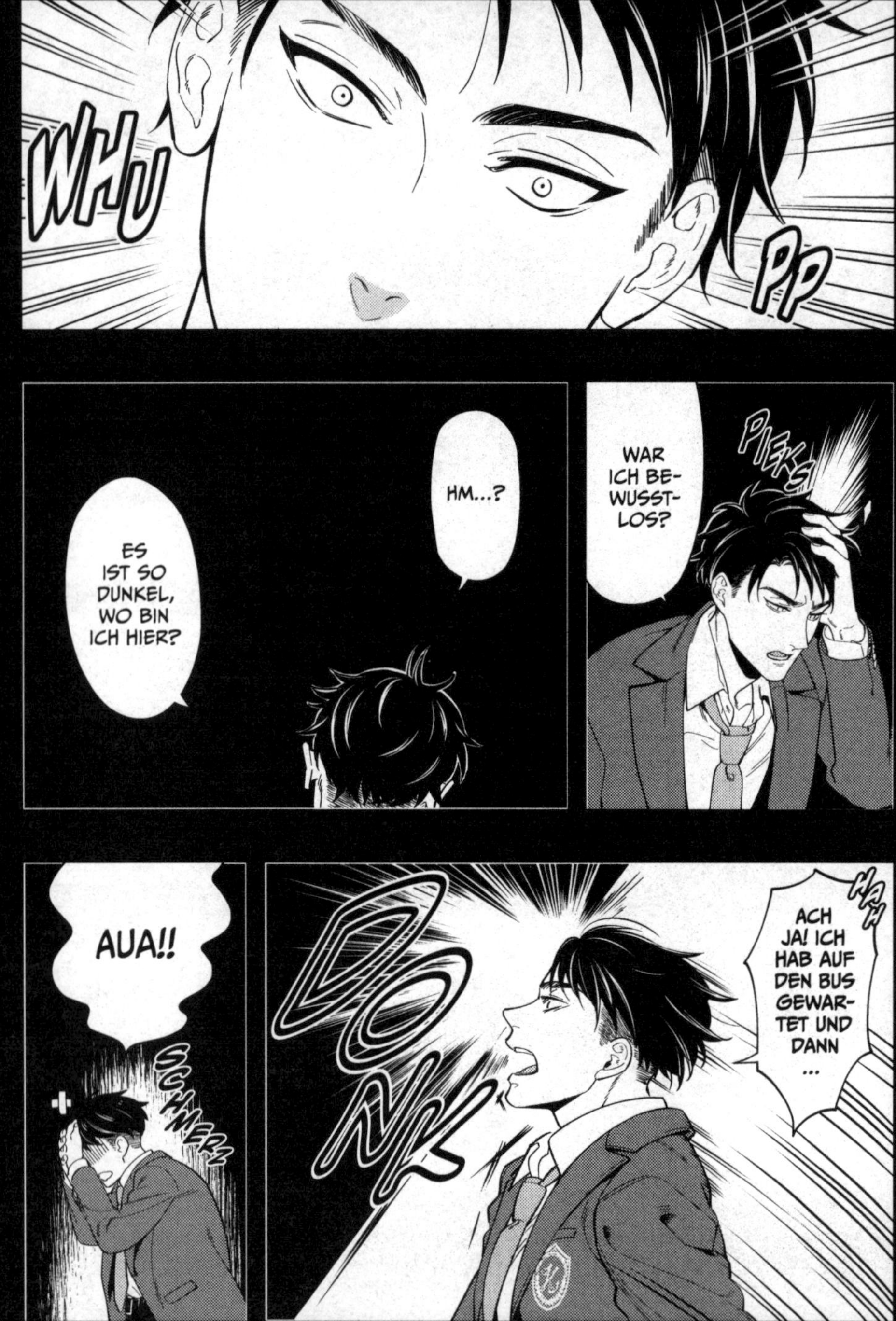
WHUPP
PIEKS
WAR ICH BE-WUSSTLOS?
HM...?
ES IST SO DUNKEL, WO BIN ICH HIER?
HAH
ACH JA! ICH HAB AUF DEN BUS GEWAR-TET UND DANN ...
DONK
AUA!!
SCHMERZ

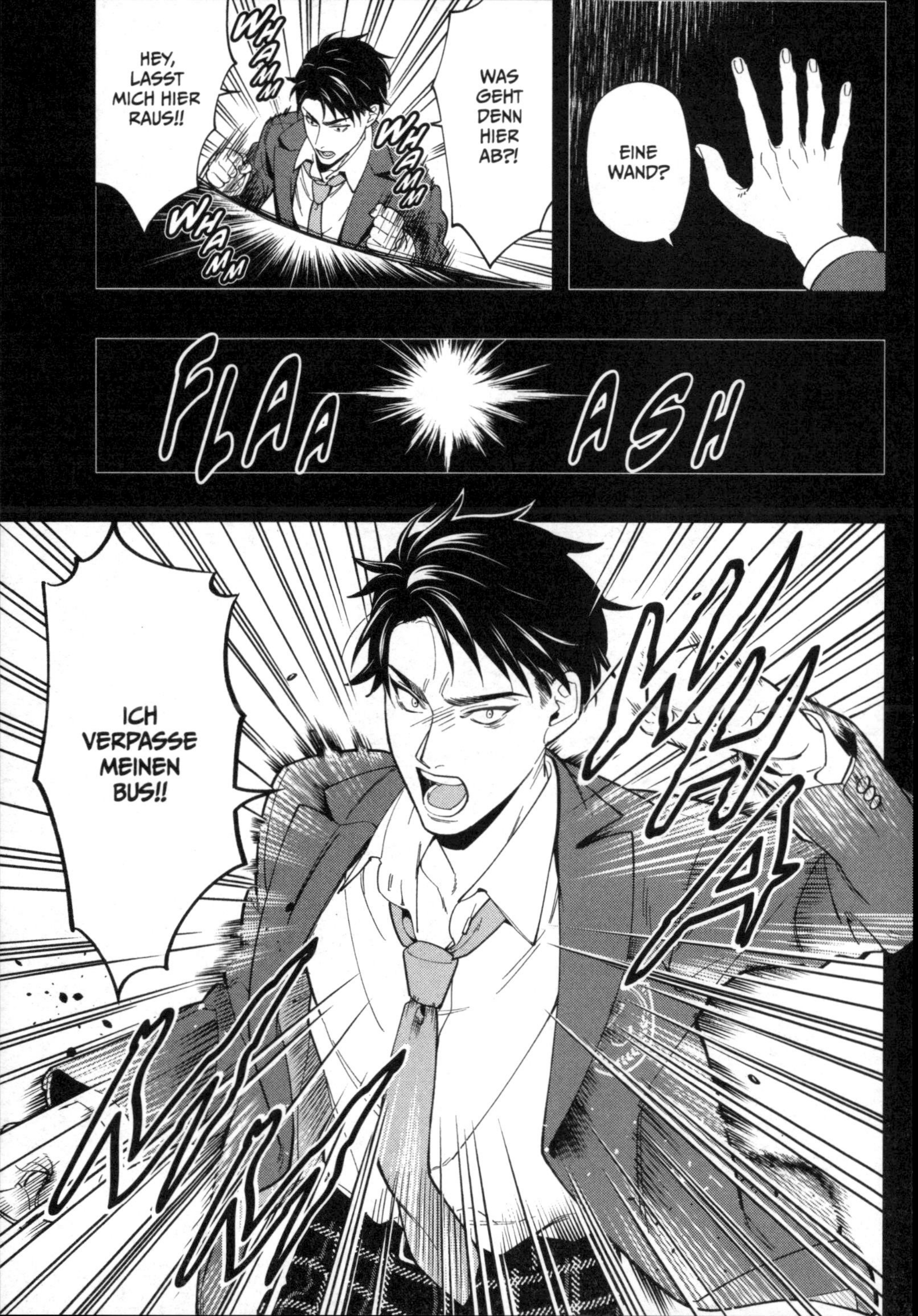
EINE WAND?
WAS GEHT DENN HIER AB?!
WHAMM
WHAMM
WHAMM
HEY, LASST MICH HIER RAUS!!
FLAAA ASH
ICH VERPASSE MEINEN BUS!!

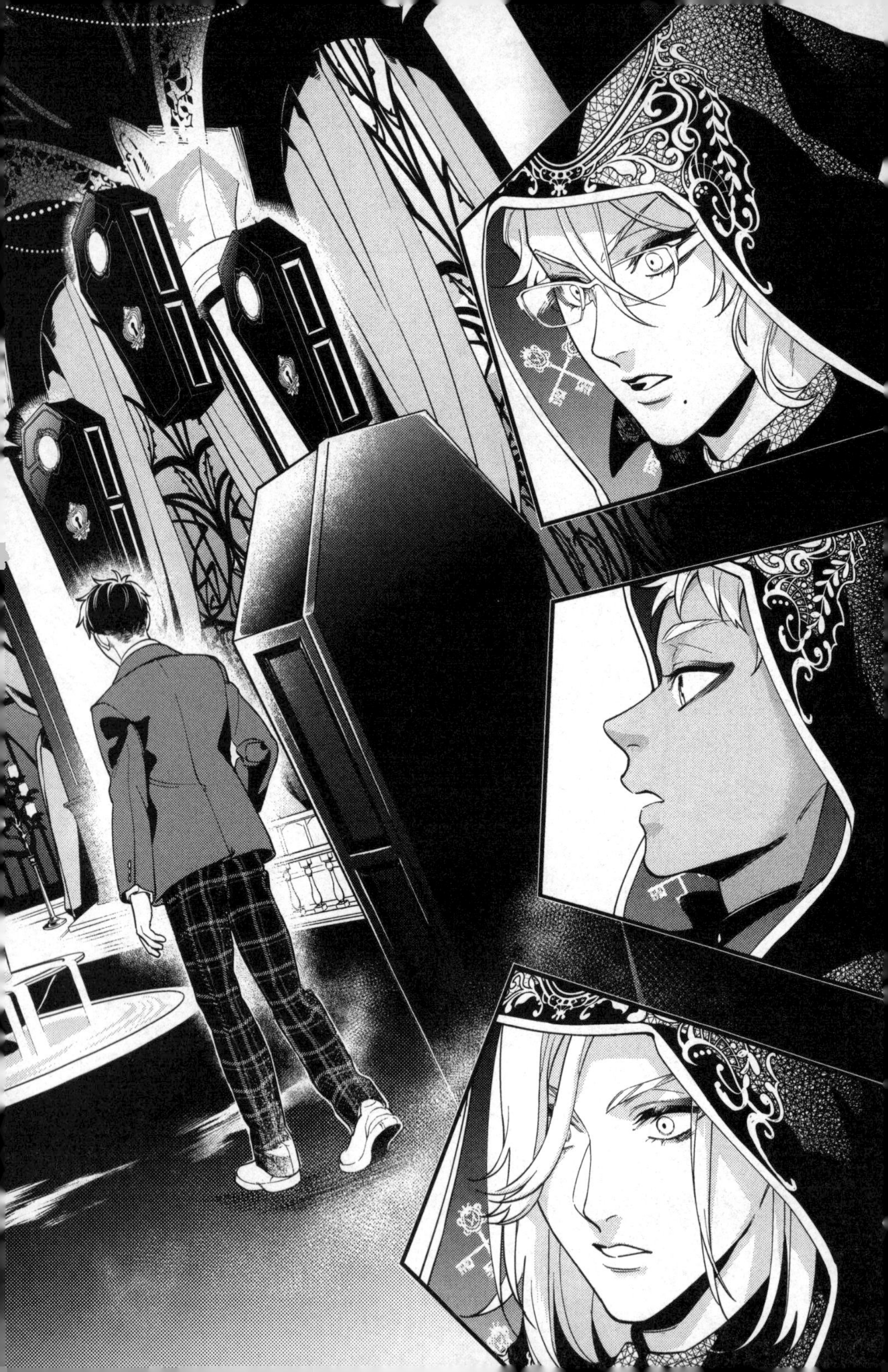

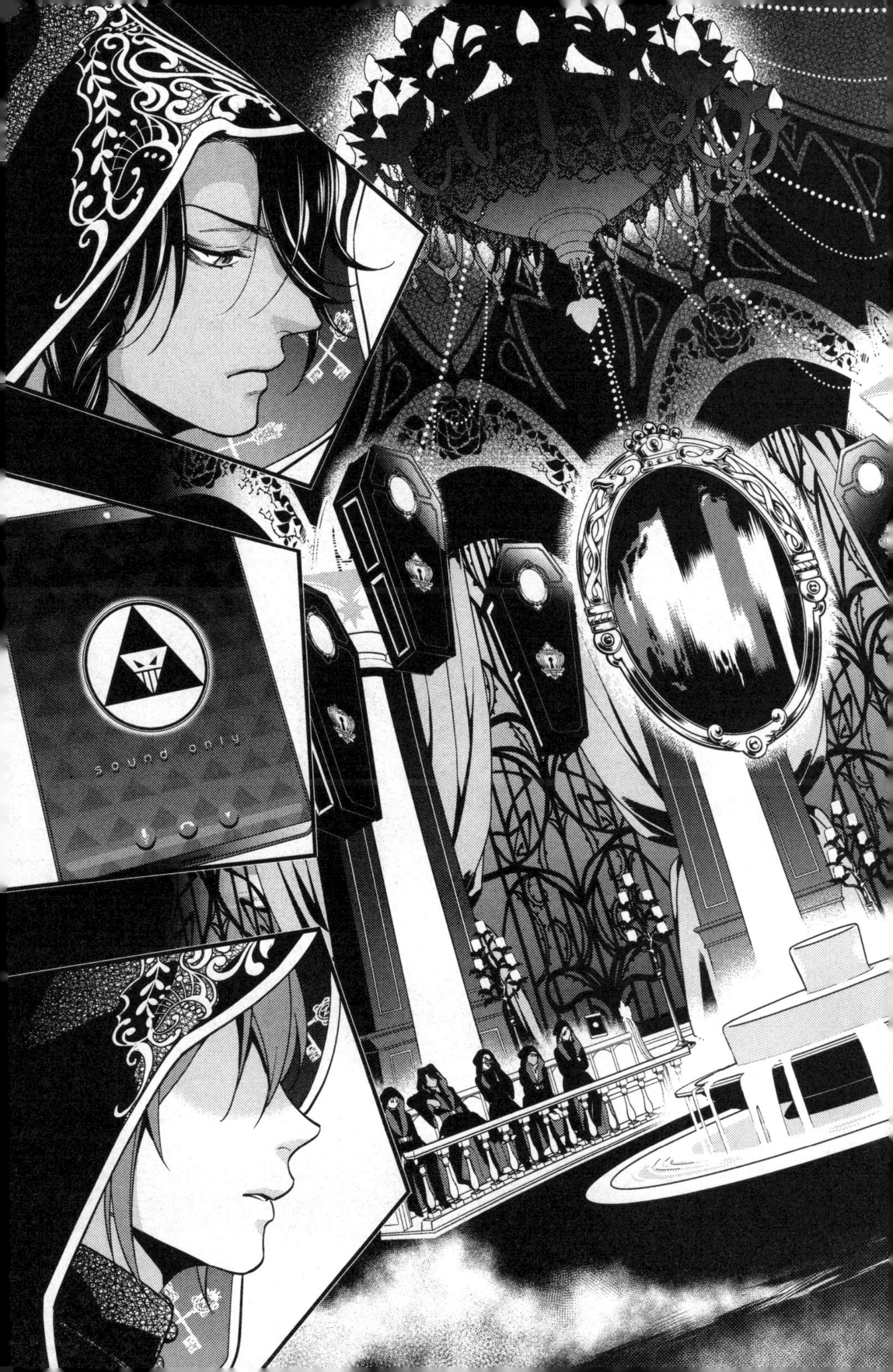
sound only

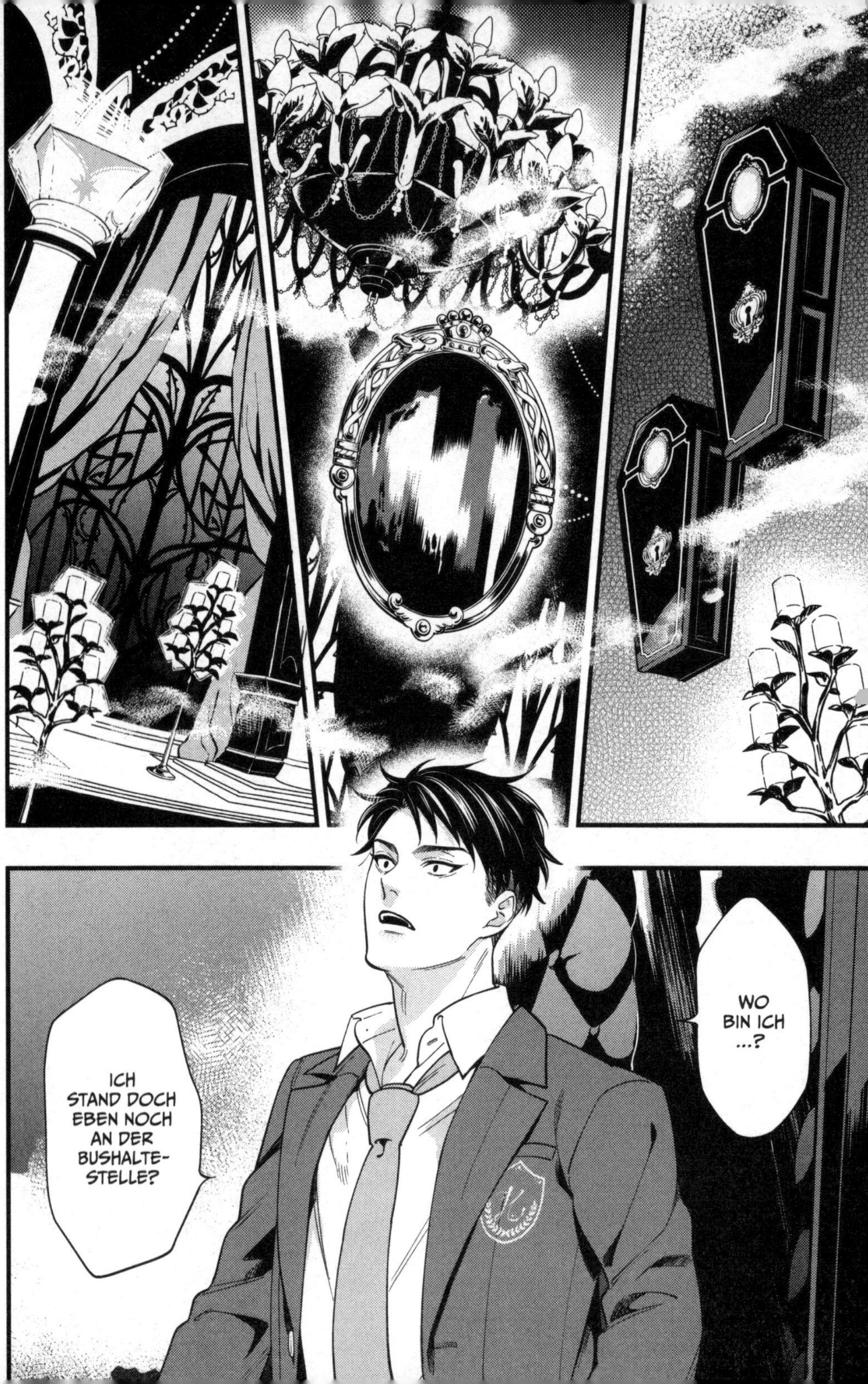
WO BIN ICH ...?
ICH STAND DOCH EBEN NOCH AN DER BUSHALTE-STELLE?

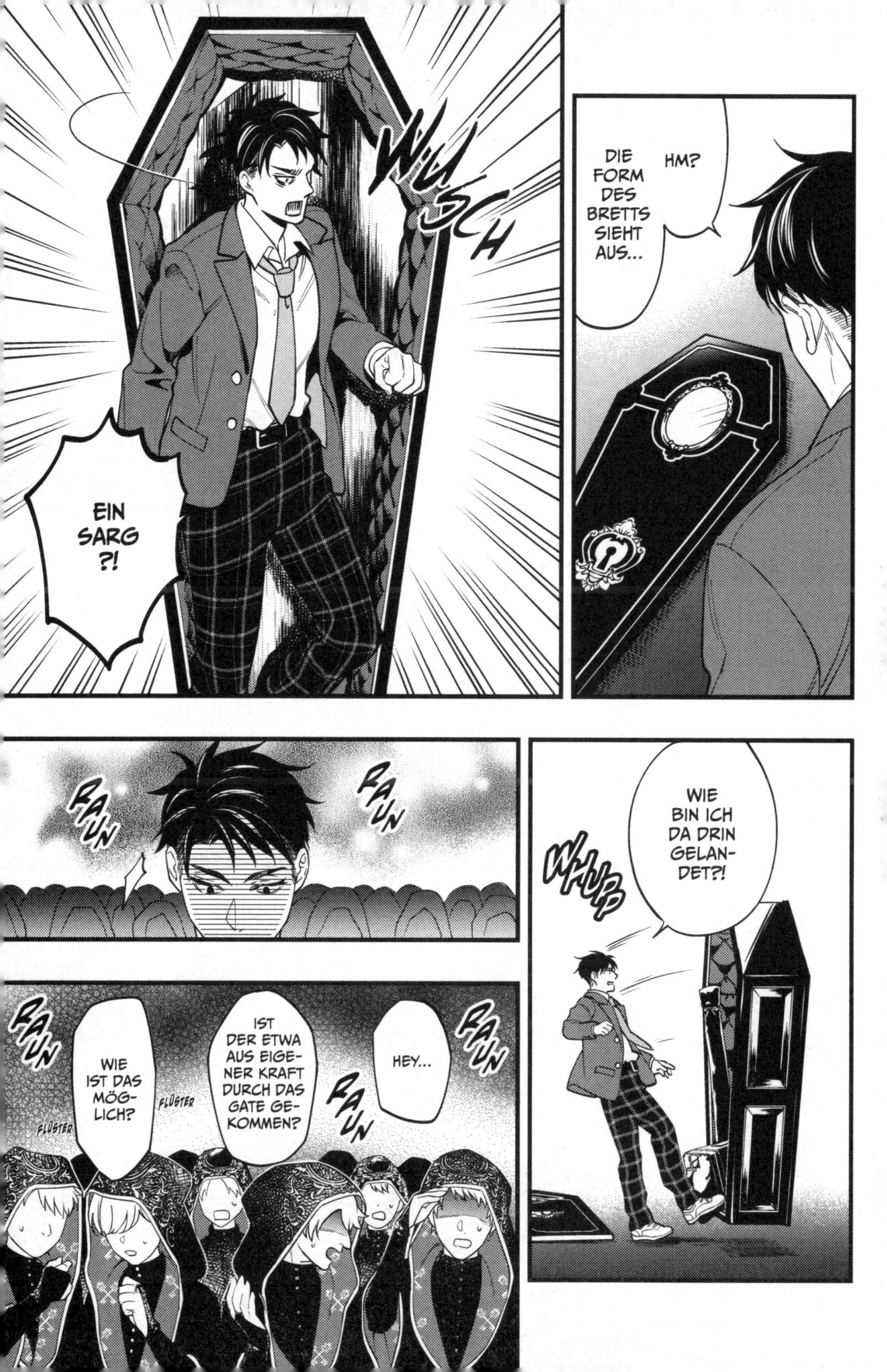
HM?
DIE FORM DES BRETTS SIEHT AUS...
WUSCH
EIN SARG?!
WHUPP
WIE BIN ICH DA DRIN GELANDET?!
RAUN
RAUN
RAUN
HEY...
RAUN
IST DER ETWA AUS EIGENER KRAFT DURCH DAS GATE GEKOMMEN?
FLÜSTER
WIE IST DAS MÖGLICH?
FLÜSTER
RAUN

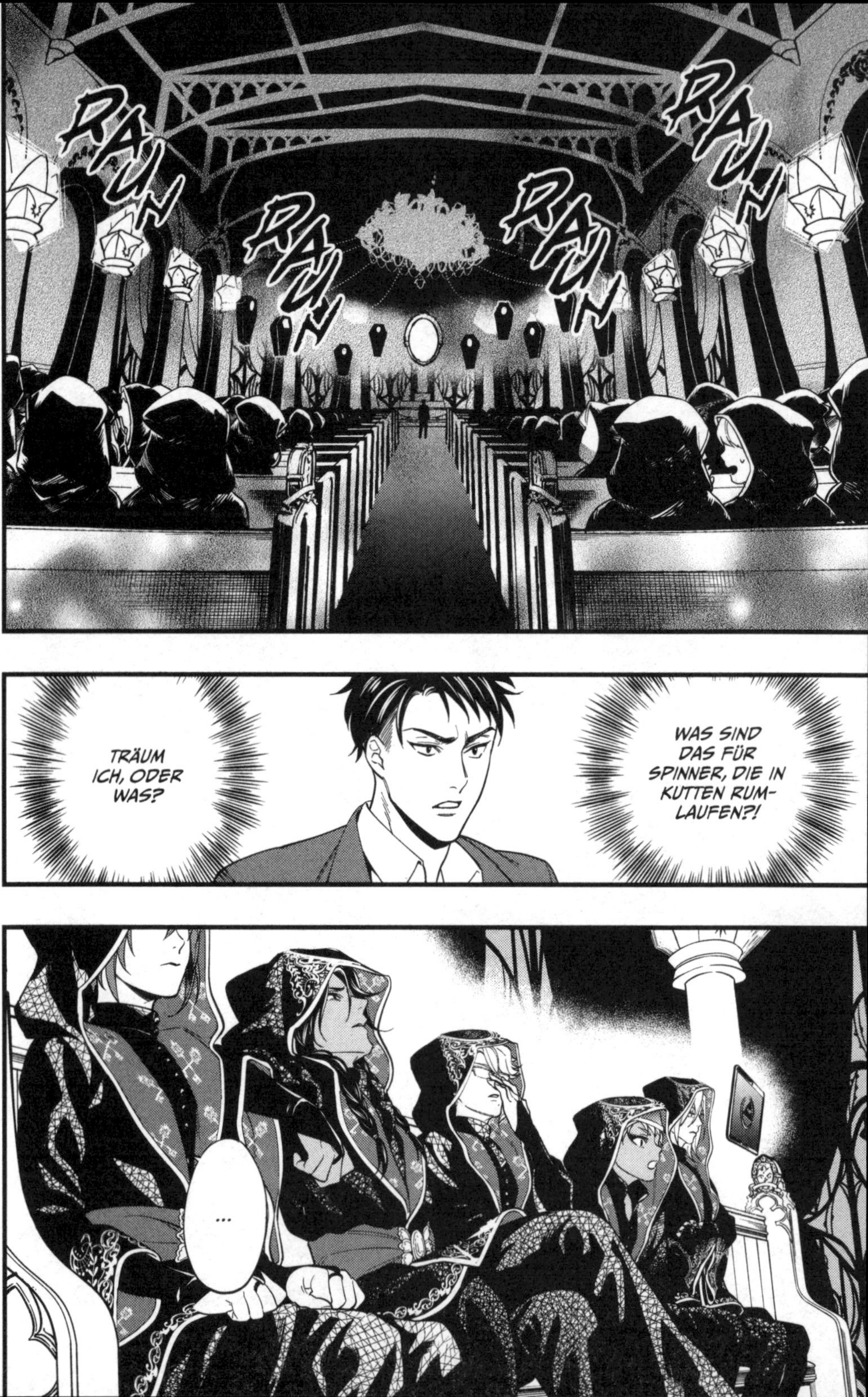
RAUH
RAUH
RAUH
RAUH
WAS SIND DAS FÜR SPINNER, DIE IN KUTTEN RUM-LAUFEN?!
TRÄUM ICH, ODER WAS?
...

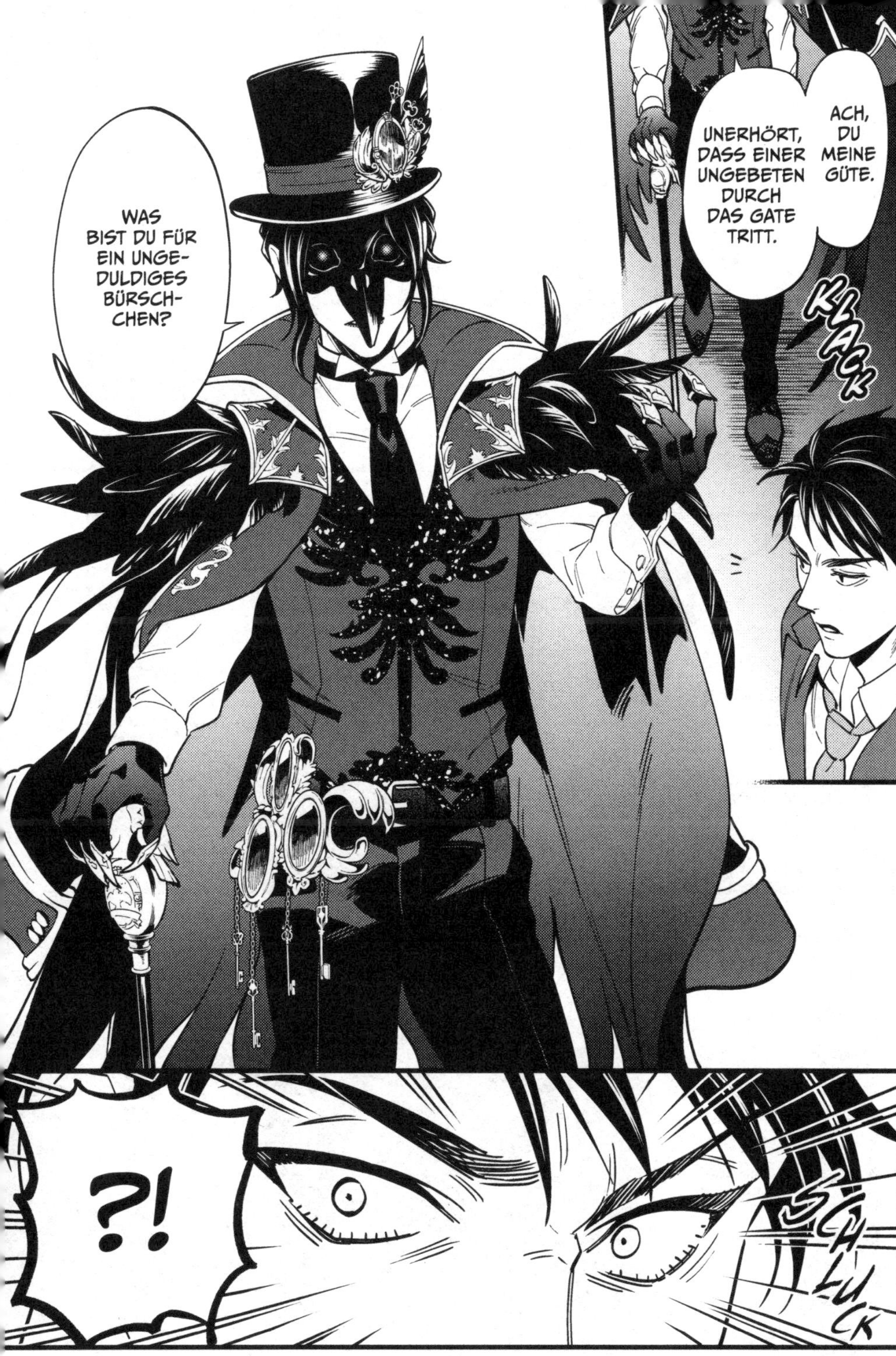

ACH, DU MEINE GÜTE.
UNERHÖRT, DASS EINER UNGEBETEN DURCH DAS GATE TRITT.
KLACK
WAS BIST DU FÜR EIN UNGE-DULDIGES BÜRSCH-CHEN?
SCHLUCK
?!

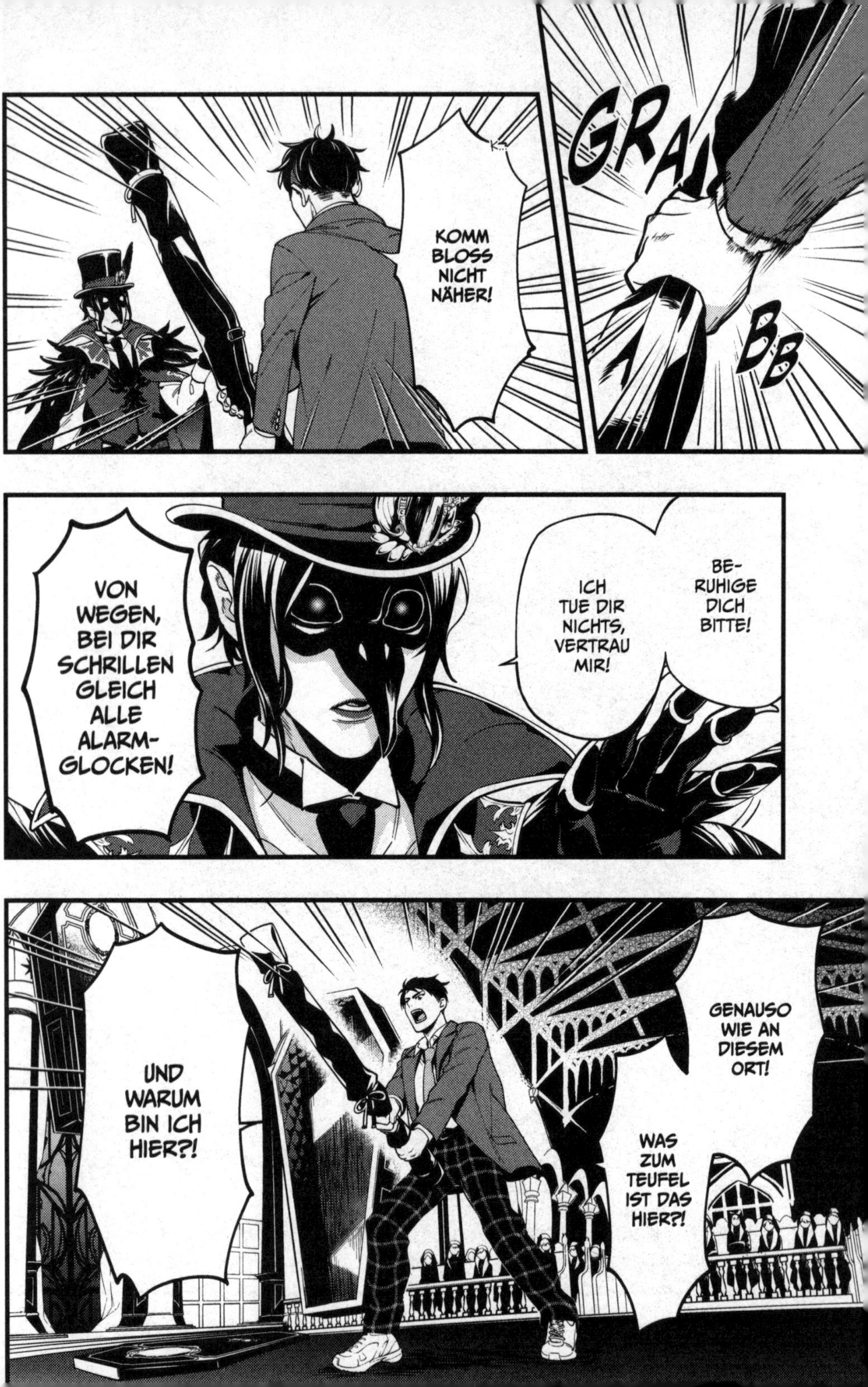
GRA
BB
K..
KOMM BLOSS NICHT NÄHER!
BE-RUHIGE DICH BITTE!
ICH TUE DIR NICHTS, VERTRAU MIR!
VON WEGEN, BEI DIR SCHRILLEN GLEICH ALLE ALARM-GLOCKEN!
GENAUSO WIE AN DIESEM ORT!
WAS ZUM TEUFEL IST DAS HIER?!
UND WARUM BIN ICH HIER?!

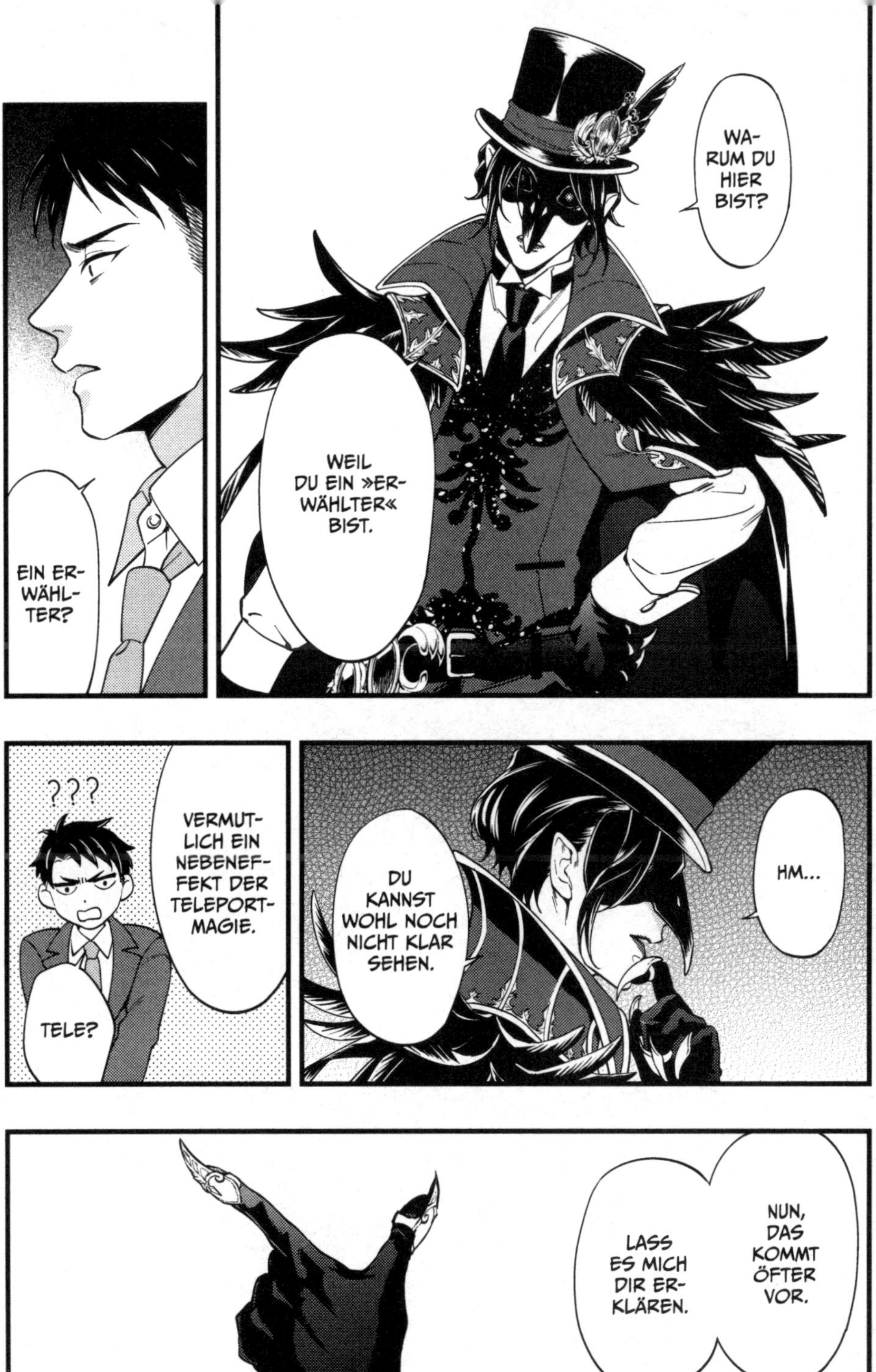
WARUM DU HIER BIST?
WEIL DU EIN »ERWÄHLTER« BIST.
EIN ERWÄHLTER?
HM...
DU KANNST WOHL NOCH NICHT KLAR SEHEN.
VERMUTLICH EIN NEBENEFFEKT DER TELEPORTMAGIE.
???
TELE?
NUN, DAS KOMMT ÖFTER VOR.
LASS ES MICH DIR ERKLÄREN.

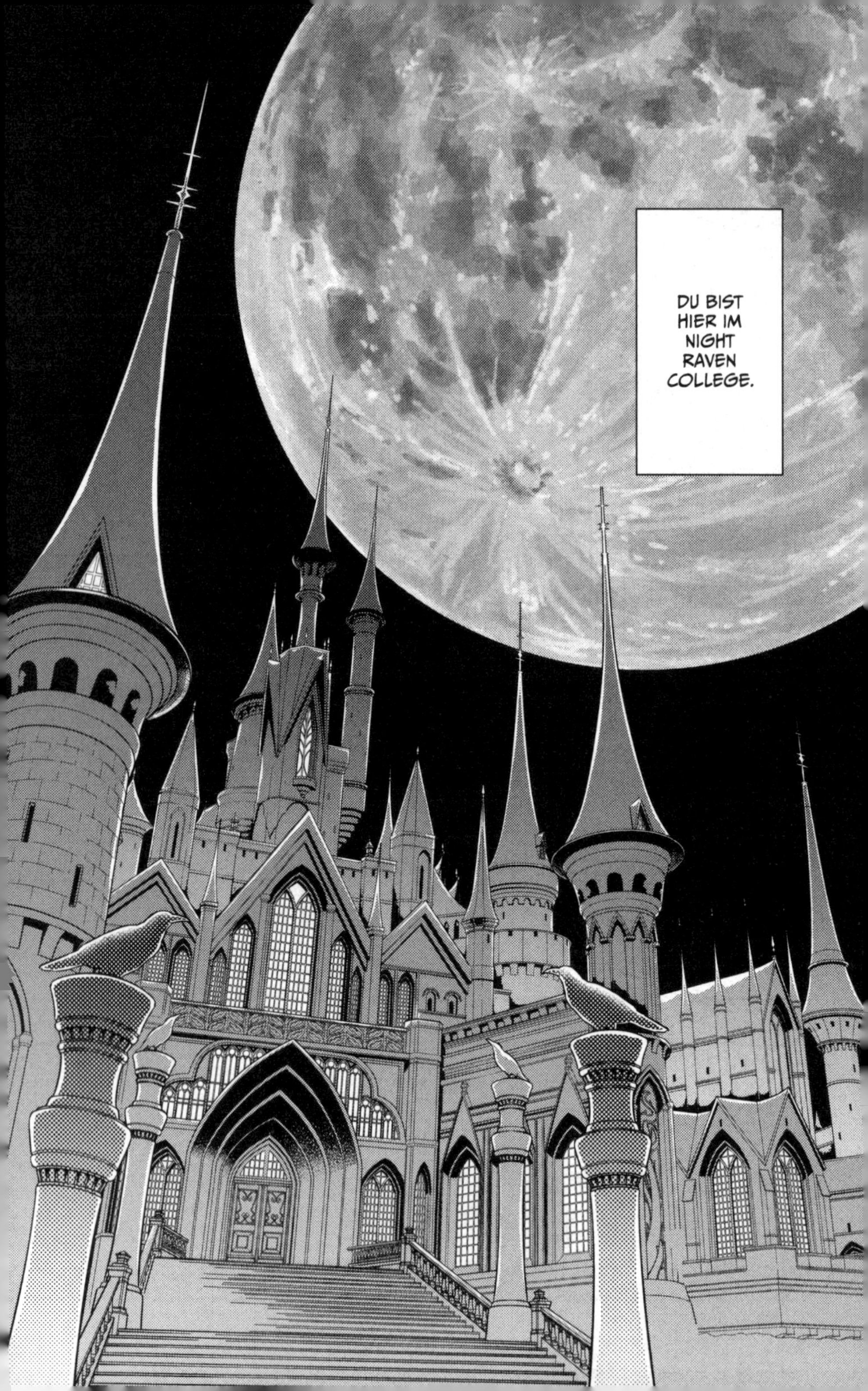
DU BIST HIER IM NIGHT RAVEN COLLEGE.

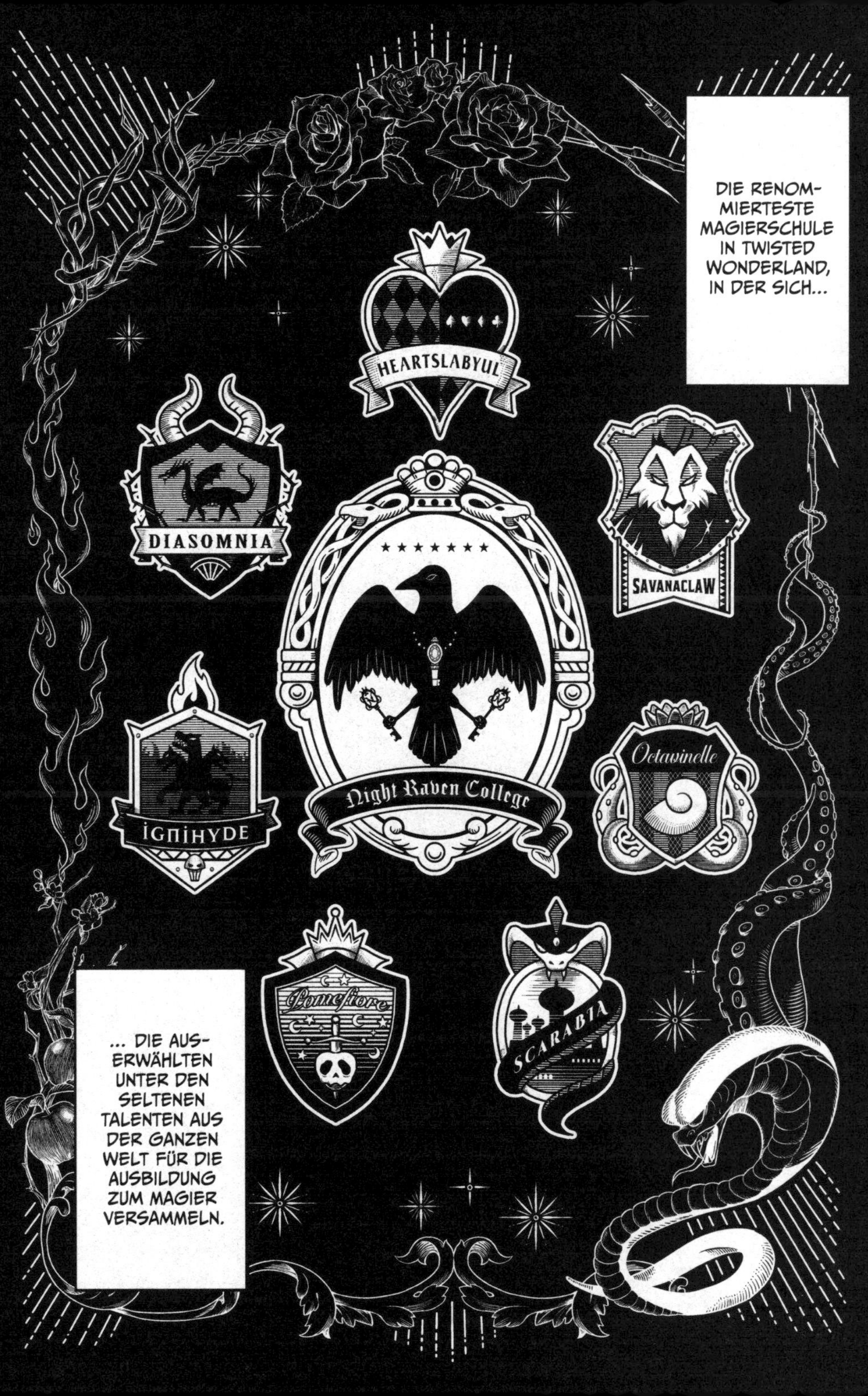
DIE RENOMMIERTESTE MAGIERSCHULE IN TWISTED WONDERLAND, IN DER SICH...
HEARTSLABYUL
DIASOMNIA
SAVANACLAW
Night Raven College
IGNIHYDE
Octavinelle
Pomefiore
SCARABIA
... DIE AUSERWÄHLTEN UNTER DEN SELTENEN TALENTEN AUS DER GANZEN WELT FÜR DIE AUSBILDUNG ZUM MAGIER VERSAMMELN.

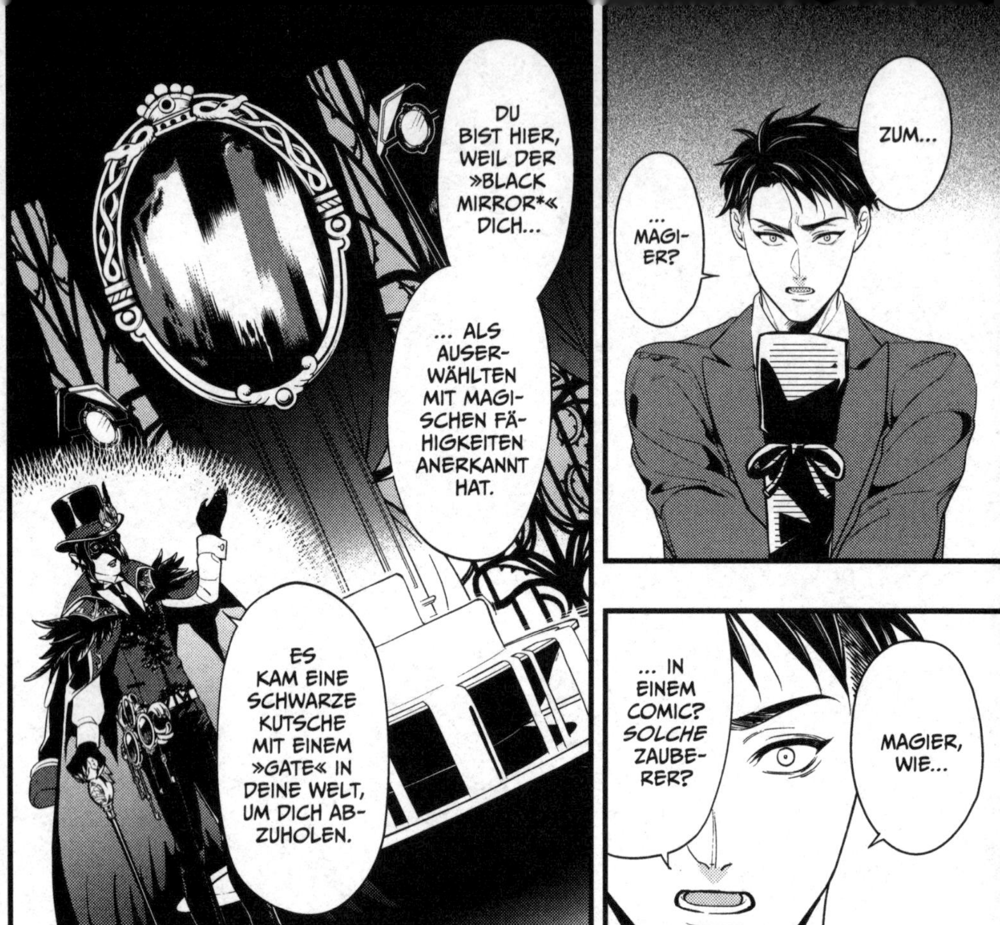

* DER DUNKLE SPIEGEL

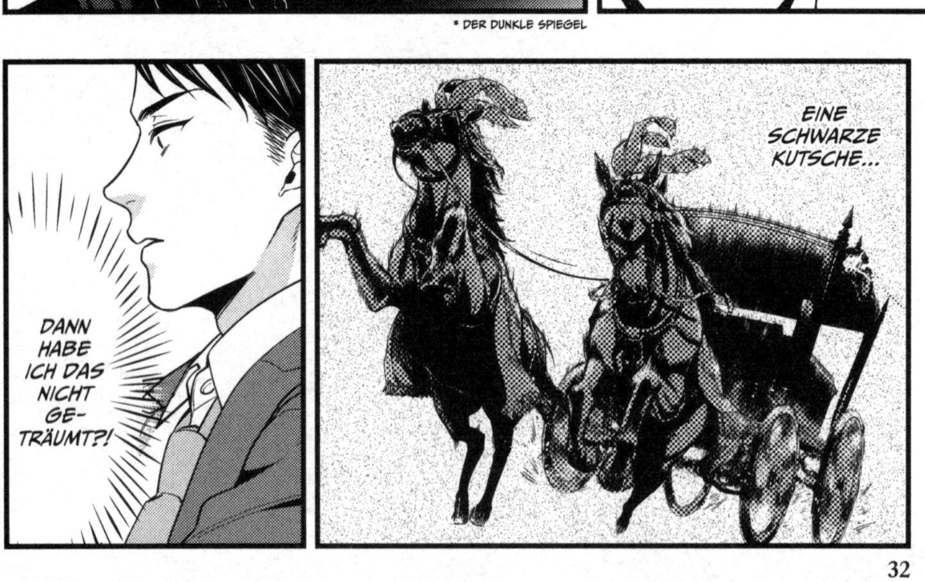

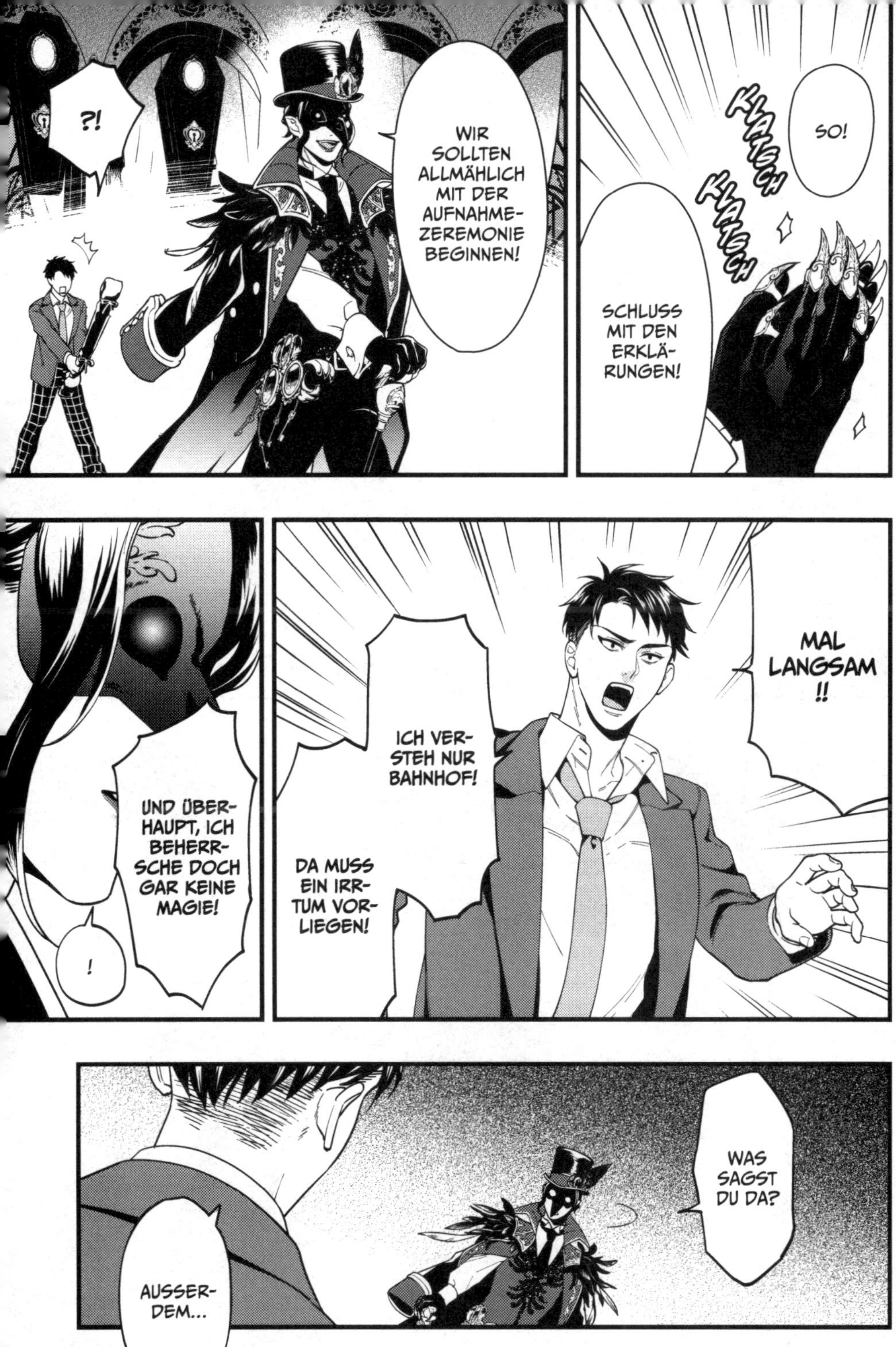

SO!
KLATSCH KLATSCH
SCHLUSS MIT DEN ERKLÄRUNGEN!
WIR SOLLTEN ALLMÄHLICH MIT DER AUFNAHMEZEREMONIE BEGINNEN!
?!
MAL LANGSAM!!
ICH VERSTEH NUR BAHNHOF!
DA MUSS EIN IRRTUM VORLIEGEN!
UND ÜBERHAUPT, ICH BEHERRSCHE DOCH GAR KEINE MAGIE!
!
WAS SAGST DU DA?
AUSSERDEM...

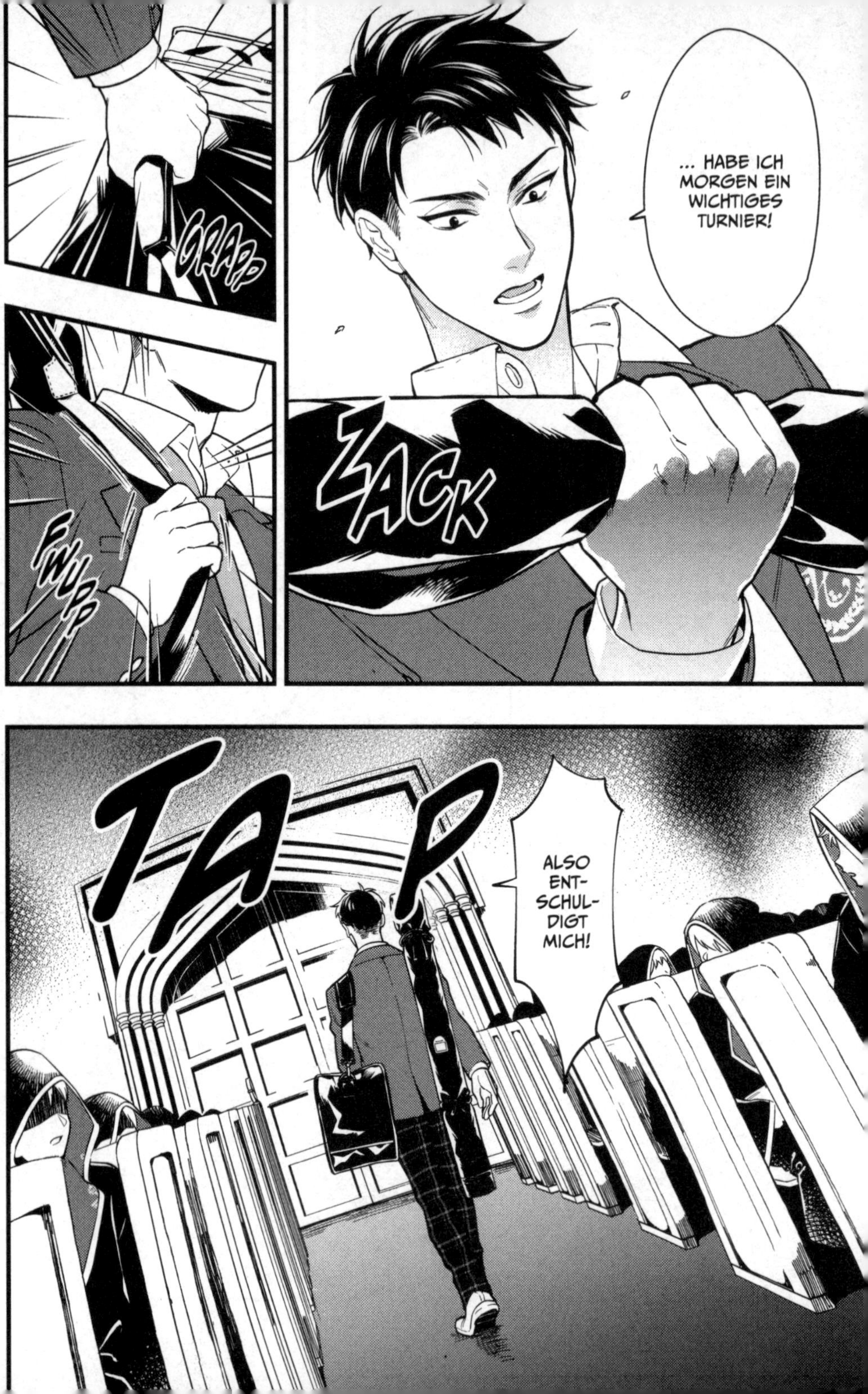
... HABE ICH MORGEN EIN WICHTIGES TURNIER!
ZACK
GRAPP
FWUPP
TAP
ALSO ENT-SCHUL-DIGT MICH!

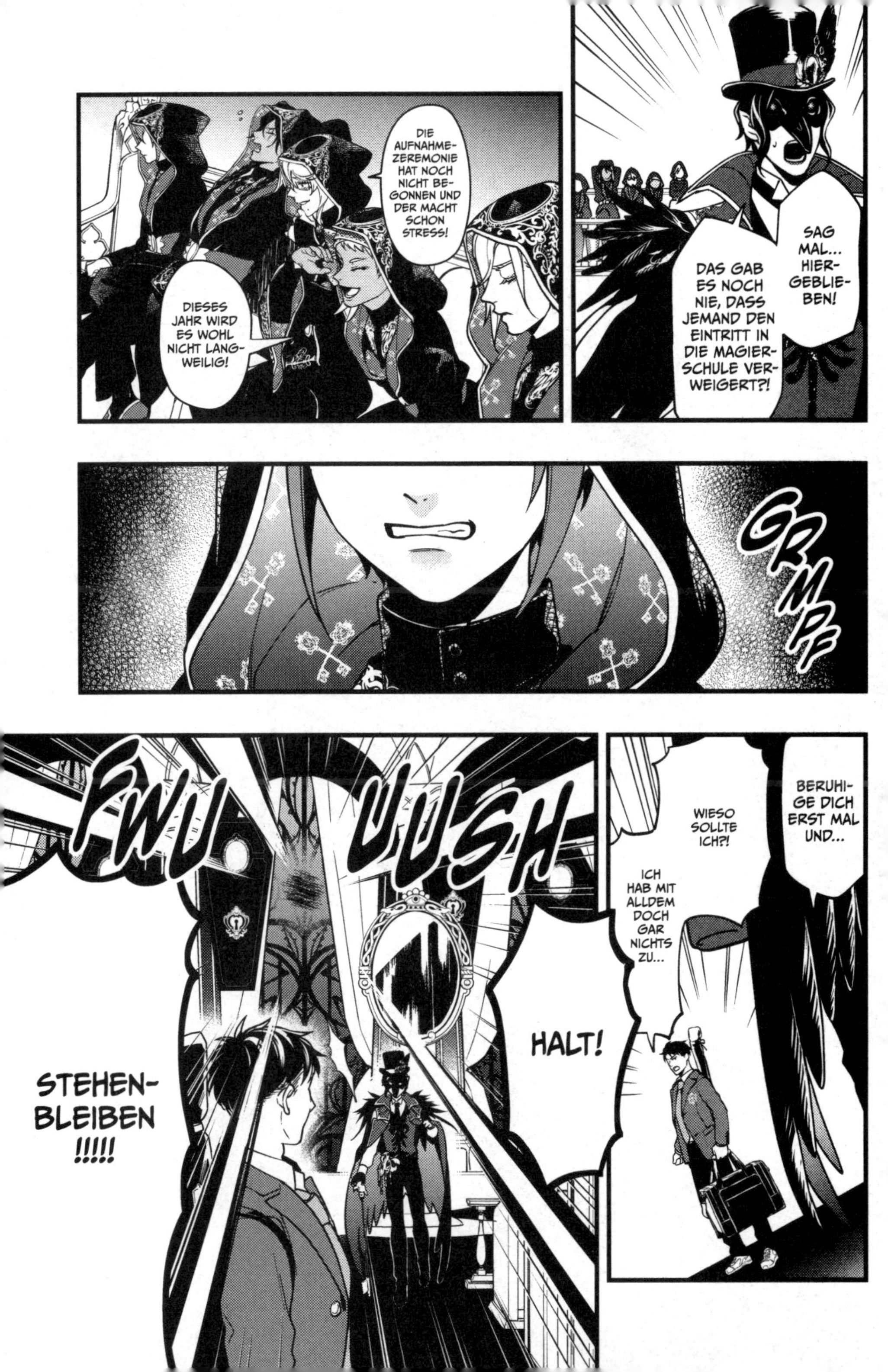
SAG MAL... HIERGEBLIEBEN!
DAS GAB ES NOCH NIE, DASS JEMAND DEN EINTRITT IN DIE MAGIERSCHULE VERWEIGERT?!
DIE AUFNAHMEZEREMONIE HAT NOCH NICHT BEGONNEN UND DER MACHT SCHON STRESS!
DIESES JAHR WIRD ES WOHL NICHT LANGWEILIG!
GRUMPF
BERUHIGE DICH ERST MAL UND...
WIESO SOLLTE ICH?!
ICH HAB MIT ALLDEM DOCH GAR NICHTS ZU...
HALT!
FWUUUSH
STEHENBLEIBEN!!!!!

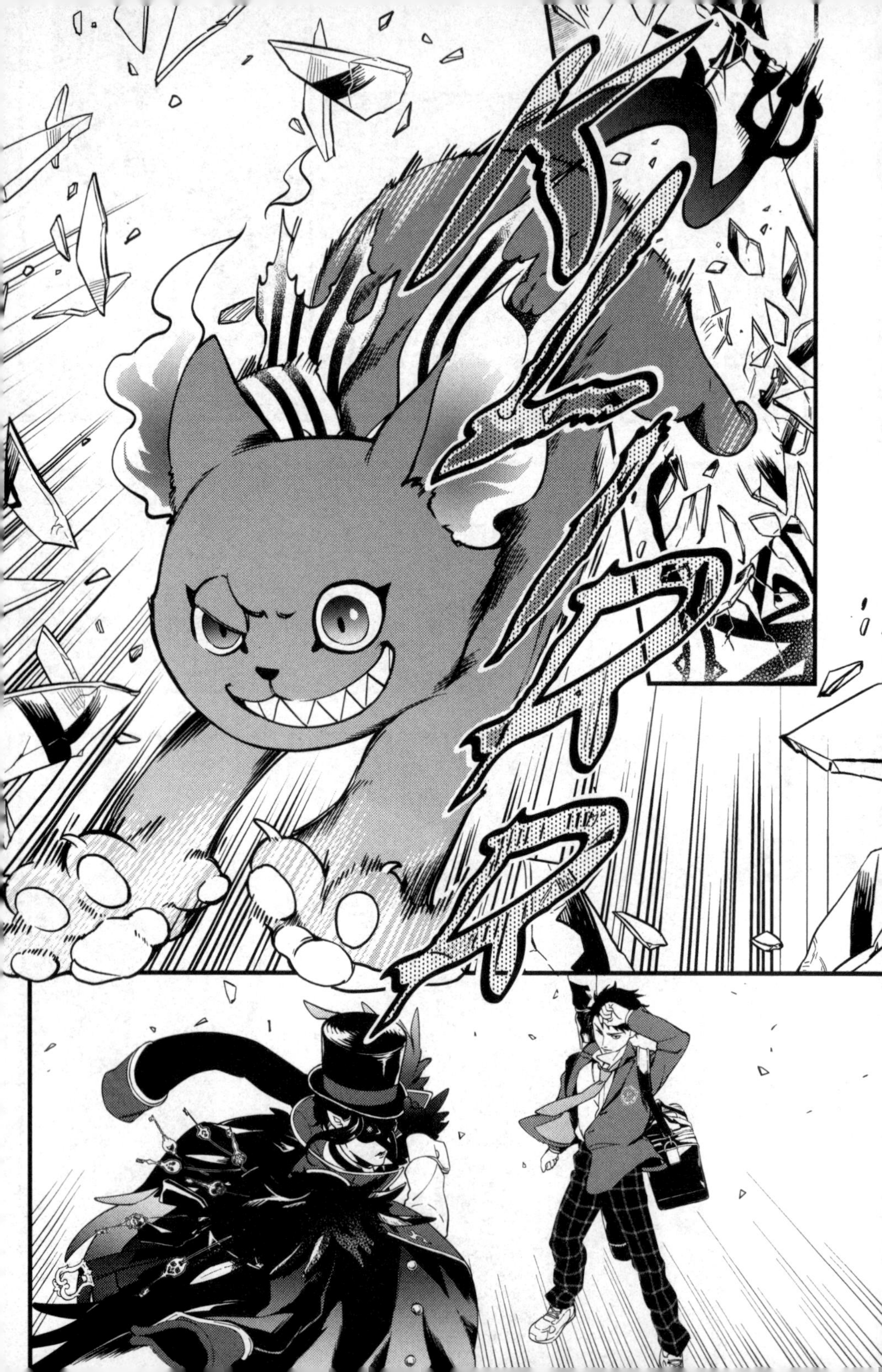

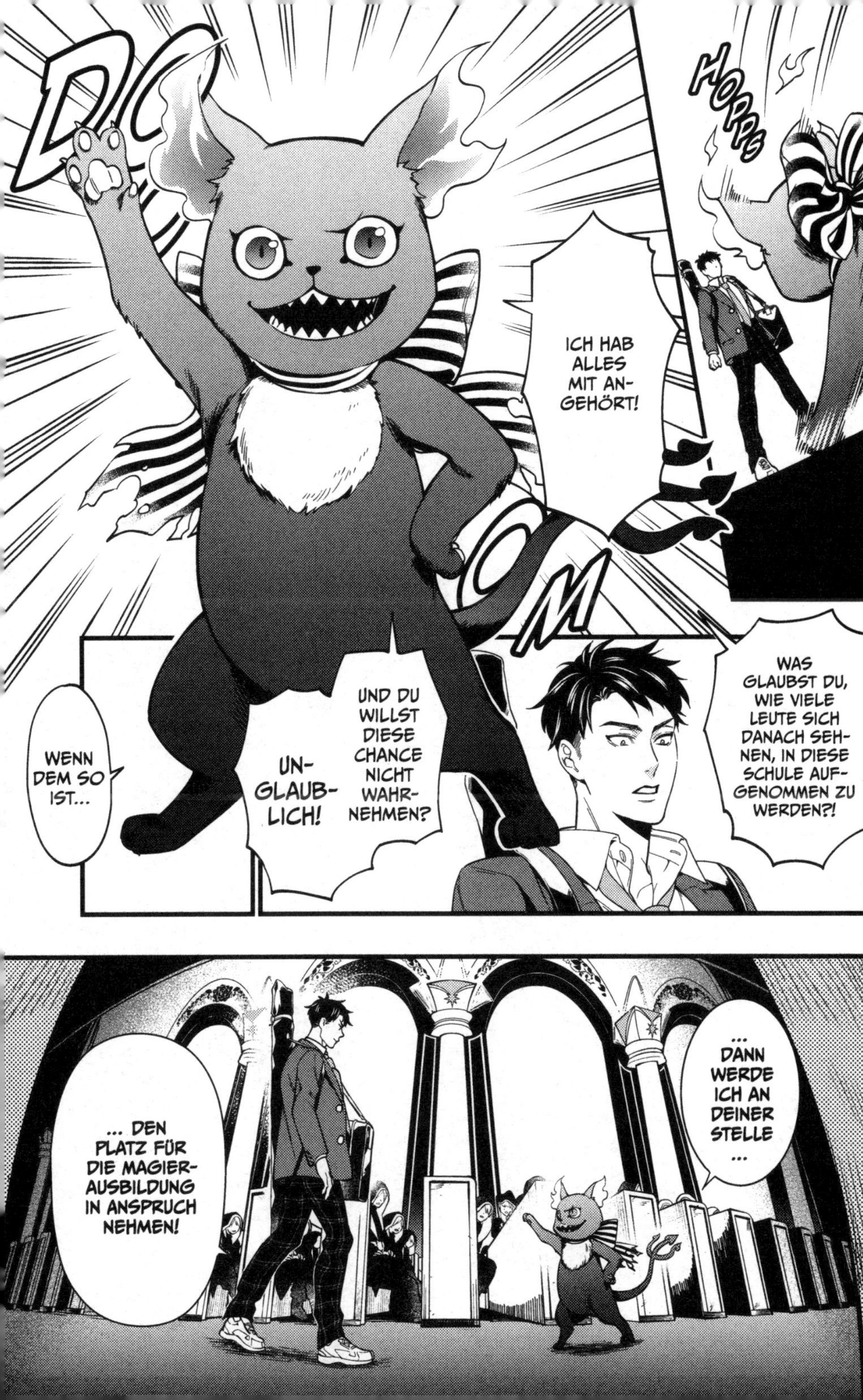
HOPPS
ICH HAB ALLES MIT ANGEHÖRT!
WAS GLAUBST DU, WIE VIELE LEUTE SICH DANACH SEHNEN, IN DIESE SCHULE AUFGENOMMEN ZU WERDEN?!
UND DU WILLST DIESE CHANCE NICHT WAHRNEHMEN?
UNGLAUBLICH!
WENN DEM SO IST...
... DANN WERDE ICH AN DEINER STELLE ...
... DEN PLATZ FÜR DIE MAGIER-AUSBILDUNG IN ANSPRUCH NEHMEN!

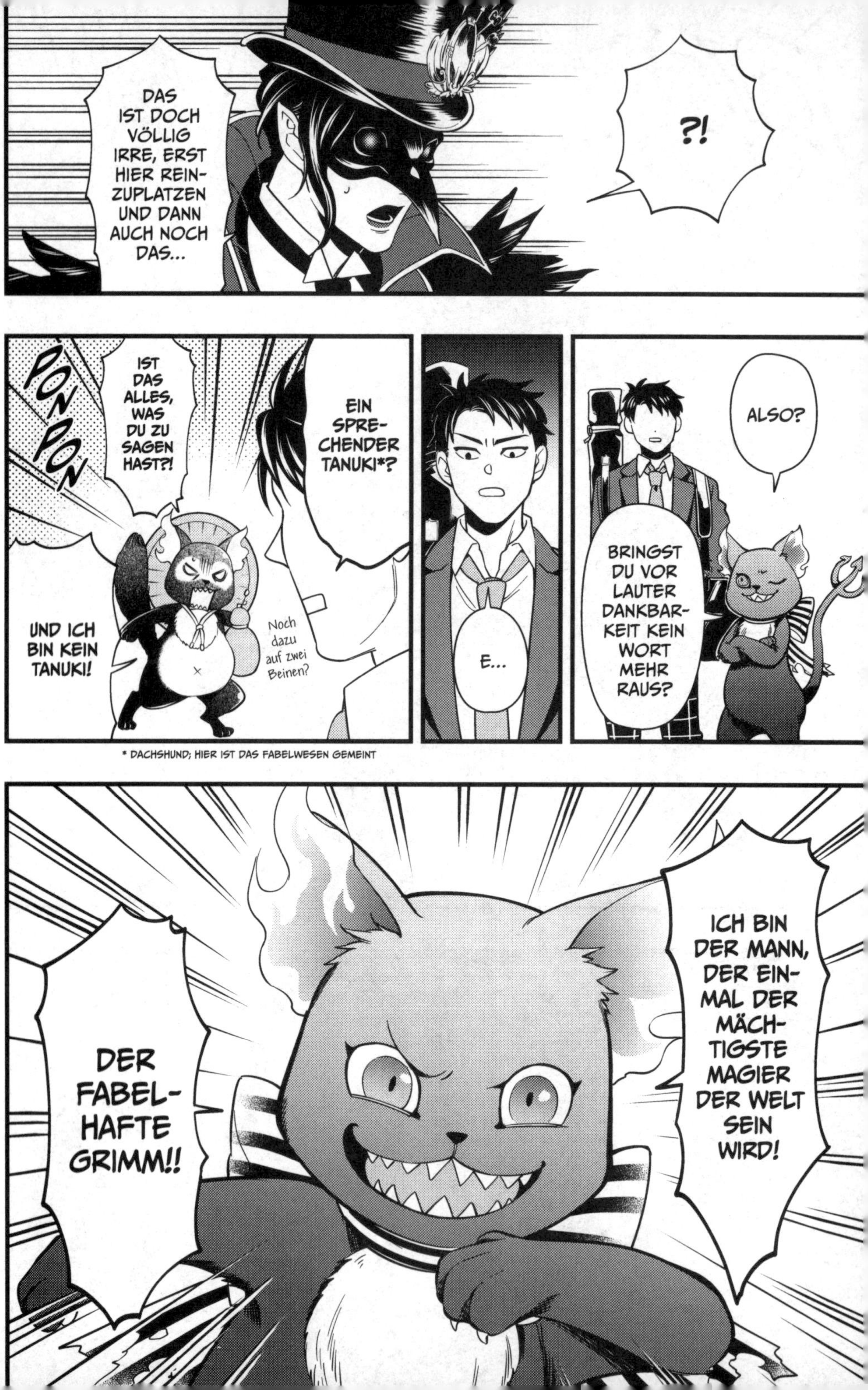
DAS IST DOCH VÖLLIG IRRE, ERST HIER REIN-ZUPLATZEN UND DANN AUCH NOCH DAS...
?!
PON PON
IST DAS ALLES, WAS DU ZU SAGEN HAST?!
UND ICH BIN KEIN TANUKI!
EIN SPRE-CHENDER TANUKI*?
Noch dazu auf zwei Beinen?
E...
ALSO?
BRINGST DU VOR LAUTER DANKBAR-KEIT KEIN WORT MEHR RAUS?
* DACHSHUND; HIER IST DAS FABELWESEN GEMEINT
ICH BIN DER MANN, DER EIN-MAL DER MÄCH-TIGSTE MAGIER DER WELT SEIN WIRD!
DER FABEL-HAFTE GRIMM!!

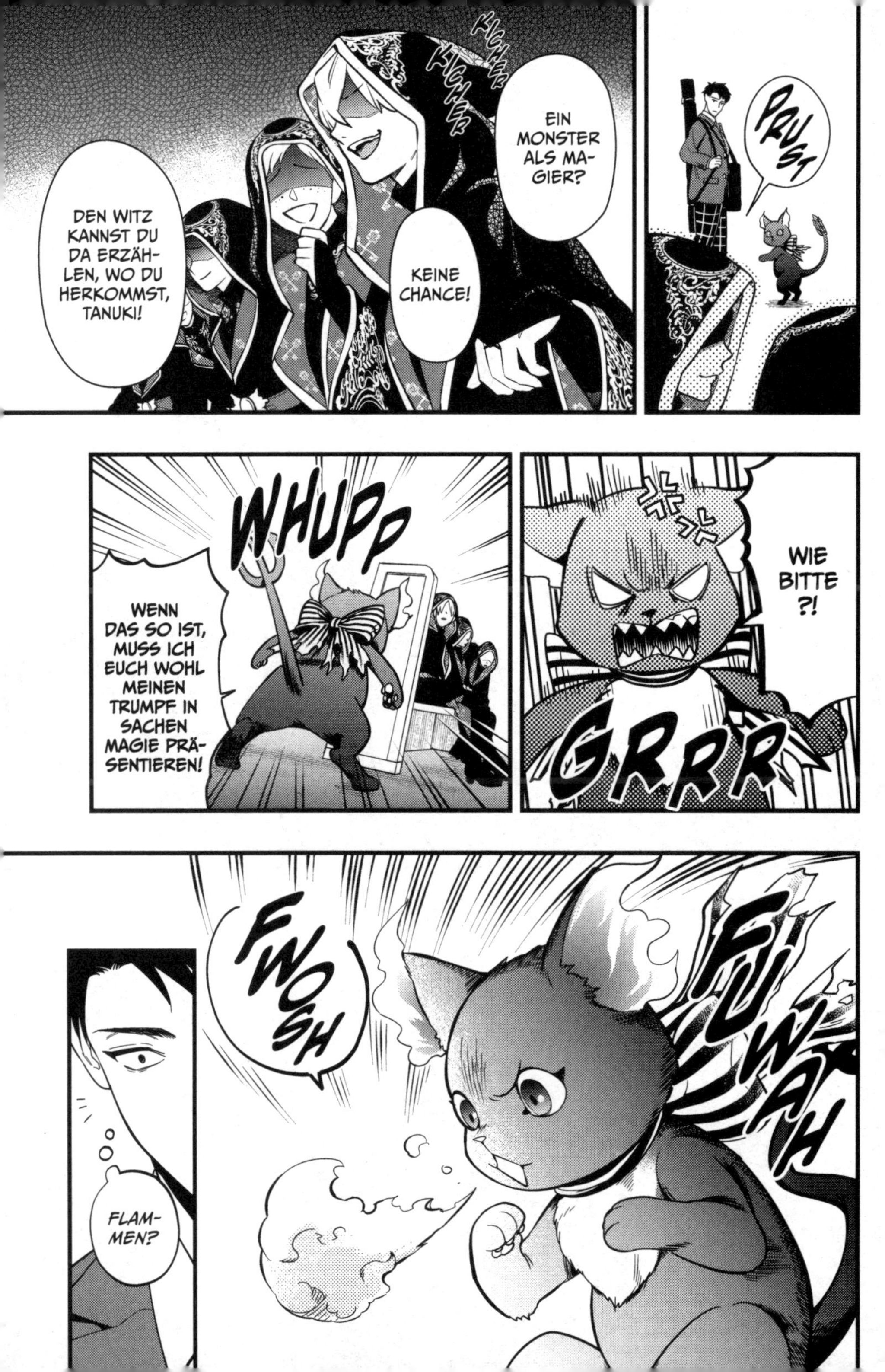
PRUST
KICHER KICHER
EIN MONSTER ALS MAGIER?
KEINE CHANCE!
DEN WITZ KANNST DU DA ERZÄHLEN, WO DU HERKOMMST, TANUKI!
WIE BITTE ?!
GRRRR
WHUPP
WENN DAS SO IST, MUSS ICH EUCH WOHL MEINEN TRUMPF IN SACHEN MAGIE PRÄSENTIEREN!
FUWAH
FWOSH
FLAMMEN?

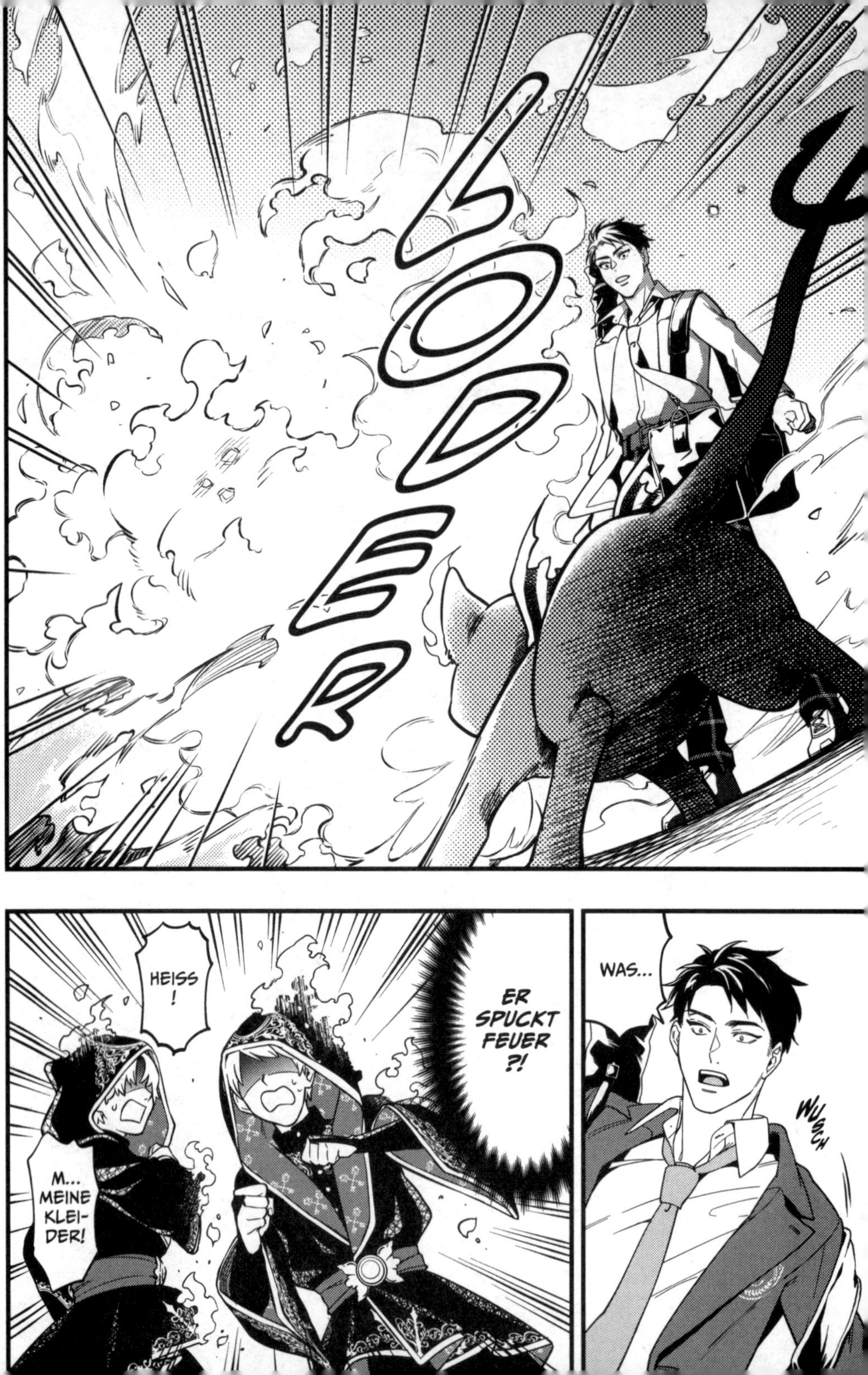
WAS...
WUSCH
ER SPUCKT FEUER ?!
HEISS !
M... MEINE KLEI-DER!

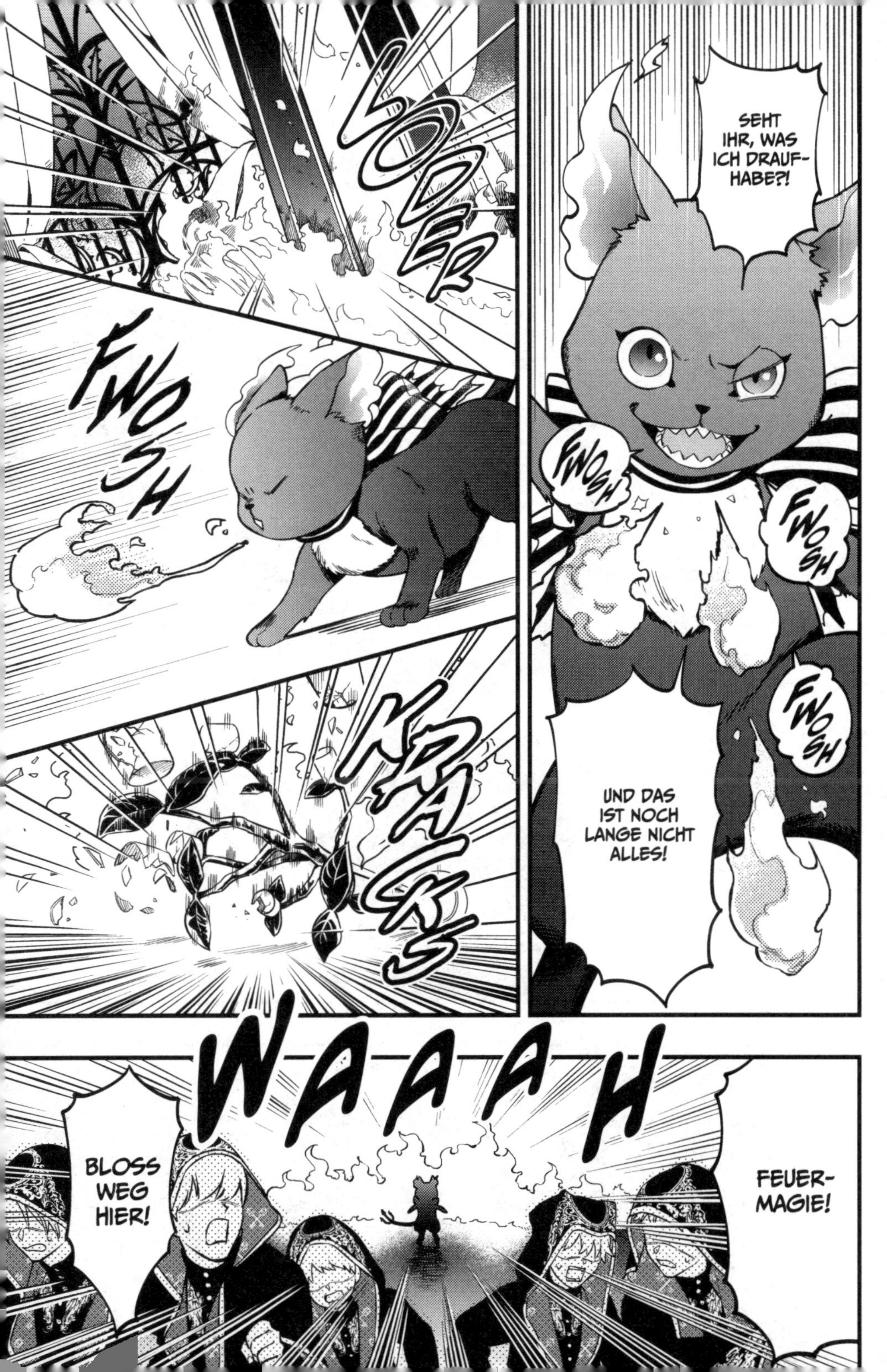
SEHT IHR, WAS ICH DRAUF-HABE?!
FWOSH
FWOSH
FWOSH
UND DAS IST NOCH LANGE NICHT ALLES!
FWOSH
KRACKS
WAAAH
FEUER-MAGIE!
BLOSS WEG HIER!

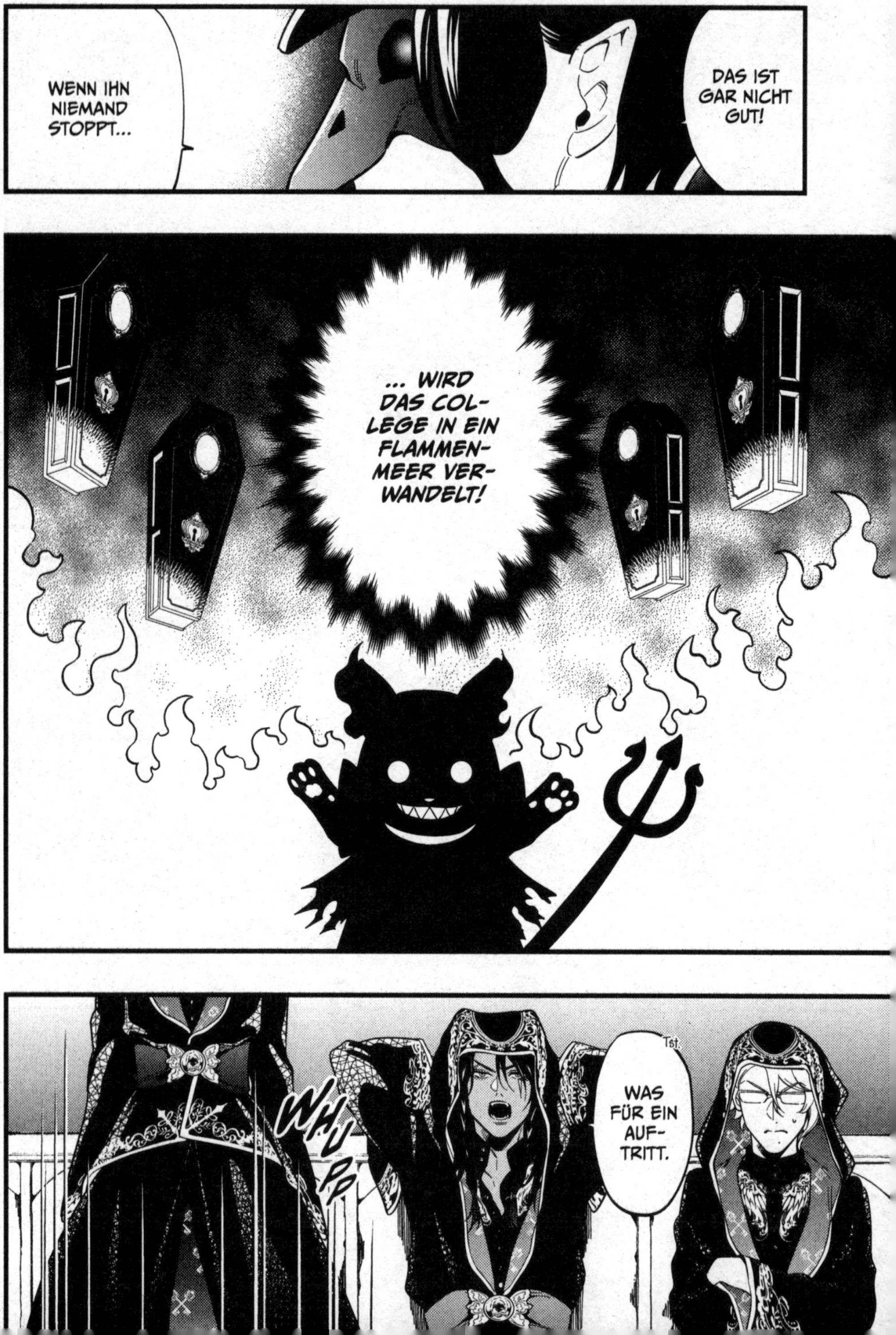
DAS IST GAR NICHT GUT!
WENN IHN NIEMAND STOPPT...
... WIRD DAS COLLEGE IN EIN FLAMMENMEER VERWANDELT!
Tst.
WAS FÜR EIN AUFTRITT.
WHUPP

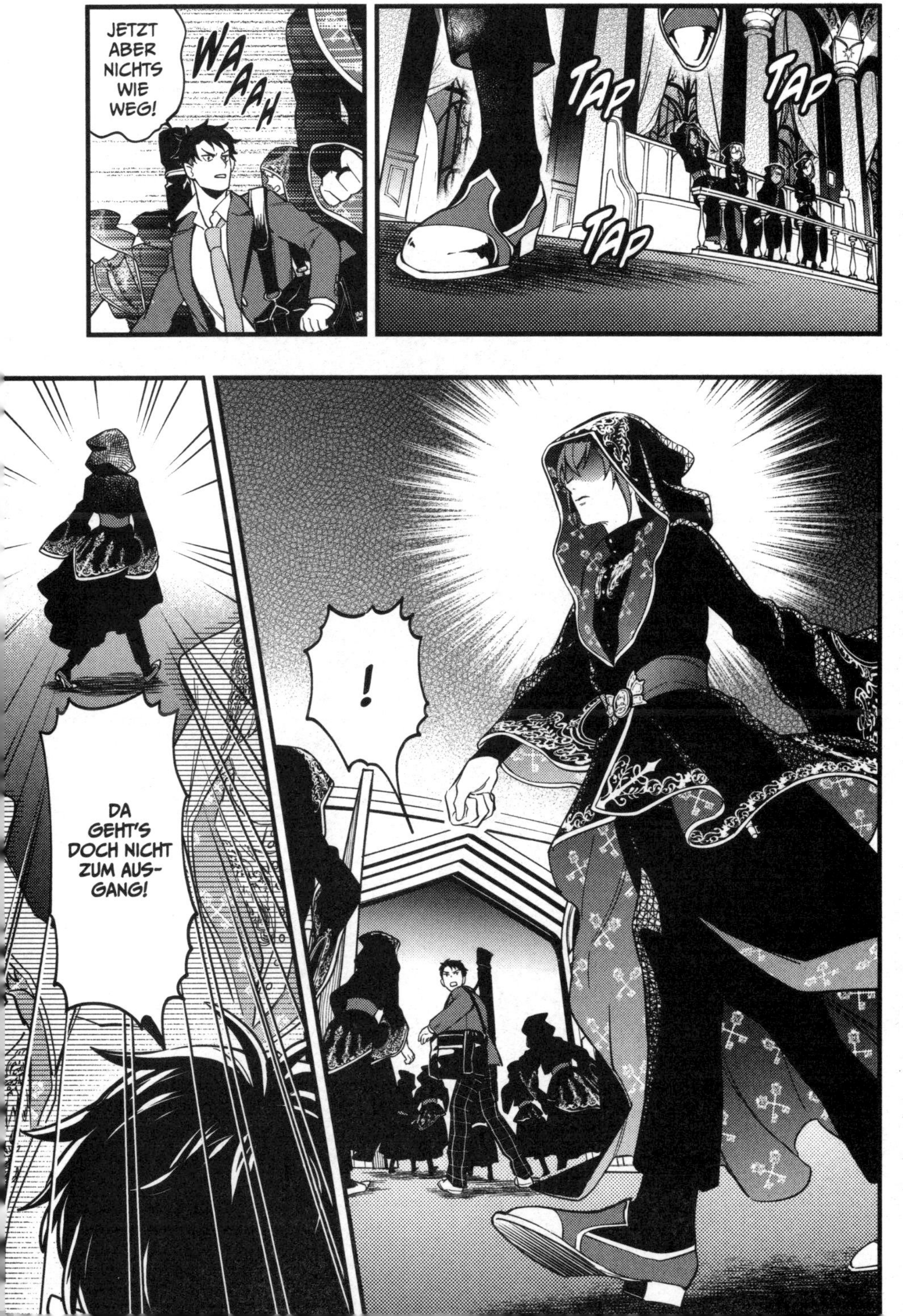
JETZT ABER NICHTS WIE WEG!
WAAAH
TAP
TAP
TAP
!
DA GEHT'S DOCH NICHT ZUM AUS-GANG!

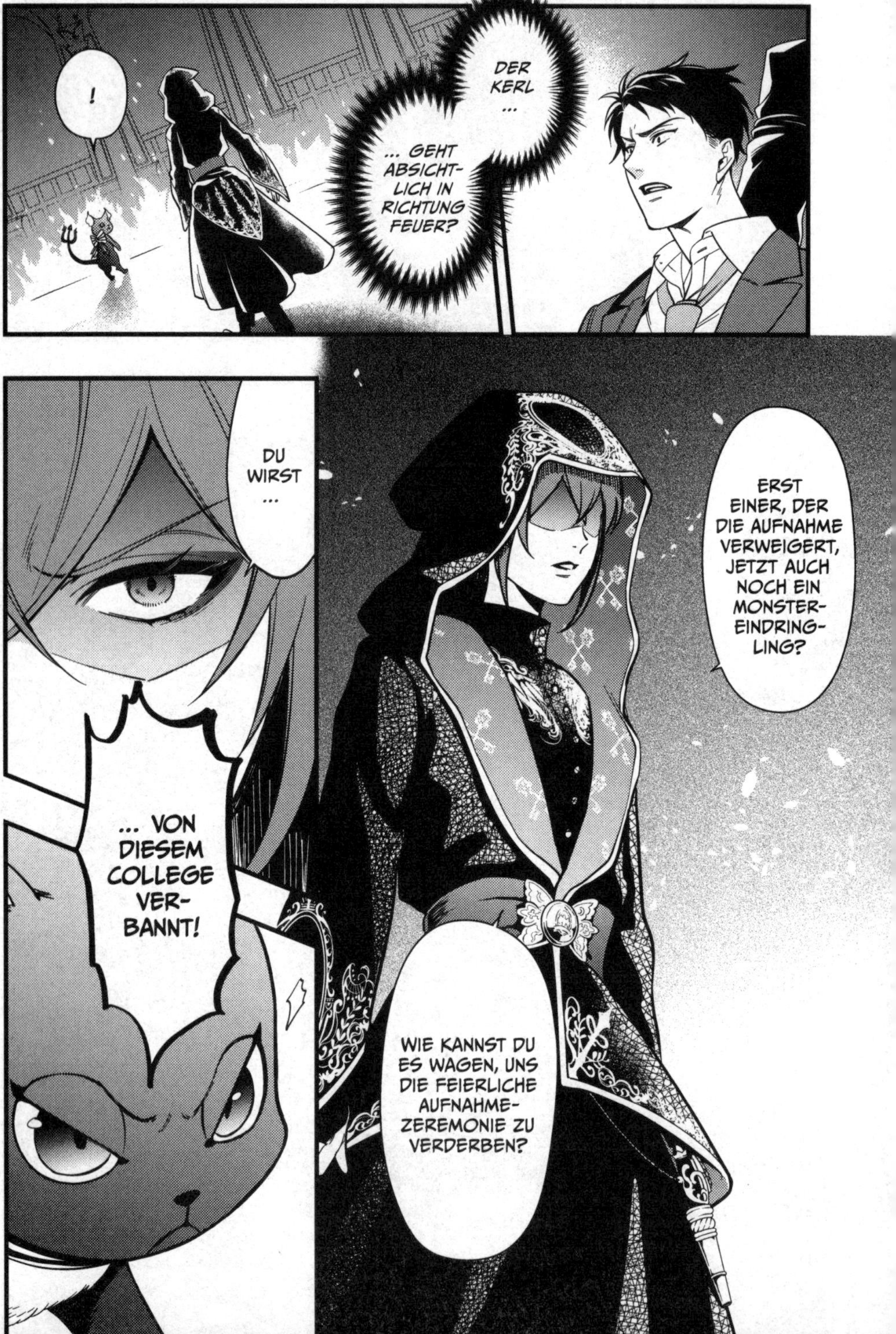
DER KERL ...
... GEHT ABSICHT-LICH IN RICHTUNG FEUER?
!
ERST EINER, DER DIE AUFNAHME VERWEIGERT, JETZT AUCH NOCH EIN MONSTER-EINDRING-LING?
WIE KANNST DU ES WAGEN, UNS DIE FEIERLICHE AUFNAHME-ZEREMONIE ZU VERDERBEN?
DU WIRST ...
... VON DIESEM COLLEGE VER-BANNT!

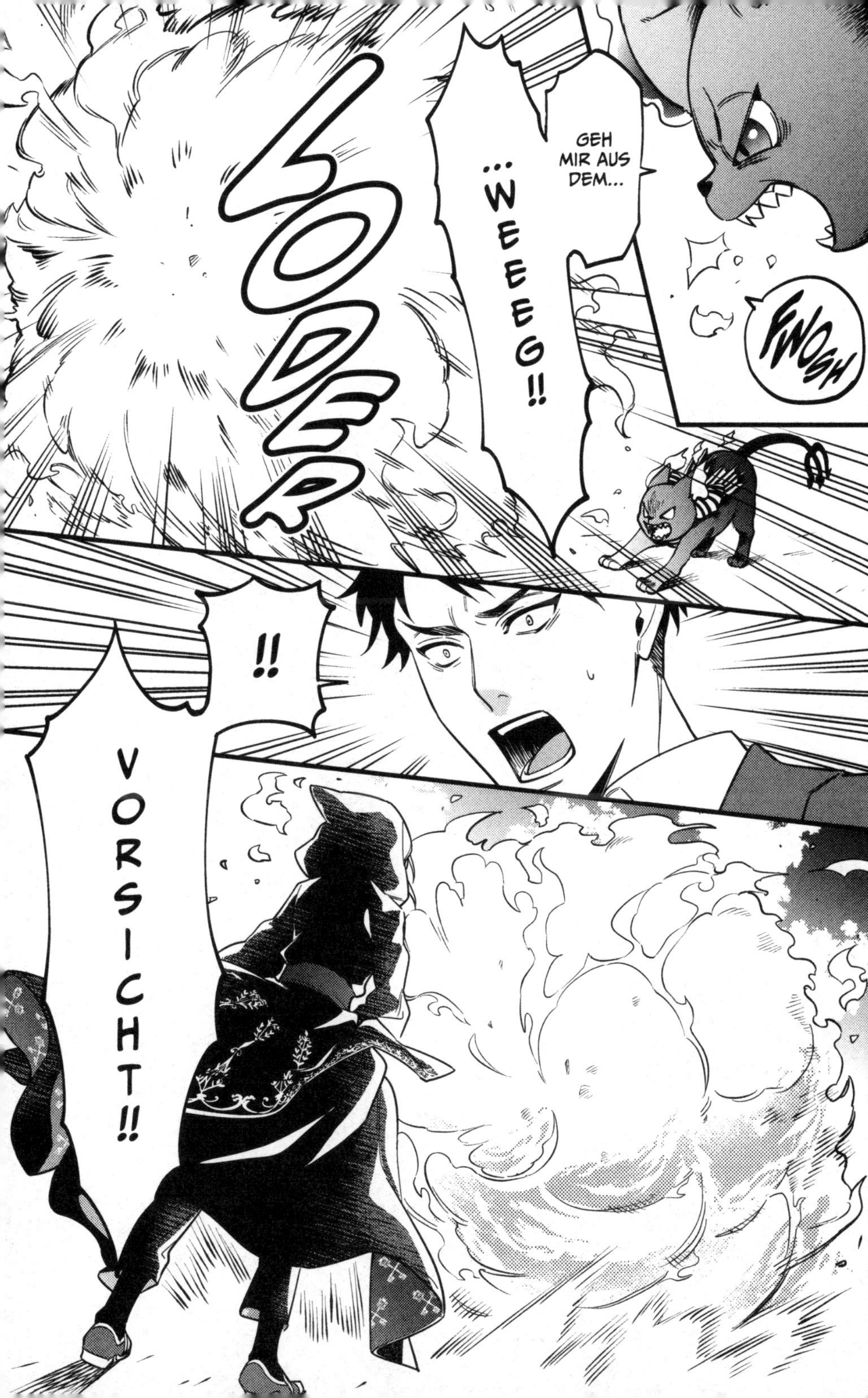

FWOSH
GEH MIR AUS DEM...
...WEEEG!!
WOOMP
!!
VORSICHT!!

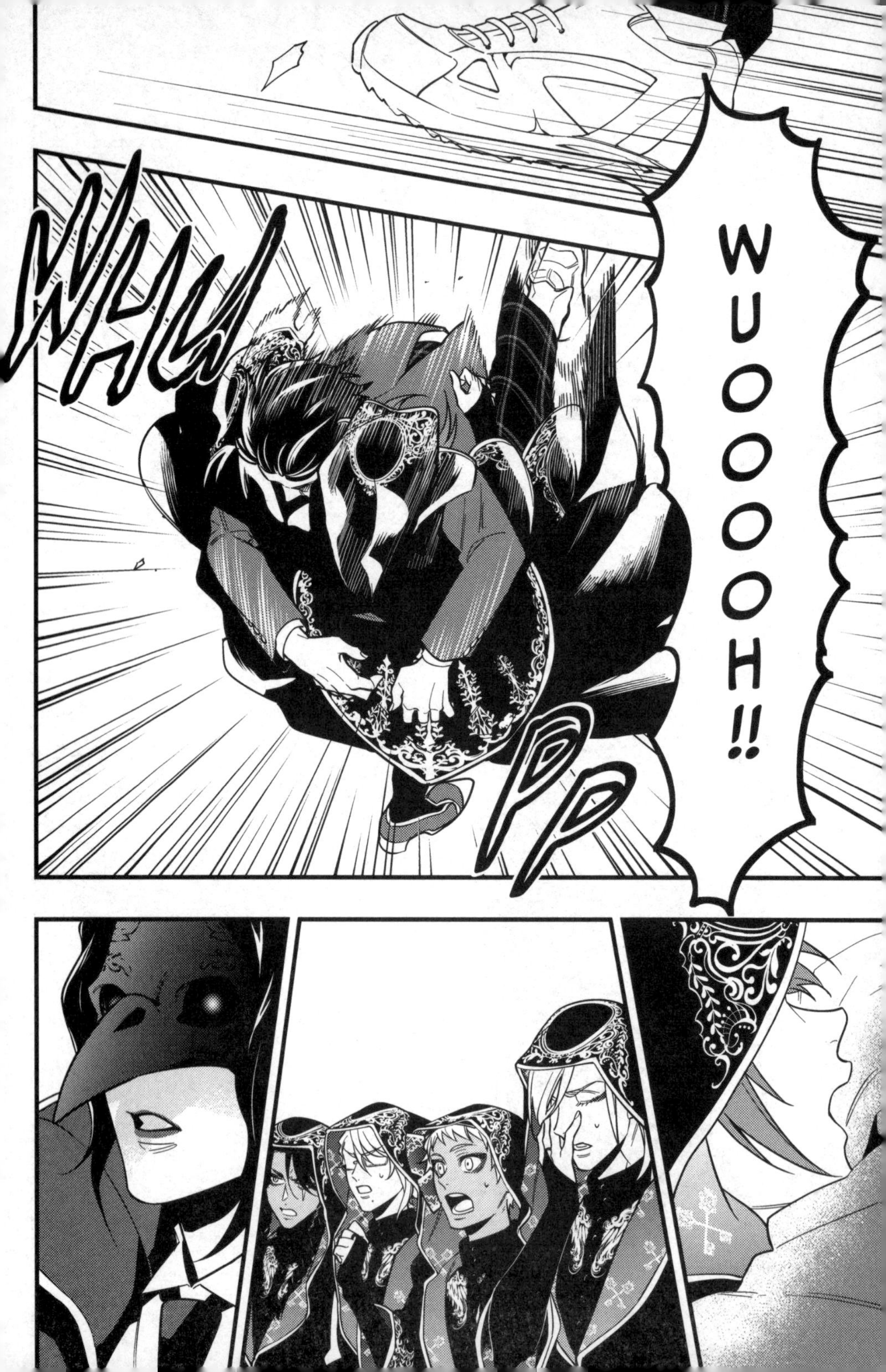
WUOOOOOH!!

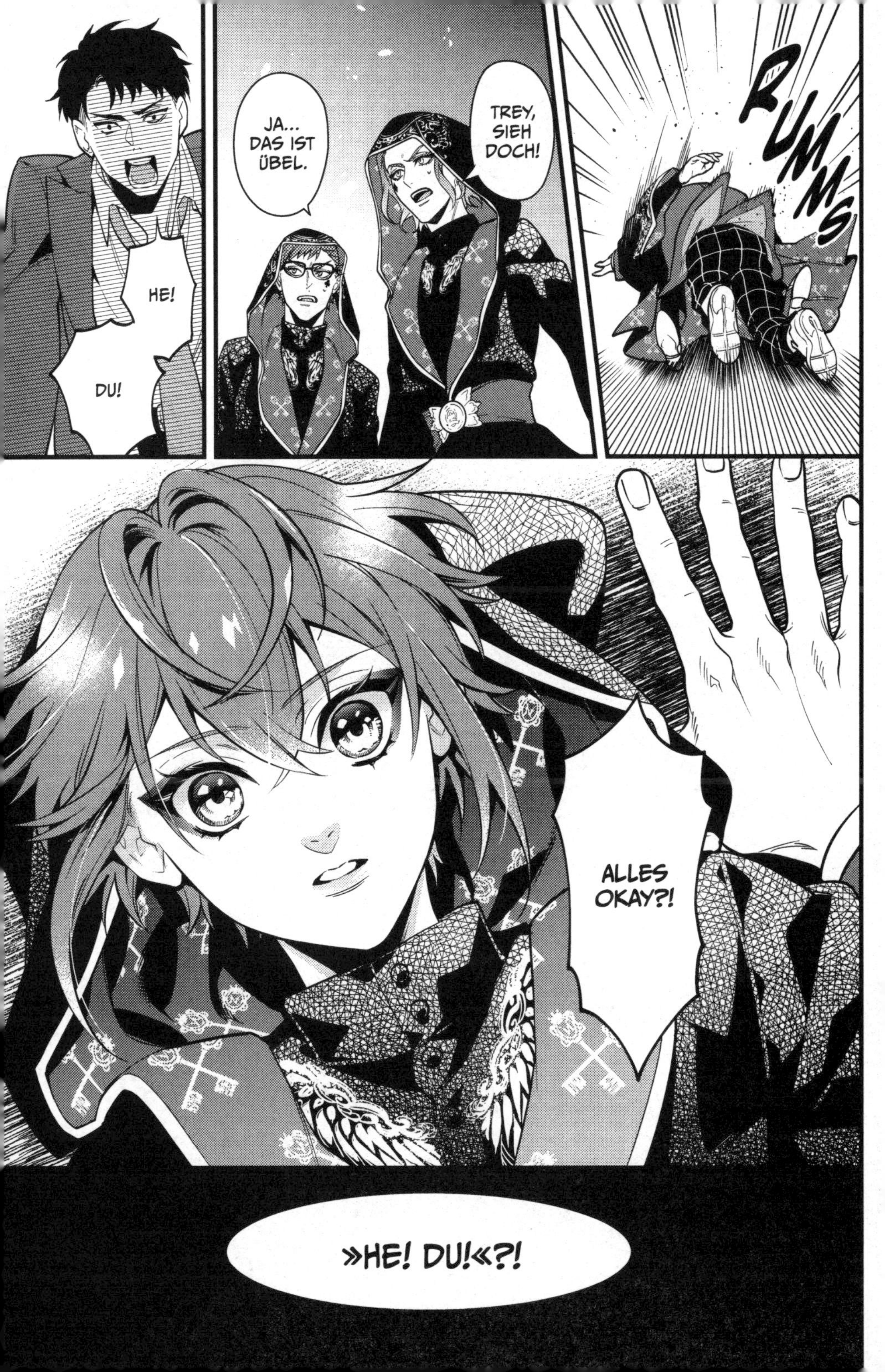
RUMMS
TREY, SIEH DOCH!
JA... DAS IST ÜBEL.
HE!
DU!
ALLES OKAY?!
»HE! DU!«?!

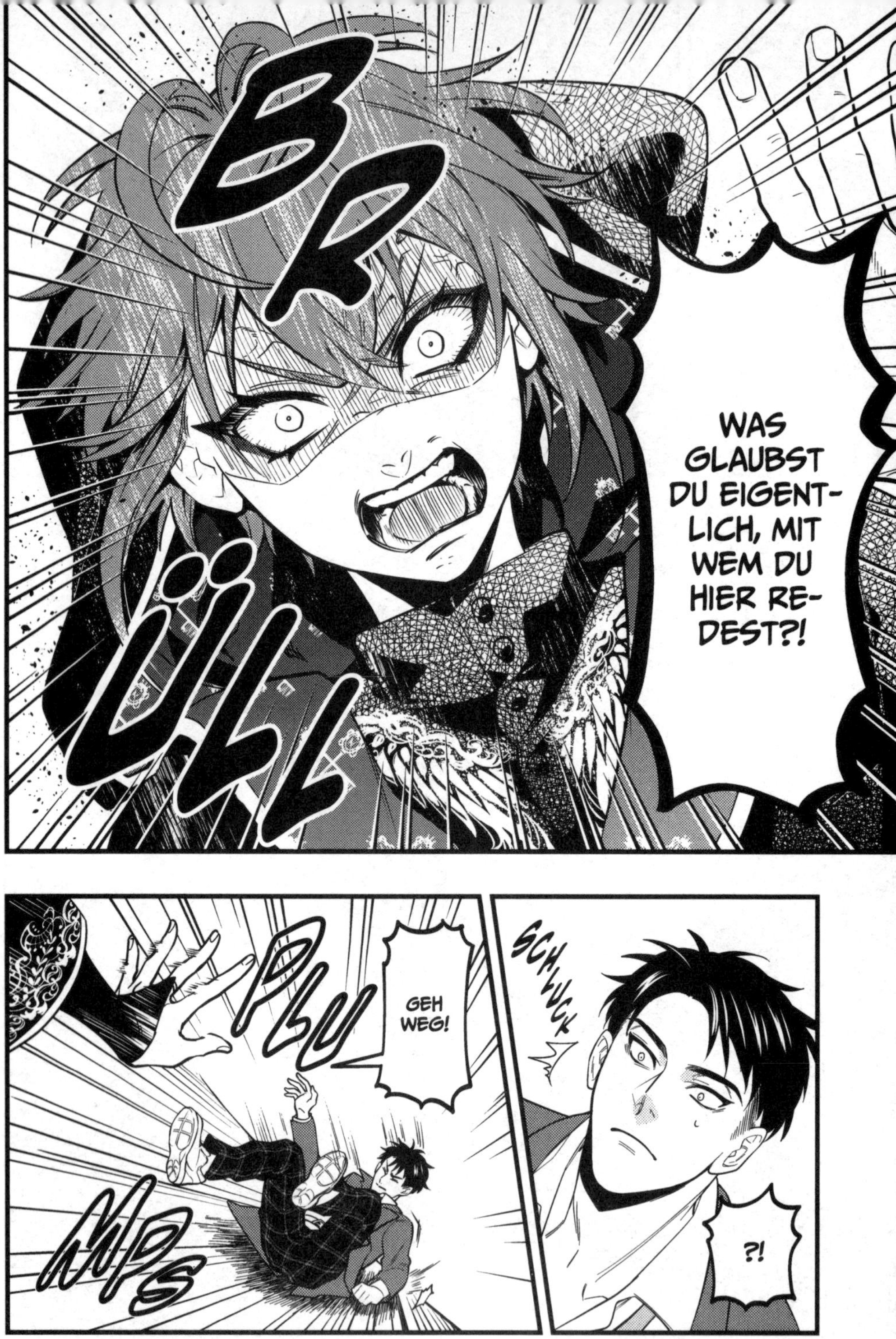
BRÜLL
WAS GLAUBST DU EIGENTLICH, MIT WEM DU HIER REDEST?!
SCHLUCK
?!
GEH WEG!
PLUMPS

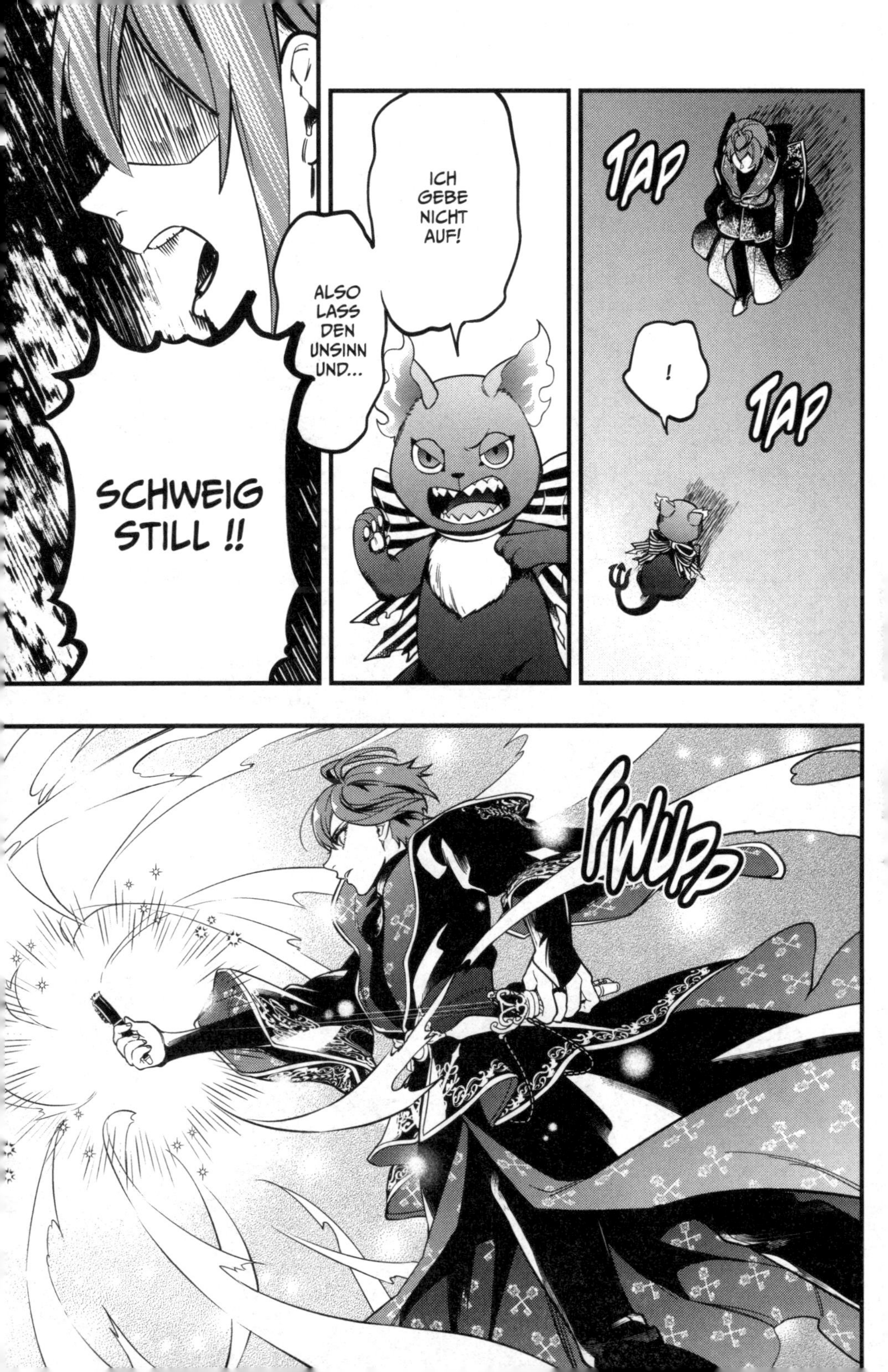
TAP
!
TAP
ICH GEBE NICHT AUF!
ALSO LASS DEN UNSINN UND...
SCHWEIG STILL !!
PIWUPP

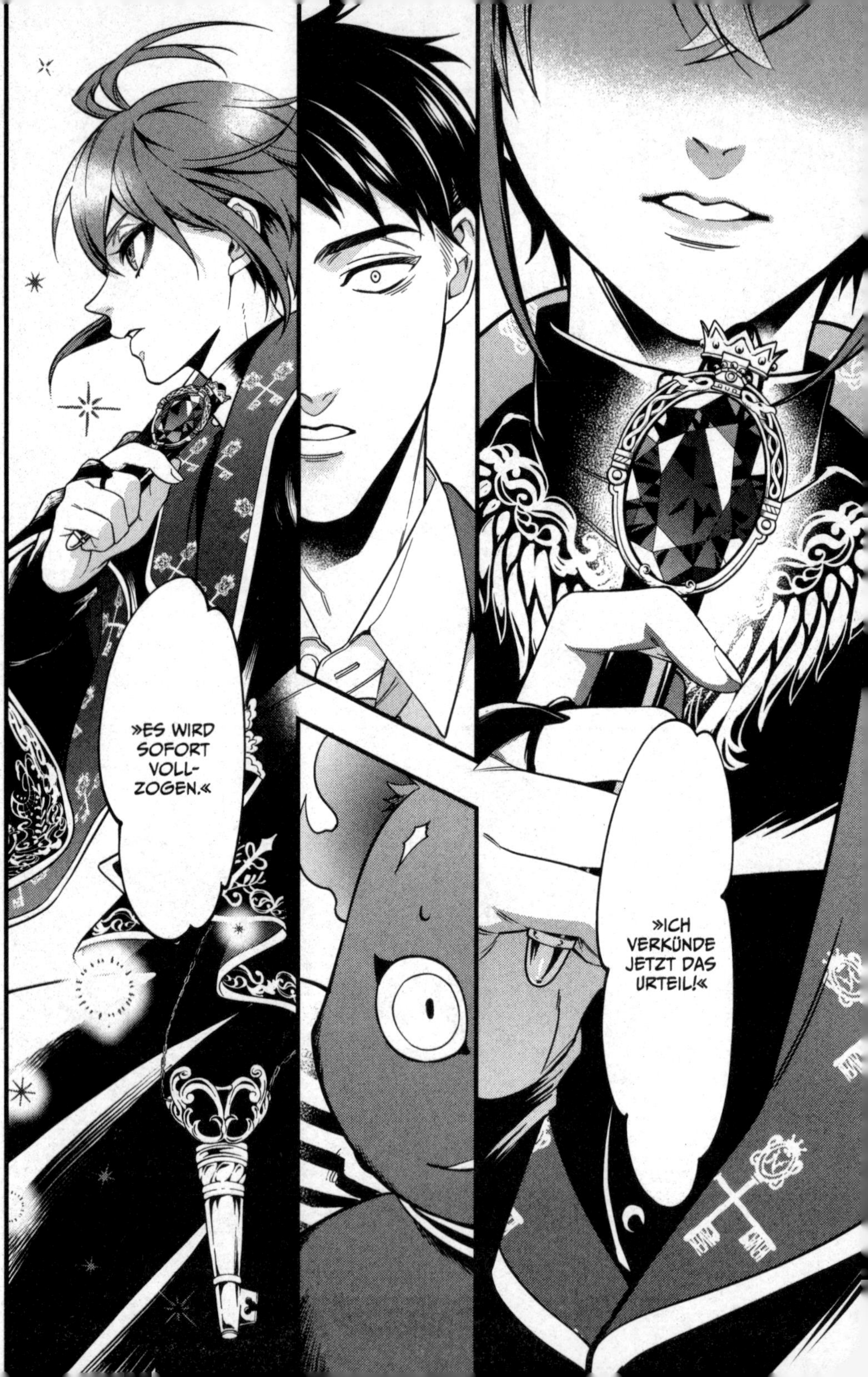
»ICH VERKÜNDE JETZT DAS URTEIL!«
»ES WIRD SOFORT VOLLZOGEN.«

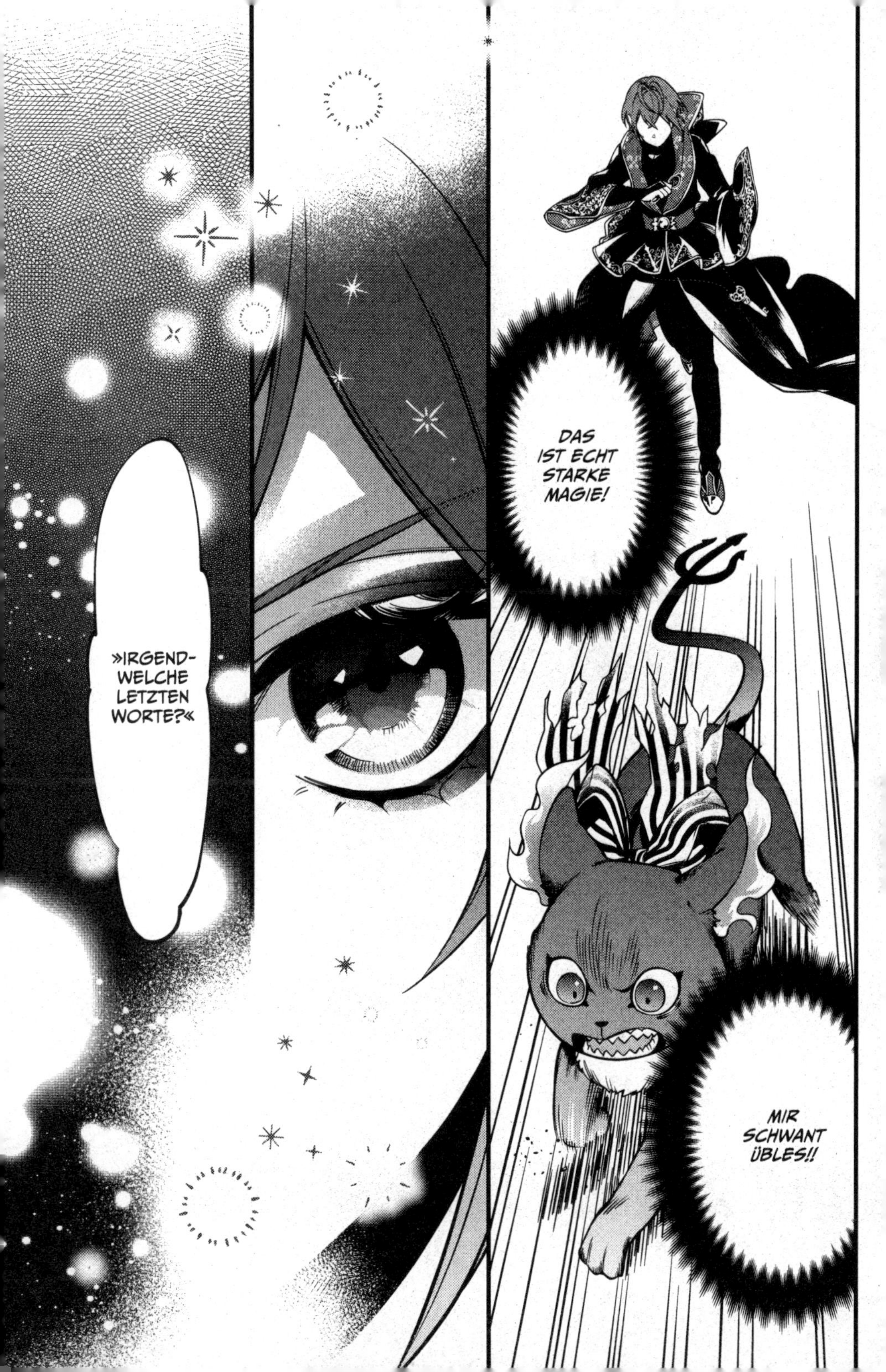
DAS IST ECHT STARKE MAGIE!
MIR SCHWANT ÜBLES!!
»IRGEND-WELCHE LETZTEN WORTE?«

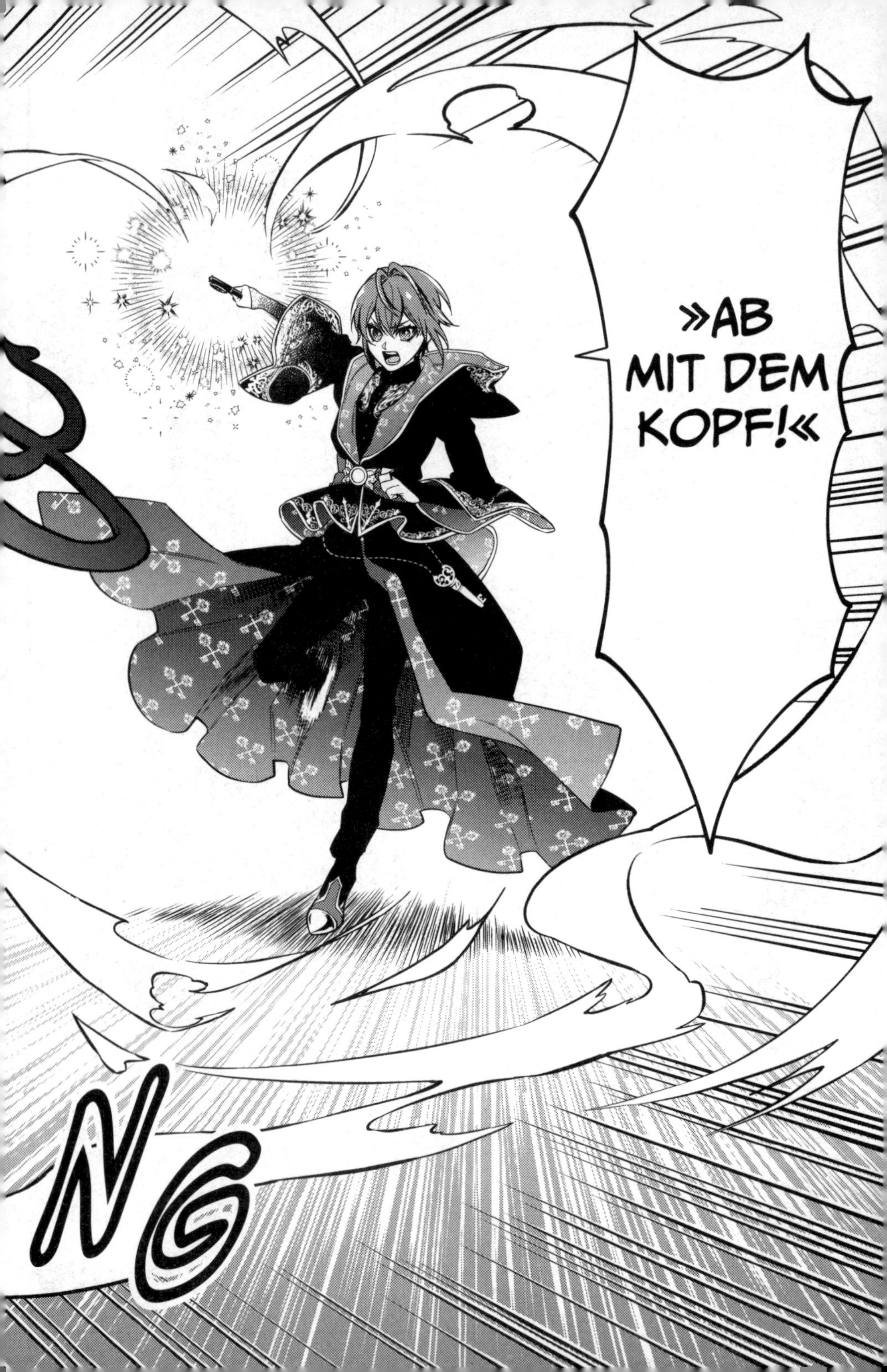
»AB MIT DEM KOPF!«
NG

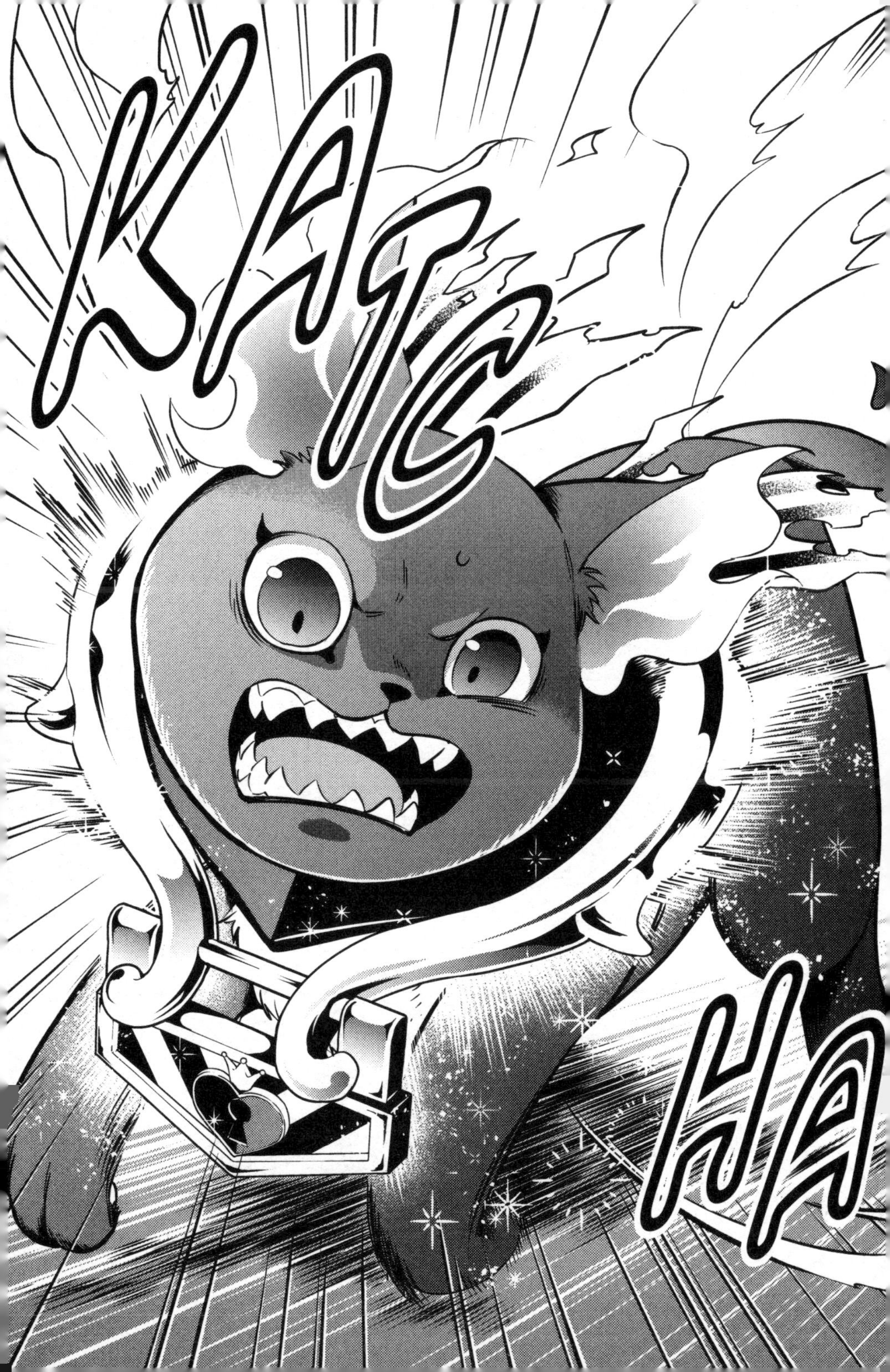
KATC
HA

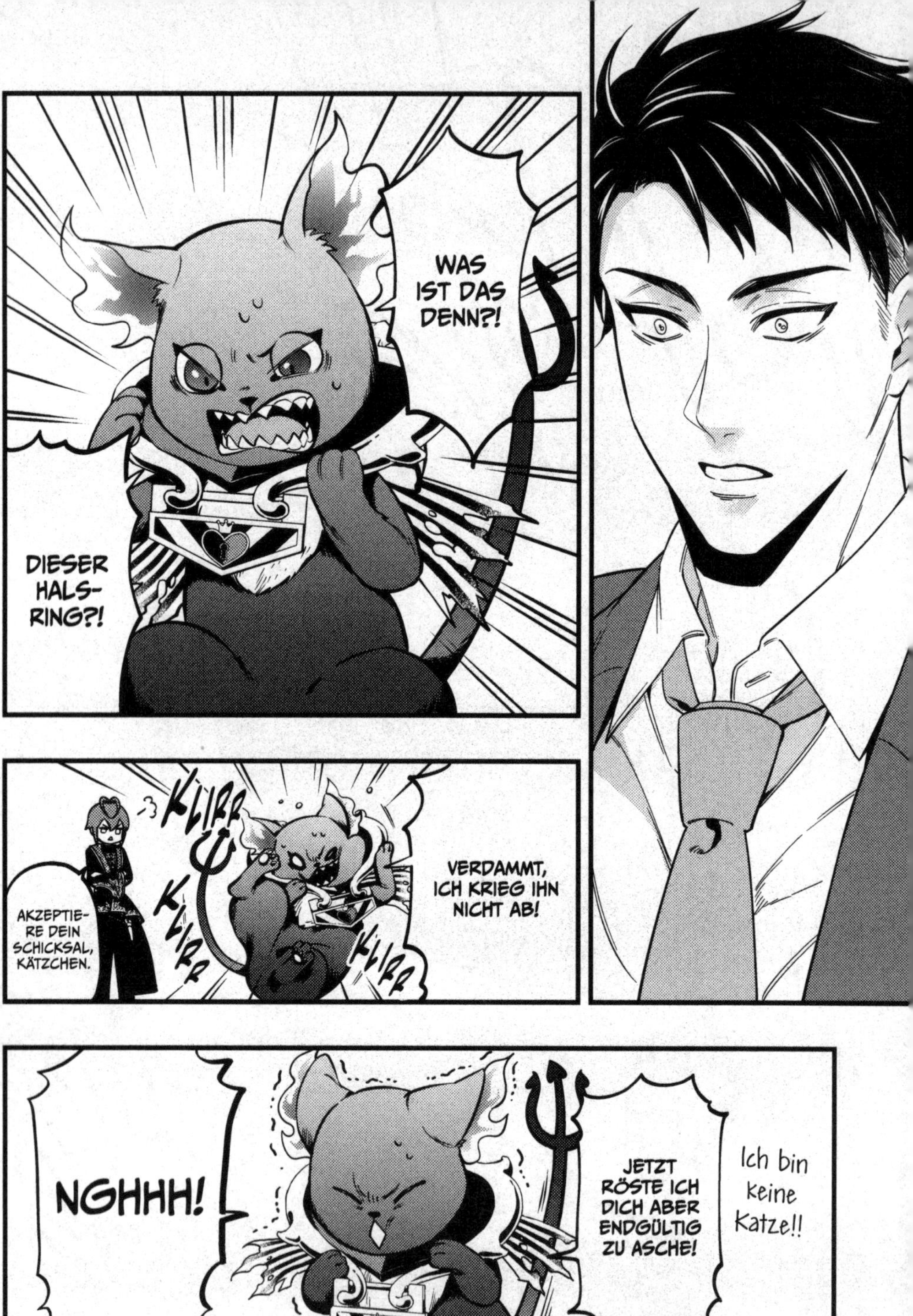
WAS IST DAS DENN?!
DIESER HALS-RING?!
VERDAMMT, ICH KRIEG IHN NICHT AB!
KLIRR
KLIRR
KLIRR
KLIRR
AKZEPTIE-RE DEIN SCHICKSAL, KÄTZCHEN.
Ich bin keine Katze!!
JETZT RÖSTE ICH DICH ABER ENDGÜLTIG ZU ASCHE!
NGHHH!

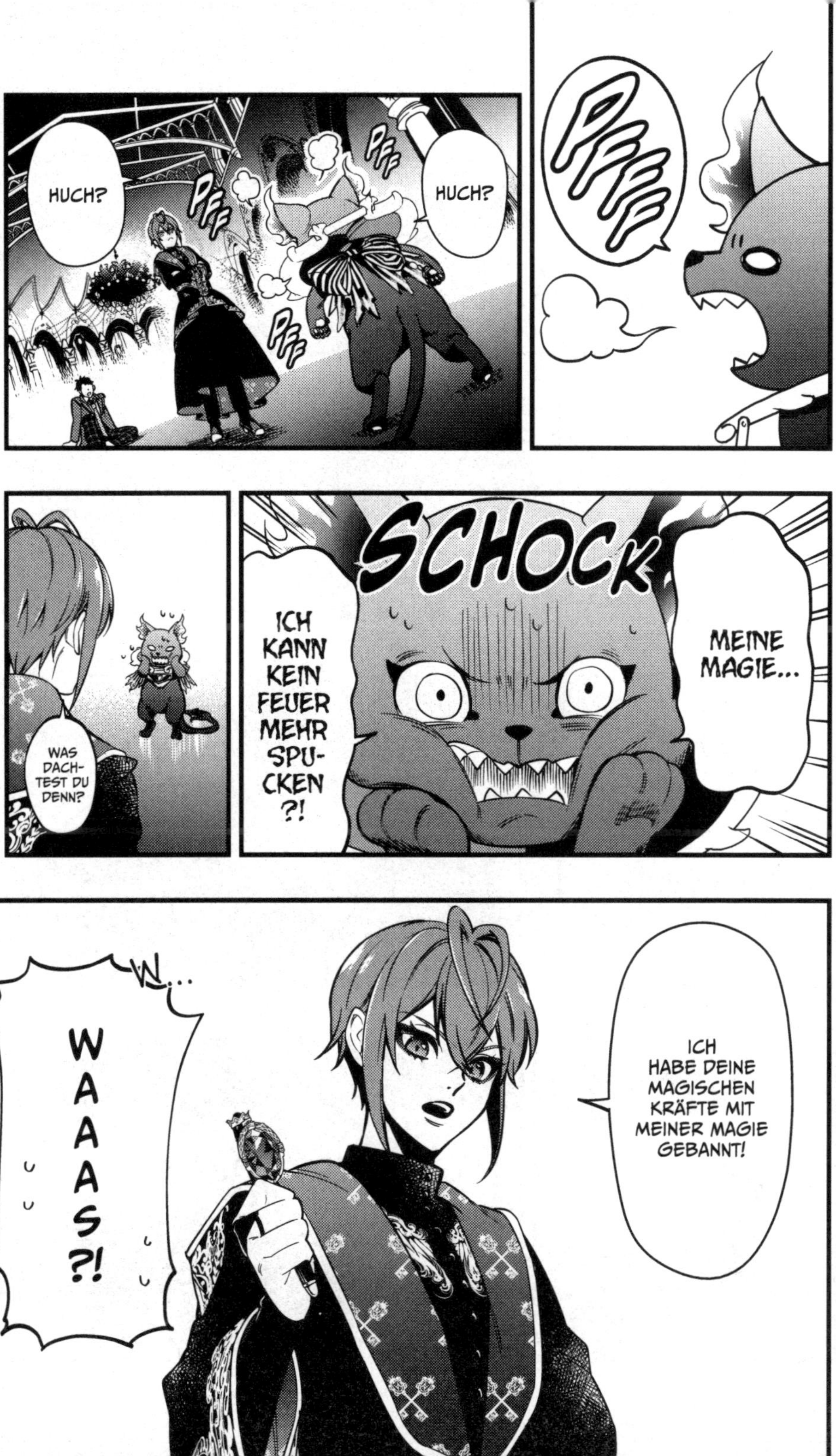
PFFFF
HUCH?
PFF
PFF
PFF
HUCH?
SCHOCK
MEINE MAGIE...
ICH KANN KEIN FEUER MEHR SPUCKEN?!
WAS DACHTEST DU DENN?
ICH HABE DEINE MAGISCHEN KRÄFTE MIT MEINER MAGIE GEBANNT!
W...
WAAAAS?!

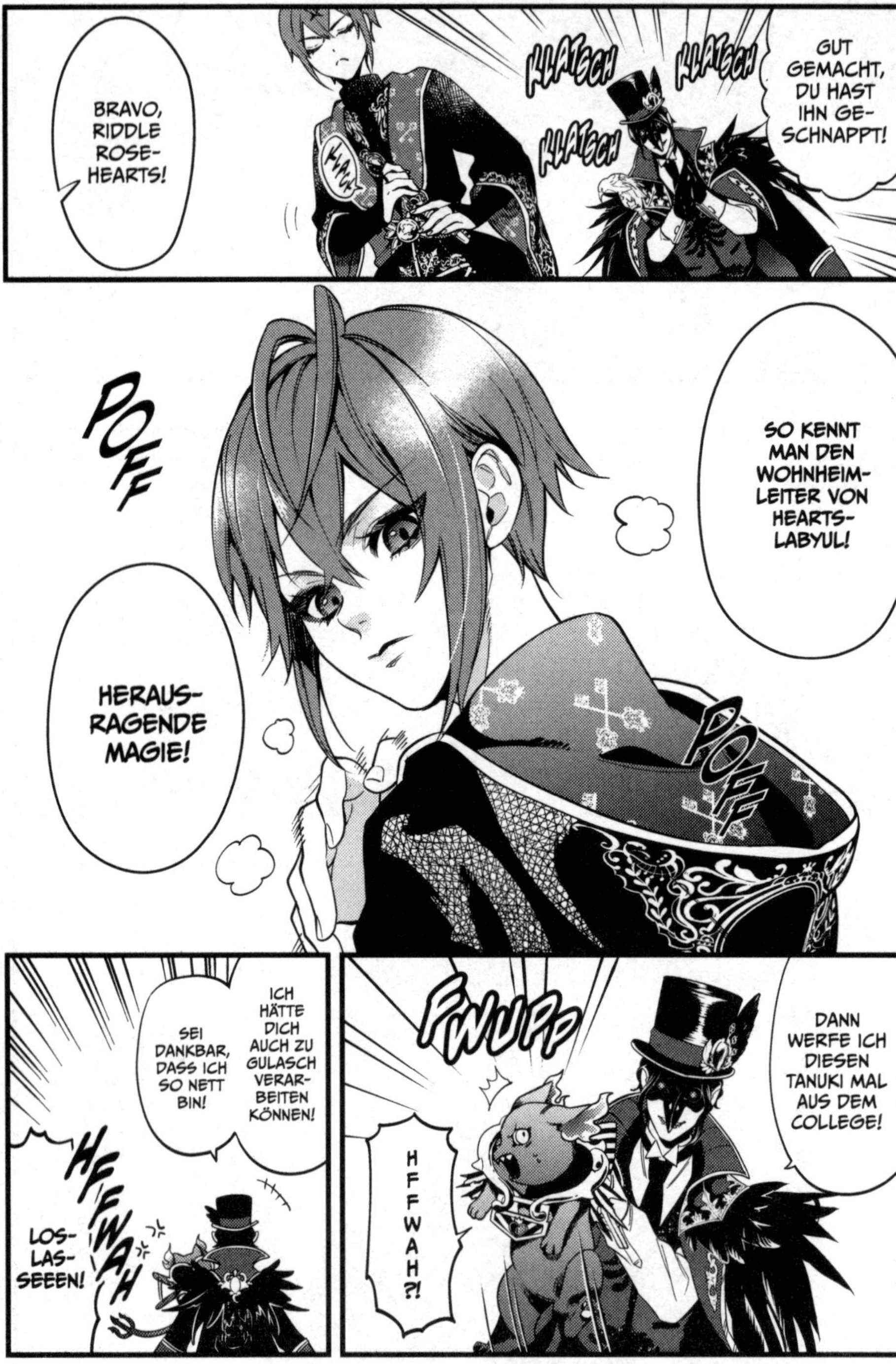
GUT GEMACHT, DU HAST IHN GESCHNAPPT!
KLATSCH KLATSCH KLATSCH
BRAVO, RIDDLE ROSE-HEARTS!
SO KENNT MAN DEN WOHNHEIM-LEITER VON HEARTS-LABYUL!
POFF
HERAUS-RAGENDE MAGIE!
POFF
DANN WERFE ICH DIESEN TANUKI MAL AUS DEM COLLEGE!
FWUPP
HFFWAH?!
ICH HÄTTE DICH AUCH ZU GULASCH VERAR-BEITEN KÖNNEN!
SEI DANKBAR, DASS ICH SO NETT BIN!
HFFWAH
LOS-LAS-SEEEN!

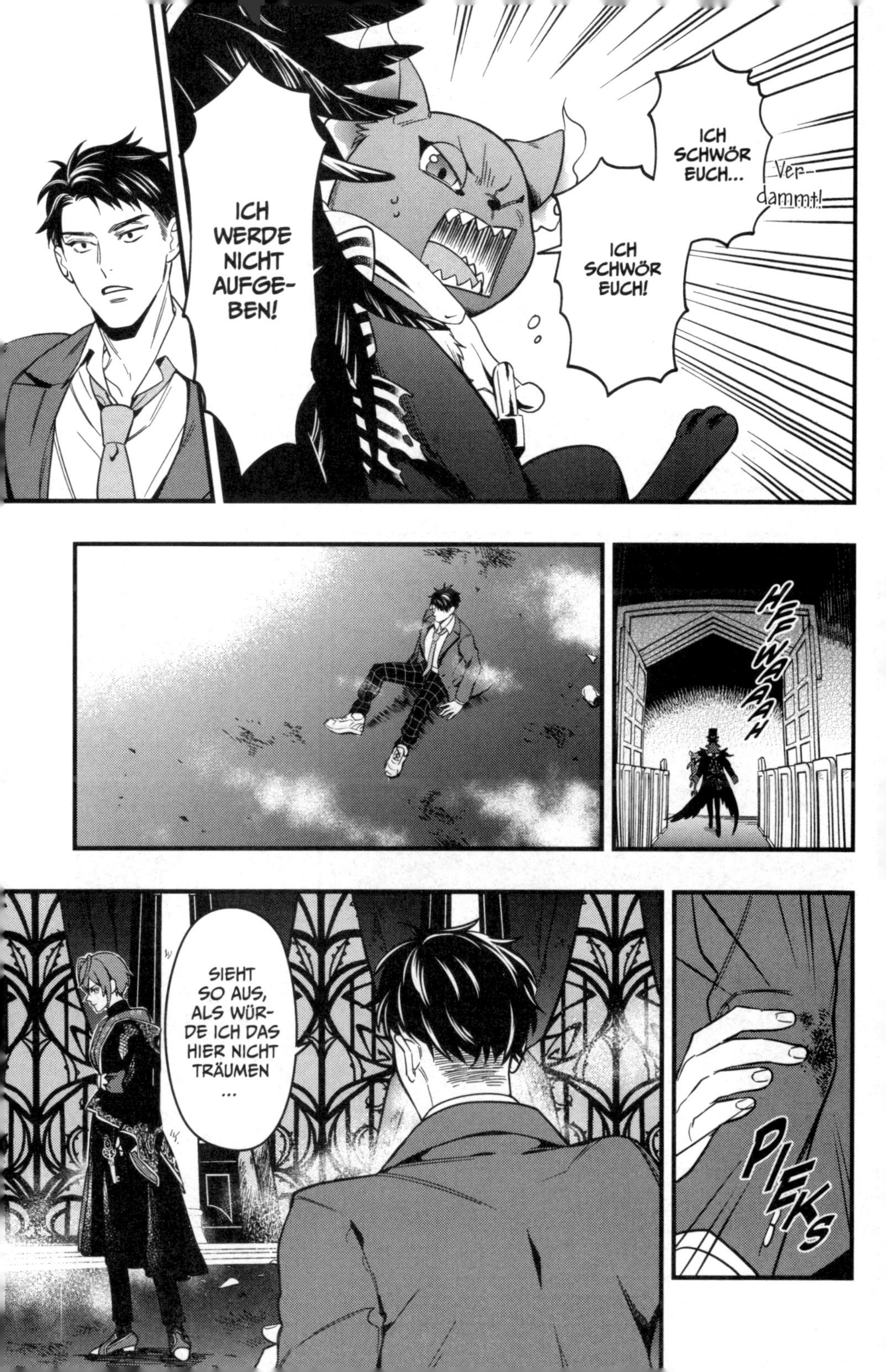
Ver-dammt!
ICH SCHWÖR EUCH...
ICH SCHWÖR EUCH!
ICH WERDE NICHT AUFGE-BEN!
PIEKS
SIEHT SO AUS, ALS WÜR-DE ICH DAS HIER NICHT TRÄUMEN ...

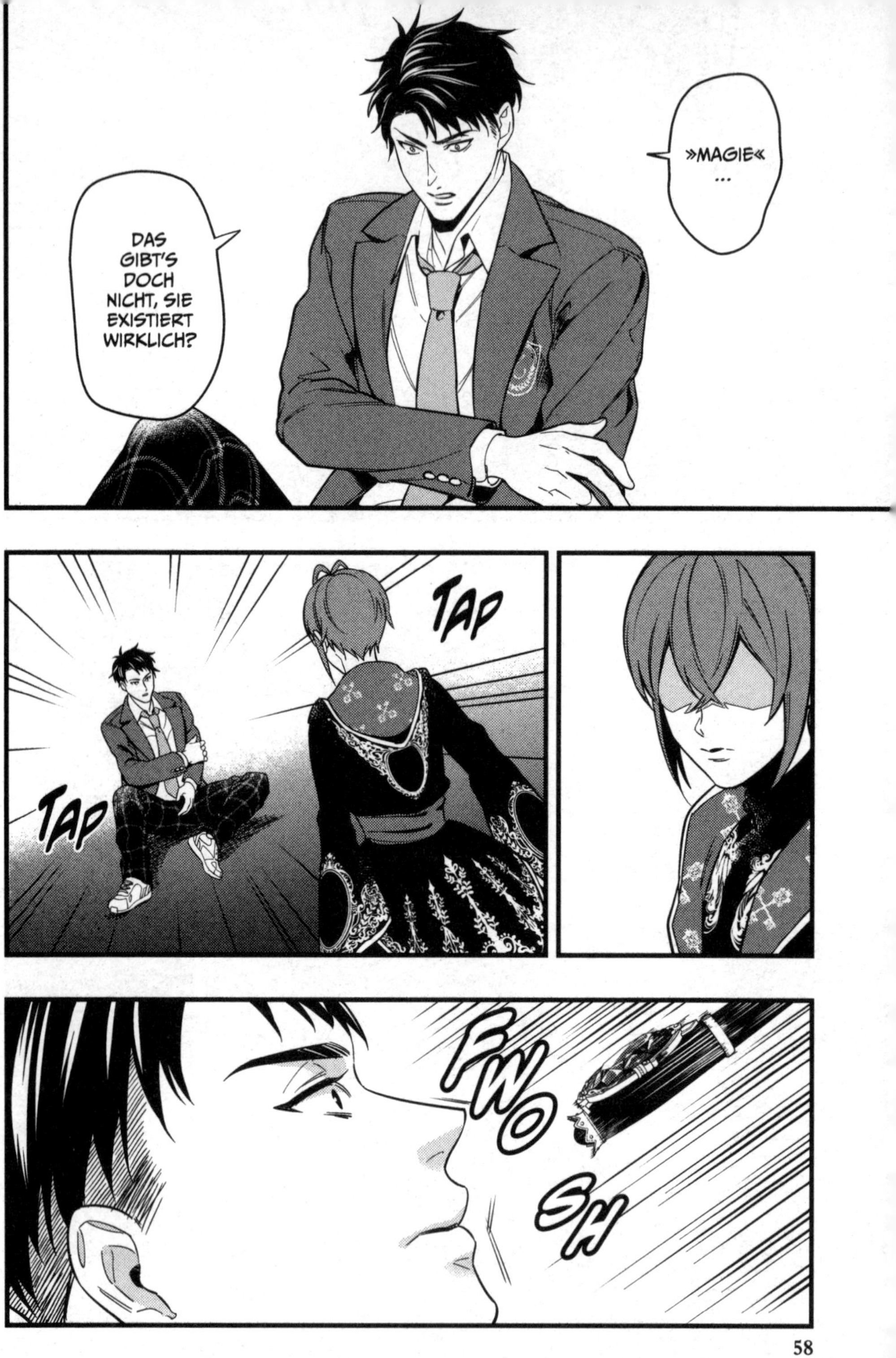
»MAGIE« …
DAS GIBT'S DOCH NICHT, SIE EXISTIERT WIRKLICH?
TAP
TAP
FWOOSH

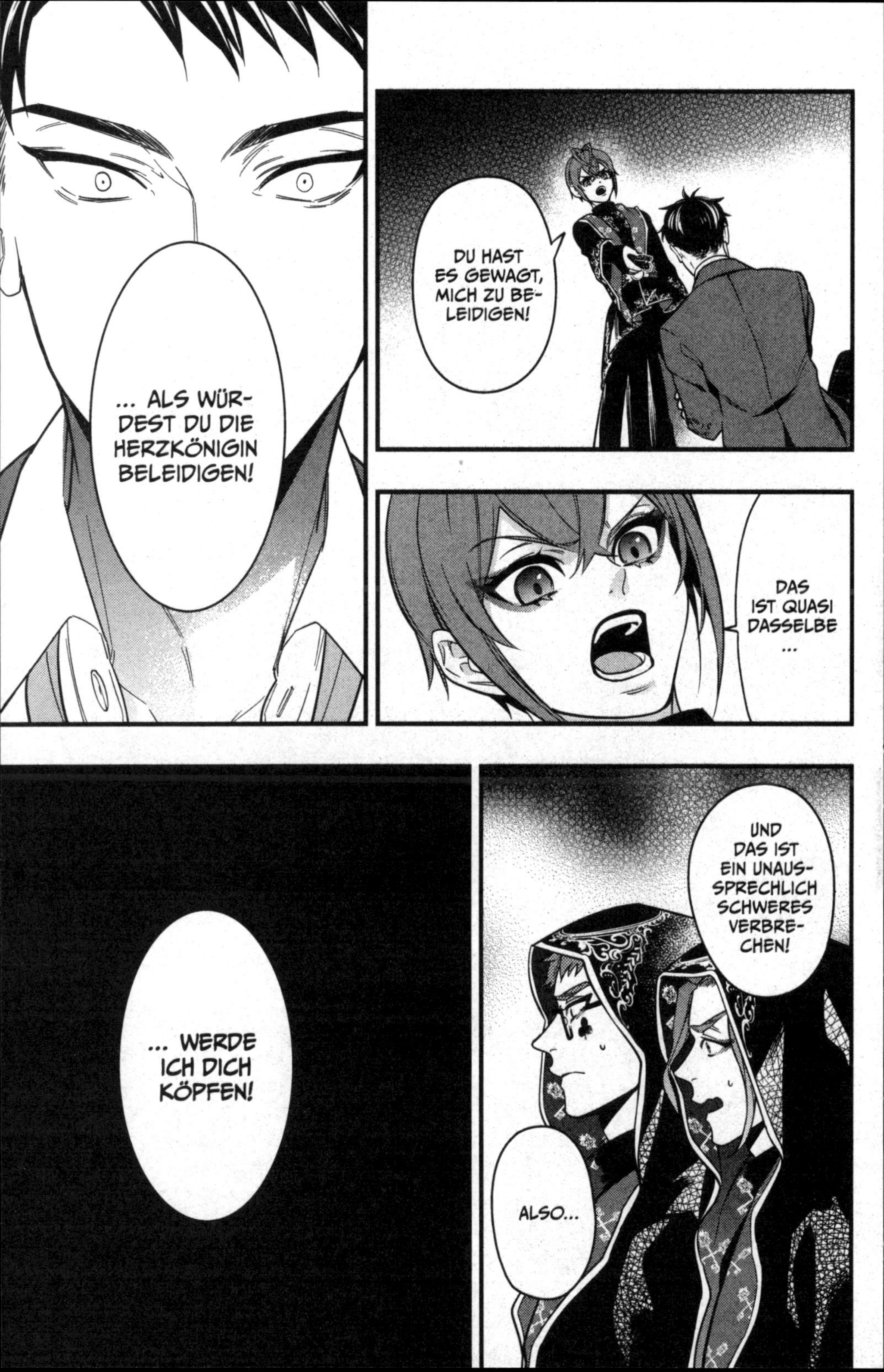
DU HAST ES GEWAGT, MICH ZU BELEIDIGEN!
DAS IST QUASI DASSELBE ...
... ALS WÜRDEST DU DIE HERZKÖNIGIN BELEIDIGEN!
UND DAS IST EIN UNAUSSPRECHLICH SCHWERES VERBRECHEN!
ALSO...
... WERDE ICH DICH KÖPFEN!

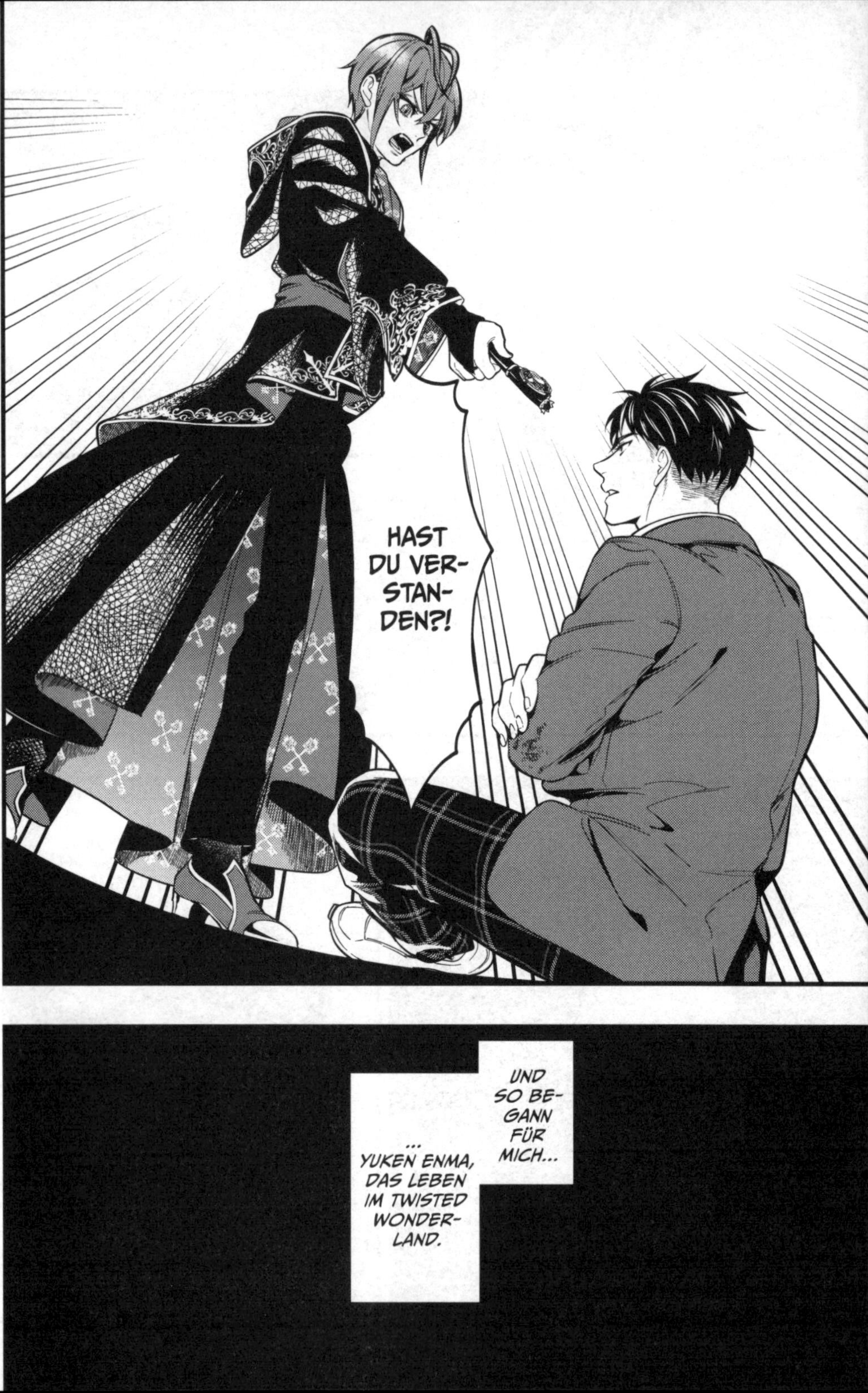
HAST DU VERSTANDEN?!
UND SO BEGANN FÜR MICH...
... YUKEN ENMA, DAS LEBEN IM TWISTED WONDERLAND.

Disney

TWISTED WONDERLAND

DER MANGA

~EPISODE of HEARTSLABYUL~

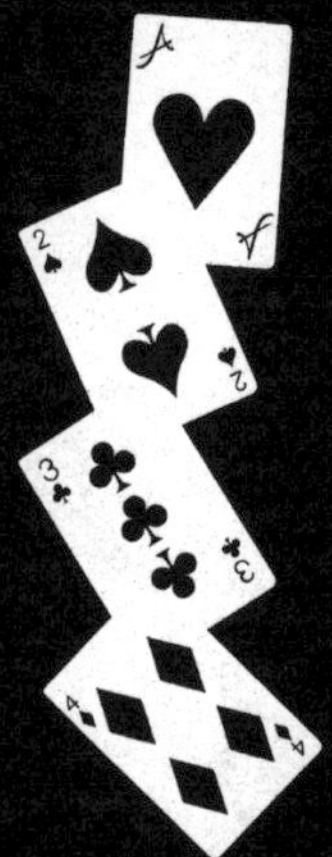

Disney

Twisted Wonderland

Der Manga

~ Episode of Heartslabyul ~

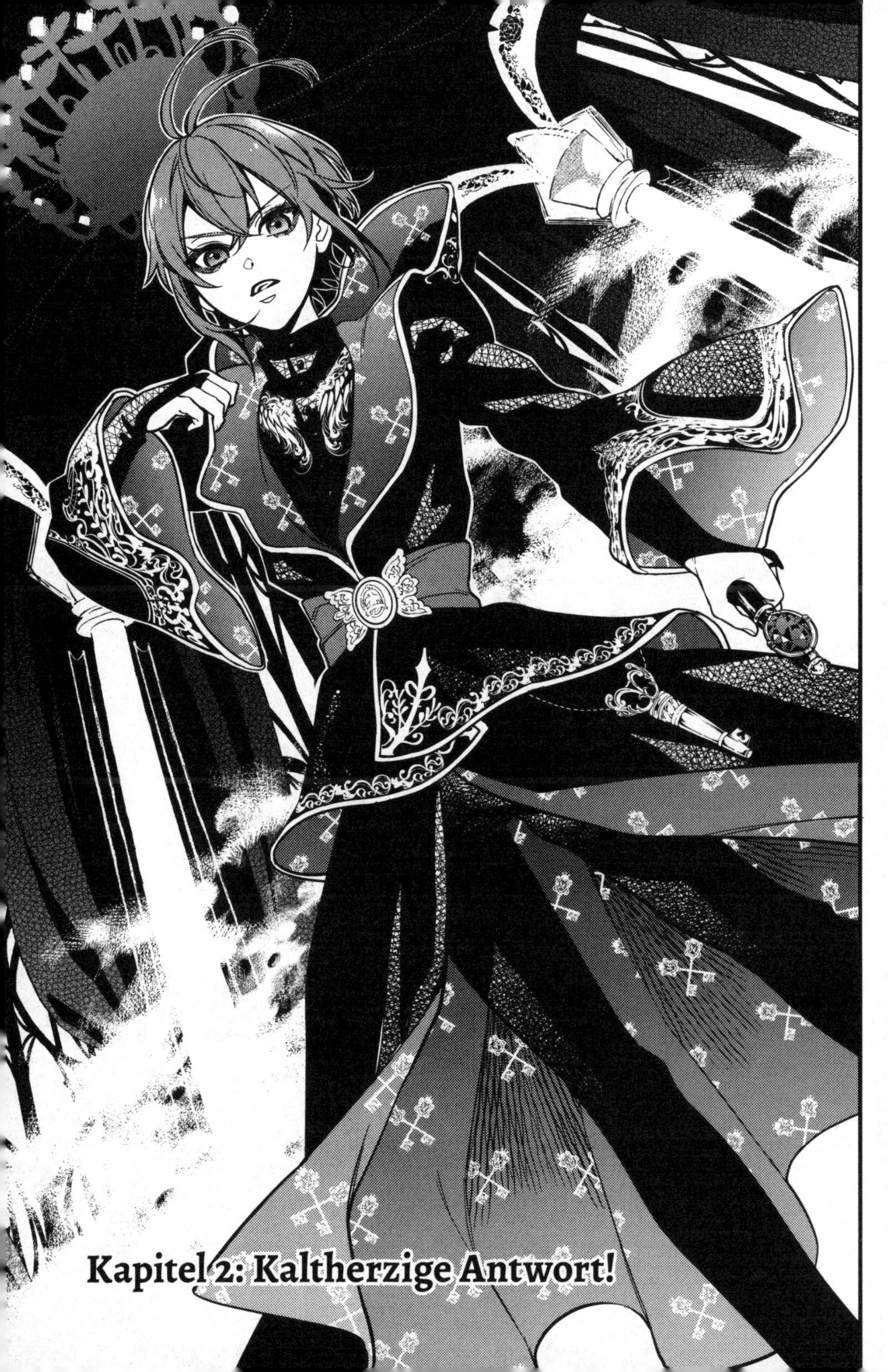
Kapitel 2: Kaltherzige Antwort!

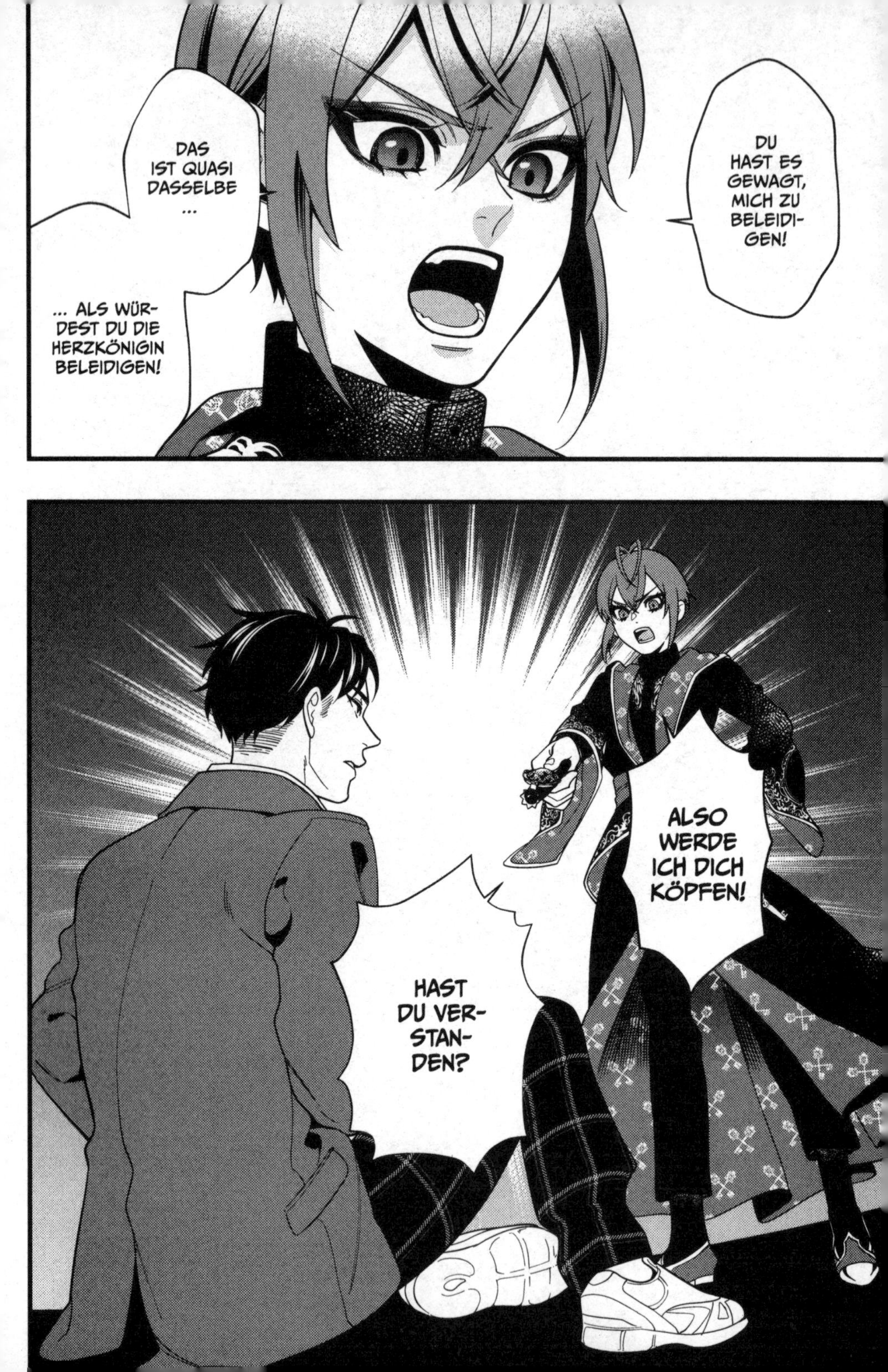
DU HAST ES GEWAGT, MICH ZU BELEIDIGEN!
DAS IST QUASI DASSELBE ...
... ALS WÜRDEST DU DIE HERZKÖNIGIN BELEIDIGEN!
ALSO WERDE ICH DICH KÖPFEN!
HAST DU VERSTANDEN?

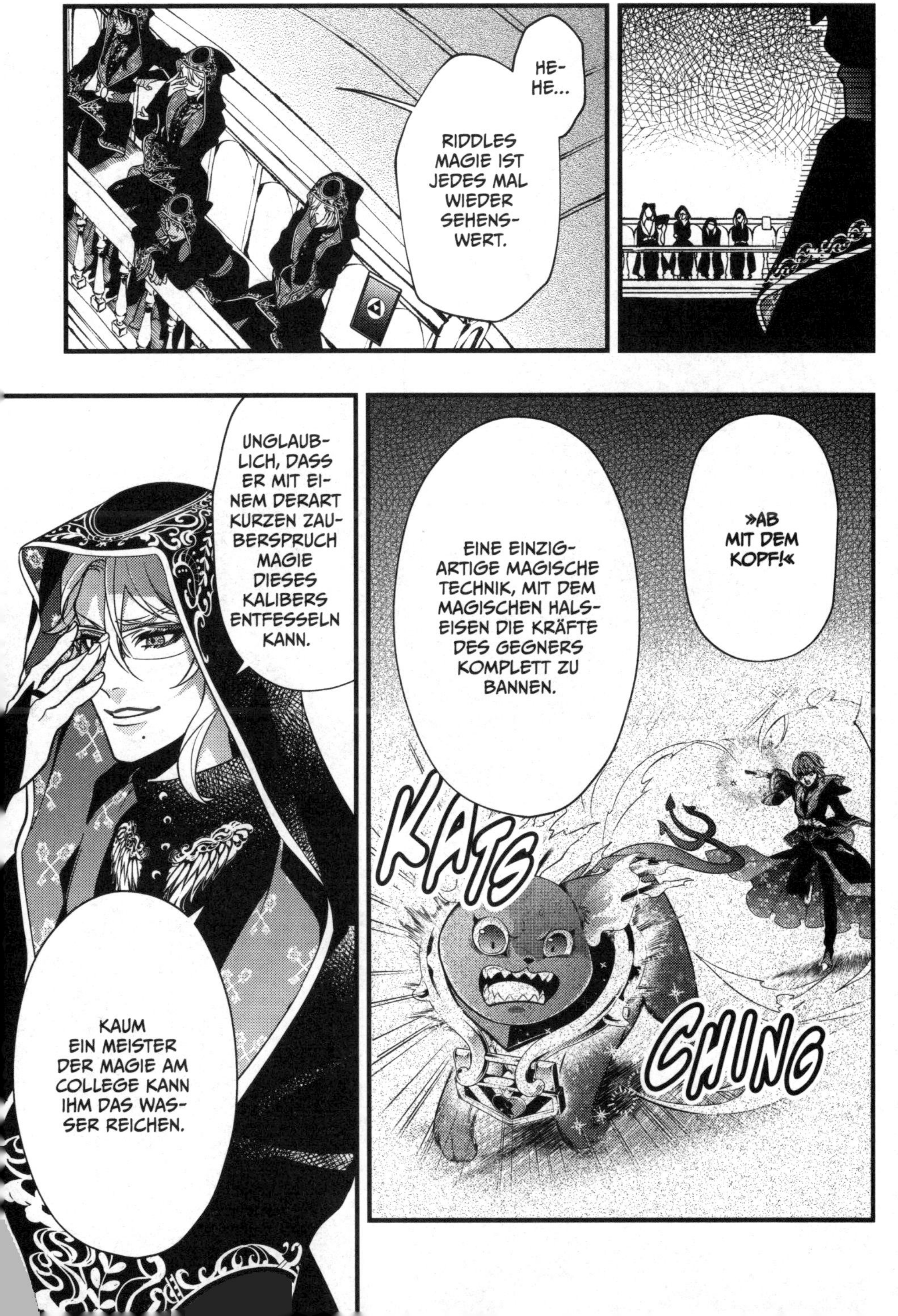
HE-
HE...
RIDDLES MAGIE IST JEDES MAL WIEDER SEHENS-WERT.
»AB MIT DEM KOPF!«
EINE EINZIG-ARTIGE MAGISCHE TECHNIK, MIT DEM MAGISCHEN HALS-EISEN DIE KRÄFTE DES GEGNERS KOMPLETT ZU BANNEN.
KATS
CHING
UNGLAUB-LICH, DASS ER MIT EI-NEM DERART KURZEN ZAU-BERSPRUCH MAGIE DIESES KALIBERS ENTFESSELN KANN.
KAUM EIN MEISTER DER MAGIE AM COLLEGE KANN IHM DAS WAS-SER REICHEN.

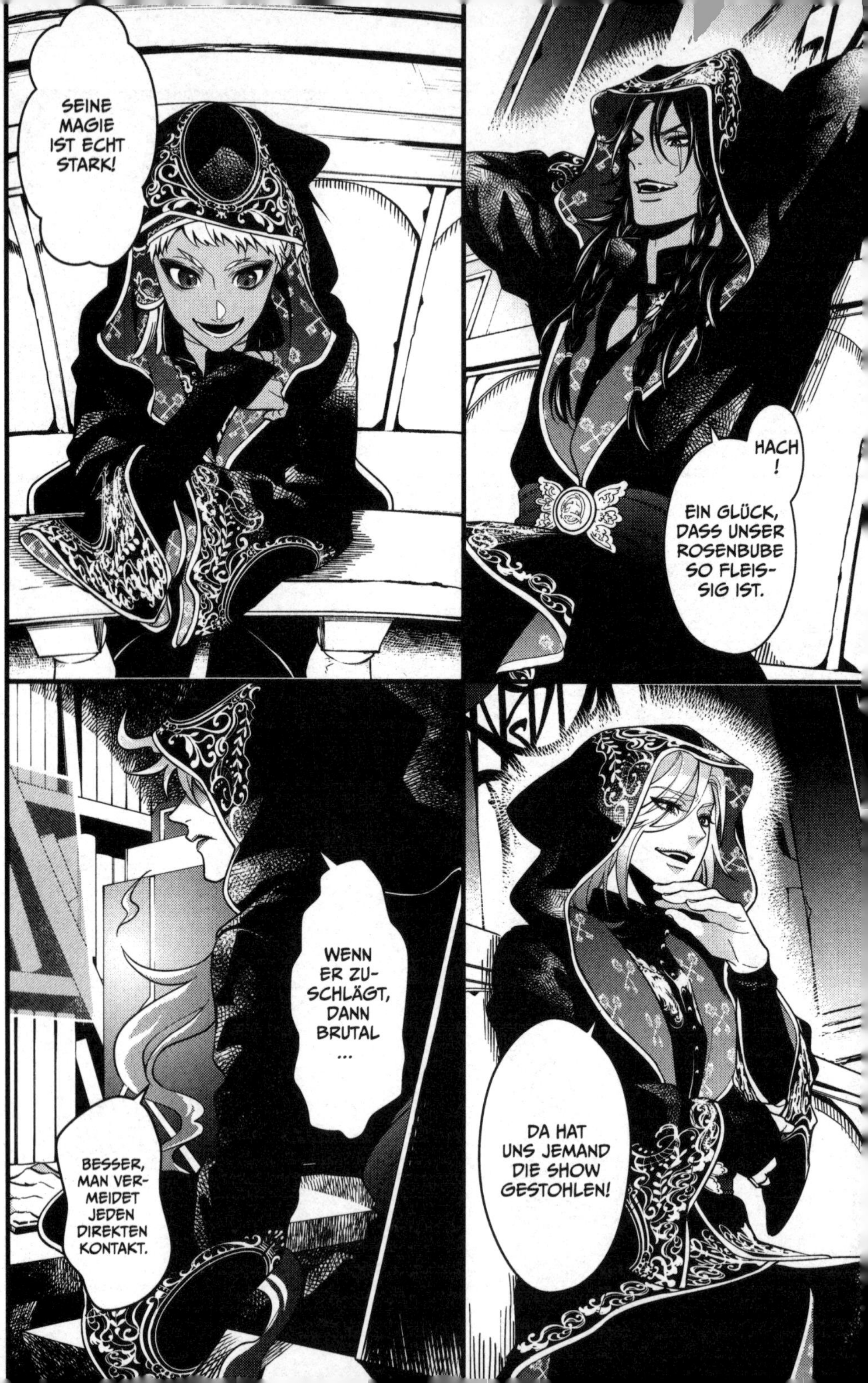
HACH! EIN GLÜCK, DASS UNSER ROSENBUBE SO FLEISSIG IST.
SEINE MAGIE IST ECHT STARK!
DA HAT UNS JEMAND DIE SHOW GESTOHLEN!
WENN ER ZUSCHLÄGT, DANN BRUTAL ...
BESSER, MAN VERMEIDET JEDEN DIREKTEN KONTAKT.

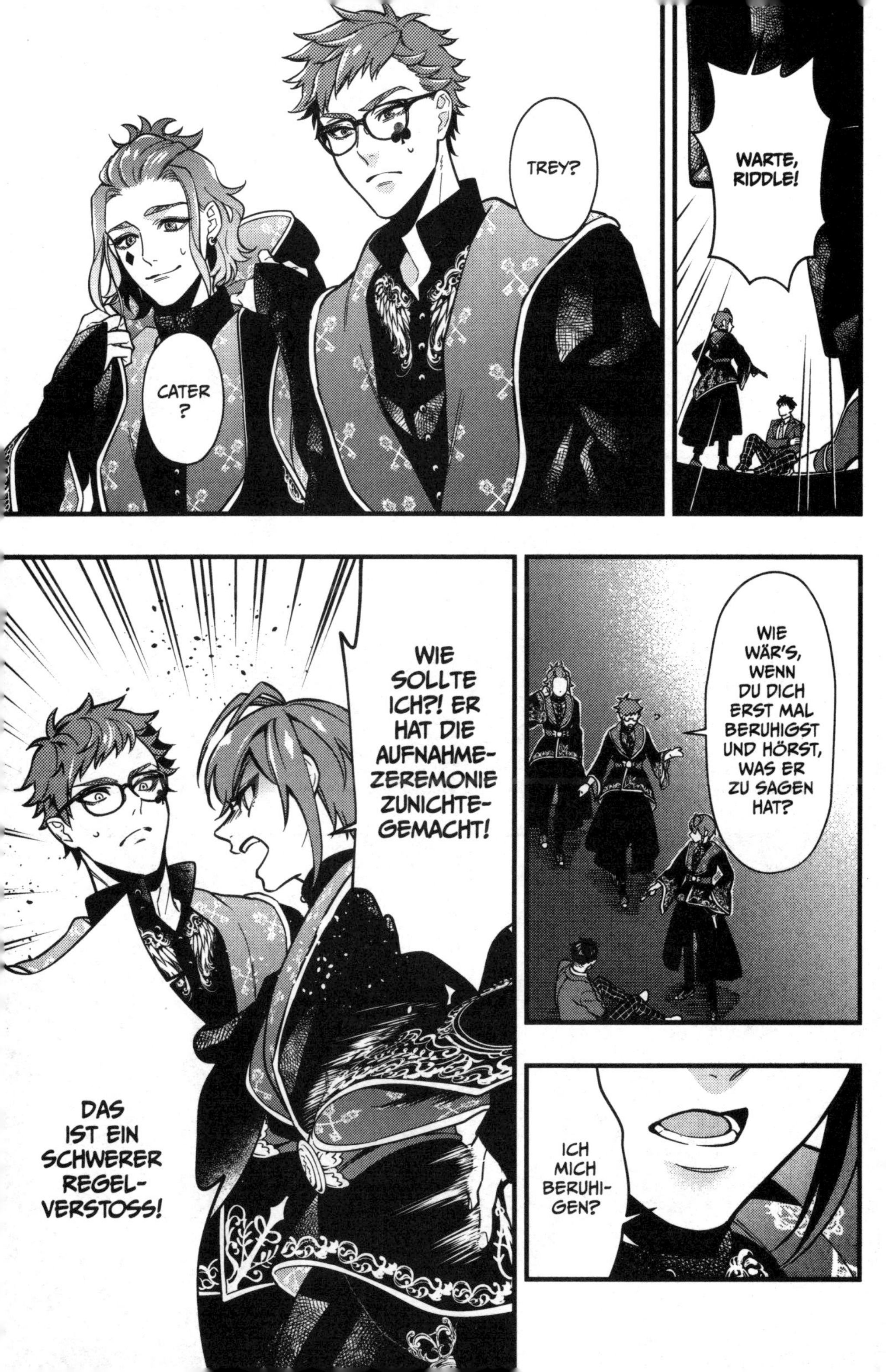
WARTE, RIDDLE!
TREY?
CATER ?
WIE WÄR'S, WENN DU DICH ERST MAL BERUHIGST UND HÖRST, WAS ER ZU SAGEN HAT?
WIE SOLLTE ICH?! ER HAT DIE AUFNAHME-ZEREMONIE ZUNICHTE-GEMACHT!
DAS IST EIN SCHWERER REGEL-VERSTOSS!
ICH MICH BERUHI-GEN?

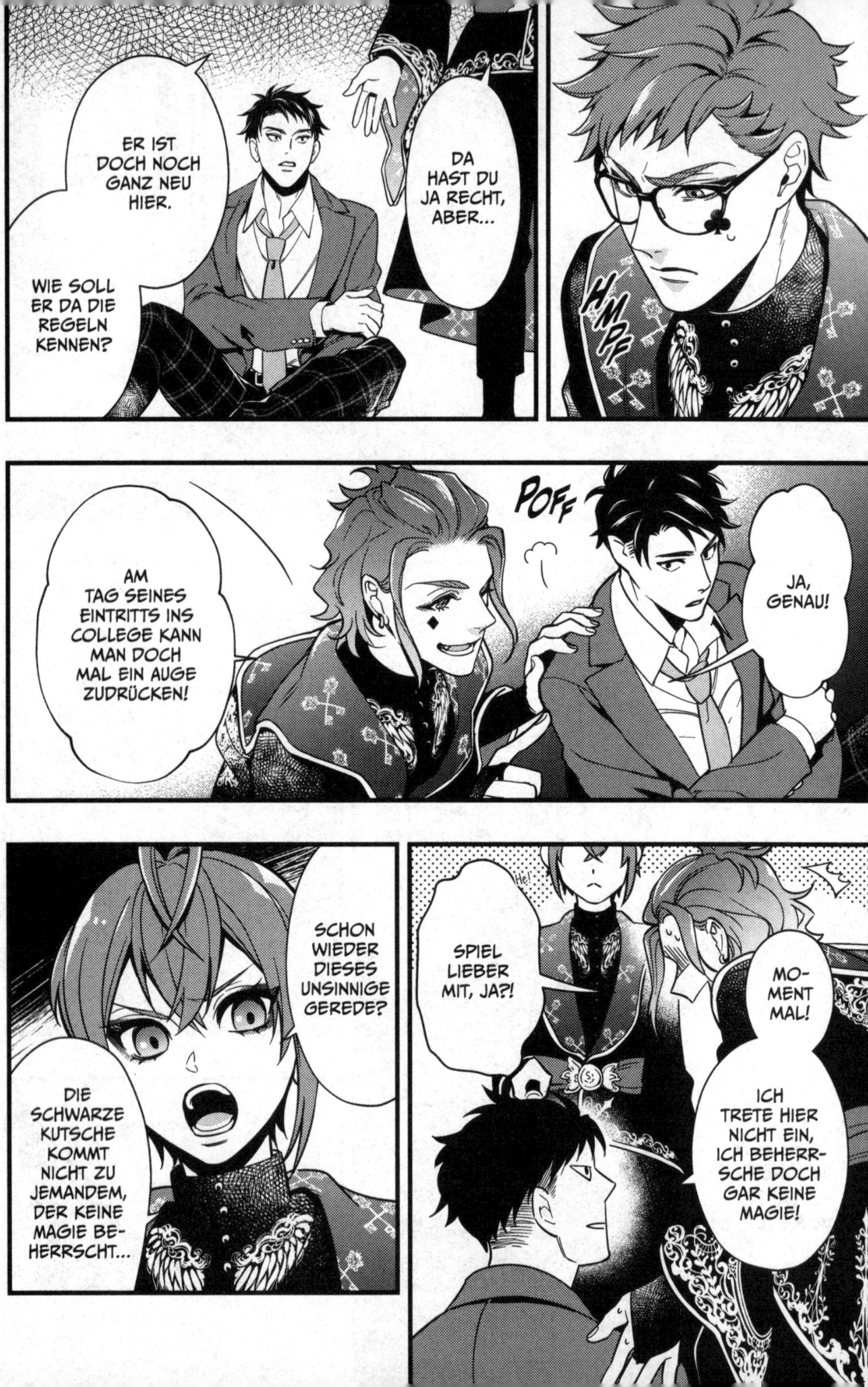
ER IST DOCH NOCH GANZ NEU HIER.
WIE SOLL ER DA DIE REGELN KENNEN?
DA HAST DU JA RECHT, ABER...
HMPF
AM TAG SEINES EINTRITTS INS COLLEGE KANN MAN DOCH MAL EIN AUGE ZUDRÜCKEN!
POFF
JA, GENAU!
SCHON WIEDER DIESES UNSINNIGE GEREDE?
DIE SCHWARZE KUTSCHE KOMMT NICHT ZU JEMANDEM, DER KEINE MAGIE BEHERRSCHT...
MOMENT MAL!
ICH TRETE HIER NICHT EIN, ICH BEHERRSCHE DOCH GAR KEINE MAGIE!
He!
SPIEL LIEBER MIT, JA?!

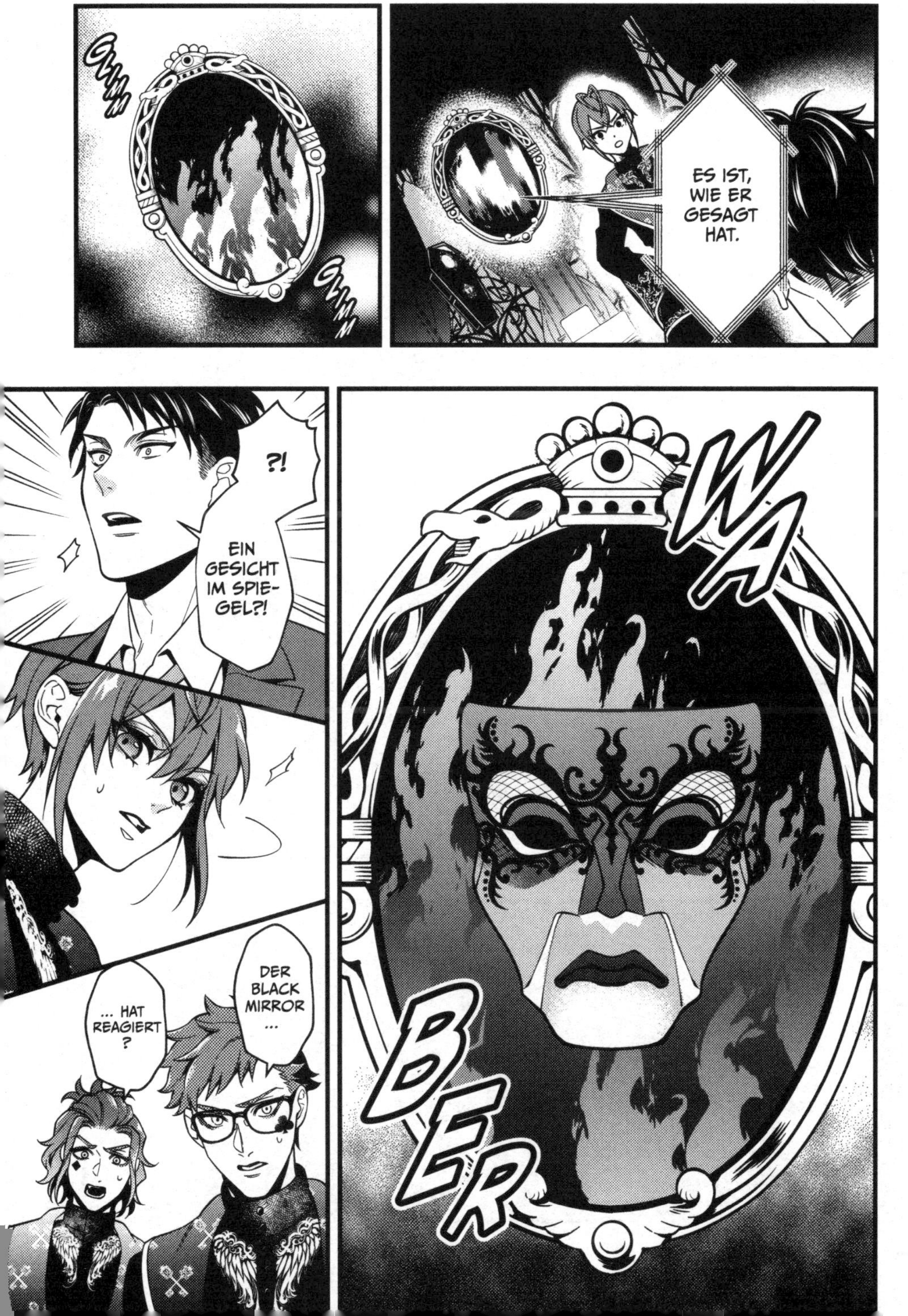

ES IST, WIE ER GESAGT HAT.
GLIMM
GLIMM
?!
EIN GESICHT IM SPIEGEL?!
WABER
DER BLACK MIRROR …
… HAT REAGIERT?

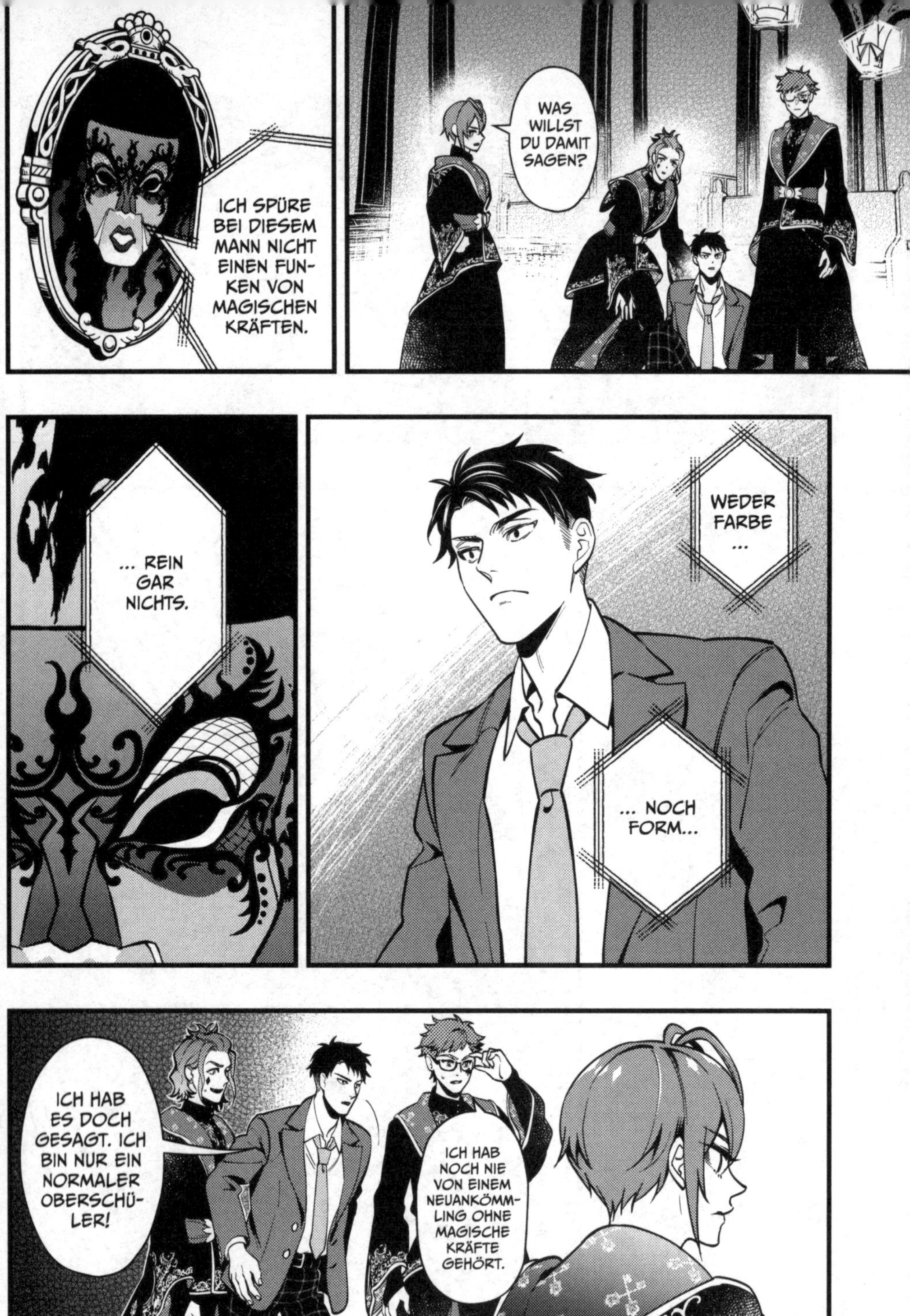
WAS WILLST DU DAMIT SAGEN?
ICH SPÜRE BEI DIESEM MANN NICHT EINEN FUN-KEN VON MAGISCHEN KRÄFTEN.
WEDER FARBE ...
... NOCH FORM...
... REIN GAR NICHTS.
ICH HAB NOCH NIE VON EINEM NEUANKÖMM-LING OHNE MAGISCHE KRÄFTE GEHÖRT.
ICH HAB ES DOCH GESAGT. ICH BIN NUR EIN NORMALER OBERSCHÜ-LER!

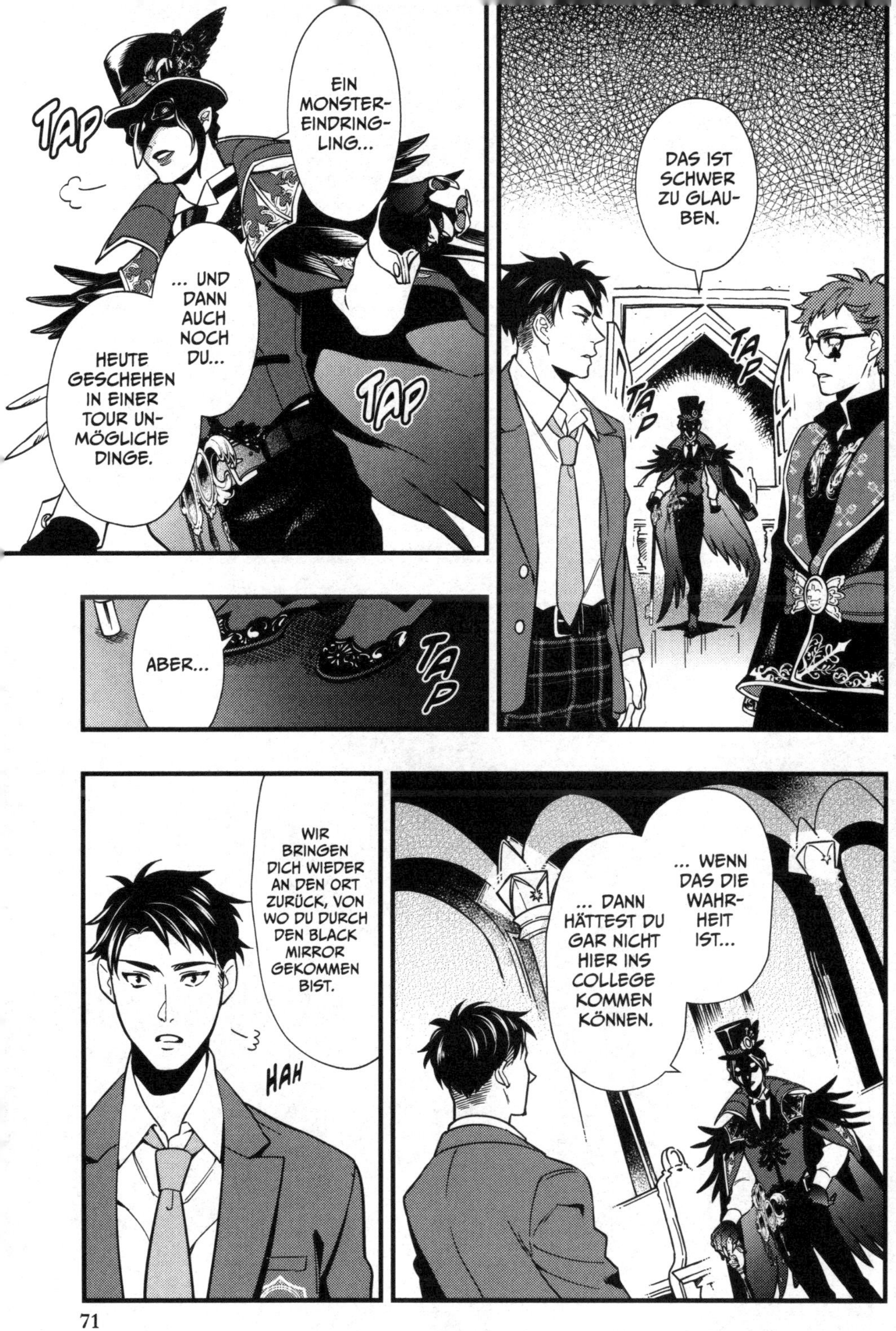
DAS IST SCHWER ZU GLAUBEN.
TAP
TAP
TAP
EIN MONSTER-EINDRINGLING...
... UND DANN AUCH NOCH DU...
HEUTE GESCHEHEN IN EINER TOUR UNMÖGLICHE DINGE.
TAP
TAP
ABER...
... WENN DAS DIE WAHRHEIT IST...
... DANN HÄTTEST DU GAR NICHT HIER INS COLLEGE KOMMEN KÖNNEN.
WIR BRINGEN DICH WIEDER AN DEN ORT ZURÜCK, VON WO DU DURCH DEN BLACK MIRROR GEKOMMEN BIST.
HAH

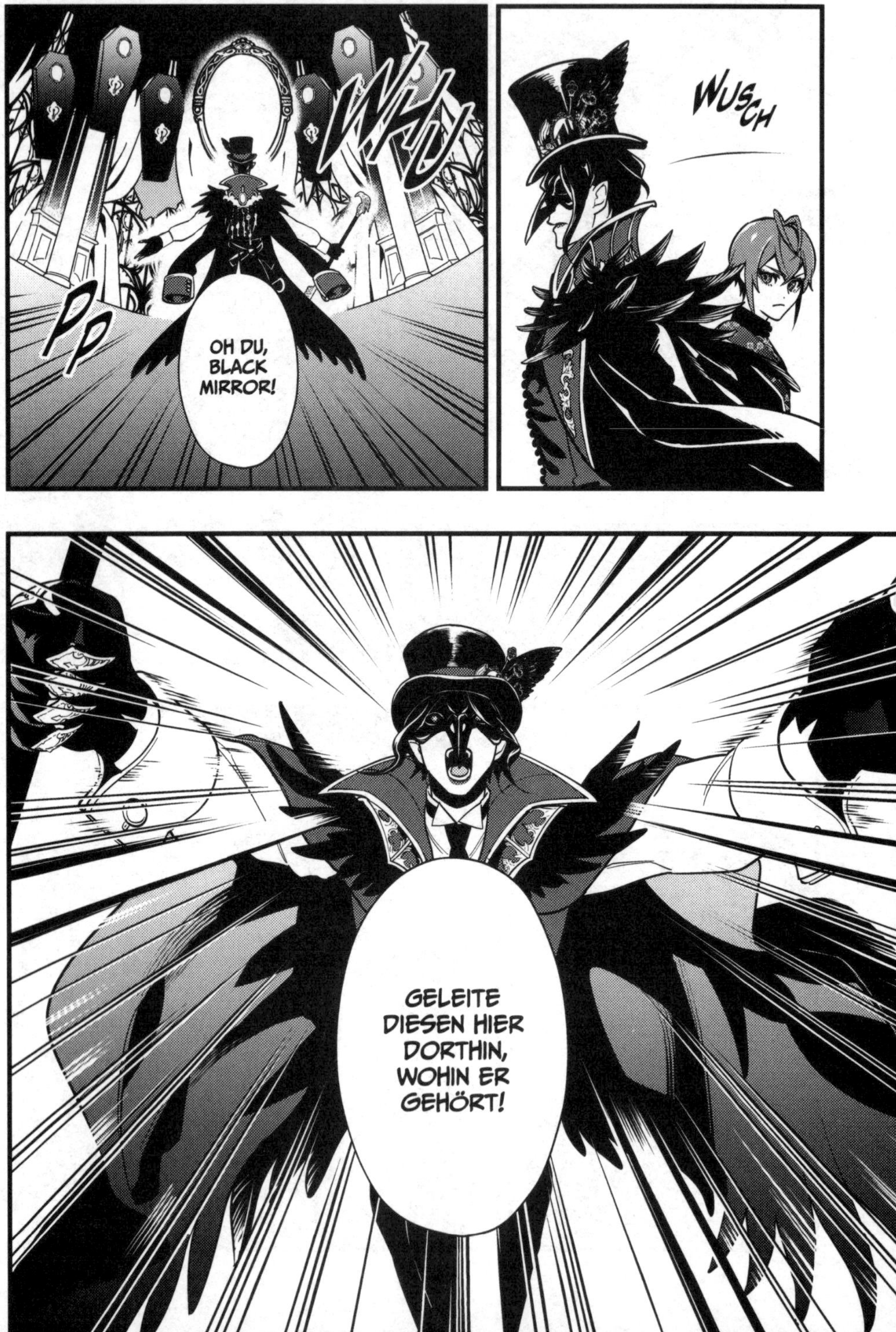
WUSCH
WHU
PP
OH DU, BLACK MIRROR!
GELEITE DIESEN HIER DORTHIN, WOHIN ER GEHÖRT!

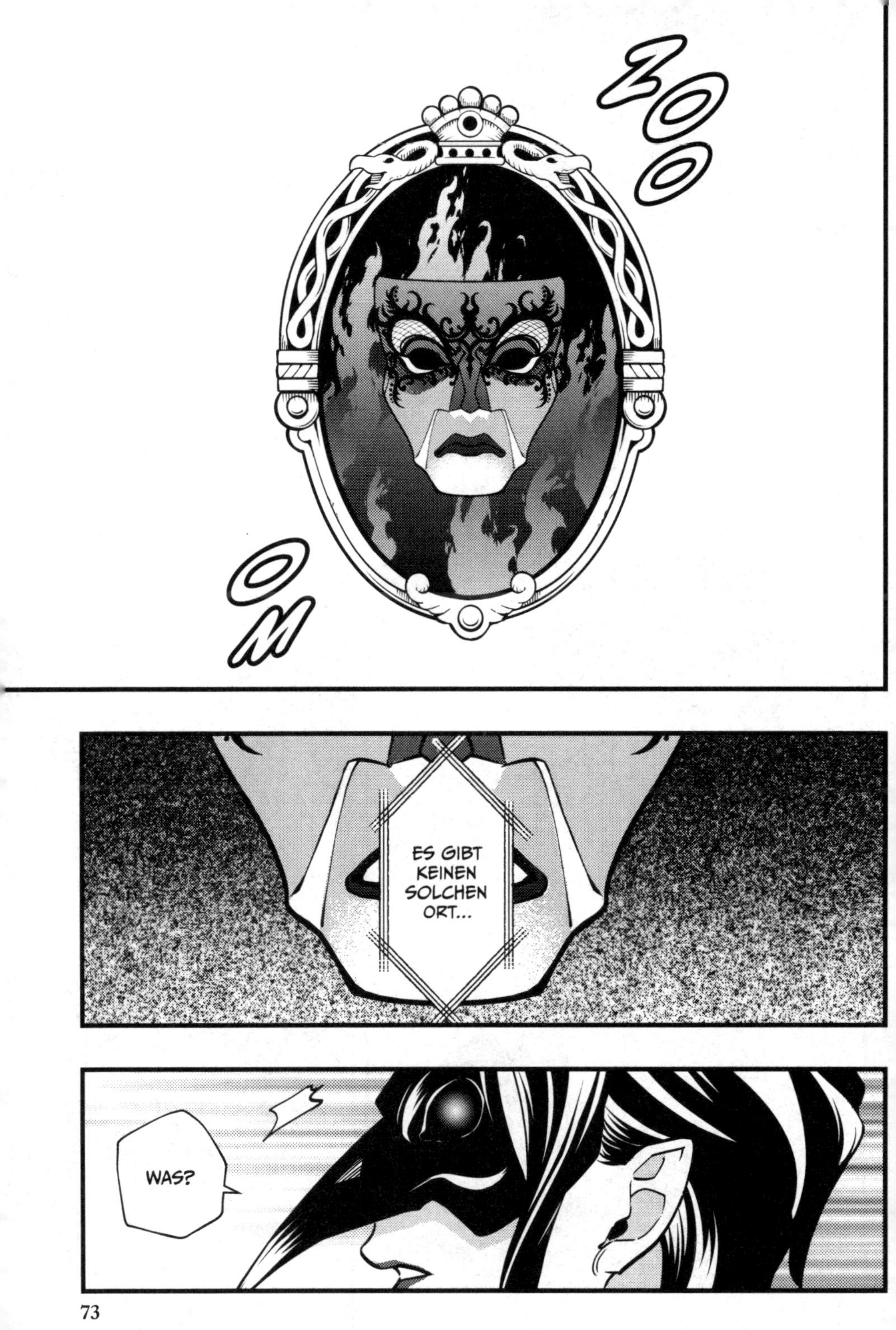
ZOOOM
ES GIBT KEINEN SOLCHEN ORT...
WAS?

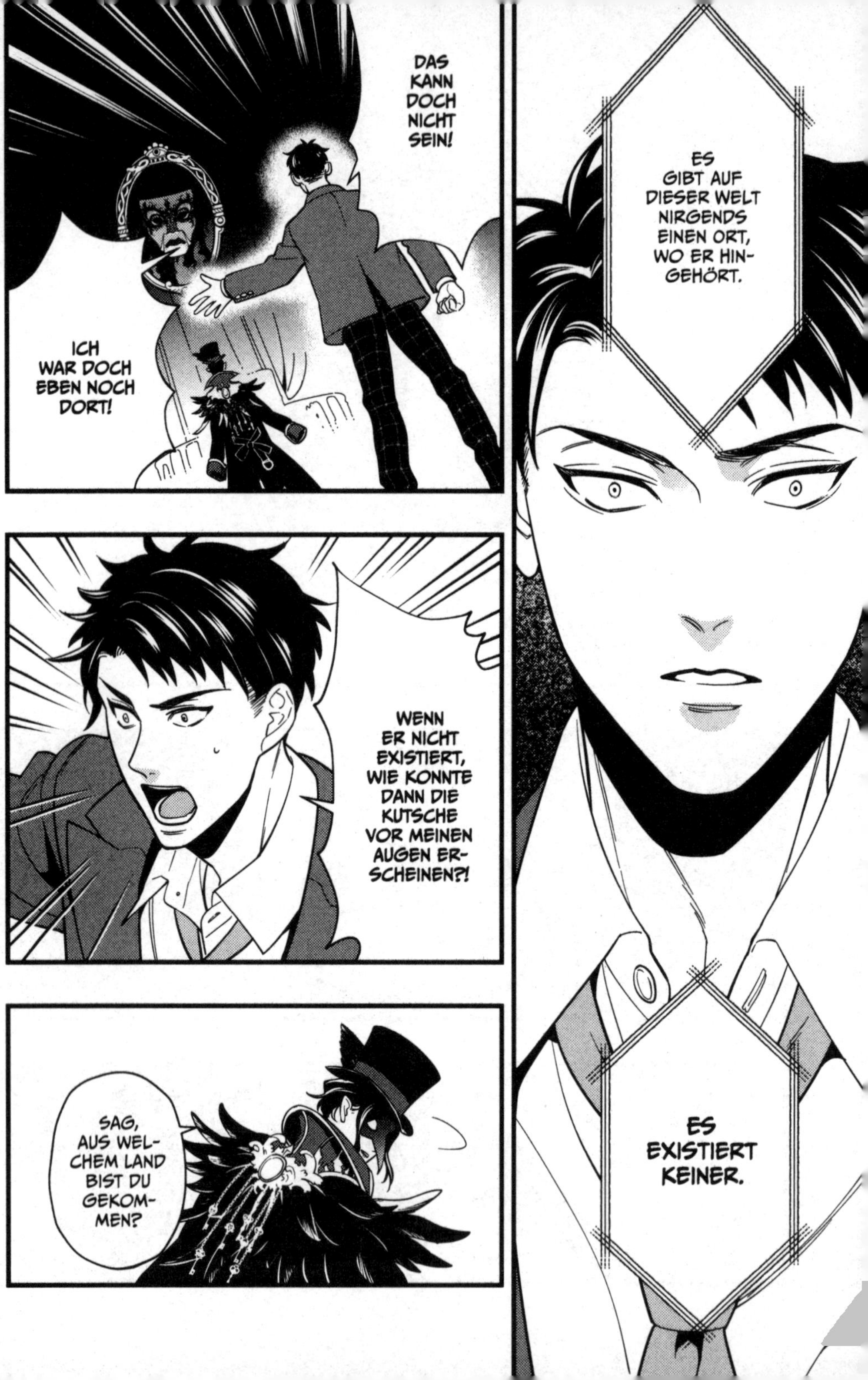
ES GIBT AUF DIESER WELT NIRGENDS EINEN ORT, WO ER HIN-GEHÖRT.
ES EXISTIERT KEINER.
DAS KANN DOCH NICHT SEIN!
ICH WAR DOCH EBEN NOCH DORT!
WENN ER NICHT EXISTIERT, WIE KONNTE DANN DIE KUTSCHE VOR MEINEN AUGEN ER-SCHEINEN?!
SAG, AUS WEL-CHEM LAND BIST DU GEKOM-MEN?

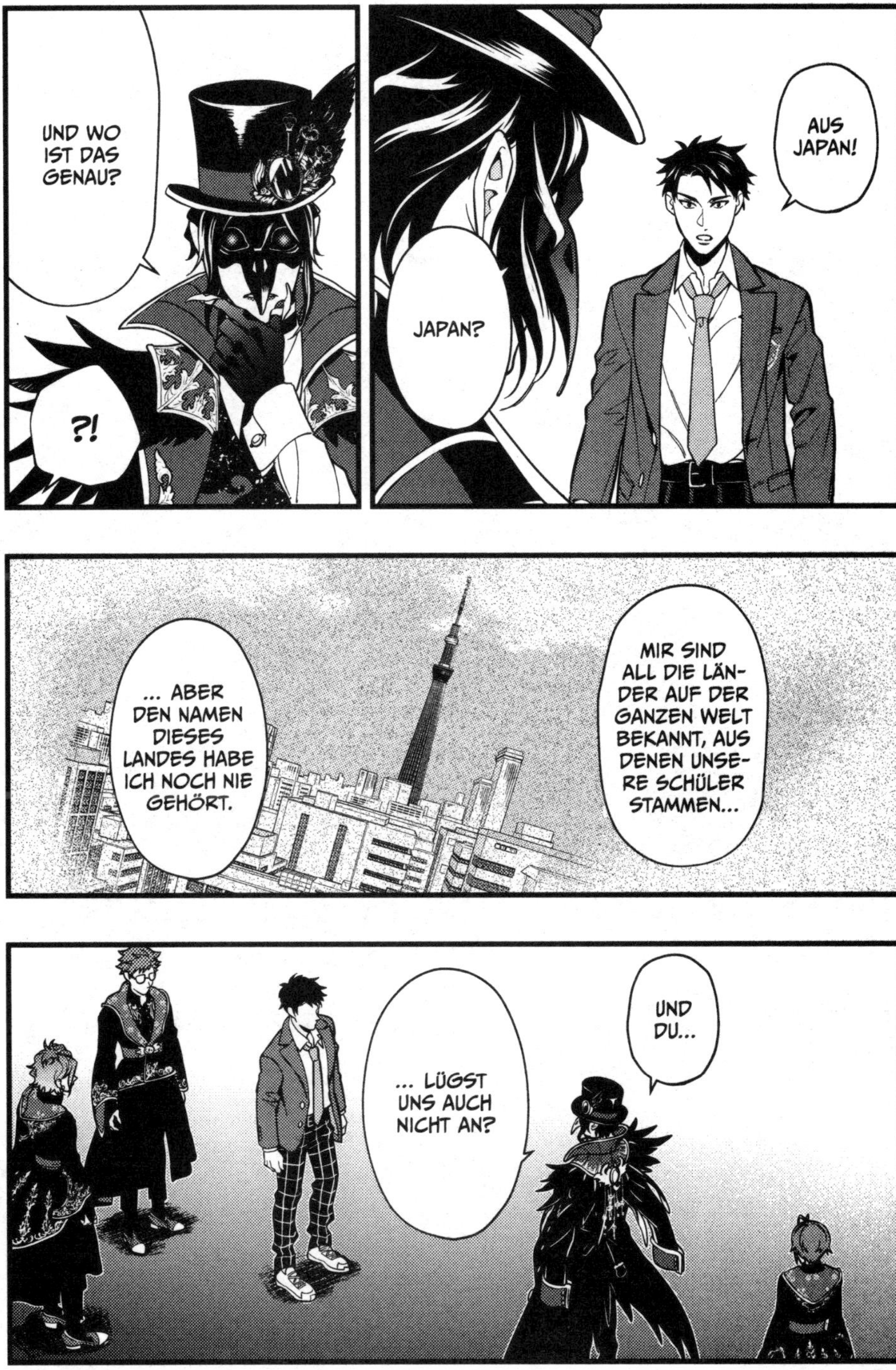
AUS JAPAN!
JAPAN?
UND WO IST DAS GENAU?
?!
MIR SIND ALL DIE LÄNDER AUF DER GANZEN WELT BEKANNT, AUS DENEN UNSERE SCHÜLER STAMMEN...
... ABER DEN NAMEN DIESES LANDES HABE ICH NOCH NIE GEHÖRT.
UND DU...
... LÜGST UNS AUCH NICHT AN?

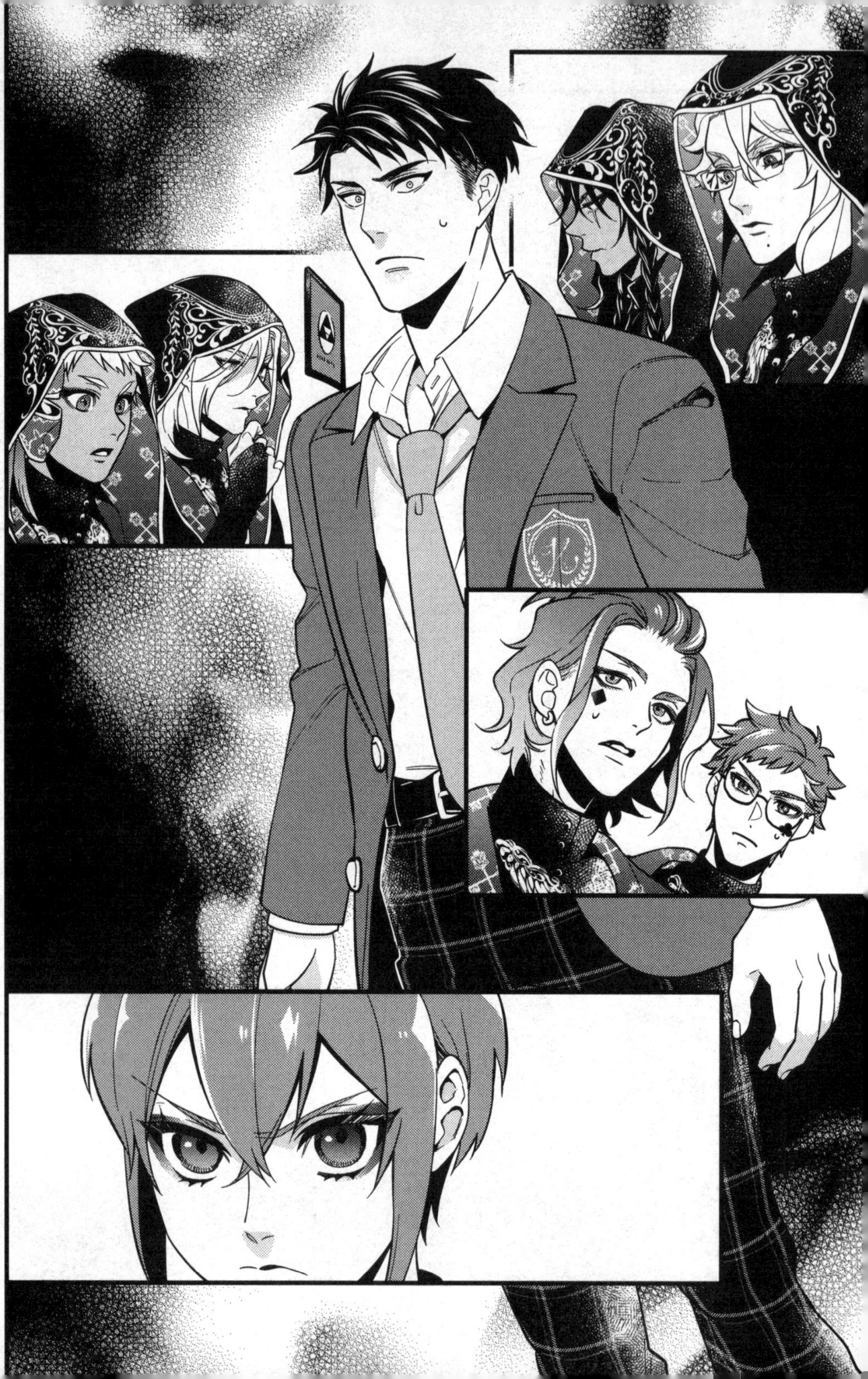

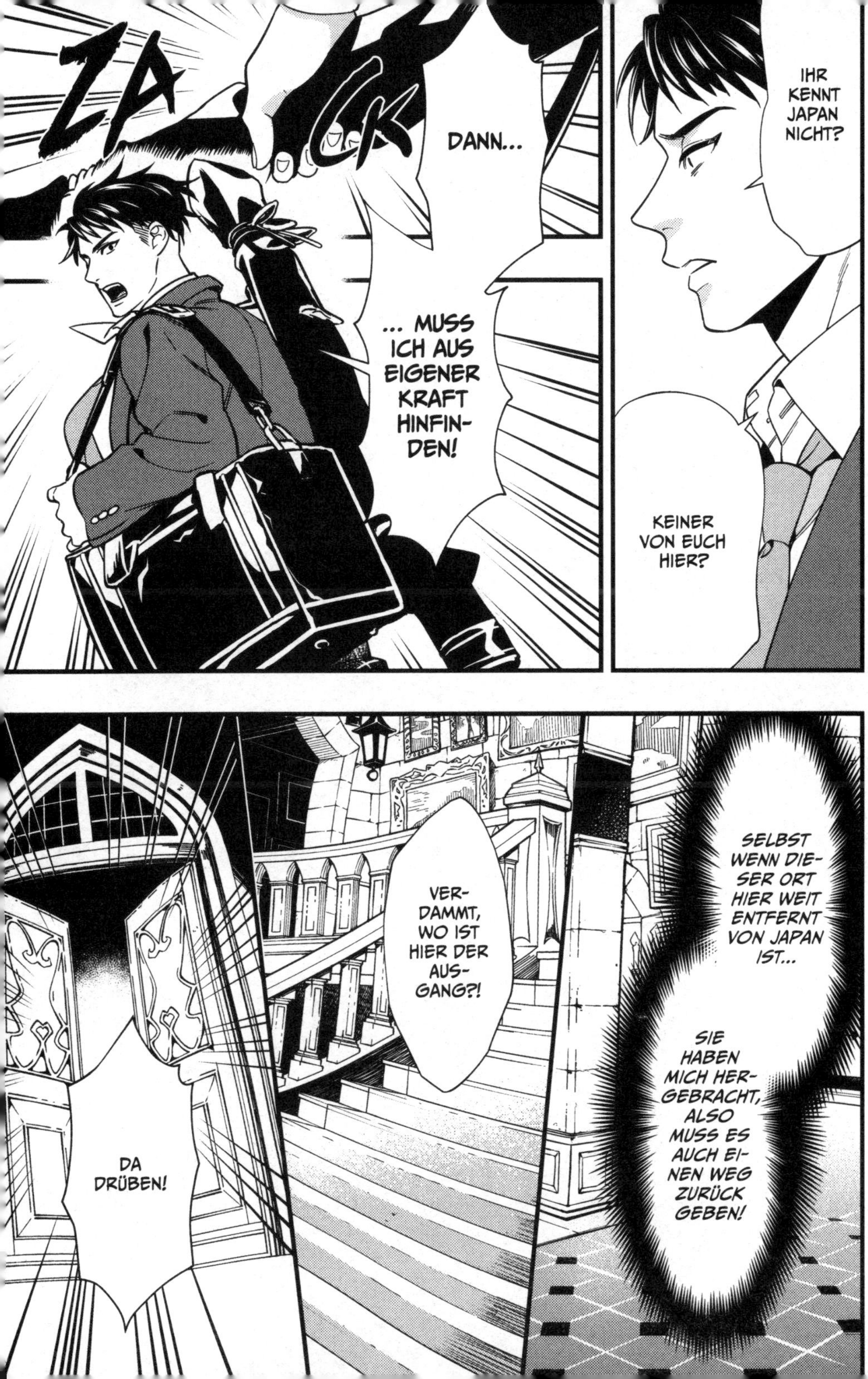
IHR KENNT JAPAN NICHT?
KEINER VON EUCH HIER?
ZACK
DANN...
... MUSS ICH AUS EIGENER KRAFT HINFINDEN!
SELBST WENN DIESER ORT HIER WEIT ENTFERNT VON JAPAN IST...
SIE HABEN MICH HERGEBRACHT, ALSO MUSS ES AUCH EINEN WEG ZURÜCK GEBEN!
VERDAMMT, WO IST HIER DER AUSGANG?!
DA DRÜBEN!

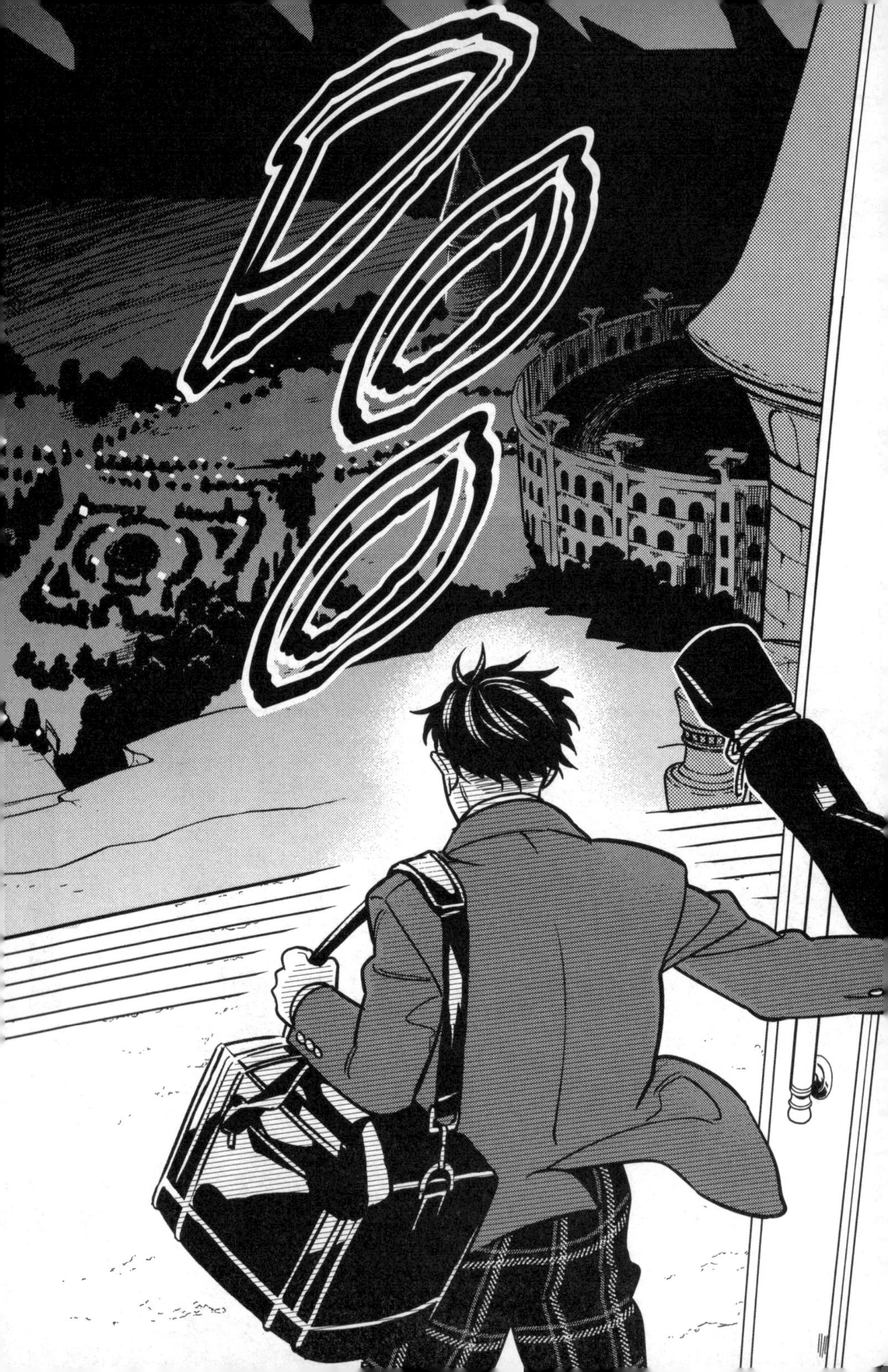

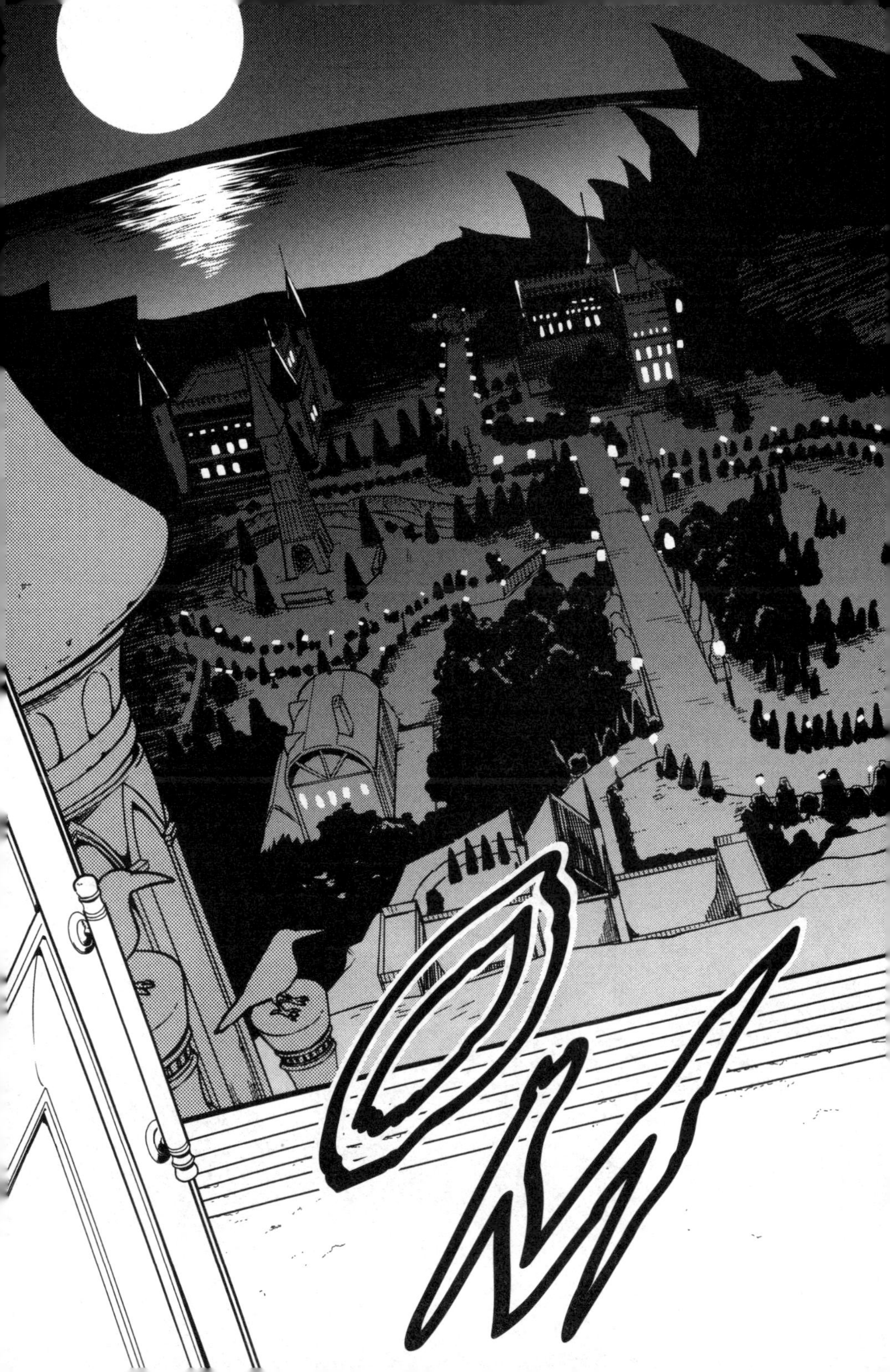

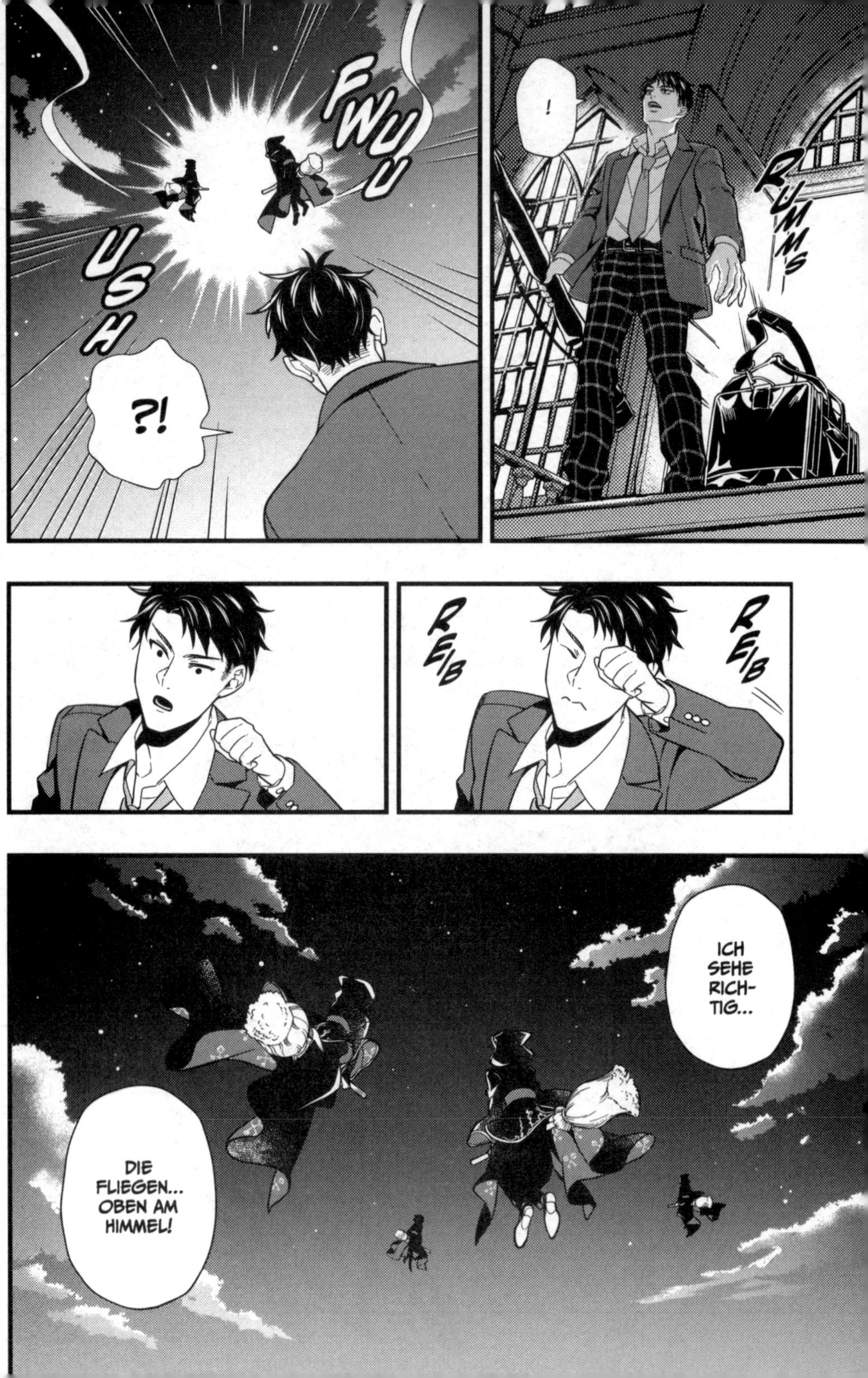
!
RUMMS!
FWUUUSH
?!
REIB
REIB
ICH SEHE RICHTIG...
DIE FLIEGEN... OBEN AM HIMMEL!

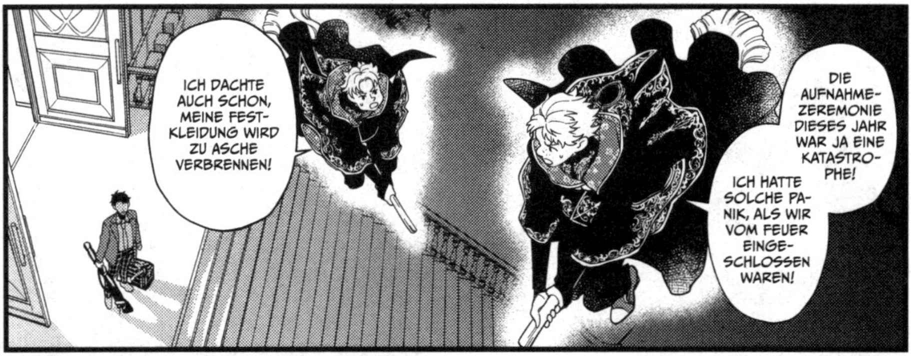
DIE AUFNAHME-ZEREMONIE DIESES JAHR WAR JA EINE KATASTRO-PHE!
ICH HATTE SOLCHE PA-NIK, ALS WIR VOM FEUER EINGE-SCHLOSSEN WAREN!
ICH DACHTE AUCH SCHON, MEINE FEST-KLEIDUNG WIRD ZU ASCHE VERBRENNEN!

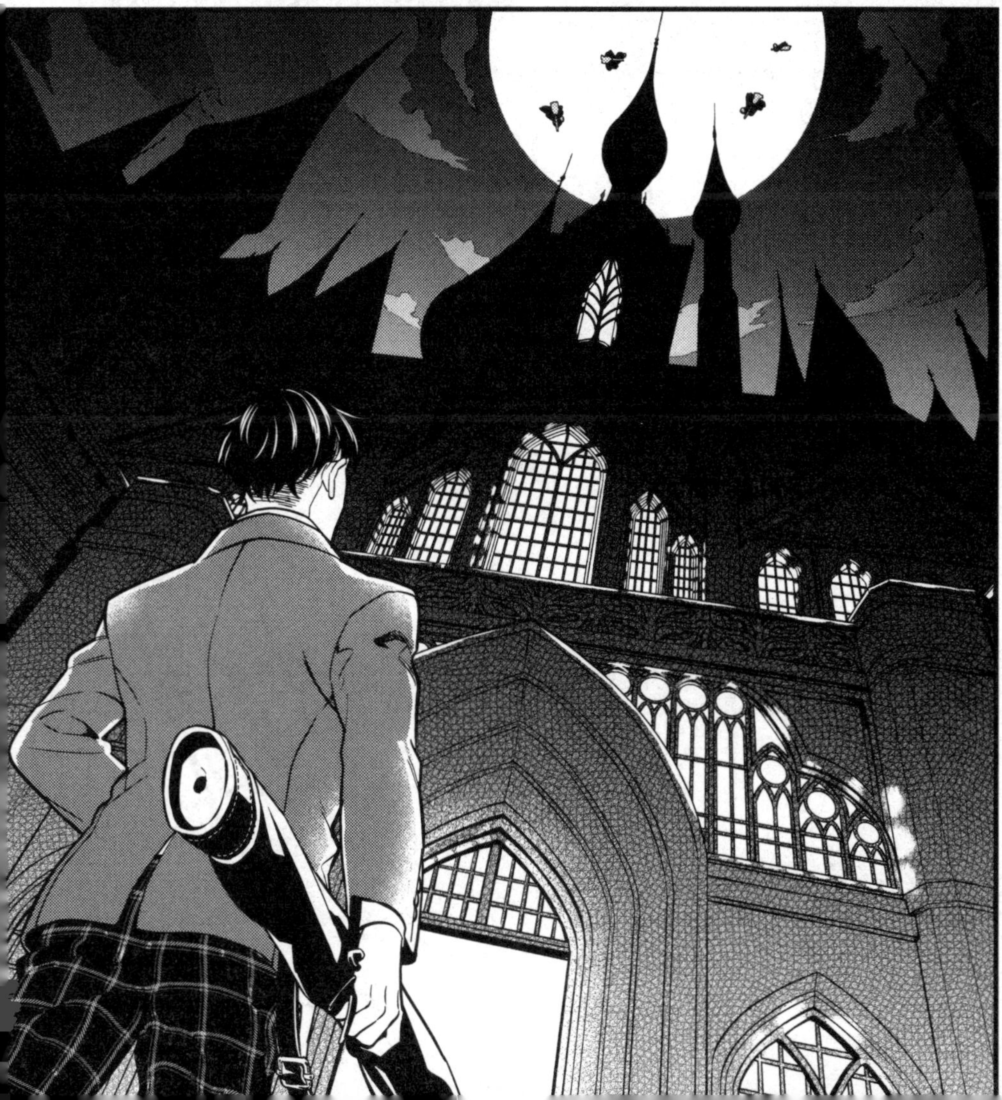

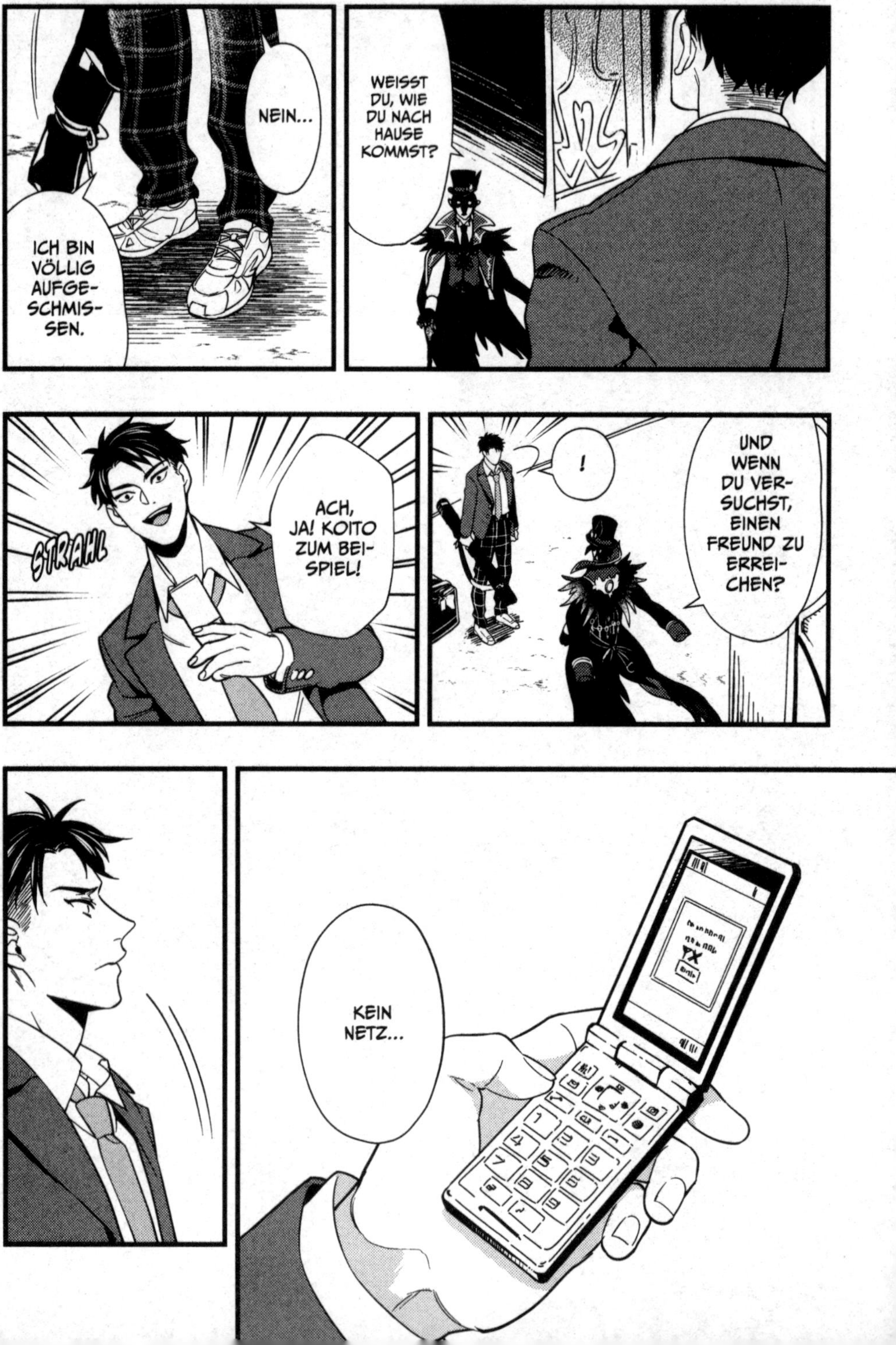
WEISST DU, WIE DU NACH HAUSE KOMMST?
NEIN…
ICH BIN VÖLLIG AUFGESCHMISSEN.
UND WENN DU VERSUCHST, EINEN FREUND ZU ERREICHEN?
!
ACH, JA! KOITO ZUM BEISPIEL!
STRAHL
KEIN NETZ…

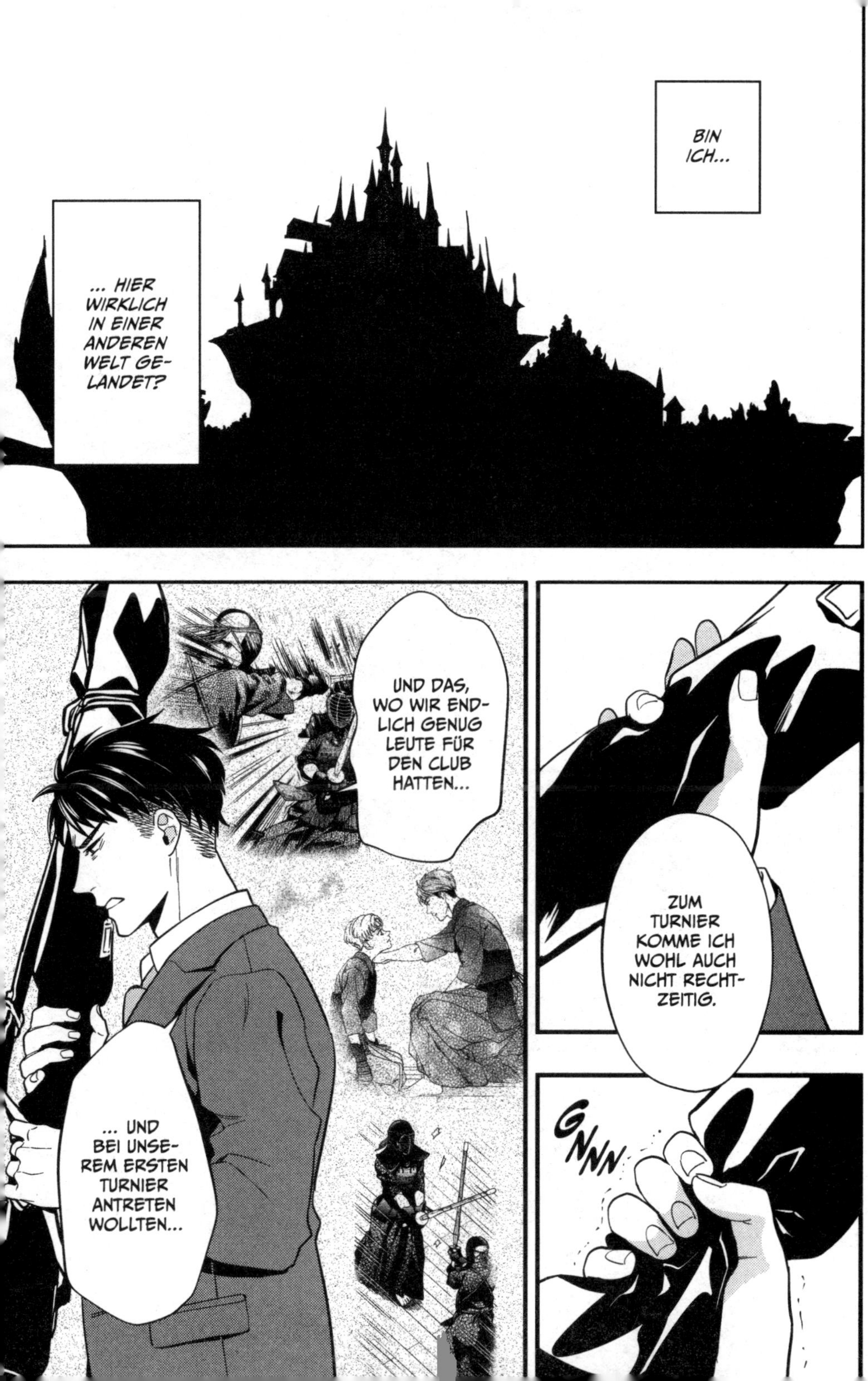
BIN ICH...
... HIER WIRKLICH IN EINER ANDEREN WELT GE- LANDET?
UND DAS, WO WIR END- LICH GENUG LEUTE FÜR DEN CLUB HATTEN...
... UND BEI UNSE- REM ERSTEN TURNIER ANTRETEN WOLLTEN...
ZUM TURNIER KOMME ICH WOHL AUCH NICHT RECHT- ZEITIG.
GNNN

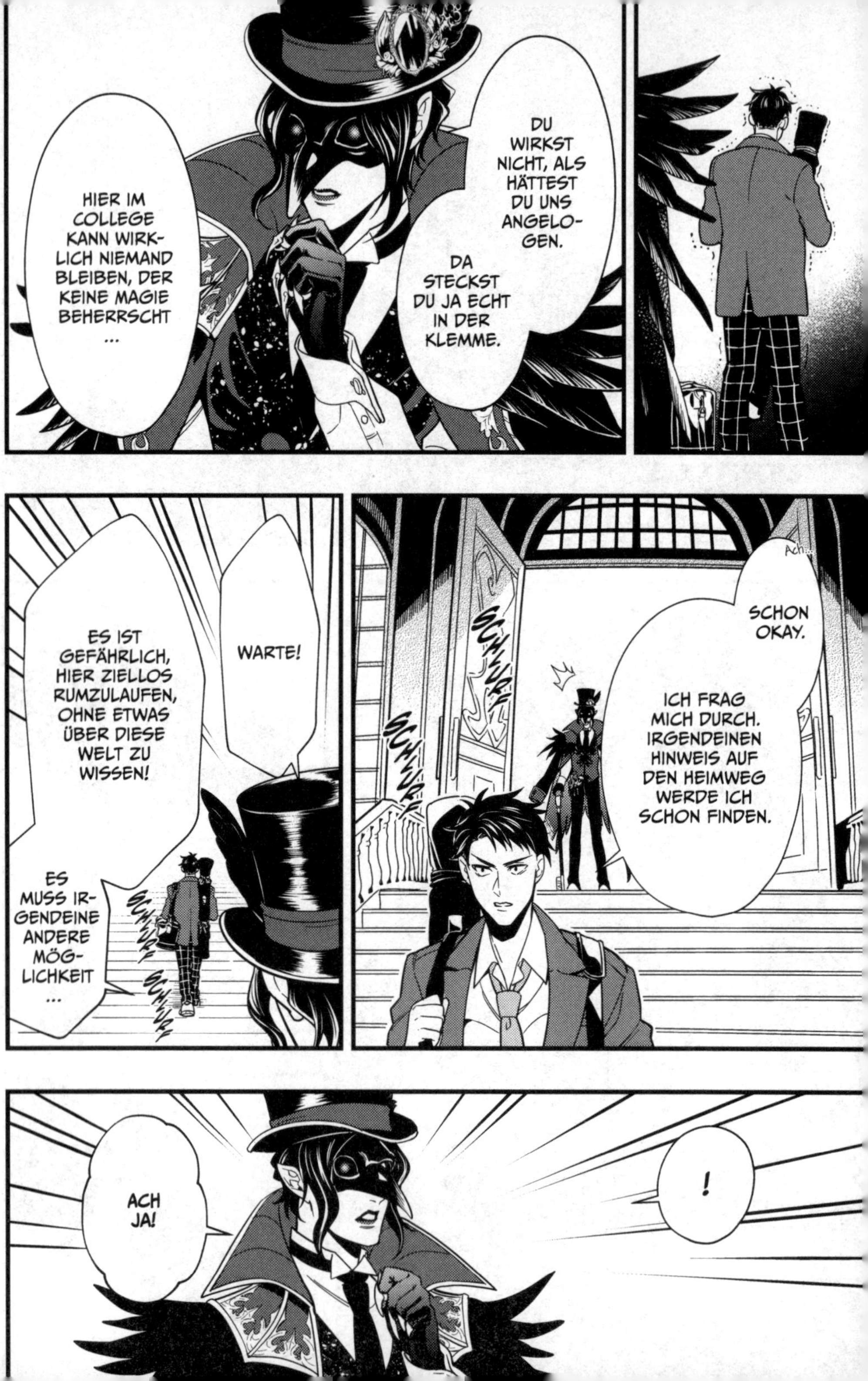
DU WIRKST NICHT, ALS HÄTTEST DU UNS ANGELOGEN.
DA STECKST DU JA ECHT IN DER KLEMME.
HIER IM COLLEGE KANN WIRKLICH NIEMAND BLEIBEN, DER KEINE MAGIE BEHERRSCHT ...
Ach...
SCHON OKAY.
ICH FRAG MICH DURCH. IRGENDEINEN HINWEIS AUF DEN HEIMWEG WERDE ICH SCHON FINDEN.
SCHLURF
SCHLURF
WARTE!
ES IST GEFÄHRLICH, HIER ZIELLOS RUMZULAUFEN, OHNE ETWAS ÜBER DIESE WELT ZU WISSEN!
ES MUSS IRGENDEINE ANDERE MÖGLICHKEIT ...
SCHLURF
SCHLURF
!
ACH JA!

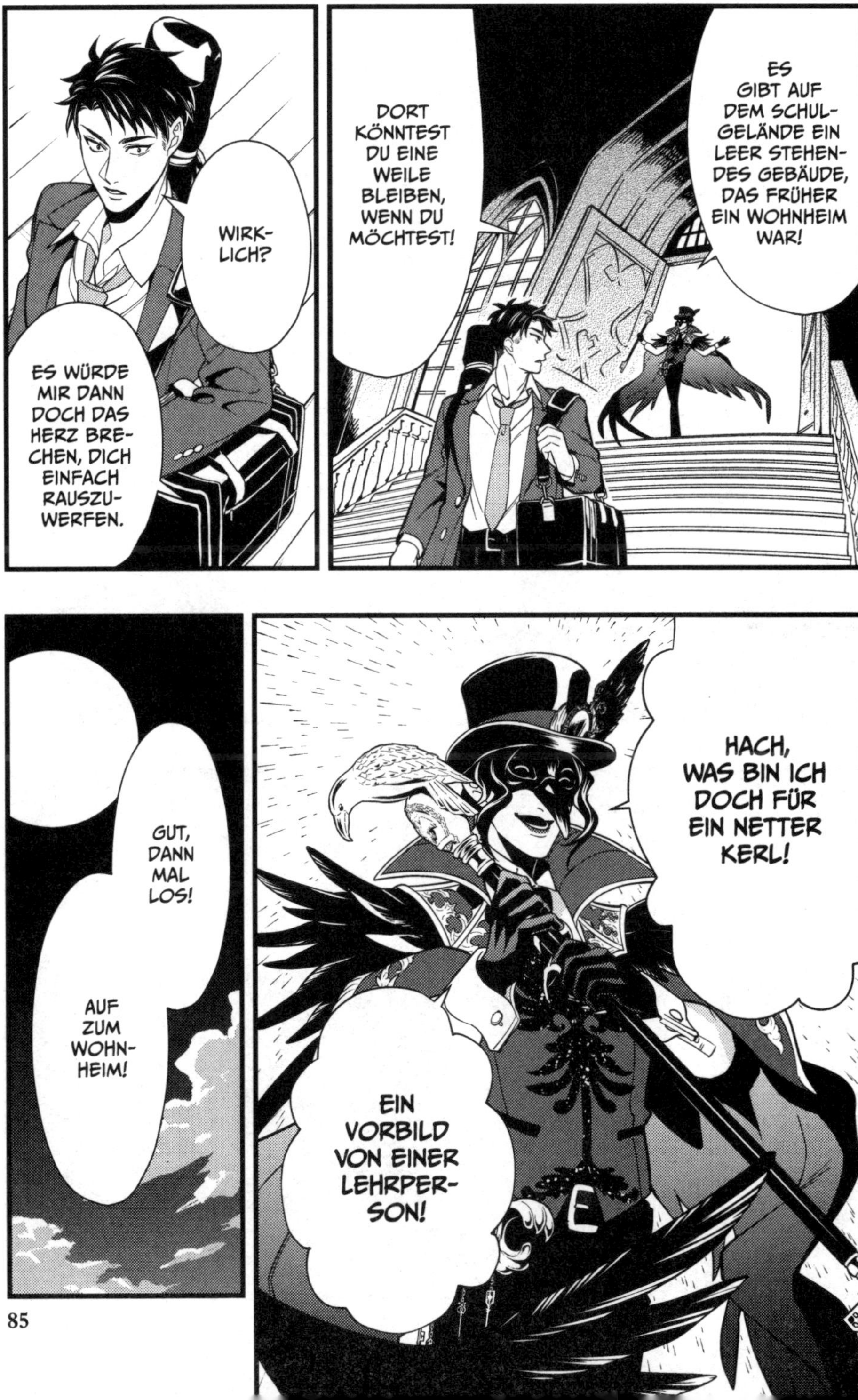
ES GIBT AUF DEM SCHUL-GELÄNDE EIN LEER STEHEN-DES GEBÄUDE, DAS FRÜHER EIN WOHNHEIM WAR!
DORT KÖNNTEST DU EINE WEILE BLEIBEN, WENN DU MÖCHTEST!
WIRK-LICH?
ES WÜRDE MIR DANN DOCH DAS HERZ BRE-CHEN, DICH EINFACH RAUSZU-WERFEN.
HACH, WAS BIN ICH DOCH FÜR EIN NETTER KERL!
EIN VORBILD VON EINER LEHRPER-SON!
GUT, DANN MAL LOS!
AUF ZUM WOHN-HEIM!

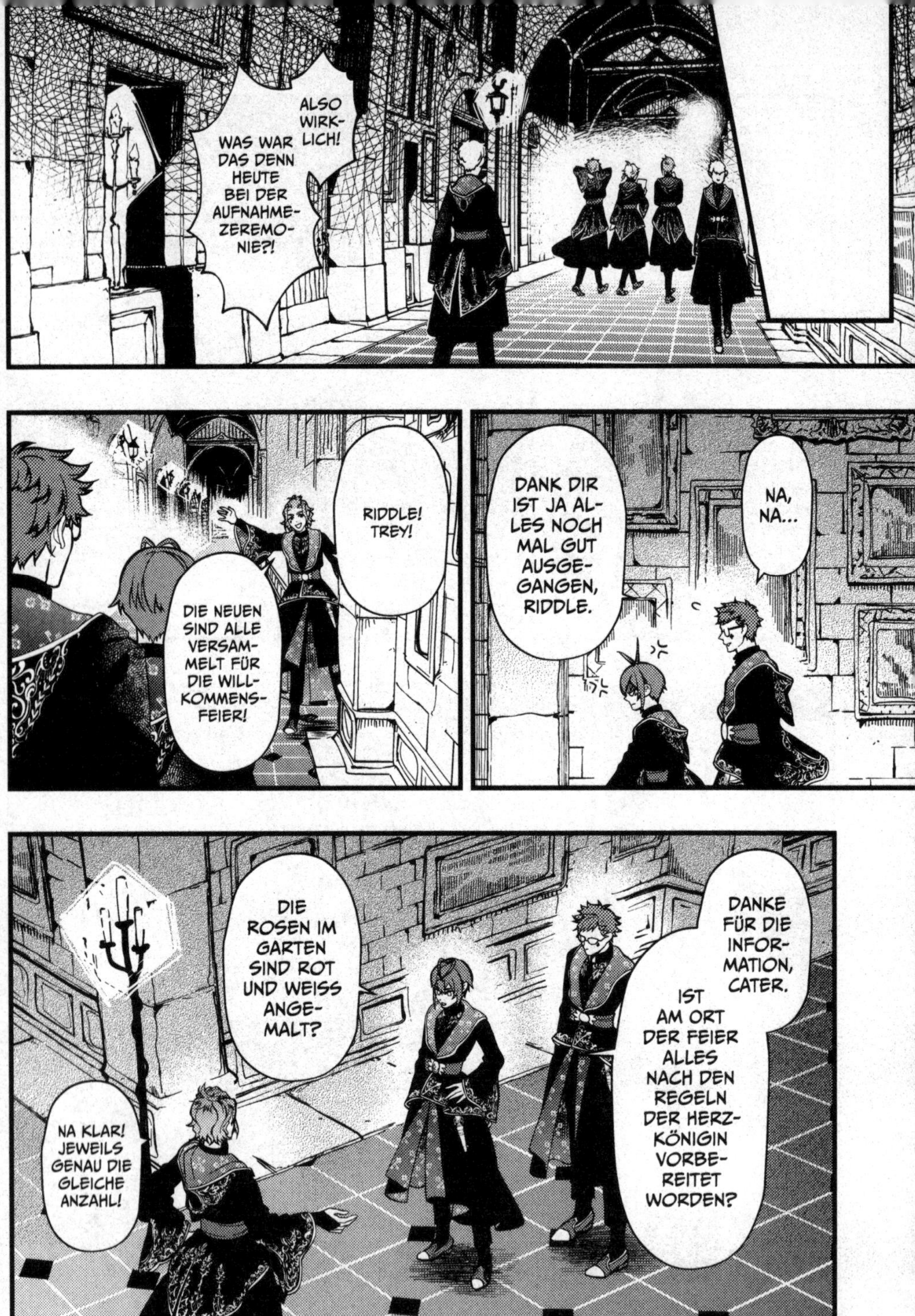
ALSO WIRKLICH!
WAS WAR DAS DENN HEUTE BEI DER AUFNAHMEZEREMONIE?!
NA, NA...
DANK DIR IST JA ALLES NOCHMAL GUT AUSGEGANGEN, RIDDLE.
RIDDLE! TREY!
DIE NEUEN SIND ALLE VERSAMMELT FÜR DIE WILLKOMMENSFEIER!
DANKE FÜR DIE INFORMATION, CATER.
IST AM ORT DER FEIER ALLES NACH DEN REGELN DER HERZKÖNIGIN VORBEREITET WORDEN?
DIE ROSEN IM GARTEN SIND ROT UND WEISS ANGEMALT?
NA KLAR! JEWEILS GENAU DIE GLEICHE ANZAHL!

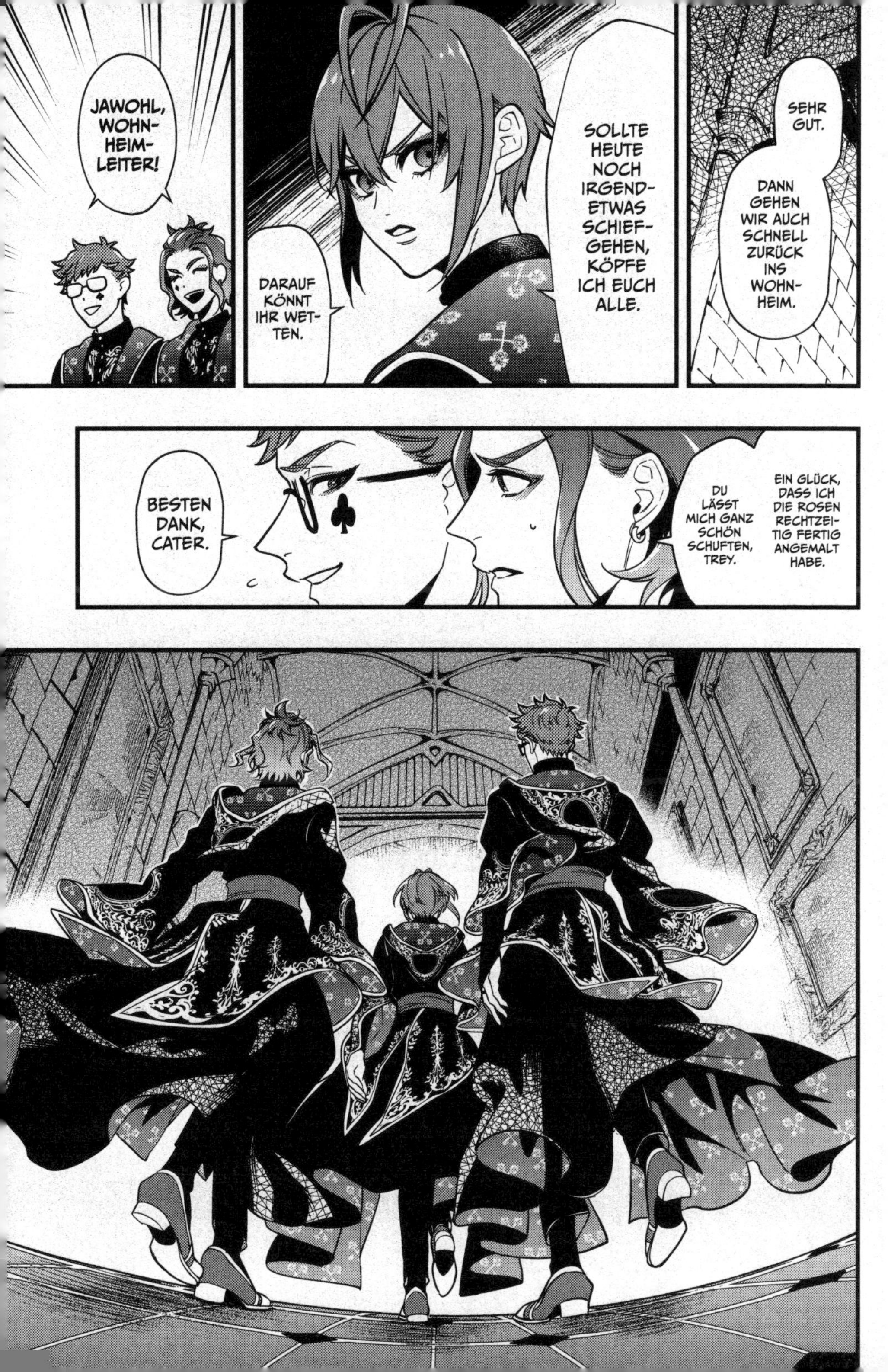
SEHR GUT.
DANN GEHEN WIR AUCH SCHNELL ZURÜCK INS WOHNHEIM.
SOLLTE HEUTE NOCH IRGENDETWAS SCHIEFGEHEN, KÖPFE ICH EUCH ALLE.
DARAUF KÖNNT IHR WETTEN.
JAWOHL, WOHNHEIMLEITER!
EIN GLÜCK, DASS ICH DIE ROSEN RECHTZEITIG FERTIG ANGEMALT HABE.
DU LÄSST MICH GANZ SCHÖN SCHUFTEN, TREY.
BESTEN DANK, CATER.

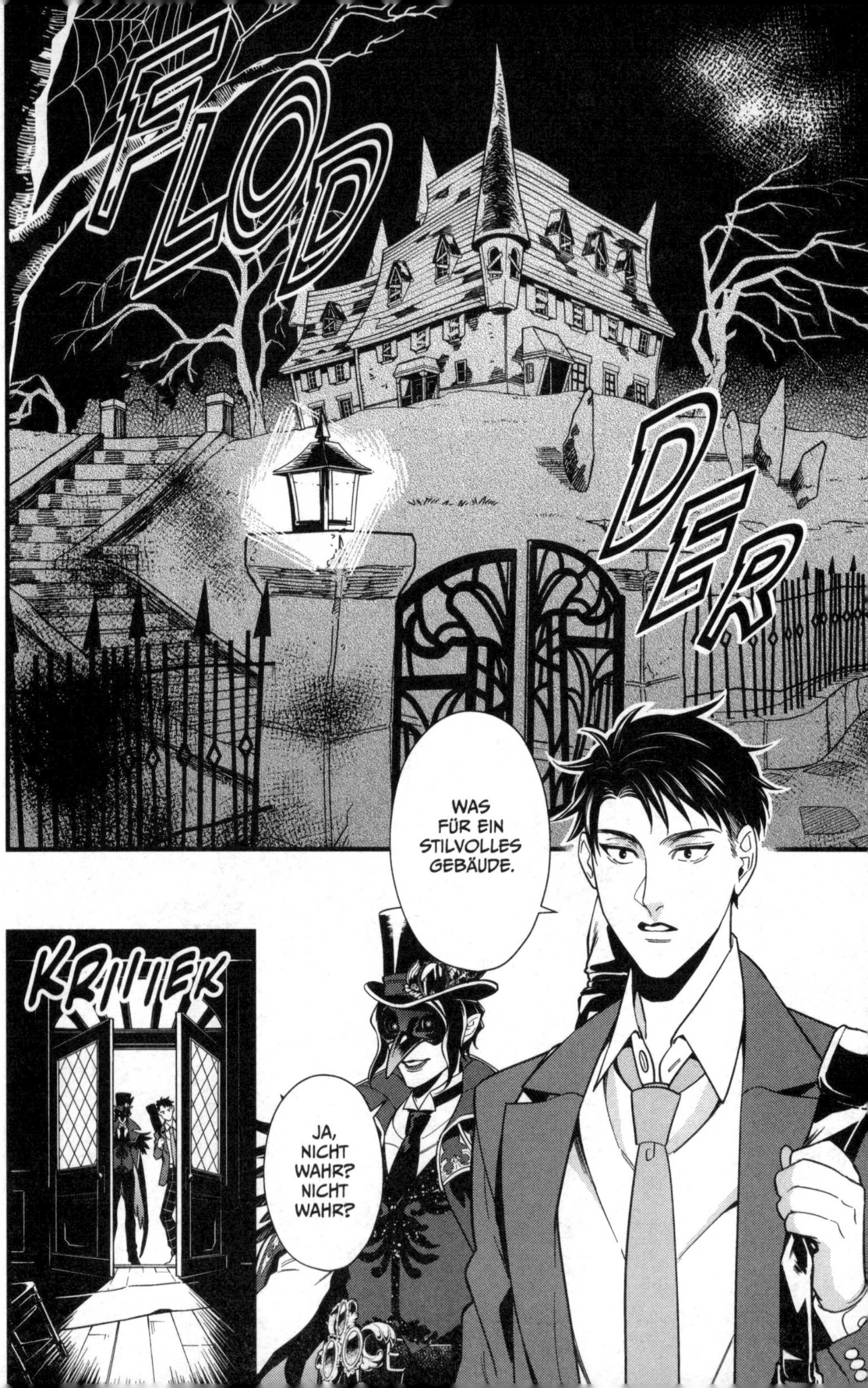
FLOD
DER
WAS FÜR EIN STILVOLLES GEBÄUDE.
JA, NICHT WAHR? NICHT WAHR?
KRIIIEK

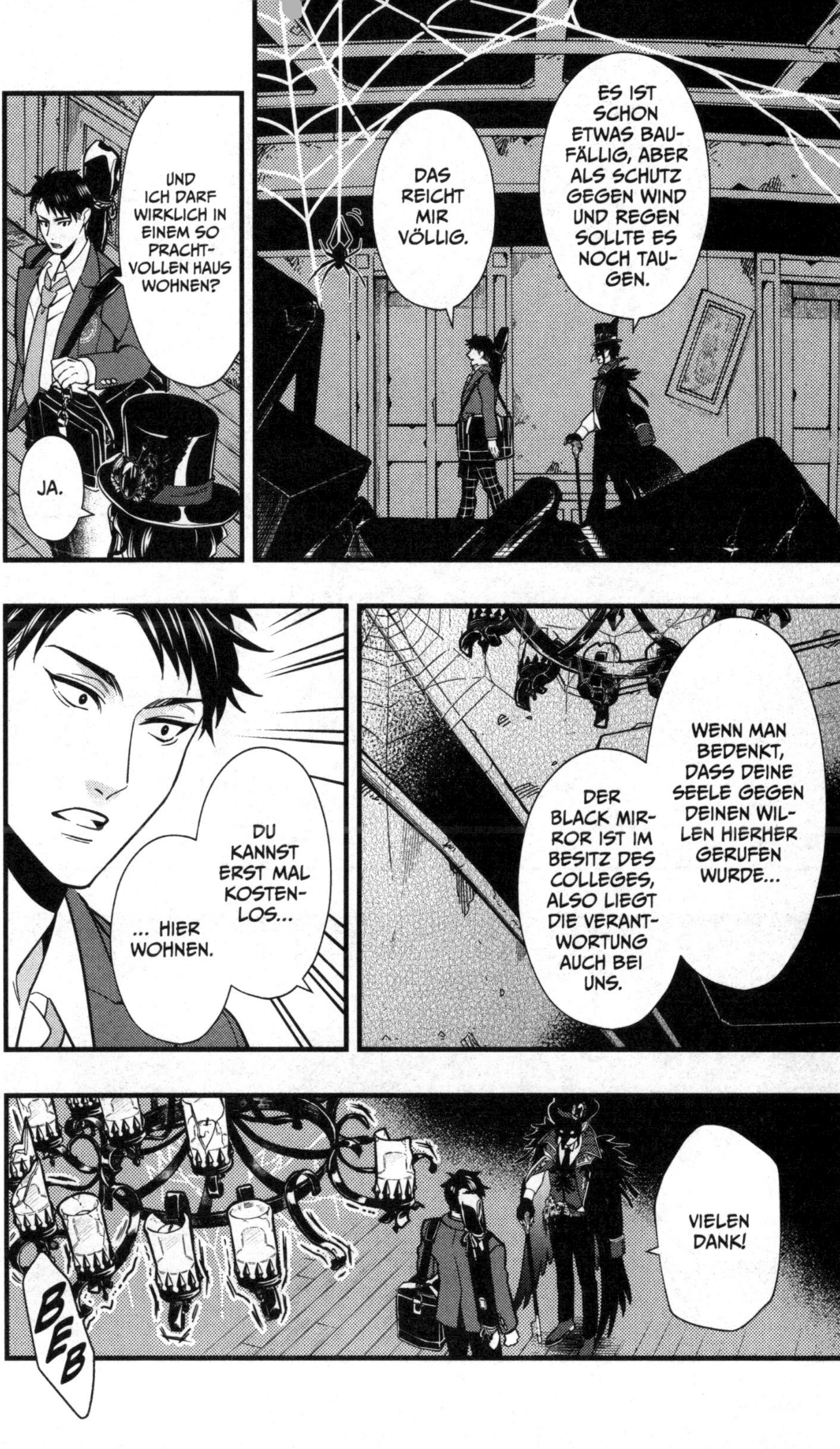
ES IST SCHON ETWAS BAUFÄLLIG, ABER ALS SCHUTZ GEGEN WIND UND REGEN SOLLTE ES NOCH TAUGEN.
DAS REICHT MIR VÖLLIG.
UND ICH DARF WIRKLICH IN EINEM SO PRACHTVOLLEN HAUS WOHNEN?
JA.
WENN MAN BEDENKT, DASS DEINE SEELE GEGEN DEINEN WILLEN HIERHER GERUFEN WURDE...
DER BLACK MIRROR IST IM BESITZ DES COLLEGES, ALSO LIEGT DIE VERANTWORTUNG AUCH BEI UNS.
DU KANNST ERST MAL KOSTENLOS...
... HIER WOHNEN.
VIELEN DANK!
BEB

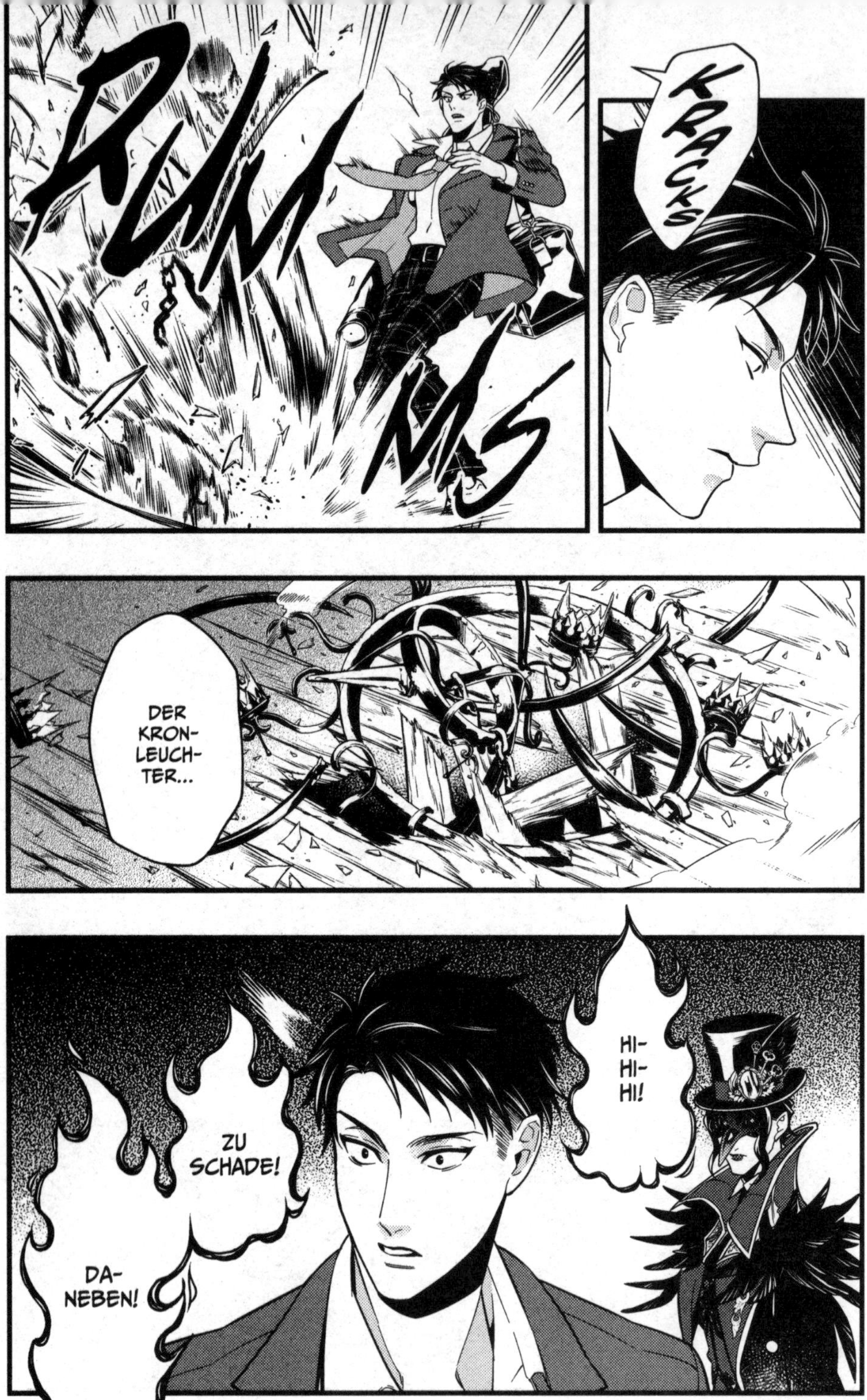
KRACKS
RUMMS
DER KRONLEUCHTER...
HI-HI-HI!
ZU SCHADE!
DANEBEN!

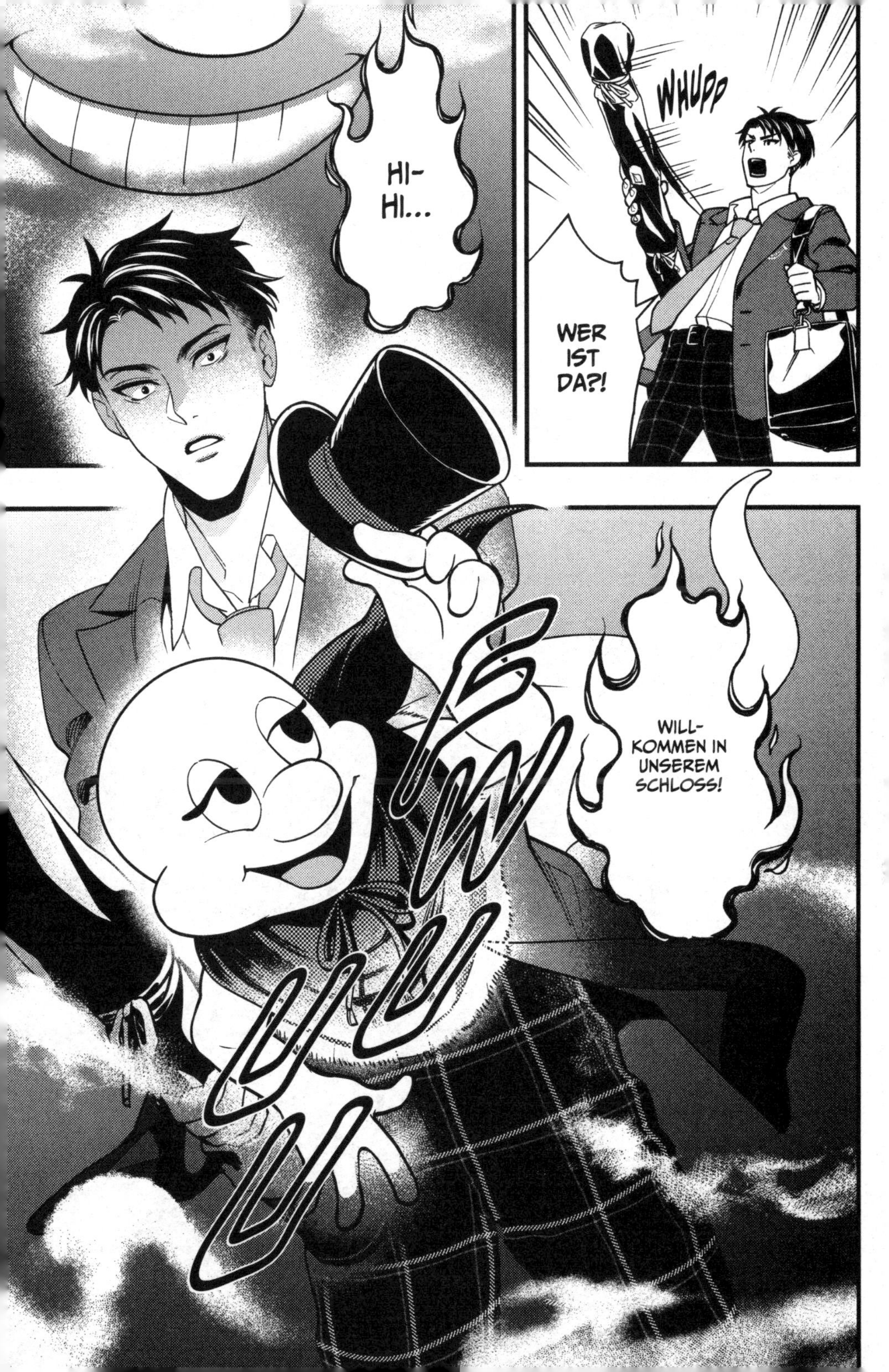
WHUPP
WER IST DA?!
HI-HI...
WILL-KOMMEN IN UNSEREM SCHLOSS!

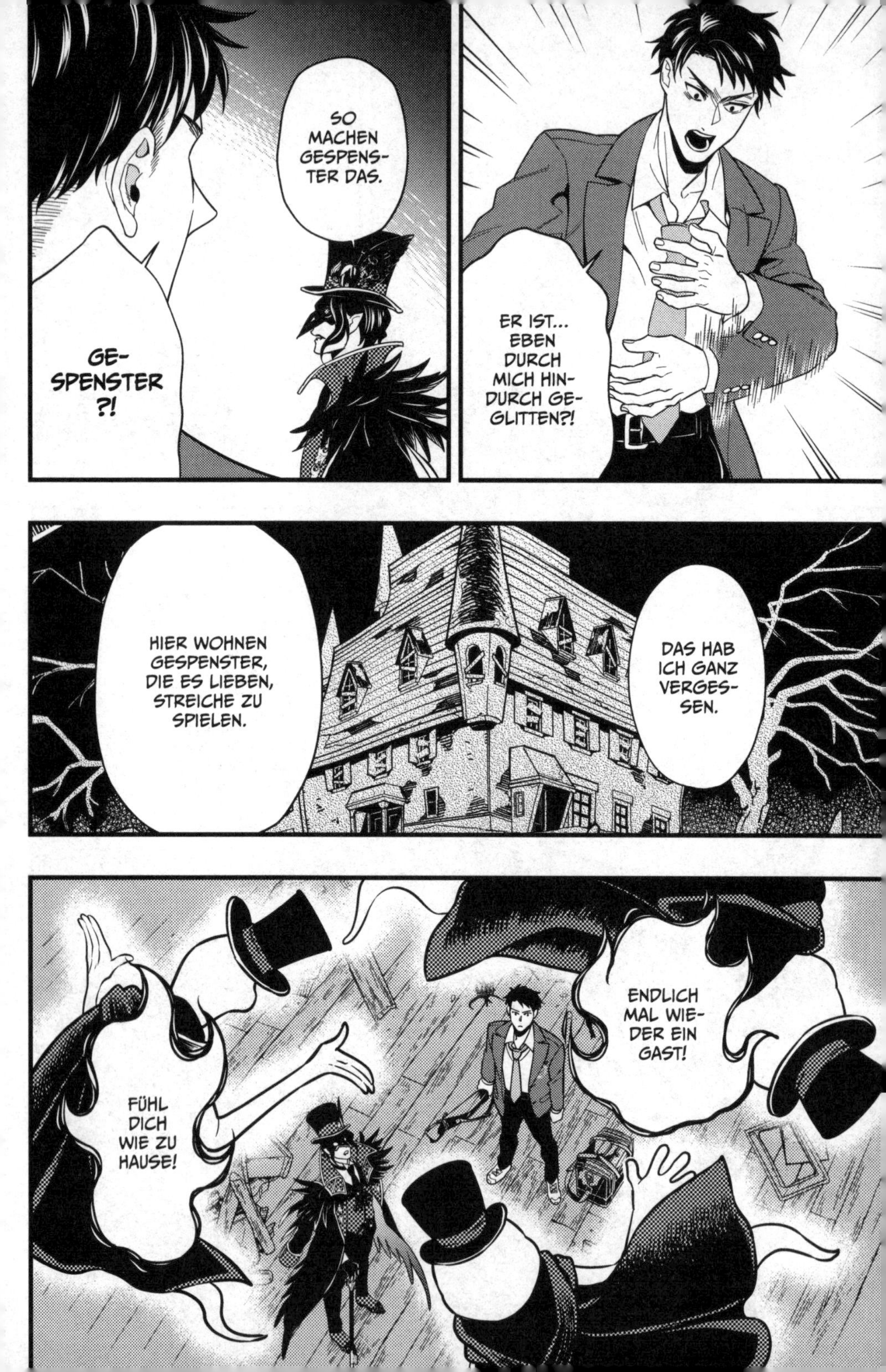
ER IST... EBEN DURCH MICH HINDURCH GEGLITTEN?!
SO MACHEN GESPENSTER DAS.
GESPENSTER?!
DAS HAB ICH GANZ VERGESSEN.
HIER WOHNEN GESPENSTER, DIE ES LIEBEN, STREICHE ZU SPIELEN.
ENDLICH MAL WIEDER EIN GAST!
FÜHL DICH WIE ZU HAUSE!

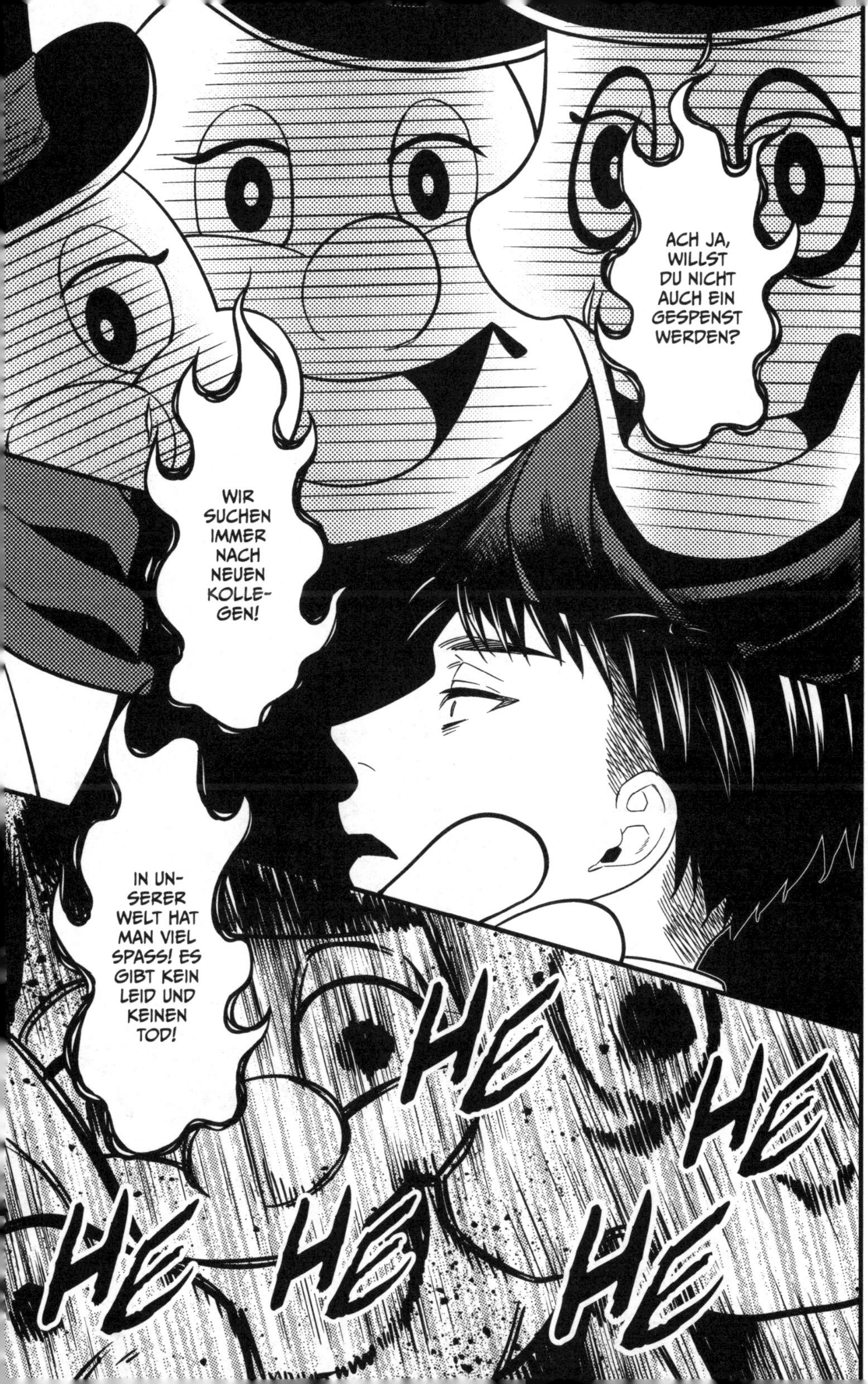
ACH JA, WILLST DU NICHT AUCH EIN GESPENST WERDEN?
WIR SUCHEN IMMER NACH NEUEN KOLLEGEN!
IN UNSERER WELT HAT MAN VIEL SPASS! ES GIBT KEIN LEID UND KEINEN TOD!
HE HE HE HE HE HE

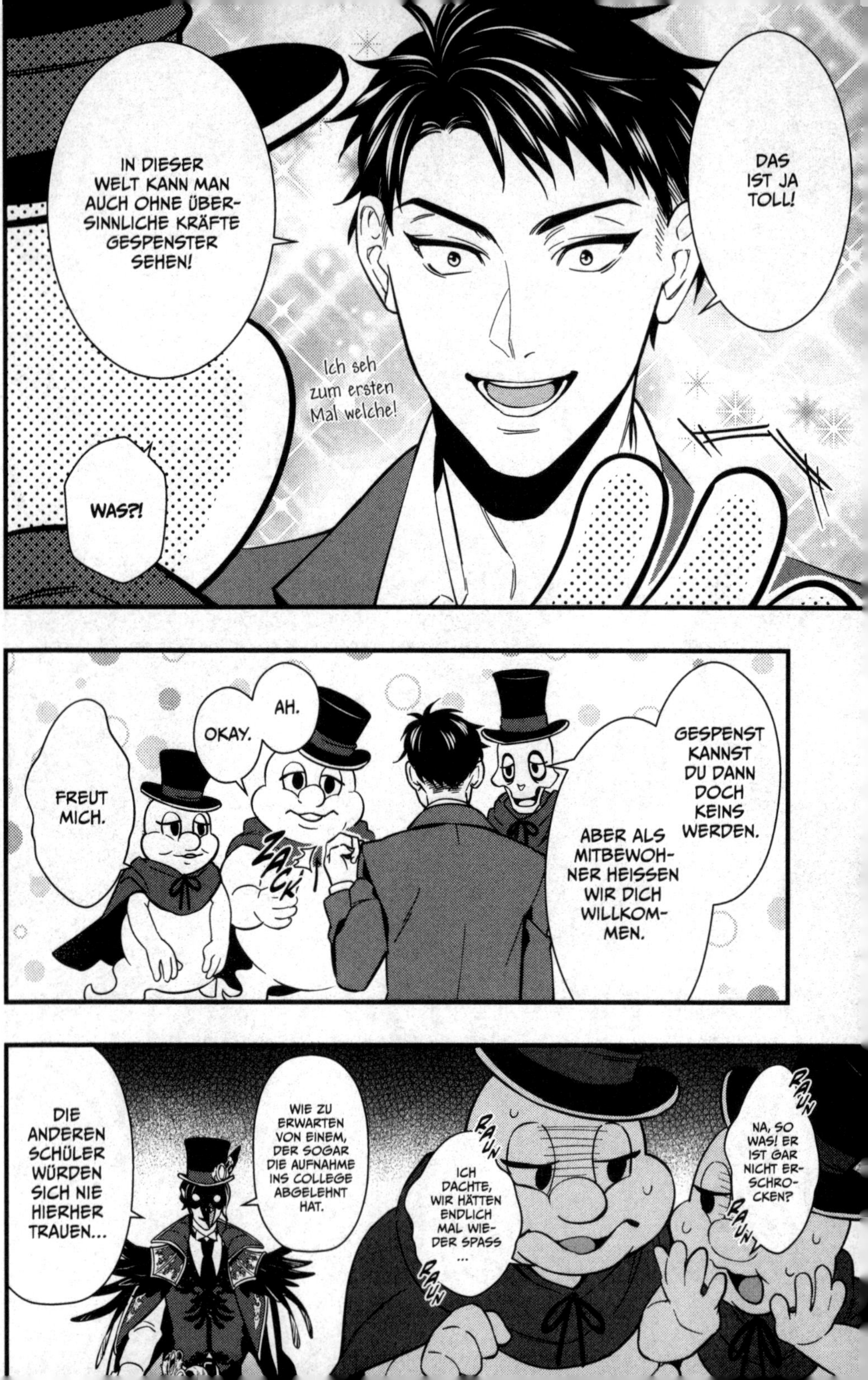

DAS IST JA TOLL!
IN DIESER WELT KANN MAN AUCH OHNE ÜBER-SINNLICHE KRÄFTE GESPENSTER SEHEN!
Ich seh zum ersten Mal welche!
WAS?!
GESPENST KANNST DU DANN DOCH KEINS WERDEN.
ABER ALS MITBEWOH-NER HEISSEN WIR DICH WILLKOM-MEN.
AH.
OKAY.
ZACK
FREUT MICH.
RAUN
NA, SO WAS! ER IST GAR NICHT ER-SCHRO-CKEN?
RAUN
RAUN
ICH DACHTE, WIR HÄTTEN ENDLICH MAL WIE-DER SPASS ...
RAUN
WIE ZU ERWARTEN VON EINEM, DER SOGAR DIE AUFNAHME INS COLLEGE ABGELEHNT HAT.
DIE ANDEREN SCHÜLER WÜRDEN SICH NIE HIERHER TRAUEN...

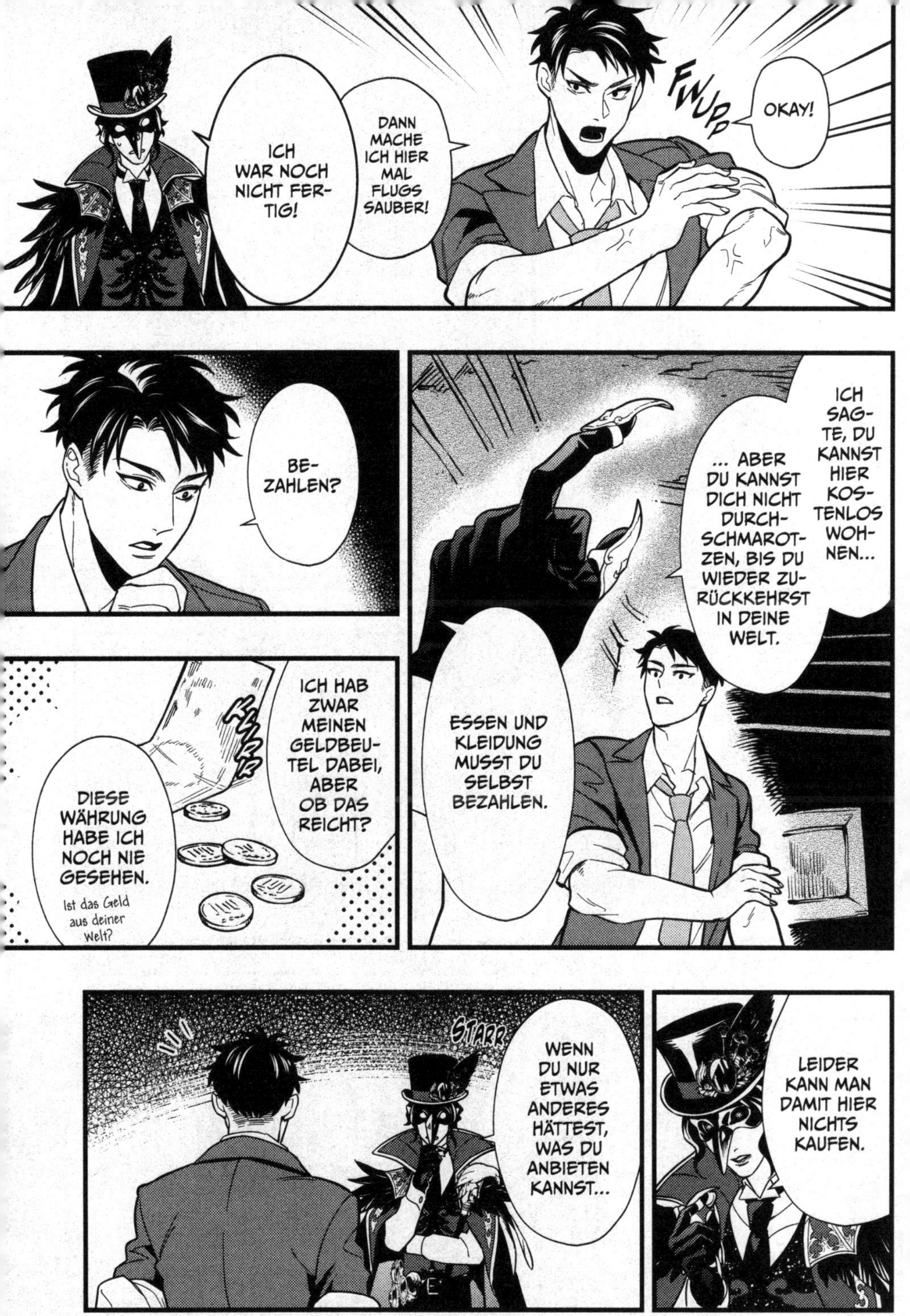
OKAY!
FWUPP
DANN MACHE ICH HIER MAL FLUGS SAUBER!
ICH WAR NOCH NICHT FERTIG!
ICH SAGTE, DU KANNST HIER KOSTENLOS WOHNEN...
... ABER DU KANNST DICH NICHT DURCHSCHMAROTZEN, BIS DU WIEDER ZURÜCKKEHRST IN DEINE WELT.
ESSEN UND KLEIDUNG MUSST DU SELBST BEZAHLEN.
BEZAHLEN?
ICH HAB ZWAR MEINEN GELDBEUTEL DABEI, ABER OB DAS REICHT?
KLIRR
DIESE WÄHRUNG HABE ICH NOCH NIE GESEHEN.
Ist das Geld aus deiner Welt?
LEIDER KANN MAN DAMIT HIER NICHTS KAUFEN.
STARR
WENN DU NUR ETWAS ANDERES HÄTTEST, WAS DU ANBIETEN KANNST...

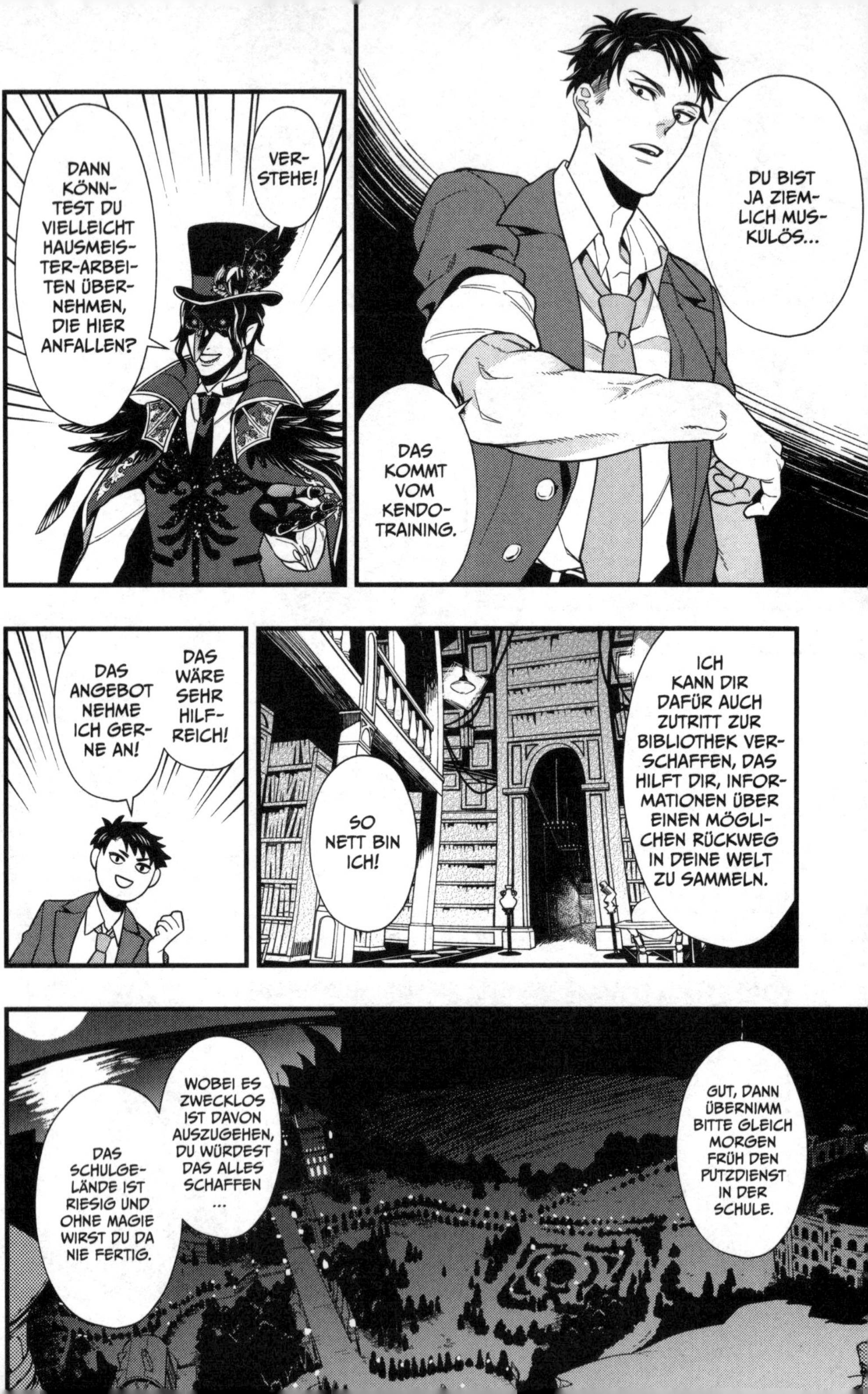
DU BIST JA ZIEMLICH MUSKULÖS...
DAS KOMMT VOM KENDOTRAINING.
VERSTEHE!
DANN KÖNNTEST DU VIELLEICHT HAUSMEISTER-ARBEITEN ÜBERNEHMEN, DIE HIER ANFALLEN?
ICH KANN DIR DAFÜR AUCH ZUTRITT ZUR BIBLIOTHEK VERSCHAFFEN, DAS HILFT DIR, INFORMATIONEN ÜBER EINEN MÖGLICHEN RÜCKWEG IN DEINE WELT ZU SAMMELN.
SO NETT BIN ICH!
DAS WÄRE SEHR HILFREICH!
DAS ANGEBOT NEHME ICH GERNE AN!
GUT, DANN ÜBERNIMM BITTE GLEICH MORGEN FRÜH DEN PUTZDIENST IN DER SCHULE.
WOBEI ES ZWECKLOS IST DAVON AUSZUGEHEN, DU WÜRDEST DAS ALLES SCHAFFEN ...
DAS SCHULGELÄNDE IST RIESIG UND OHNE MAGIE WIRST DU DA NIE FERTIG.

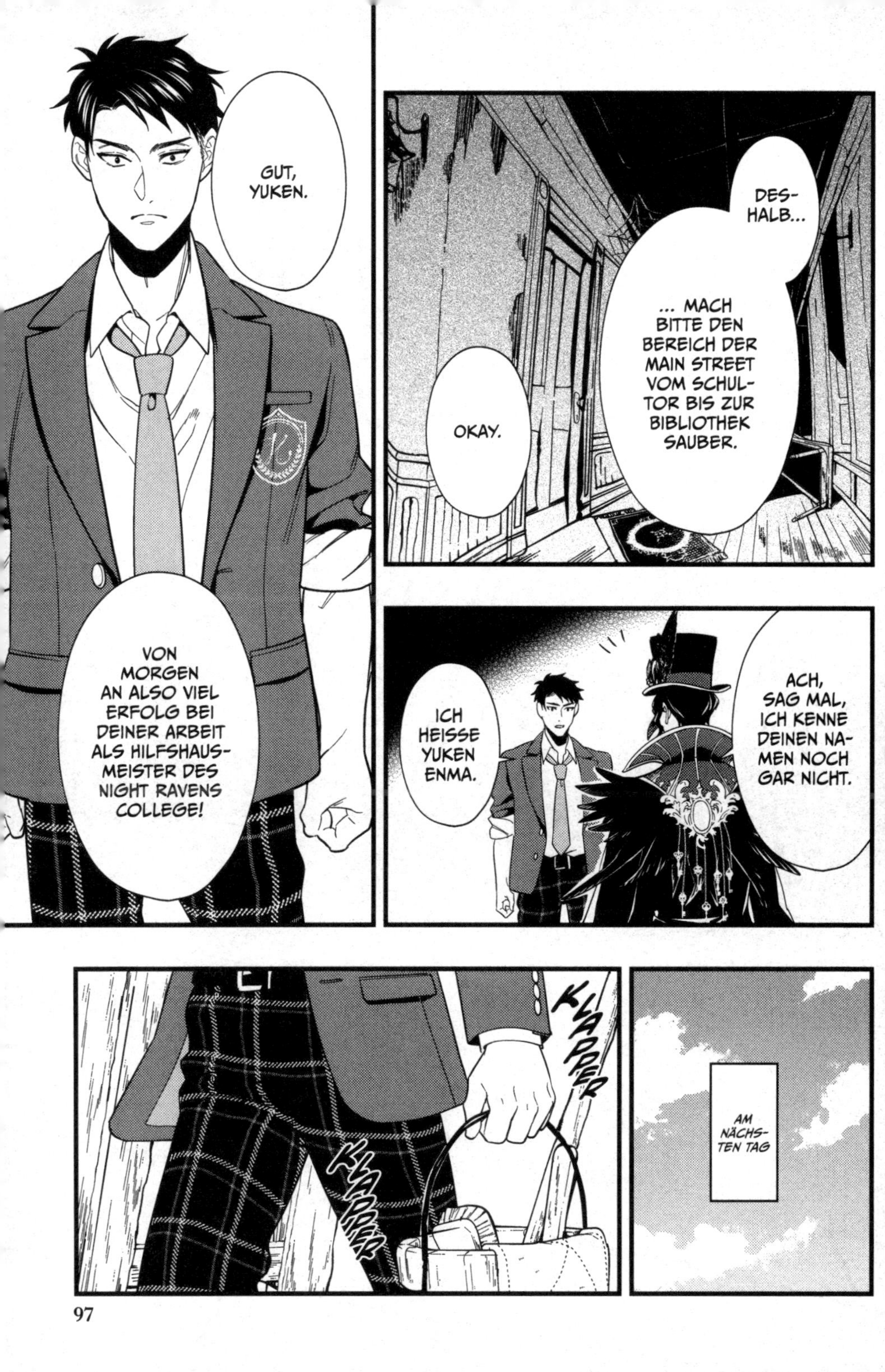
DES-HALB...
... MACH BITTE DEN BEREICH DER MAIN STREET VOM SCHULTOR BIS ZUR BIBLIOTHEK SAUBER.
OKAY.
ACH, SAG MAL, ICH KENNE DEINEN NAMEN NOCH GAR NICHT.
ICH HEISSE YUKEN ENMA.
GUT, YUKEN.
VON MORGEN AN ALSO VIEL ERFOLG BEI DEINER ARBEIT ALS HILFSHAUS-MEISTER DES NIGHT RAVENS COLLEGE!
AM NÄCHS-TEN TAG
KLAPPER
KLAPPER

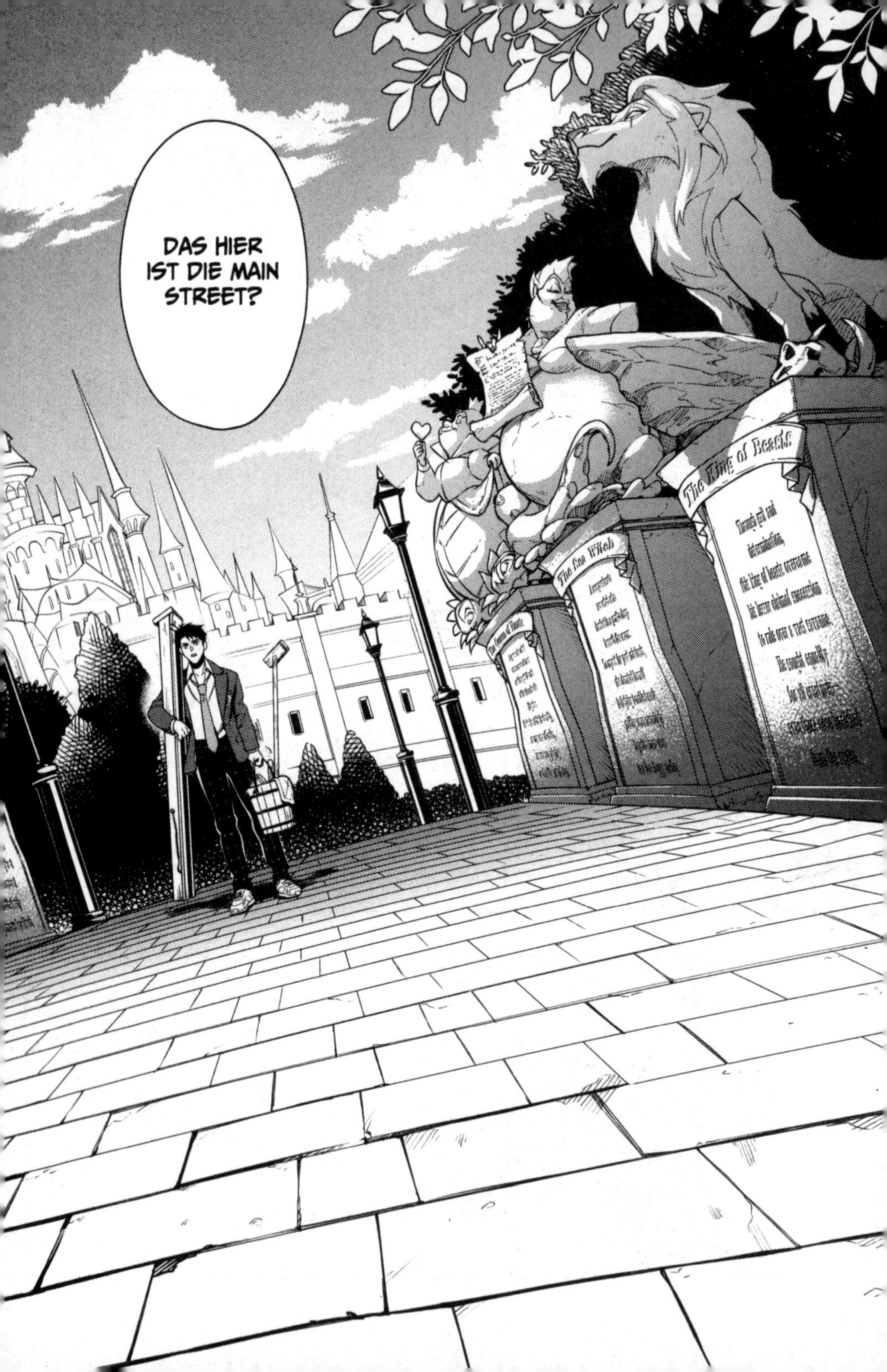
DAS HIER IST DIE MAIN STREET?
The King of Beasts
The Sea Witch

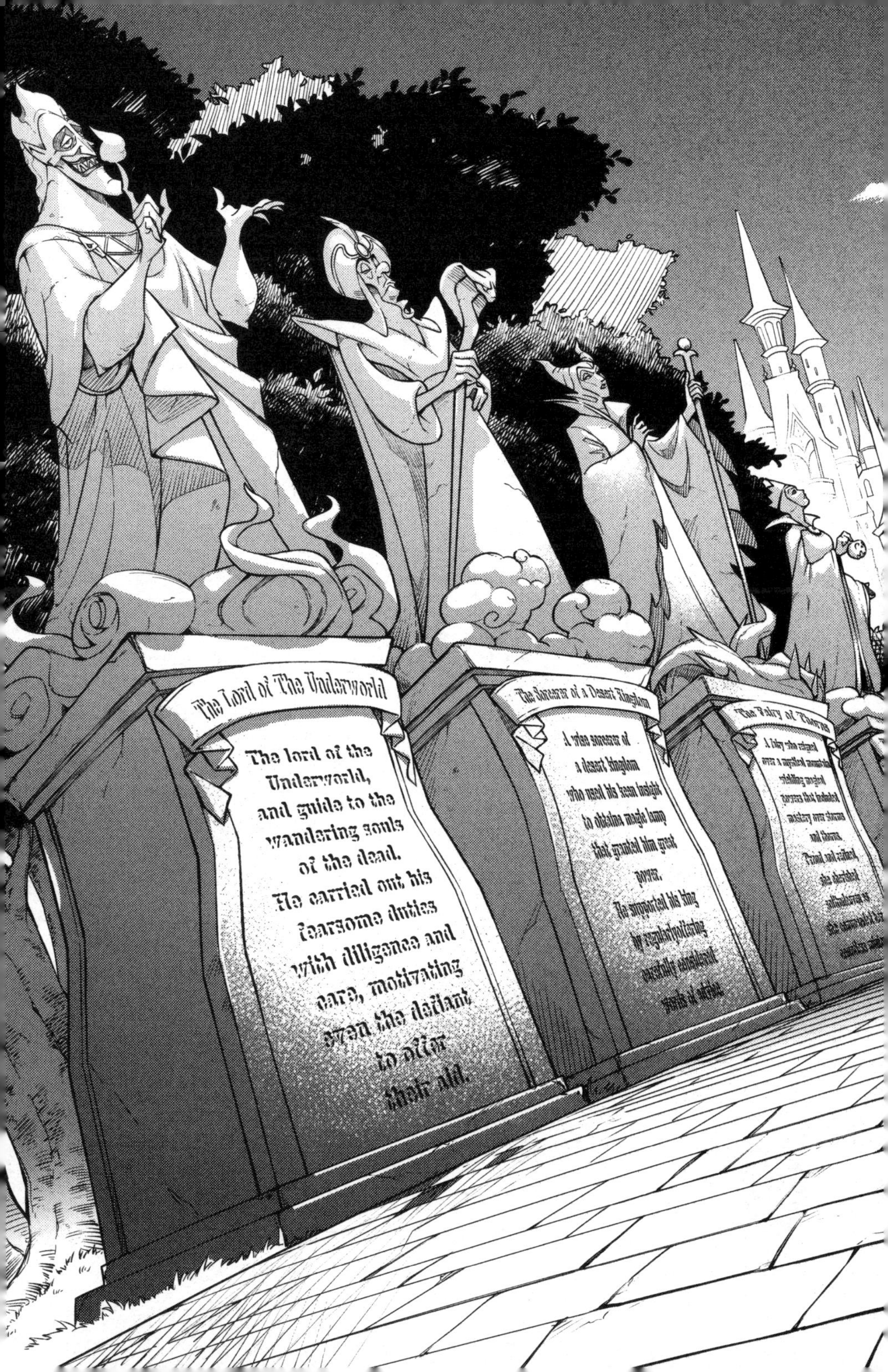
The Lord of The Underworld
The lord of the Underworld, and guide to the wandering souls of the dead. He carried out his fearsome duties with diligence and care, motivating even the defiant to offer their aid.
The Sorcerer of a Desert Kingdom
A wise sorcerer of a desert kingdom who used his keen insight to obtain a magic lamp that granted him great power. He supported his king by regularly offering carefully considered words of advice.
The Fairy of Thorns

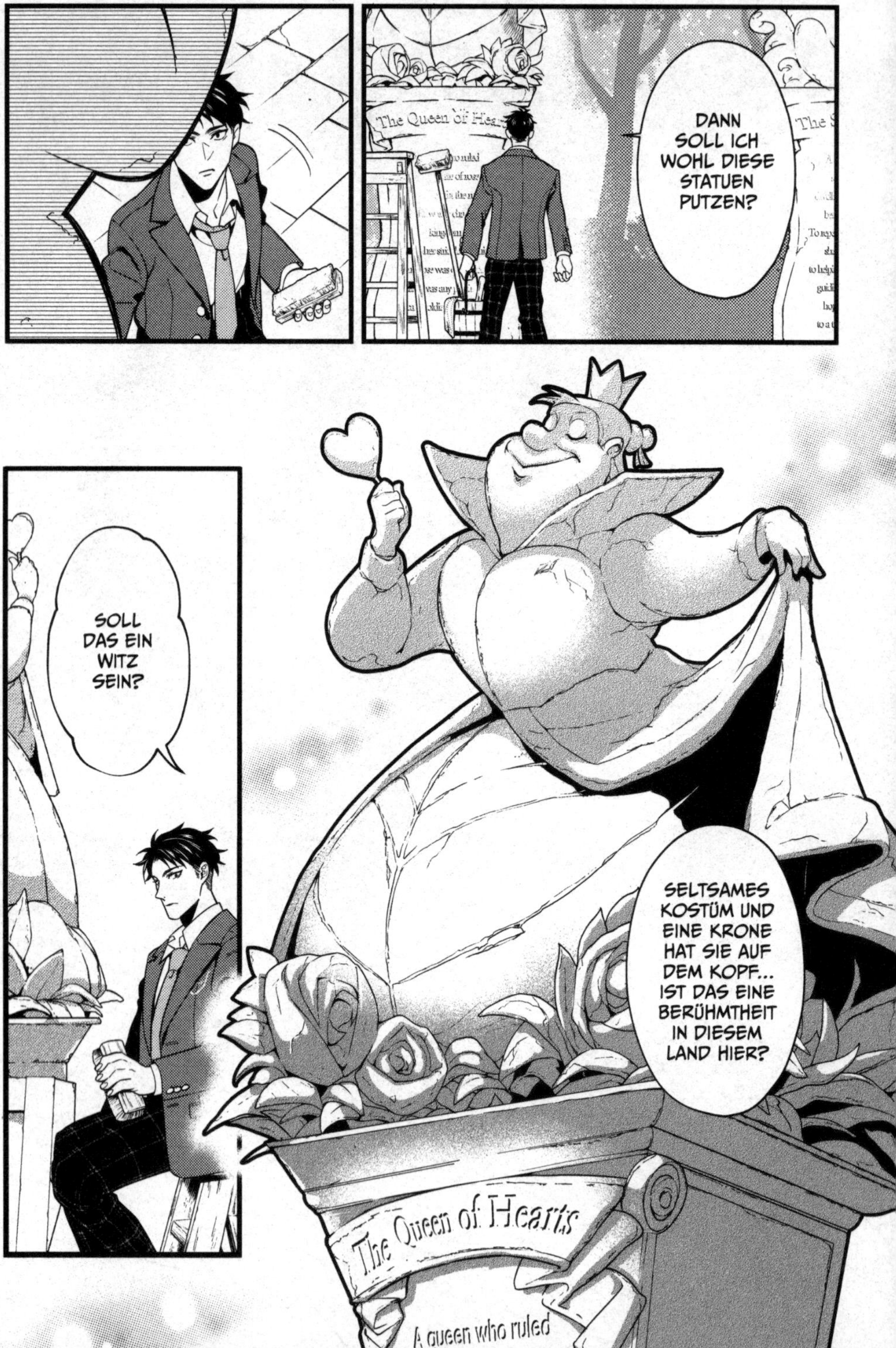
DANN SOLL ICH WOHL DIESE STATUEN PUTZEN?
The Queen of Hearts
SELTSAMES KOSTÜM UND EINE KRONE HAT SIE AUF DEM KOPF... IST DAS EINE BERÜHMTHEIT IN DIESEM LAND HIER?
SOLL DAS EIN WITZ SEIN?
The Queen of Hearts
A queen who ruled

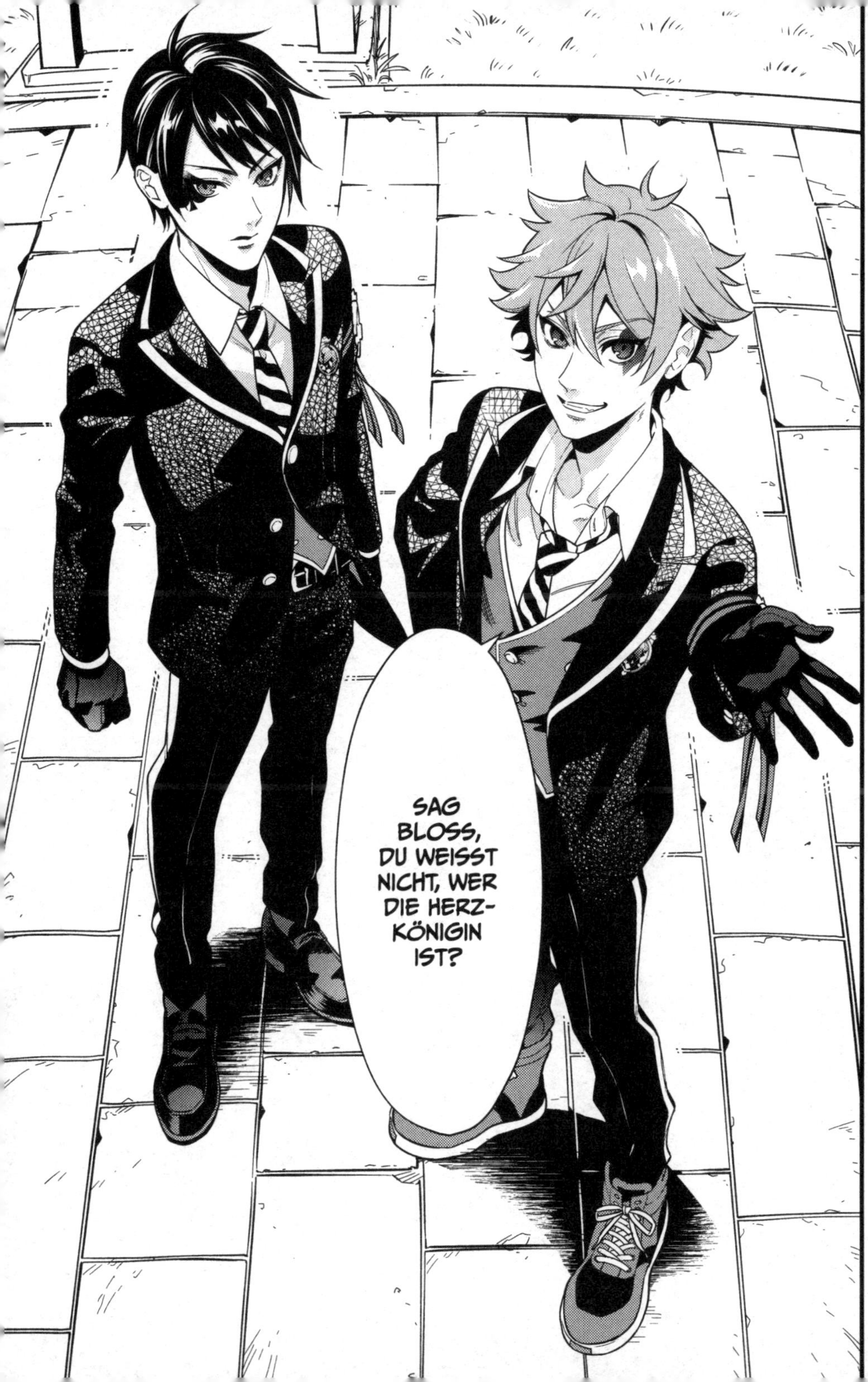
SAG BLOSS, DU WEISST NICHT, WER DIE HERZ-KÖNIGIN IST?

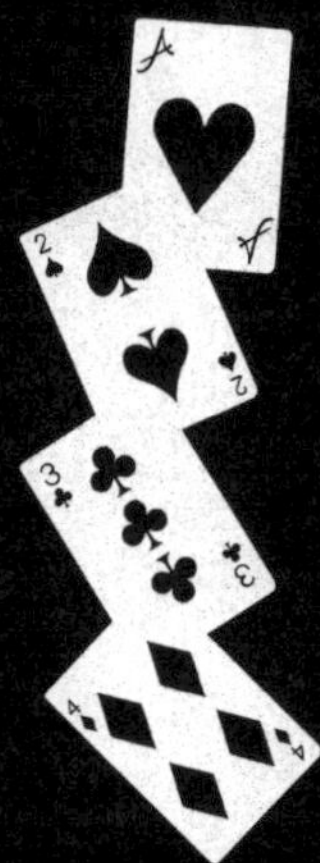

TWISTED WONDERLAND

DER MANGA

~ EPISODE of HEARTSLABYUL ~

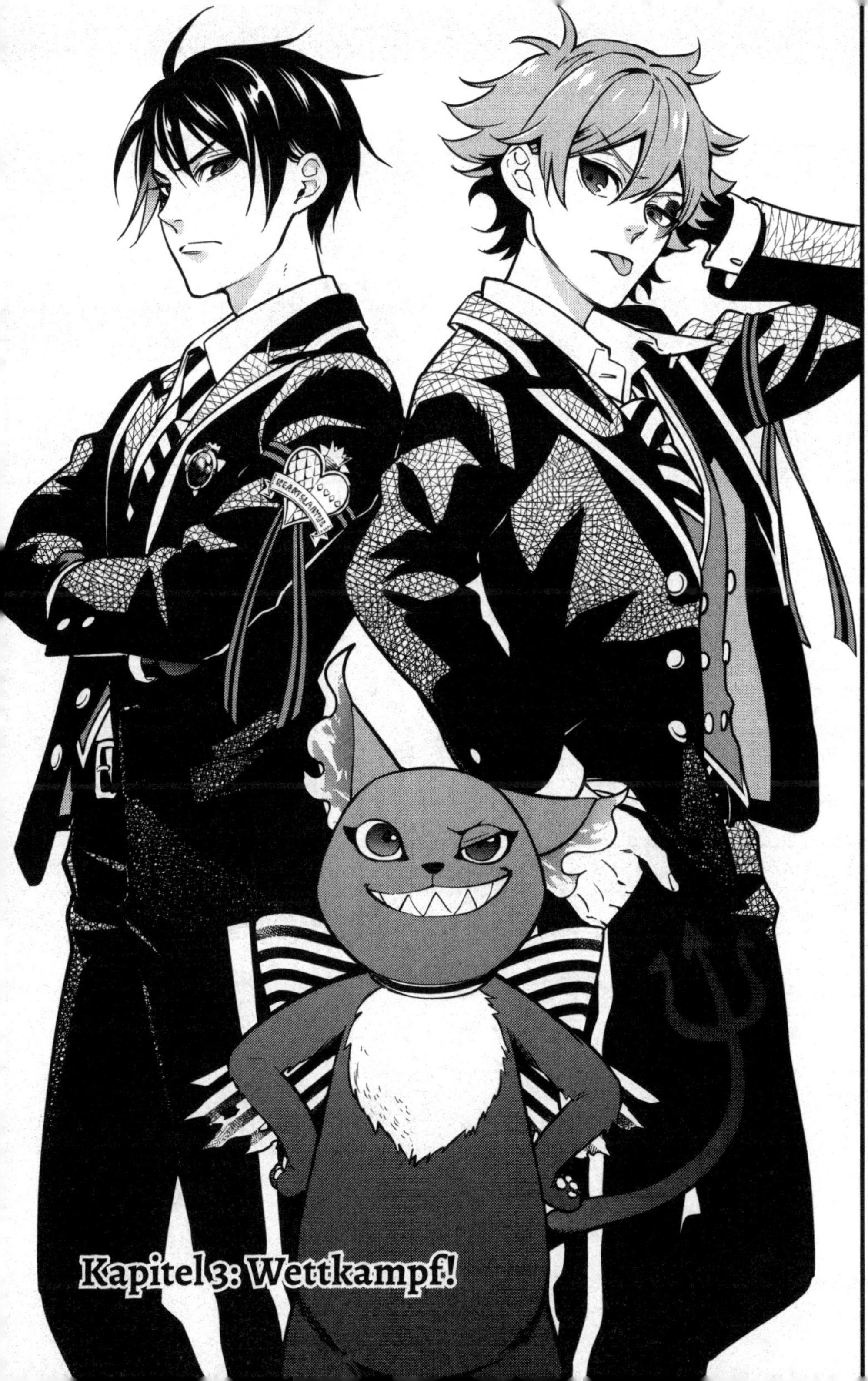
Kapitel 3: Wettkampf!

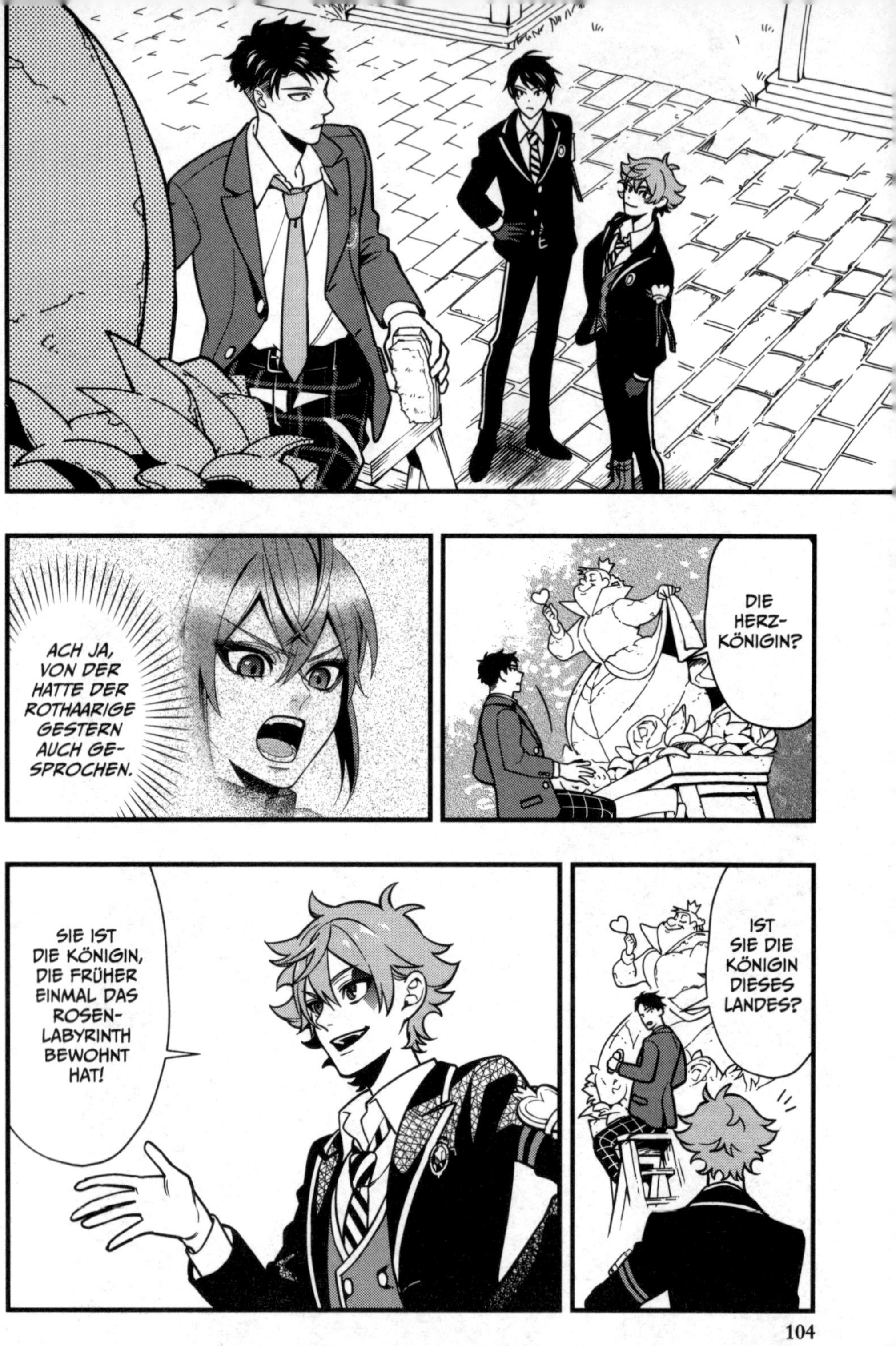
DIE HERZ-KÖNIGIN?
ACH JA, VON DER HATTE DER ROTHAARIGE GESTERN AUCH GESPROCHEN.
IST SIE DIE KÖNIGIN DIESES LANDES?
SIE IST DIE KÖNIGIN, DIE FRÜHER EINMAL DAS ROSEN-LABYRINTH BEWOHNT HAT!

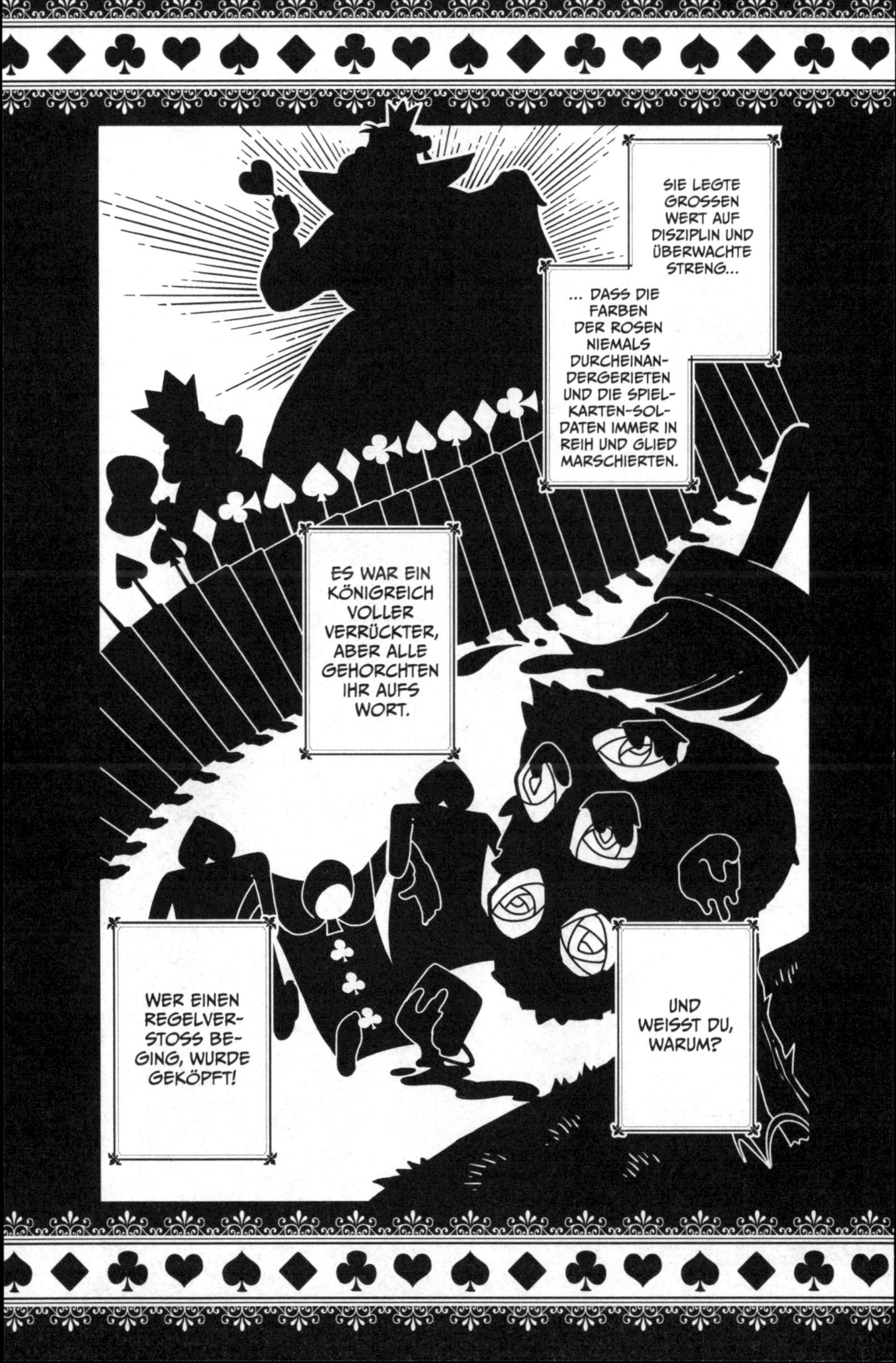

SIE LEGTE GROSSEN WERT AUF DISZIPLIN UND ÜBERWACHTE STRENG...
... DASS DIE FARBEN DER ROSEN NIEMALS DURCHEINANDERGERIETEN UND DIE SPIELKARTEN-SOLDATEN IMMER IN REIH UND GLIED MARSCHIERTEN.
ES WAR EIN KÖNIGREICH VOLLER VERRÜCKTER, ABER ALLE GEHORCHTEN IHR AUFS WORT.
WER EINEN REGELVERSTOSS BEGING, WURDE GEKÖPFT!
UND WEISST DU, WARUM?

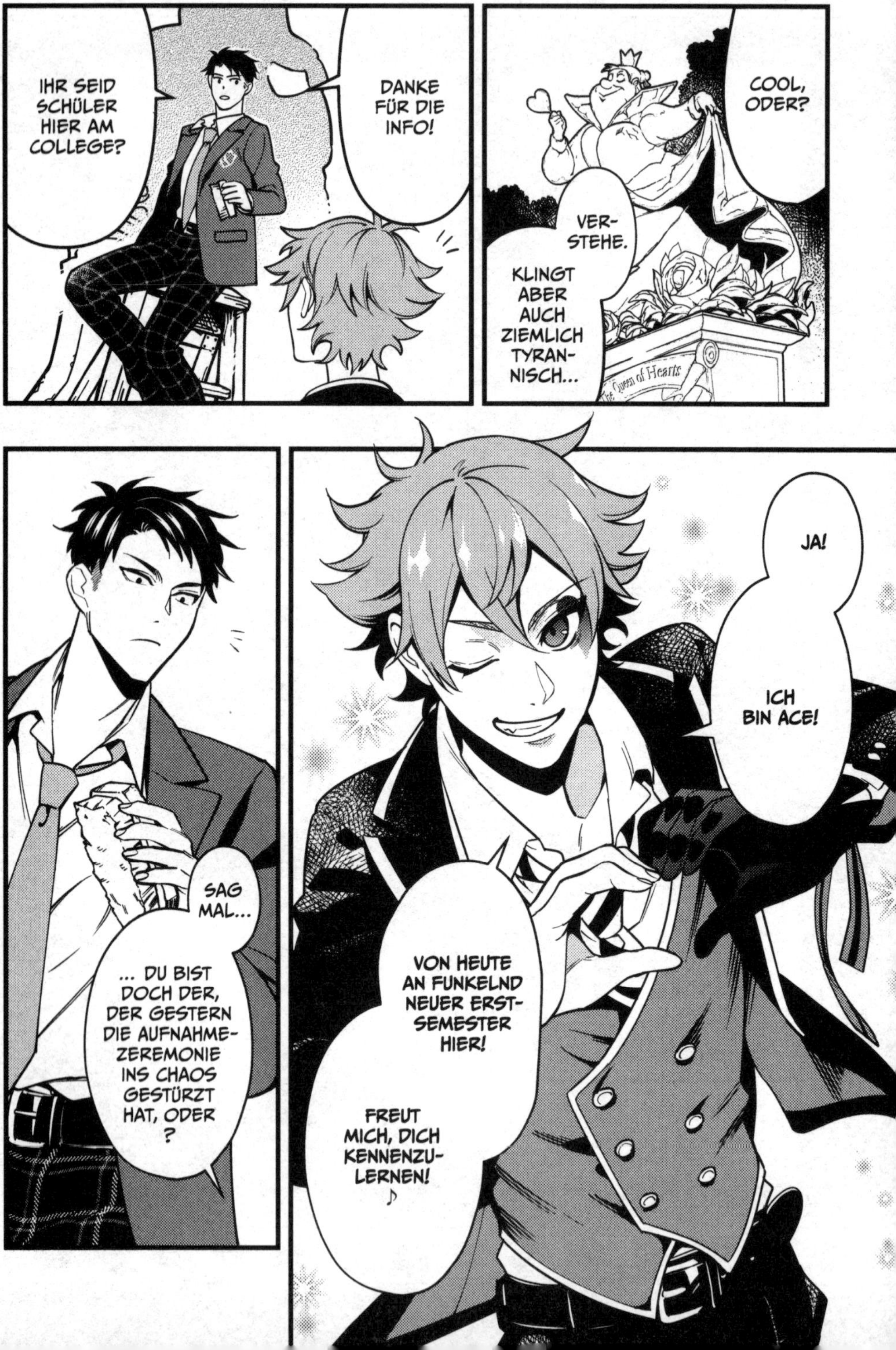
COOL, ODER?
VER-STEHE.
KLINGT ABER AUCH ZIEMLICH TYRAN-NISCH…
DANKE FÜR DIE INFO!
IHR SEID SCHÜLER HIER AM COLLEGE?
JA!
ICH BIN ACE!
VON HEUTE AN FUNKELND NEUER ERST-SEMESTER HIER!
FREUT MICH, DICH KENNENZU-LERNEN! ♪
SAG MAL…
… DU BIST DOCH DER, DER GESTERN DIE AUFNAHME-ZEREMONIE INS CHAOS GESTÜRZT HAT, ODER ?
The Queen of Hearts

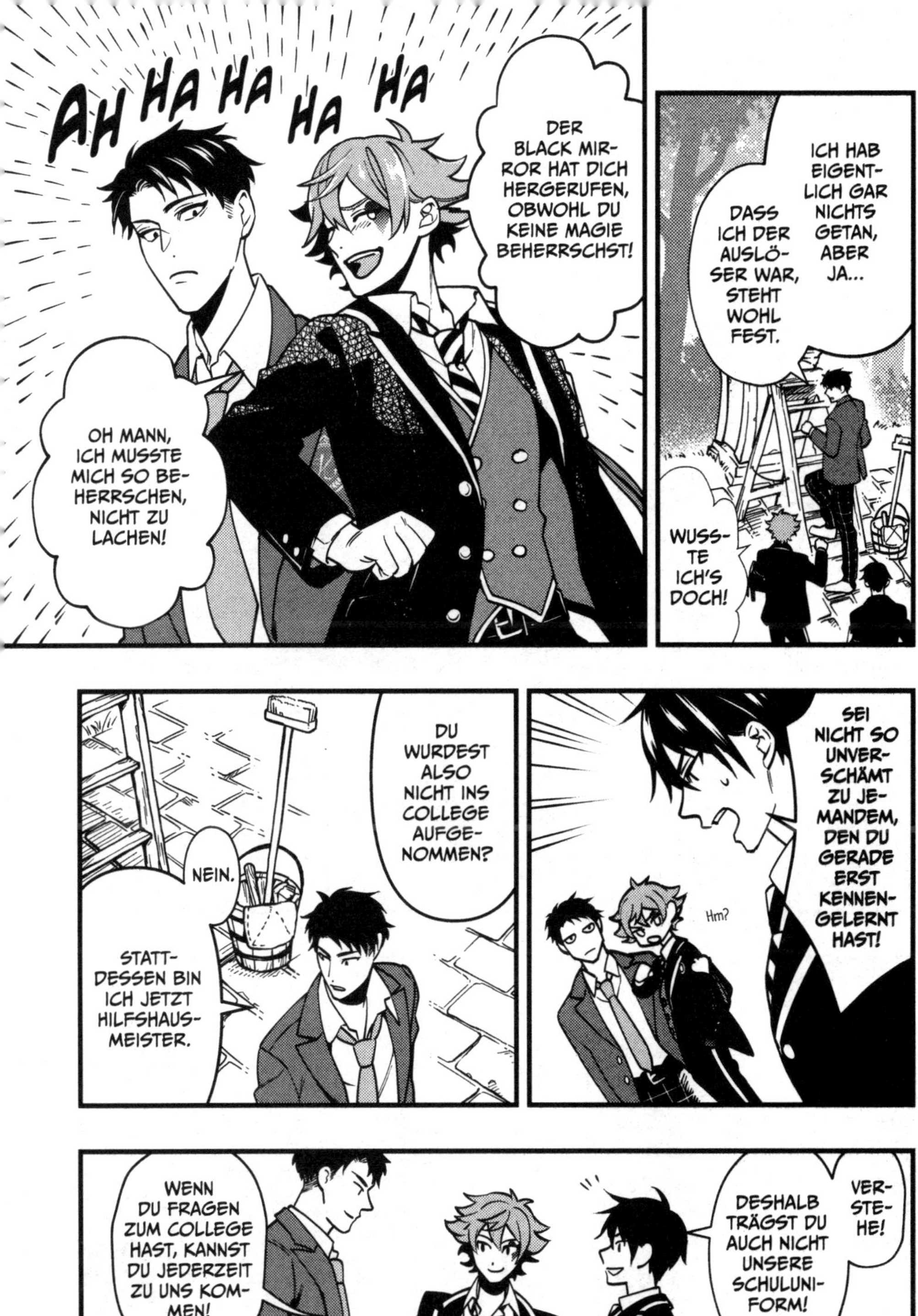
ICH HAB EIGENTLICH GAR NICHTS GETAN, ABER JA…
DASS ICH DER AUSLÖSER WAR, STEHT WOHL FEST.
WUSSTE ICH'S DOCH!
AH HA HA HA HA
DER BLACK MIRROR HAT DICH HERGERUFEN, OBWOHL DU KEINE MAGIE BEHERRSCHST!
OH MANN, ICH MUSSTE MICH SO BEHERRSCHEN, NICHT ZU LACHEN!
SEI NICHT SO UNVERSCHÄMT ZU JEMANDEM, DEN DU GERADE ERST KENNENGELERNT HAST!
Hm?
DU WURDEST ALSO NICHT INS COLLEGE AUFGENOMMEN?
NEIN.
STATTDESSEN BIN ICH JETZT HILFSHAUSMEISTER.
VERSTEHE!
DESHALB TRÄGST DU AUCH NICHT UNSERE SCHULUNIFORM!
WENN DU FRAGEN ZUM COLLEGE HAST, KANNST DU JEDERZEIT ZU UNS KOMMEN!

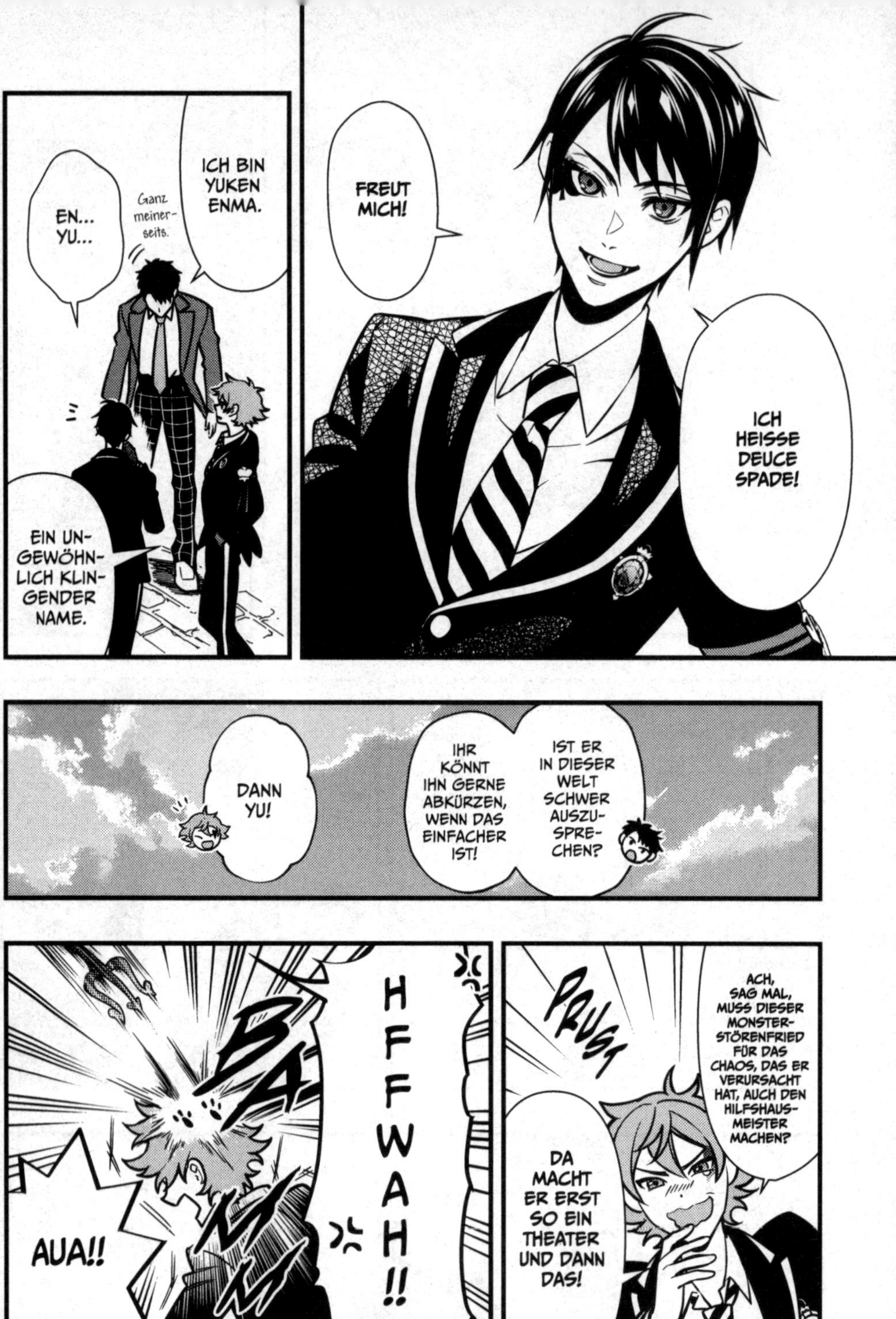
ICH HEISSE DEUCE SPADE!
FREUT MICH!
ICH BIN YUKEN ENMA.
Ganz meinerseits.
EN... YU...
EIN UNGEWÖHNLICH KLINGENDER NAME.
IST ER IN DIESER WELT SCHWER AUSZUSPRECHEN?
IHR KÖNNT IHN GERNE ABKÜRZEN, WENN DAS EINFACHER IST!
DANN YU!
ACH, SAG MAL, MUSS DIESER MONSTERSTÖRENFRIED FÜR DAS CHAOS, DAS ER VERURSACHT HAT, AUCH DEN HILFSHAUSMEISTER MACHEN?
DA MACHT ER ERST SO EIN THEATER UND DANN DAS!
HFFWAH!!
AUA!!

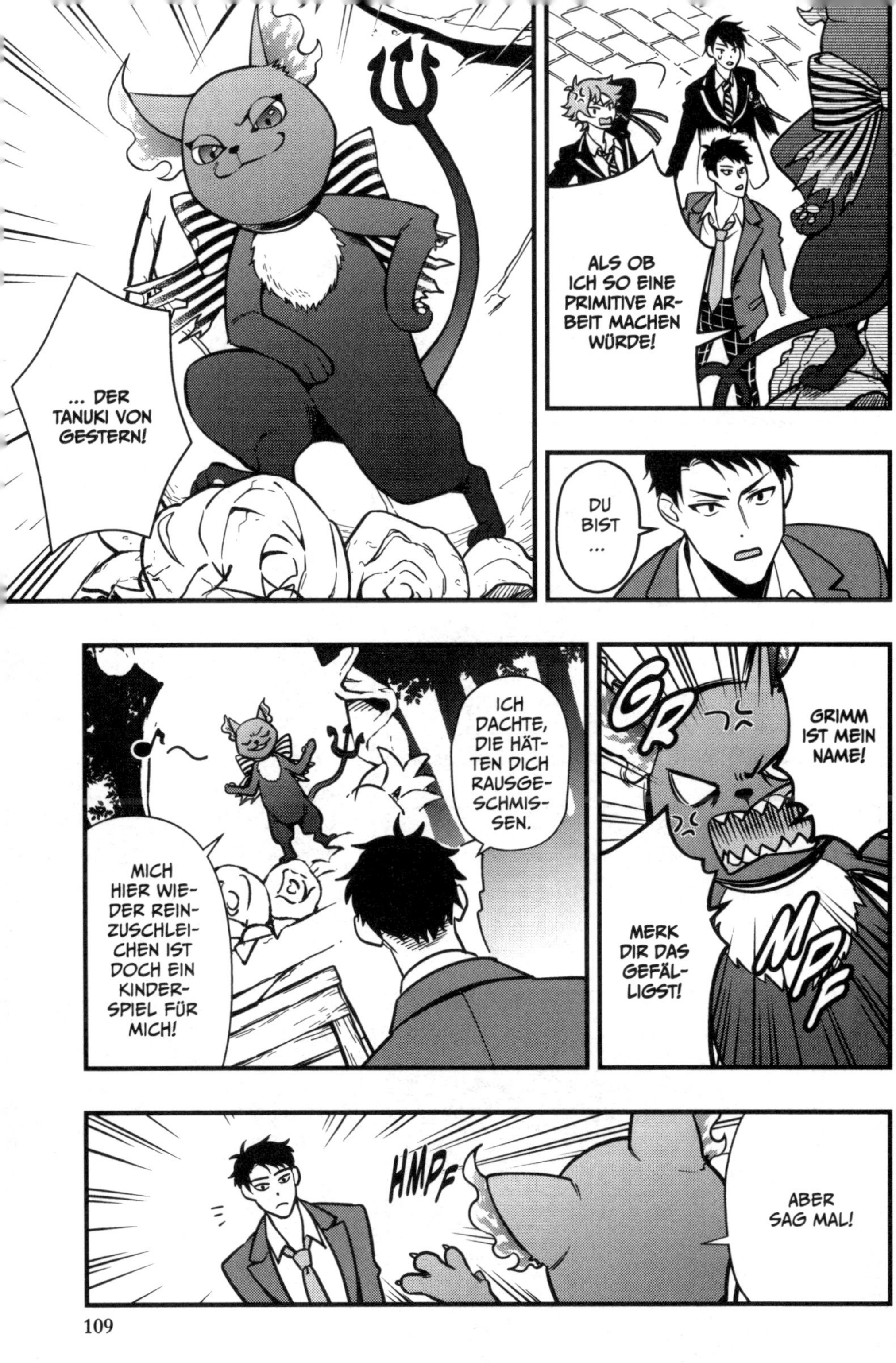

ALS OB ICH SO EINE PRIMITIVE AR- BEIT MACHEN WÜRDE!
DU BIST ...
... DER TANUKI VON GESTERN!
GR
GRIMM IST MEIN NAME!
MERK DIR DAS GEFÄL- LIGST!
MPF
ICH DACHTE, DIE HÄT- TEN DICH RAUSGE- SCHMIS- SEN.
MICH HIER WIE- DER REIN- ZUSCHLEI- CHEN IST DOCH EIN KINDER- SPIEL FÜR MICH!
ABER SAG MAL!
HMPF

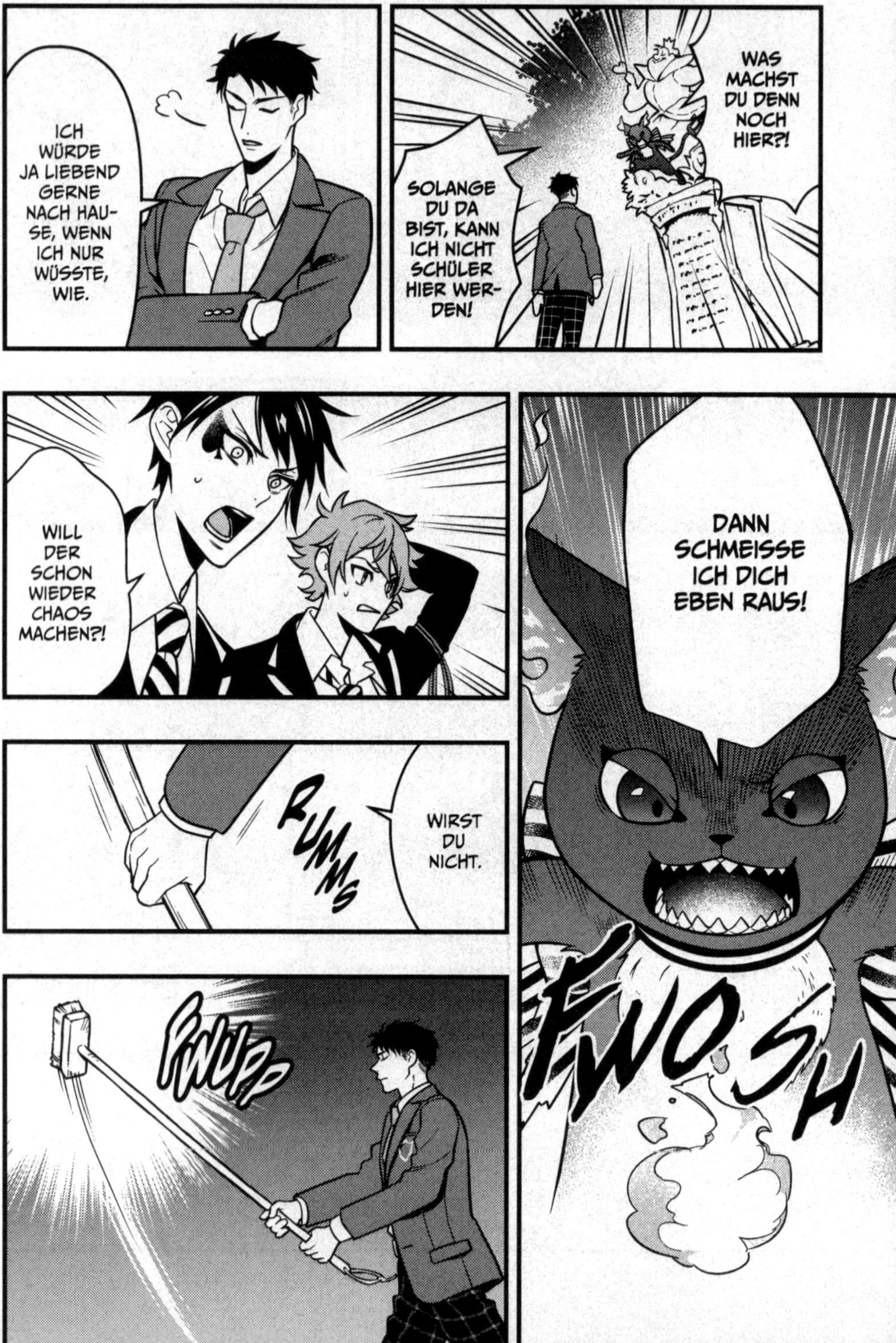
WAS MACHST DU DENN NOCH HIER?!
SOLANGE DU DA BIST, KANN ICH NICHT SCHÜLER HIER WERDEN!
ICH WÜRDE JA LIEBEND GERNE NACH HAUSE, WENN ICH NUR WÜSSTE, WIE.
DANN SCHMEISSE ICH DICH EBEN RAUS!
WILL DER SCHON WIEDER CHAOS MACHEN?!
WIRST DU NICHT.
RUMMS
FWOOSH
PWUPP

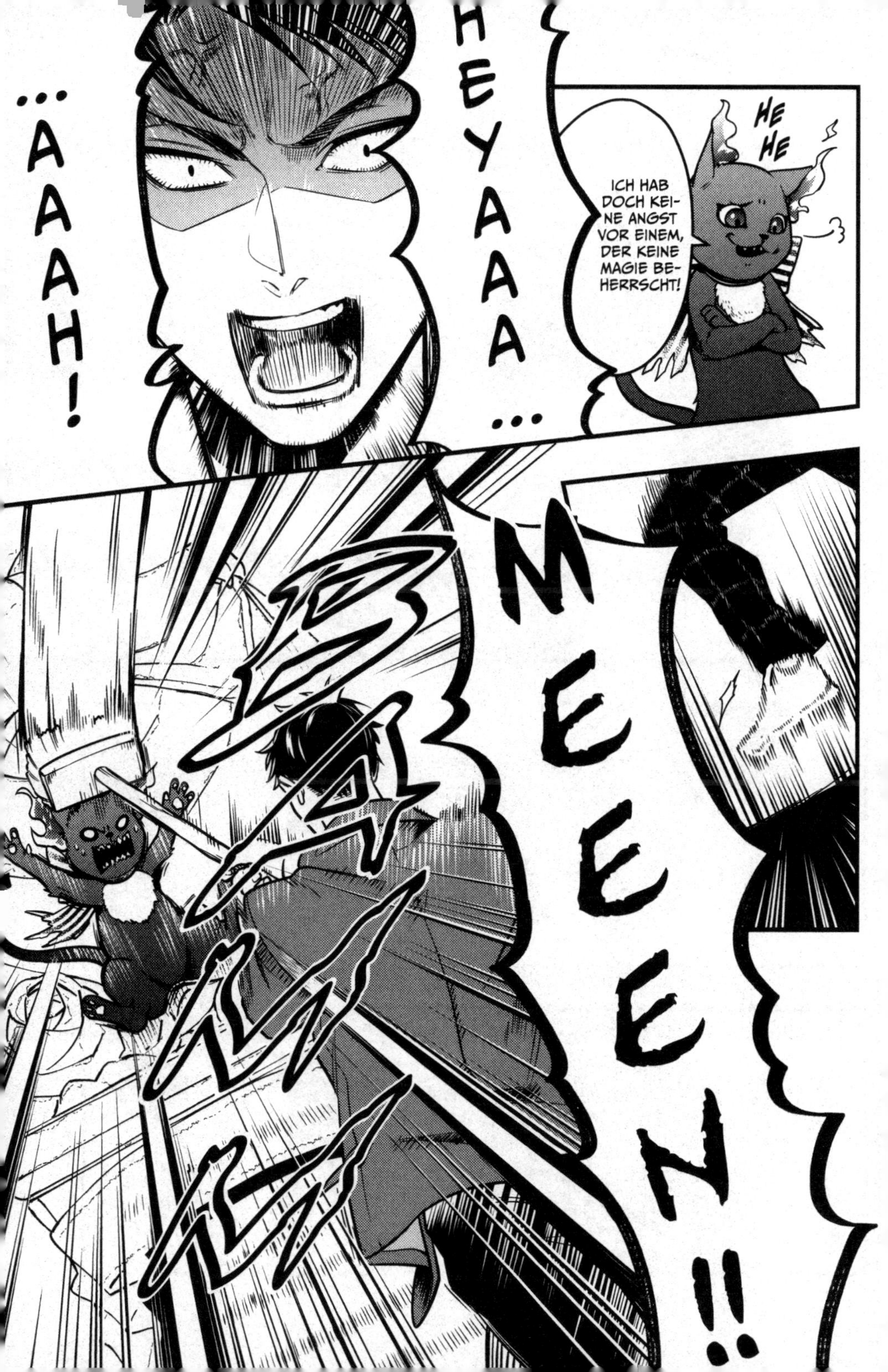
HE HE
ICH HAB DOCH KEINE ANGST VOR EINEM, DER KEINE MAGIE BEHERRSCHT!
HEYAAAA…
…ÄAAAH!
MEEEEEEN!!

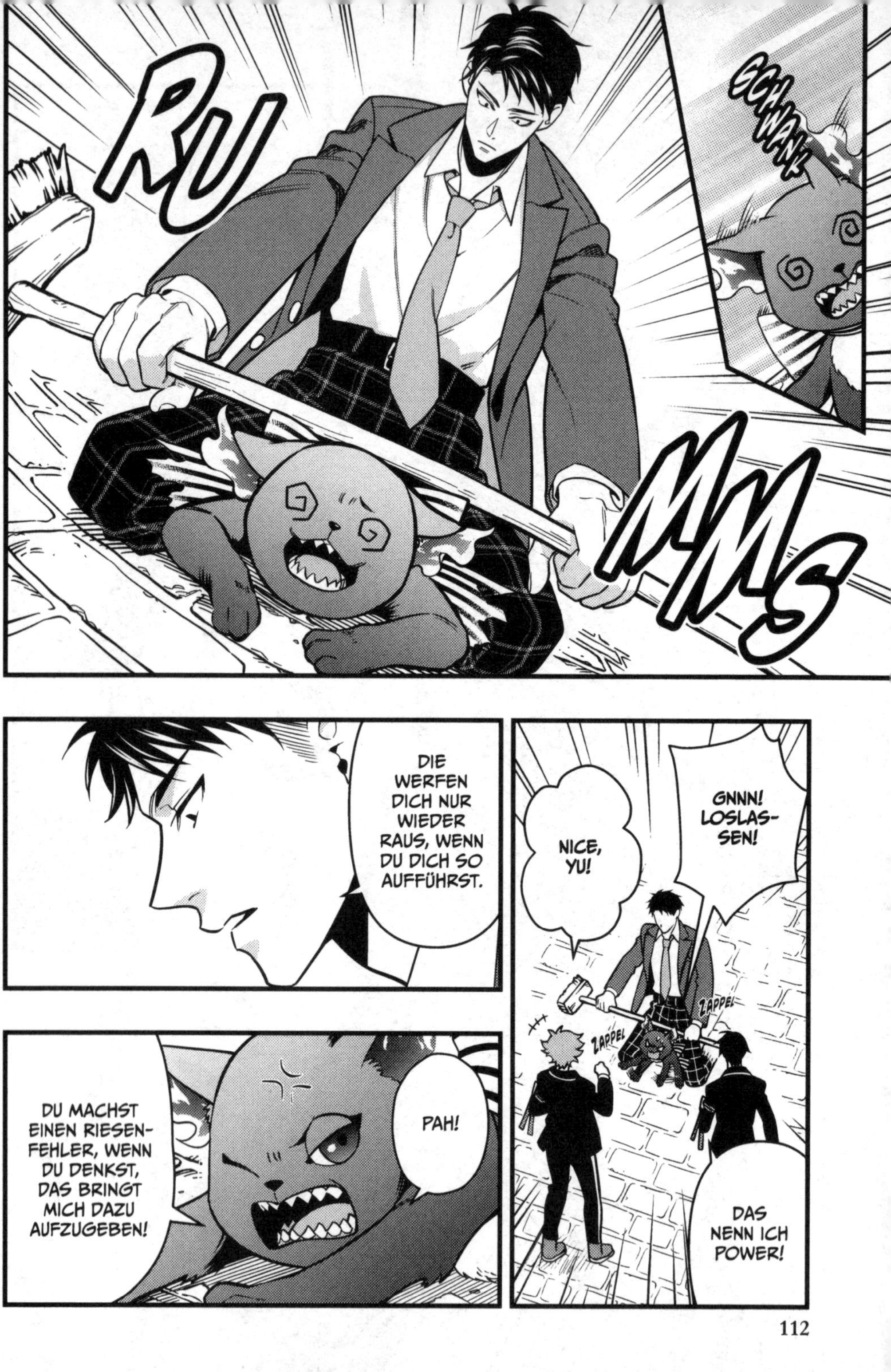
SCHWANK
RUMMS
GNNN! LOSLAS-SEN!
NICE, YU!
ZAPPEL
ZAPPEL
DIE WERFEN DICH NUR WIEDER RAUS, WENN DU DICH SO AUFFÜHRST.
PAH!
DU MACHST EINEN RIESEN-FEHLER, WENN DU DENKST, DAS BRINGT MICH DAZU AUFZUGEBEN!
DAS NENN ICH POWER!

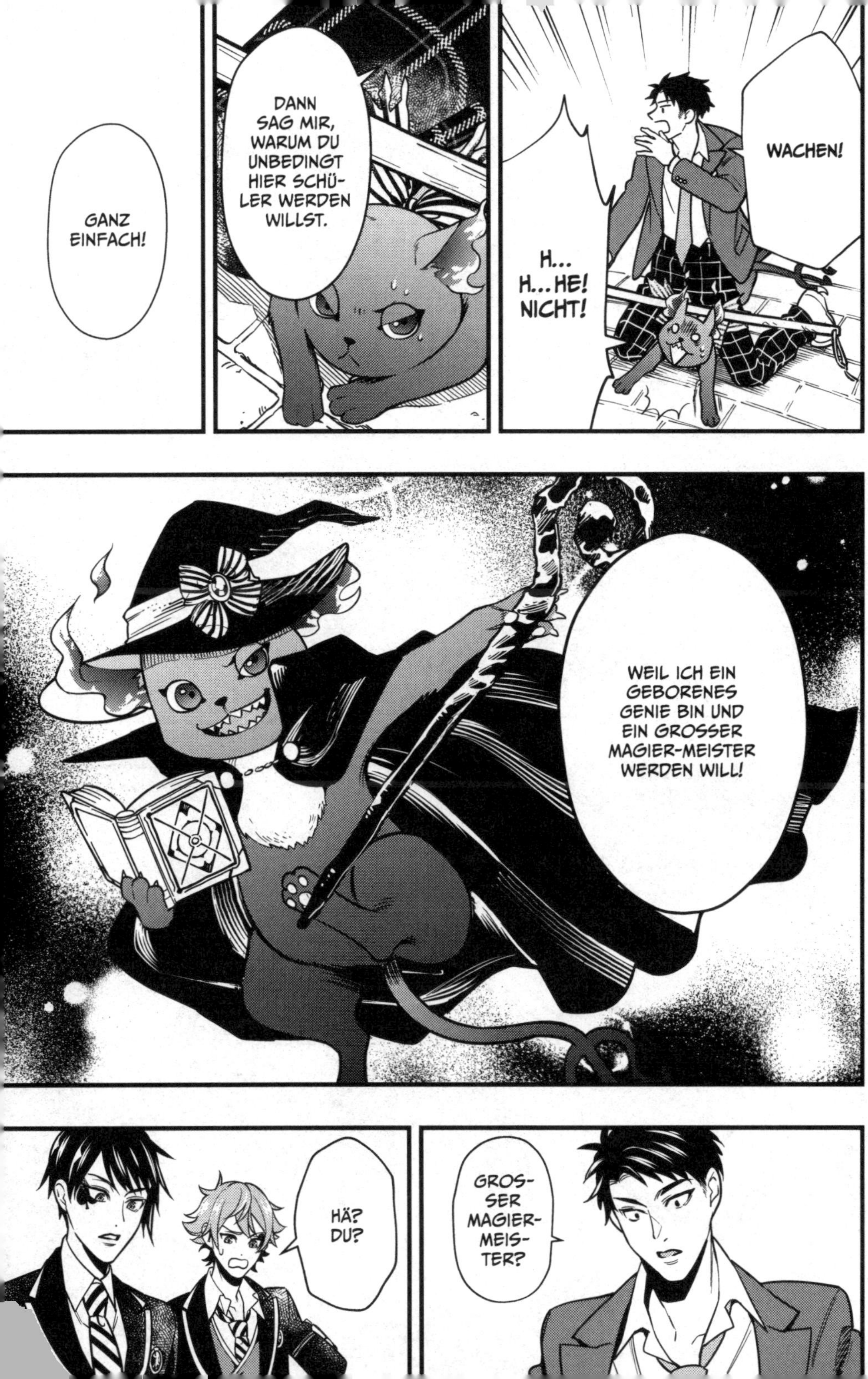
WACHEN!
H... H...HE! NICHT!
DANN SAG MIR, WARUM DU UNBEDINGT HIER SCHÜLER WERDEN WILLST.
GANZ EINFACH!
WEIL ICH EIN GEBORENES GENIE BIN UND EIN GROSSER MAGIER-MEISTER WERDEN WILL!
GROSSER MAGIER-MEISTER?
HÄ? DU?

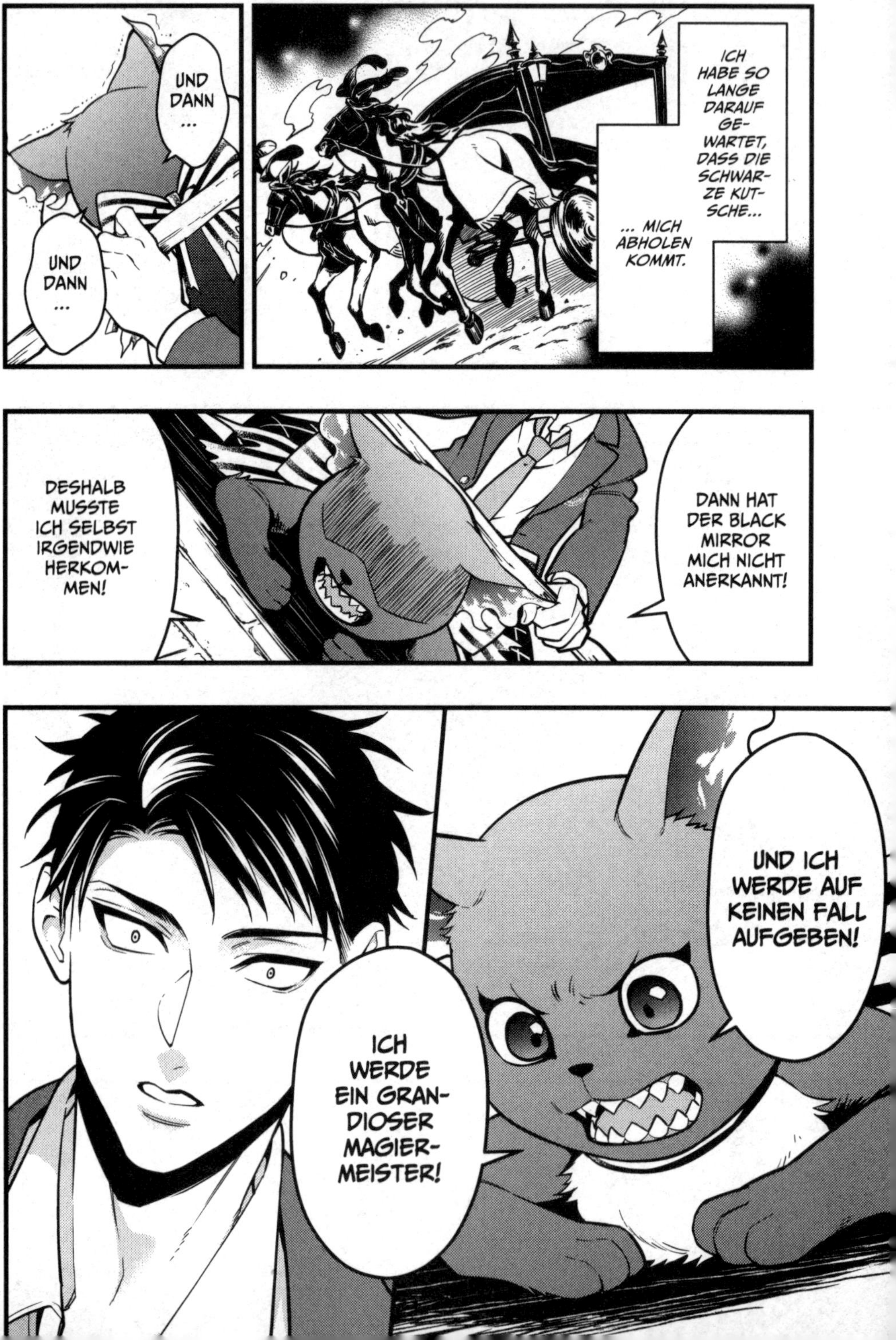
ICH HABE SO LANGE DARAUF GE-WARTET, DASS DIE SCHWAR-ZE KUT-SCHE...
... MICH ABHOLEN KOMMT.
UND DANN ...
UND DANN ...
DANN HAT DER BLACK MIRROR MICH NICHT ANERKANNT!
DESHALB MUSSTE ICH SELBST IRGENDWIE HERKOM-MEN!
UND ICH WERDE AUF KEINEN FALL AUFGEBEN!
ICH WERDE EIN GRAN-DIOSER MAGIER-MEISTER!

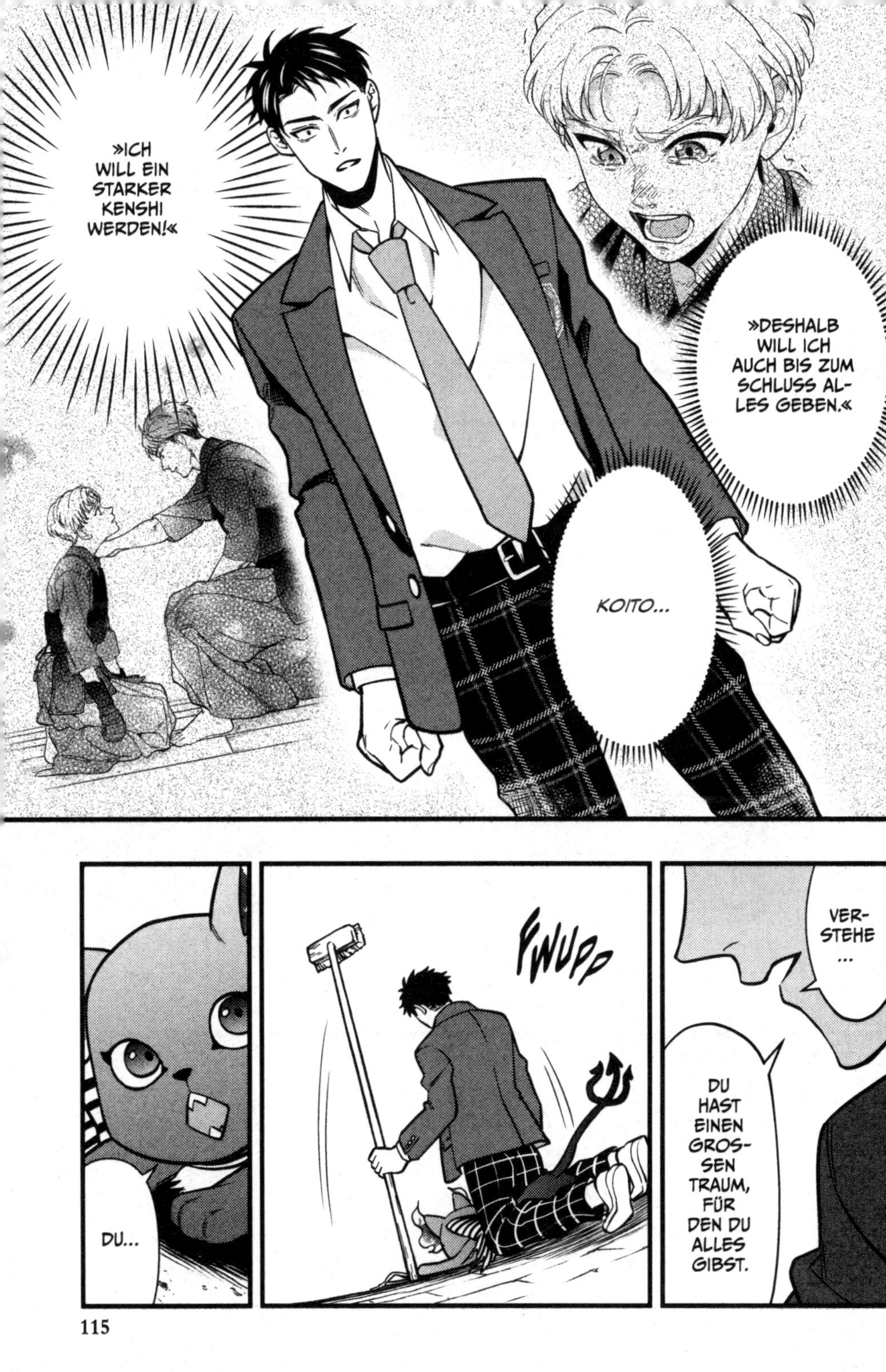
»ICH WILL EIN STARKER KENSHI WERDEN!«
»DESHALB WILL ICH AUCH BIS ZUM SCHLUSS AL-LES GEBEN.«
KOITO...
VER-STEHE ...
DU HAST EINEN GROS-SEN TRAUM, FÜR DEN DU ALLES GIBST.
FWUPP
DU...

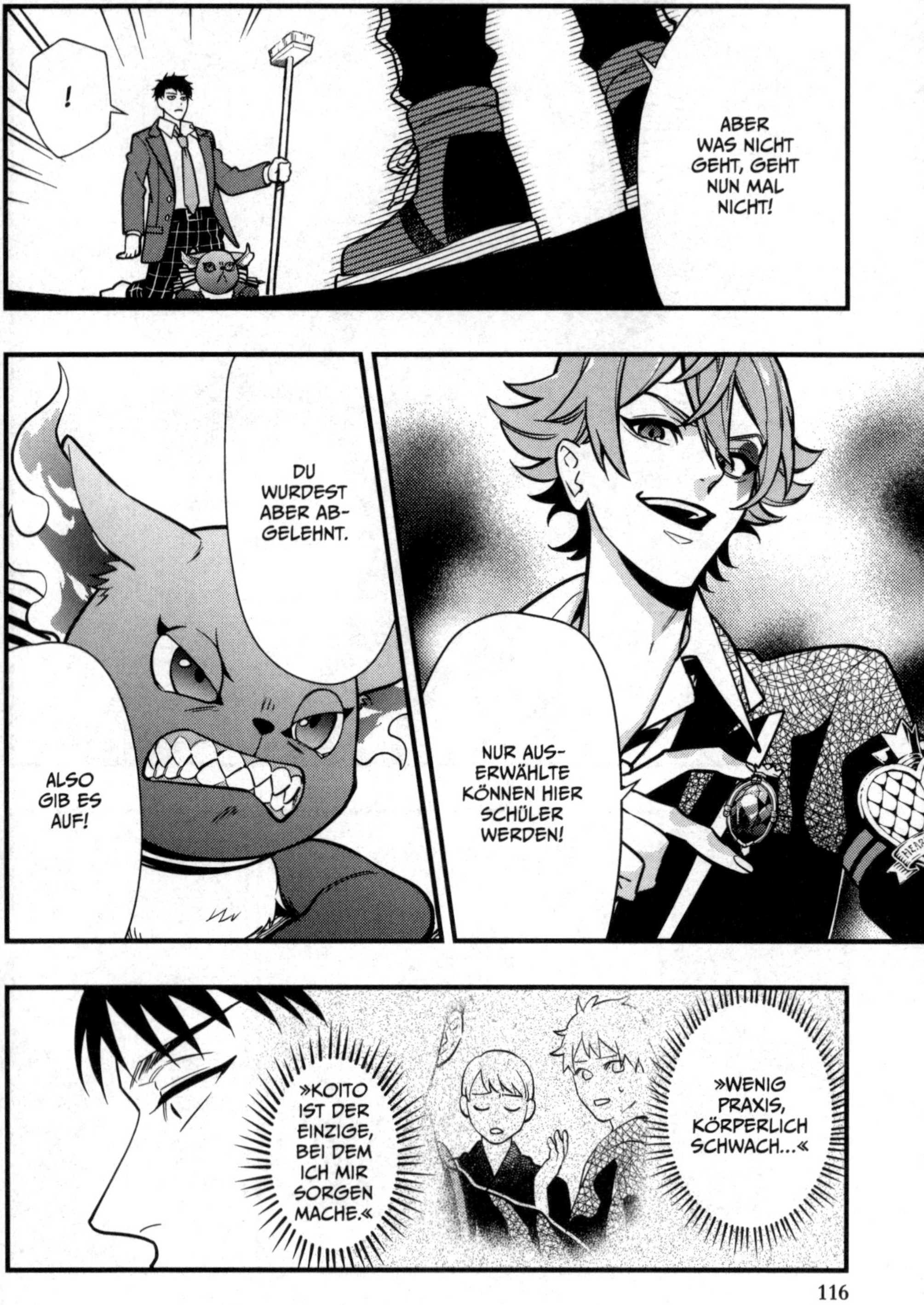
ABER WAS NICHT GEHT, GEHT NUN MAL NICHT!
!
NUR AUSERWÄHLTE KÖNNEN HIER SCHÜLER WERDEN!
DU WURDEST ABER ABGELEHNT.
ALSO GIB ES AUF!
»WENIG PRAXIS, KÖRPERLICH SCHWACH…«
»KOITO IST DER EINZIGE, BEI DEM ICH MIR SORGEN MACHE.«

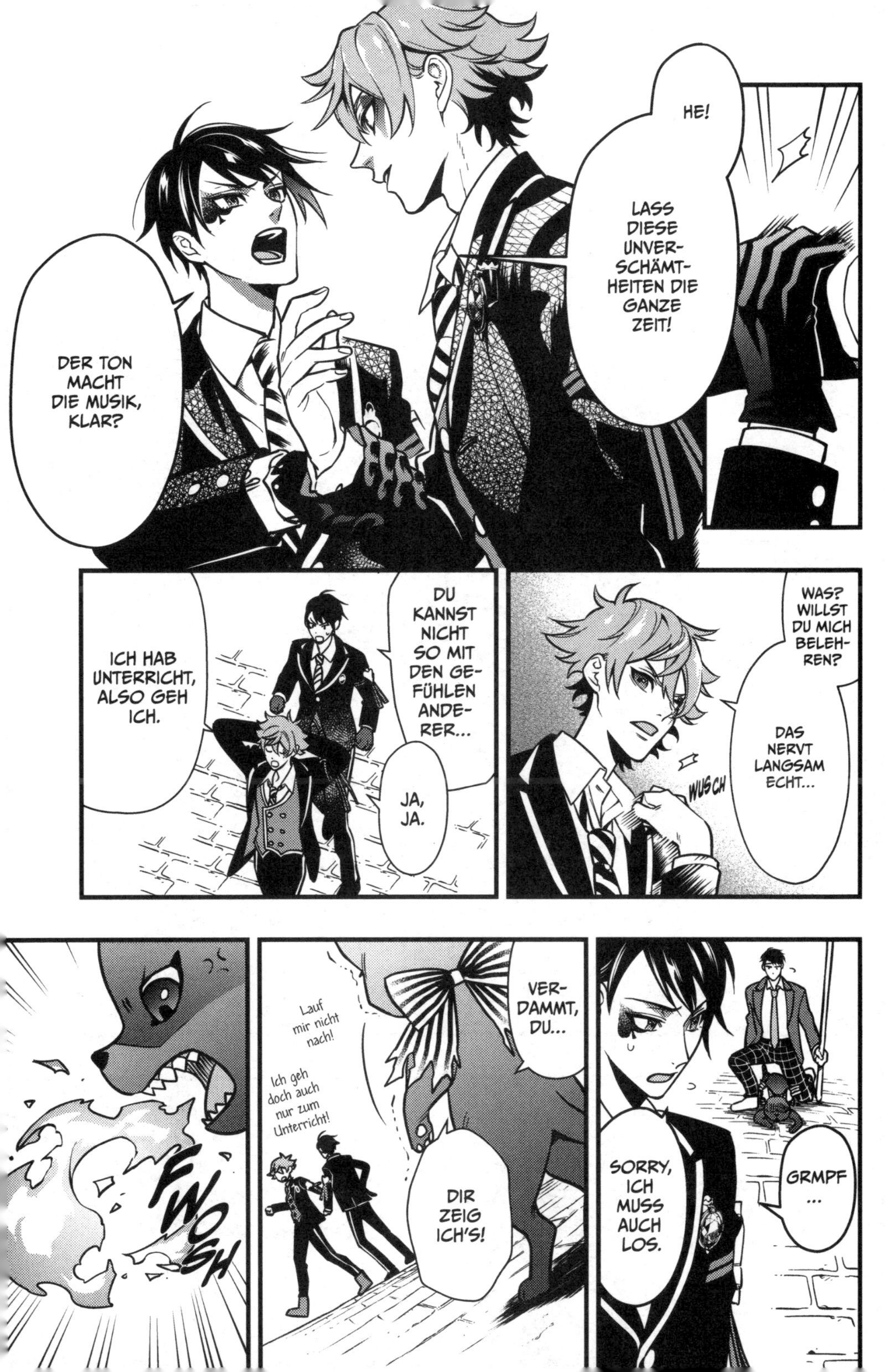
HE!
LASS DIESE UNVERSCHÄMTHEITEN DIE GANZE ZEIT!
DER TON MACHT DIE MUSIK, KLAR?
WAS? WILLST DU MICH BELEHREN?
DAS NERVT LANGSAM ECHT...
WUSCH
DU KANNST NICHT SO MIT DEN GEFÜHLEN ANDERER...
JA, JA.
ICH HAB UNTERRICHT, ALSO GEH ICH.
SORRY, ICH MUSS AUCH LOS.
GRMPF ...
VERDAMMT, DU...
DIR ZEIG ICH'S!
Lauf mir nicht nach!
Ich geh doch auch nur zum Unterricht!
FWOSH

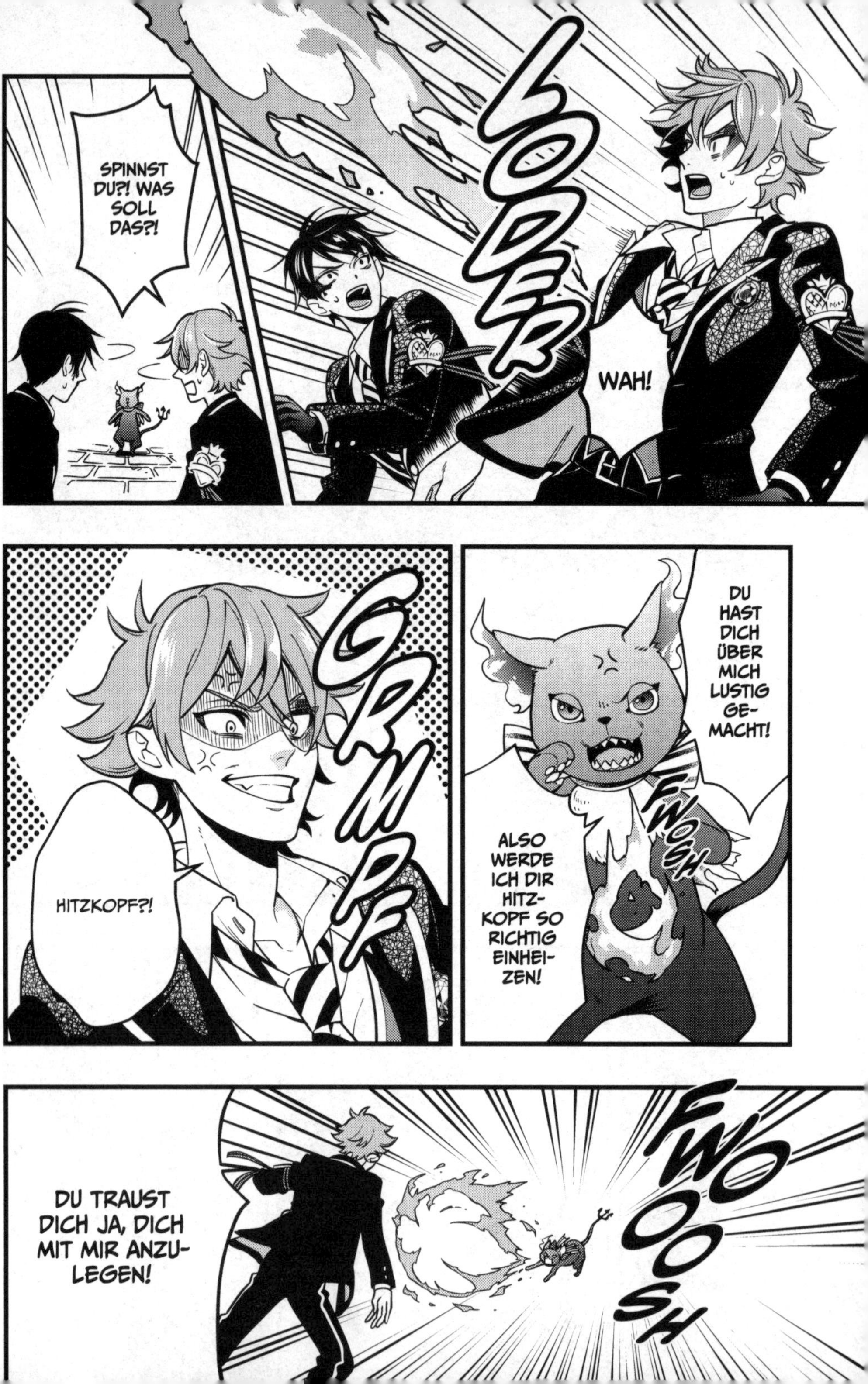
LODERR
SPINNST DU?! WAS SOLL DAS?!
WAH!
GRMPF
HITZKOPF?!
DU HAST DICH ÜBER MICH LUSTIG GE-MACHT!
FWOSH
ALSO WERDE ICH DIR HITZ-KOPF SO RICHTIG EINHEI-ZEN!
DU TRAUST DICH JA, DICH MIT MIR ANZU-LEGEN!
FWOOOSH

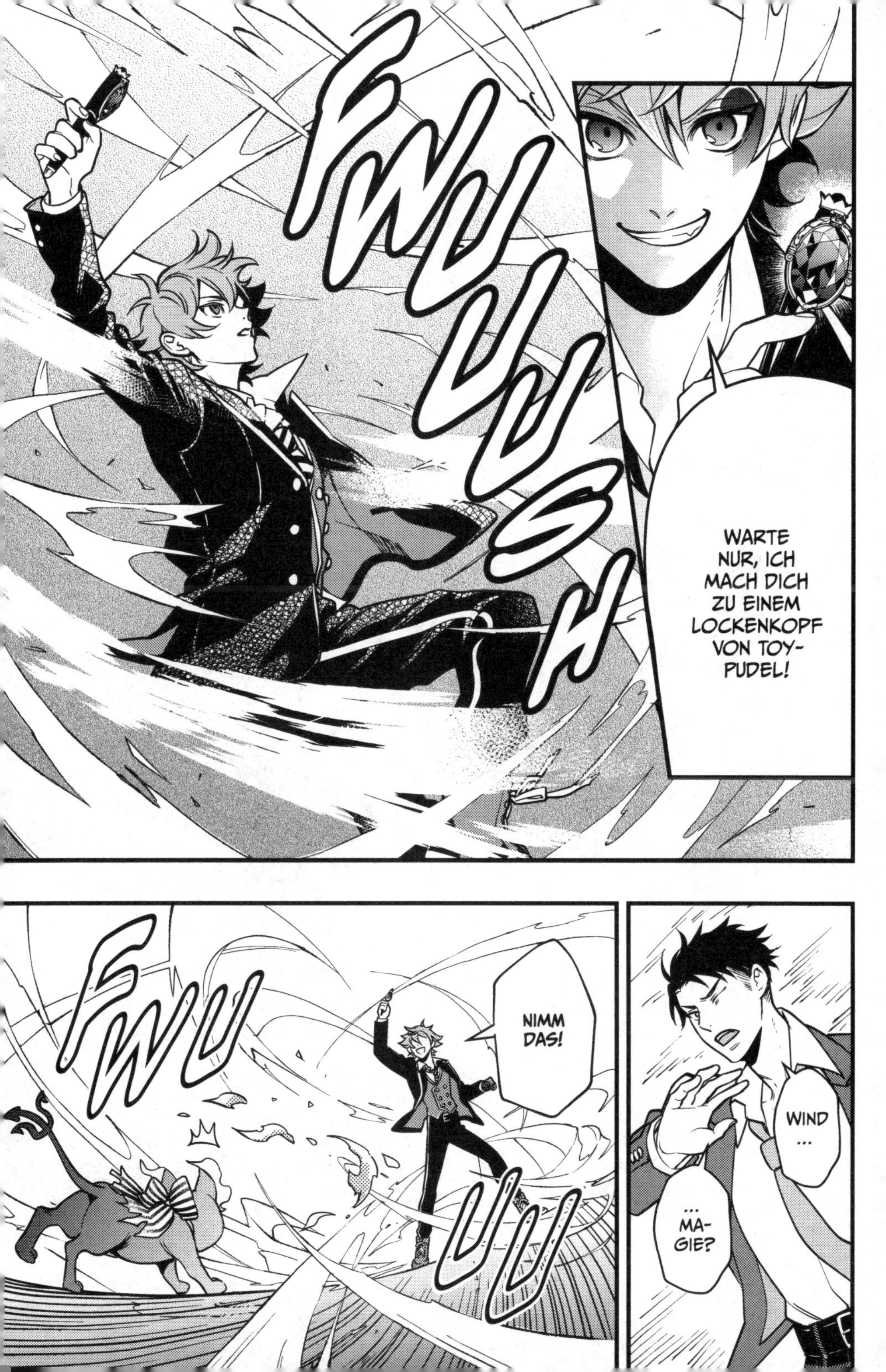
WARTE NUR, ICH MACH DICH ZU EINEM LOCKENKOPF VON TOY-PUDEL!
FWUUUSH
WIND …
… MA-GIE?
NIMM DAS!
FWU
UUU

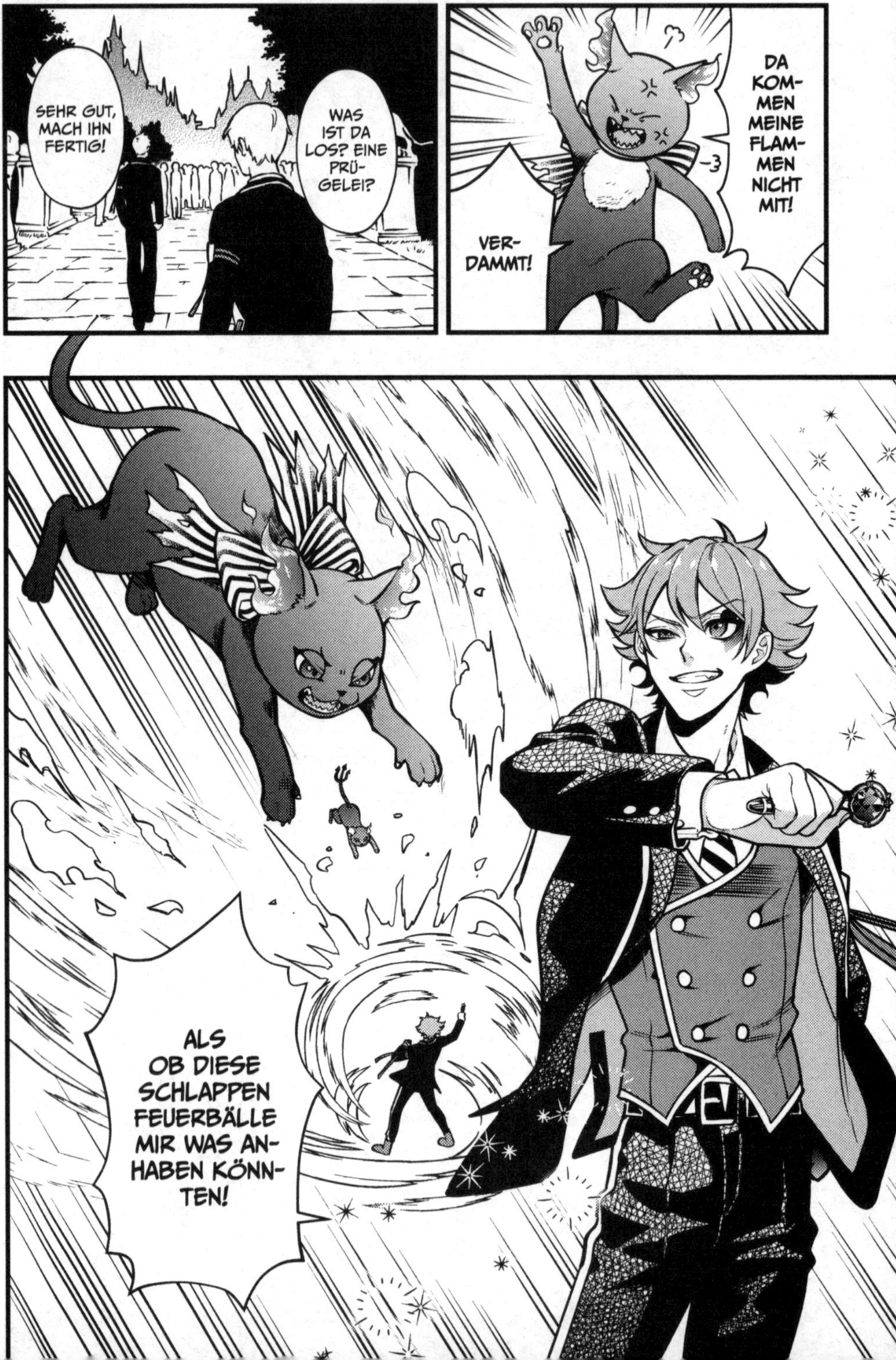
DA KOM-MEN MEINE FLAM-MEN NICHT MIT!
VER-DAMMT!
WAS IST DA LOS? EINE PRÜ-GELEI?
SEHR GUT, MACH IHN FERTIG!
ALS OB DIESE SCHLAPPEN FEUERBÄLLE MIR WAS AN-HABEN KÖNN-TEN!

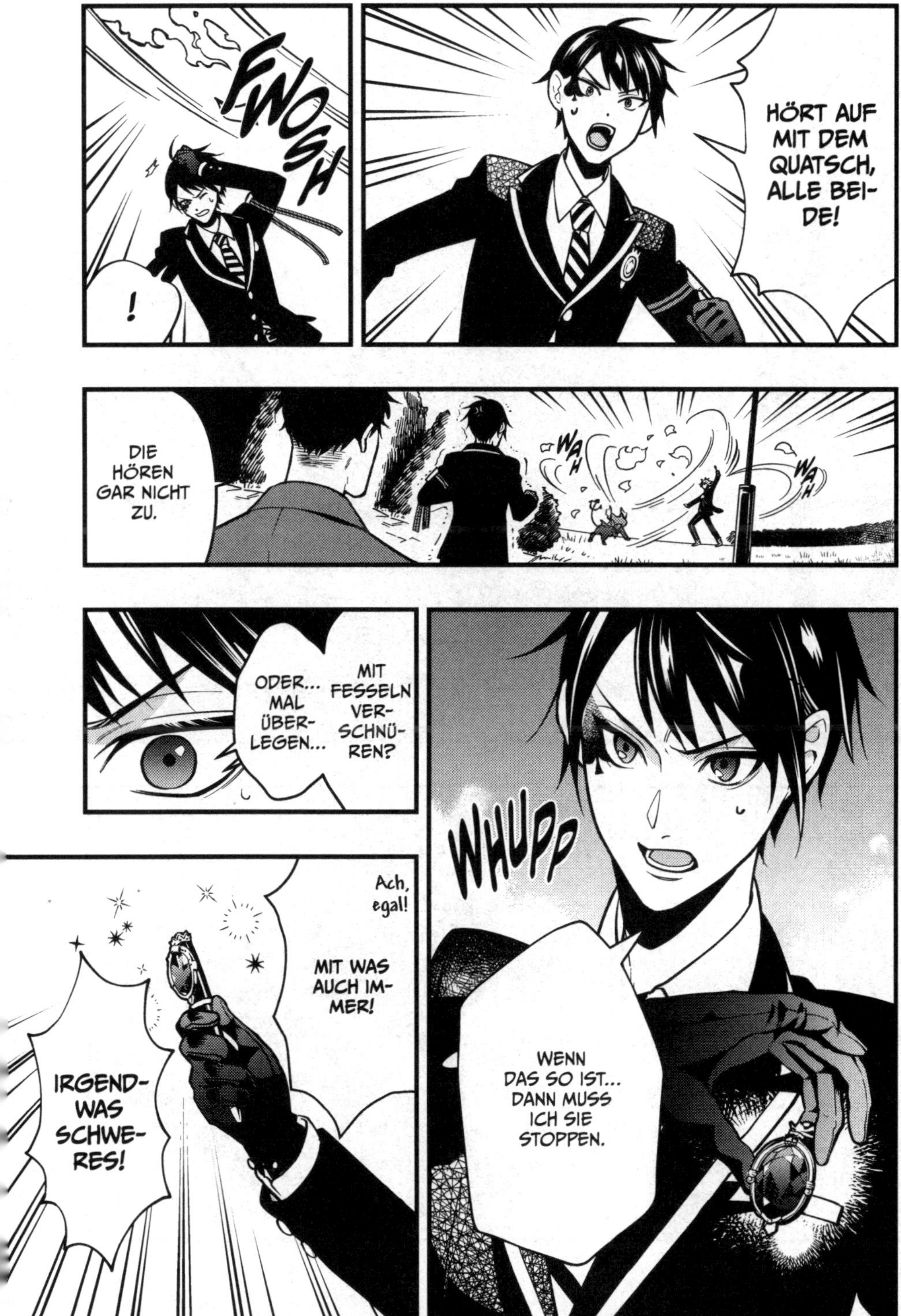
HÖRT AUF MIT DEM QUATSCH, ALLE BEI-DE!
FWOSH
!
DIE HÖREN GAR NICHT ZU.
WAH
WAH
MIT FESSELN VER-SCHNÜ-REN?
ODER... MAL ÜBER-LEGEN...
WHUPP
WENN DAS SO IST... DANN MUSS ICH SIE STOPPEN.
Ach, egal!
MIT WAS AUCH IM-MER!
IRGEND-WAS SCHWE-RES!

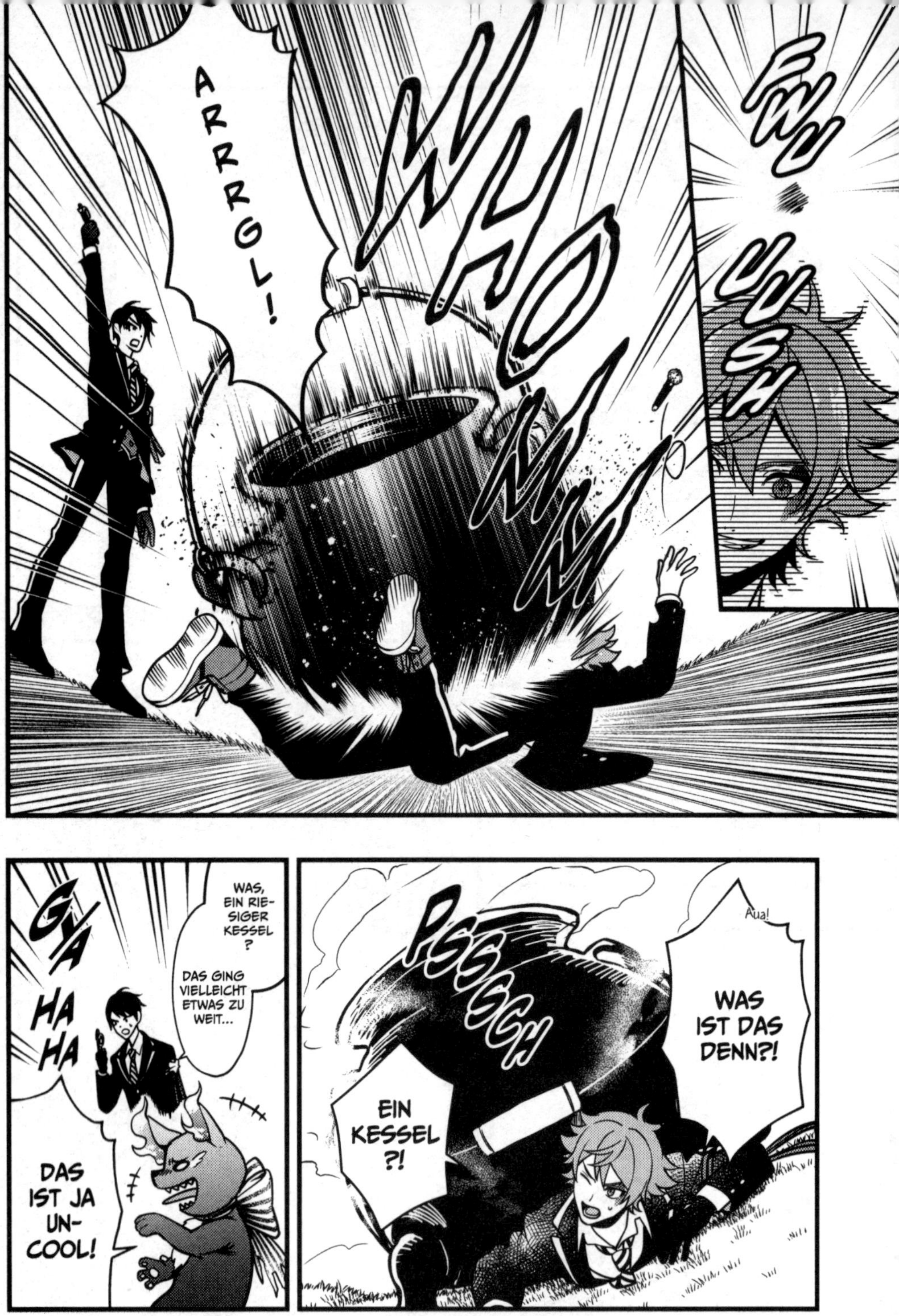
FWU UUSH
WHOMMM
ARRRGL!
Aua!
WAS IST DAS DENN?!
PSSSCH
EIN KESSEL?!
WAS, EIN RIESIGER KESSEL?
DAS GING VIELLEICHT ETWAS ZU WEIT…
GYA HA HA HA
DAS IST JA UNCOOL!

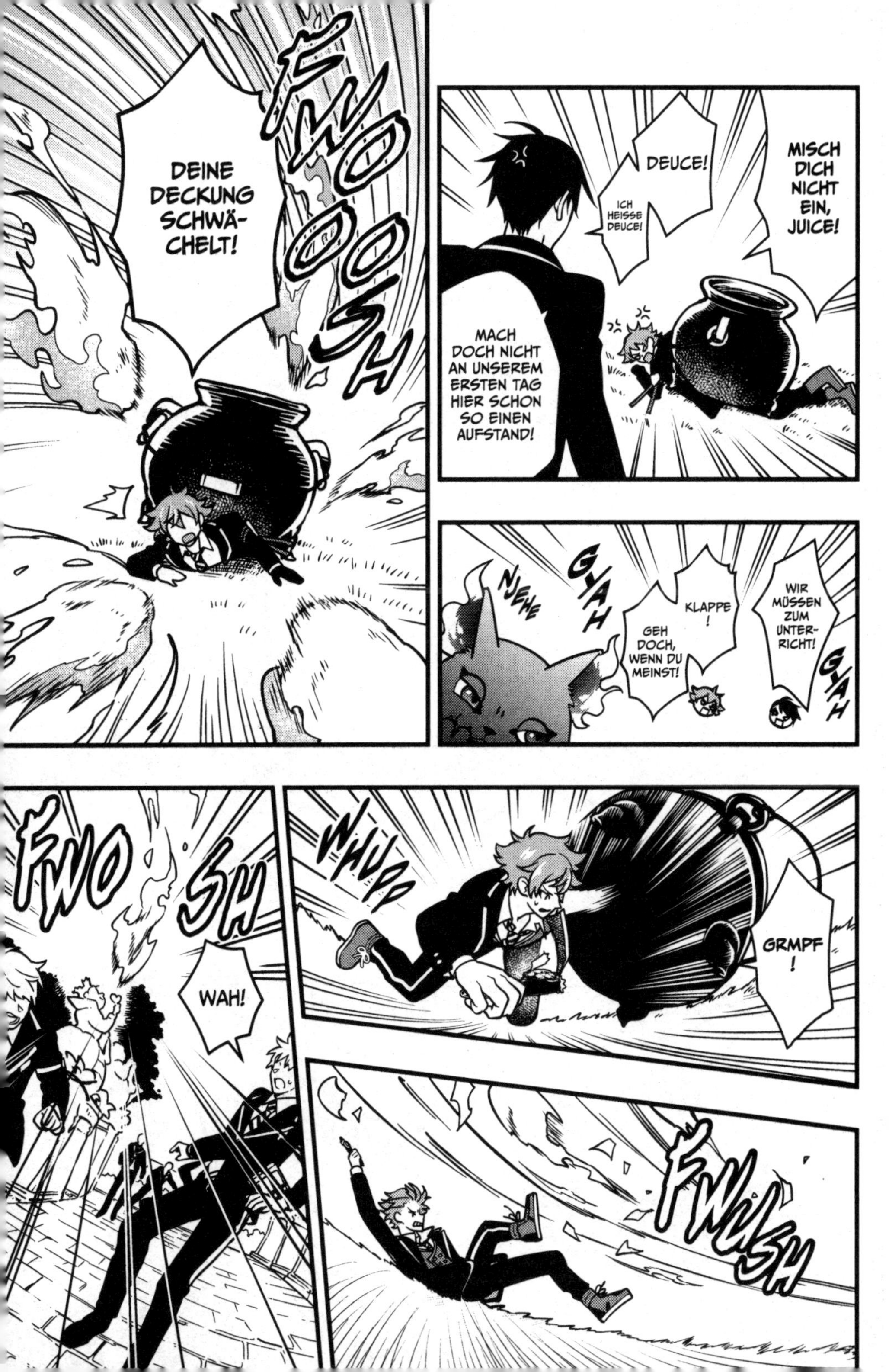

MISCH DICH NICHT EIN, JUICE!
DEUCE!
ICH HEISSE DEUCE!
MACH DOCH NICHT AN UNSEREM ERSTEN TAG HIER SCHON SO EINEN AUFSTAND!
WIR MÜSSEN ZUM UNTER-RICHT!
GYAH
KLAPPE!
GEH DOCH, WENN DU MEINST!
GYAH
NJEHE
FWOOOOSH
DEINE DECKUNG SCHWÄ-CHELT!
GRMPF!
WHUPP
FWO SH
WAH!
FWUSH

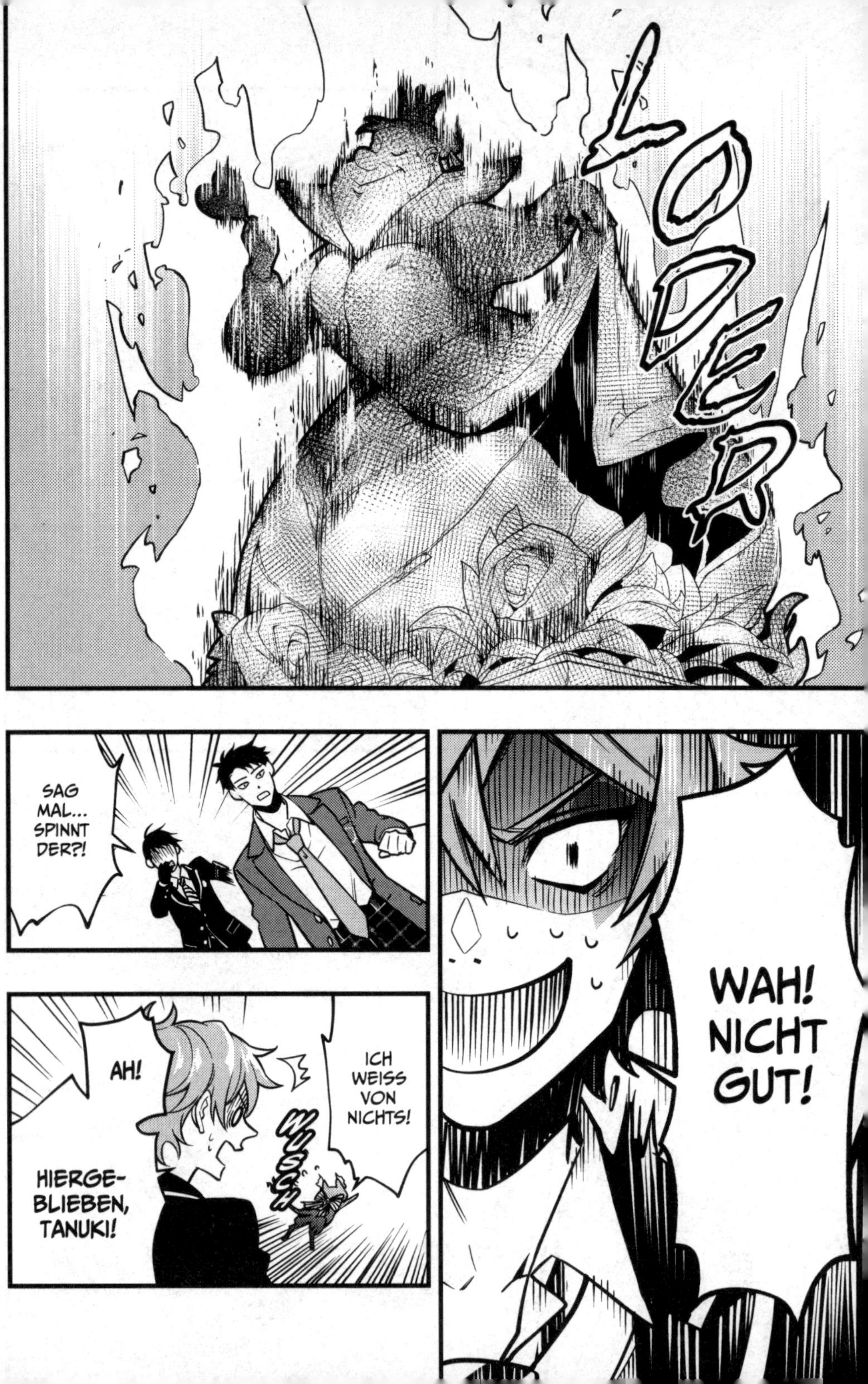
LODER
WAH! NICHT GUT!
SAG MAL... SPINNT DER?!
ICH WEISS VON NICHTS!
WUSCH
AH!
HIERGE-BLIEBEN, TANUKI!

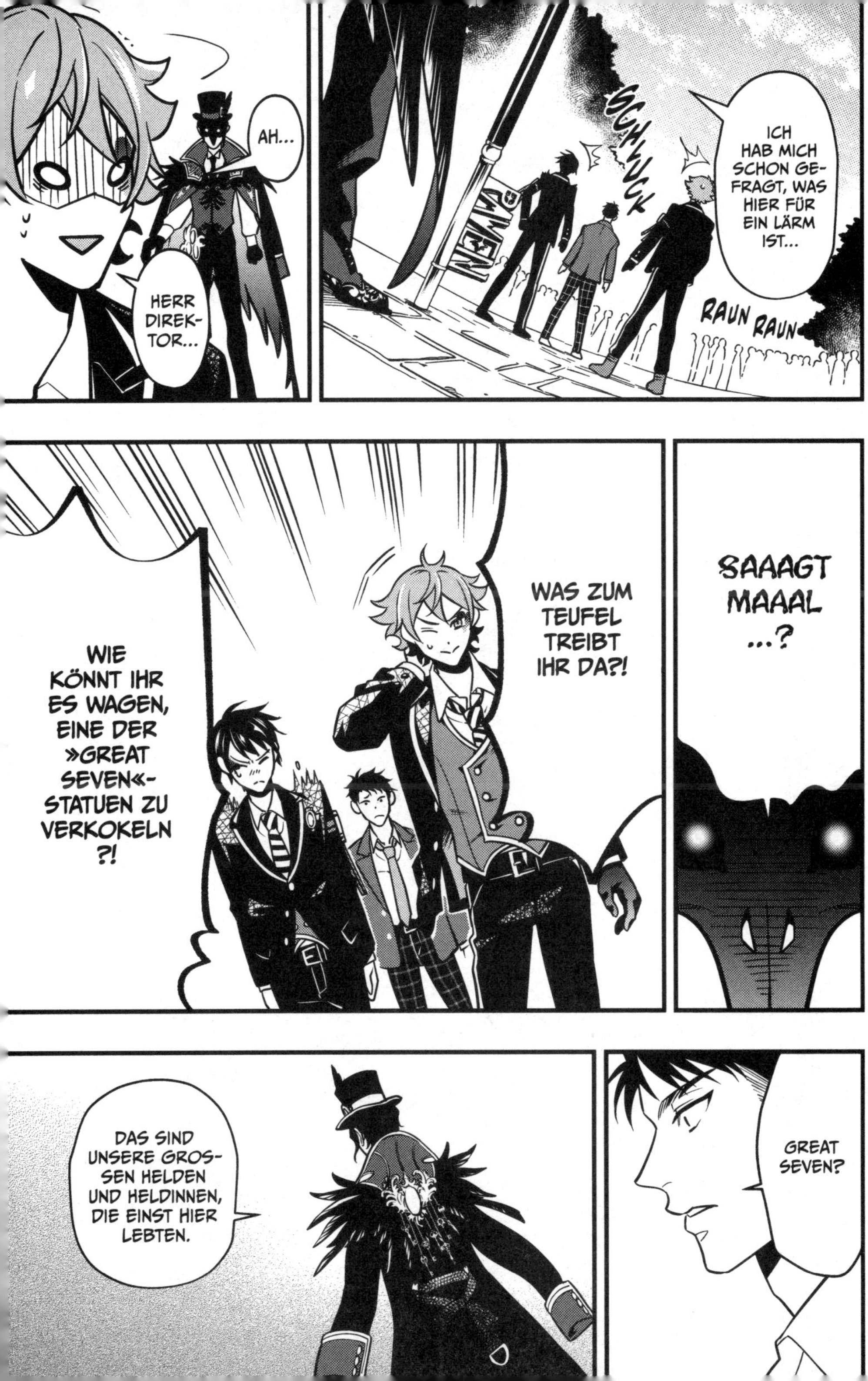
ICH HAB MICH SCHON GE- FRAGT, WAS HIER FÜR EIN LÄRM IST...
SCHWUCK
RAUN RAUN
AH...
HERR DIREK- TOR...
SAAAGT MAAAL ...?
WAS ZUM TEUFEL TREIBT IHR DA?!
WIE KÖNNT IHR ES WAGEN, EINE DER »GREAT SEVEN«- STATUEN ZU VERKOKELN ?!
GREAT SEVEN?
DAS SIND UNSERE GROS- SEN HELDEN UND HELDINNEN, DIE EINST HIER LEBTEN.

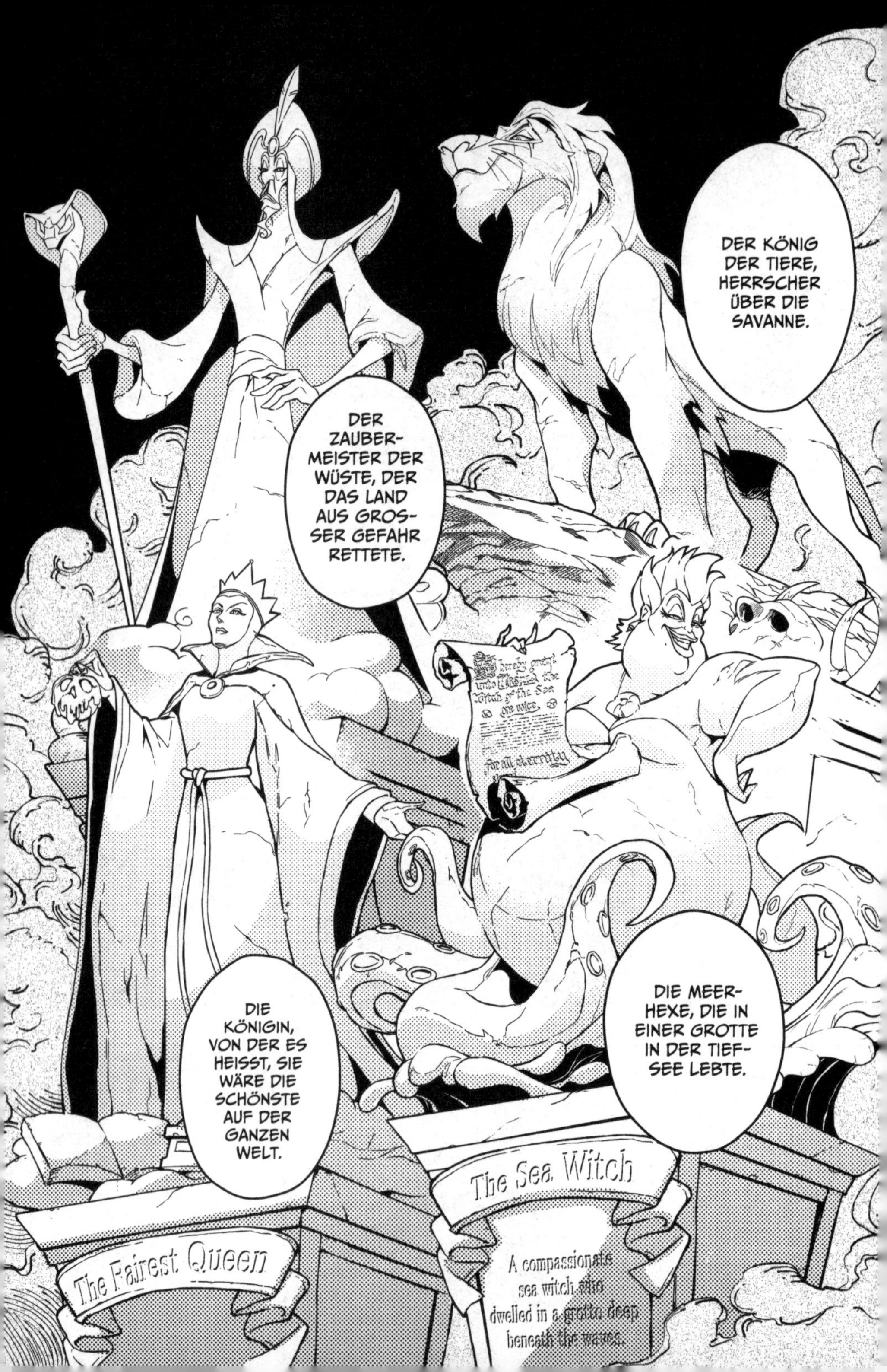
DER KÖNIG DER TIERE, HERRSCHER ÜBER DIE SAVANNE.
DER ZAUBERMEISTER DER WÜSTE, DER DAS LAND AUS GROSSER GEFAHR RETTETE.
DIE MEERHEXE, DIE IN EINER GROTTE IN DER TIEFSEE LEBTE.
DIE KÖNIGIN, VON DER ES HEISST, SIE WÄRE DIE SCHÖNSTE AUF DER GANZEN WELT.
The Sea Witch
A compassionate sea witch who dwelled in a grotto deep beneath the waves.
The Fairest Queen

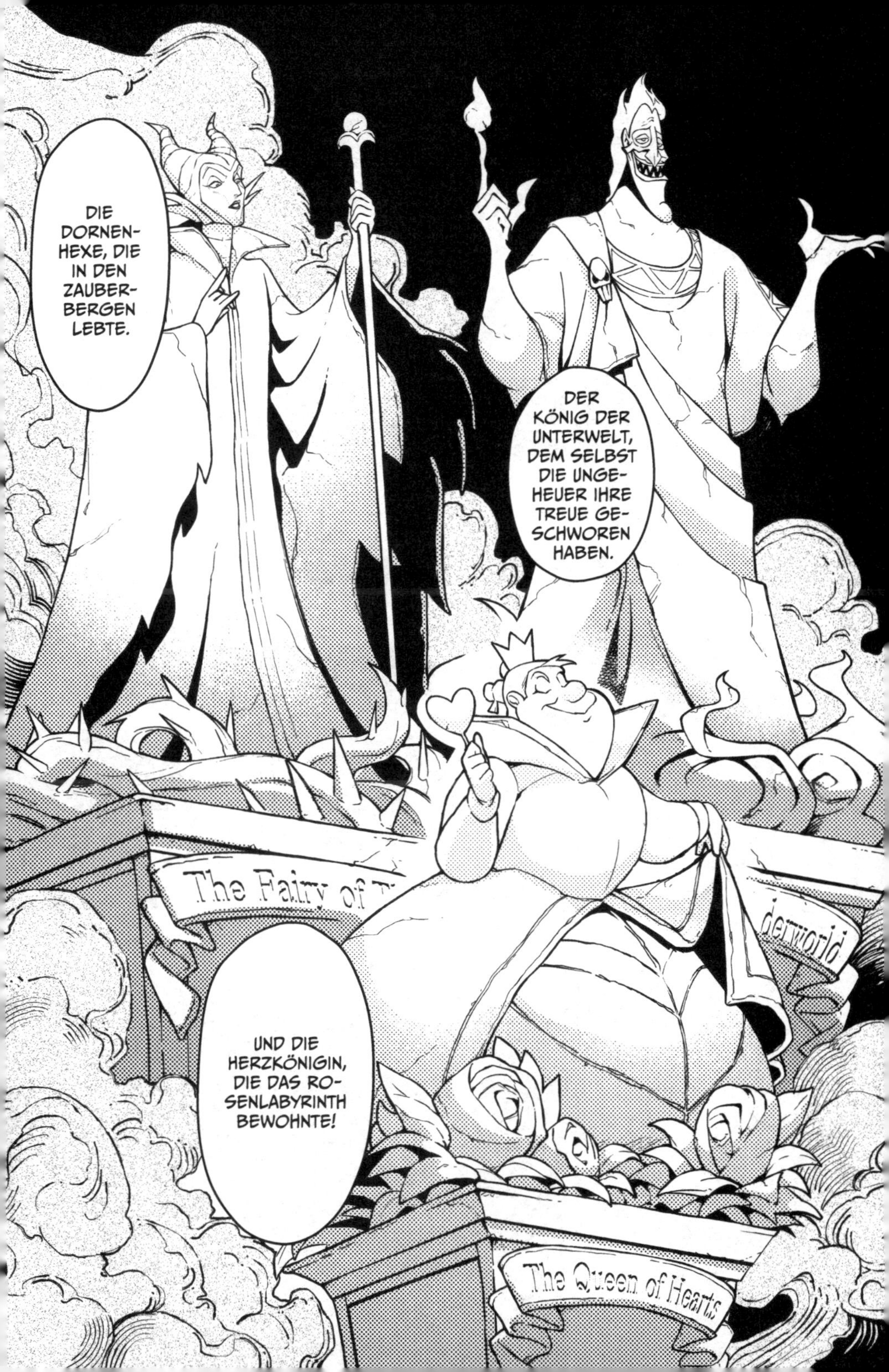
DIE DORNEN-HEXE, DIE IN DEN ZAUBER-BERGEN LEBTE.
DER KÖNIG DER UNTERWELT, DEM SELBST DIE UNGE-HEUER IHRE TREUE GE-SCHWOREN HABEN.
UND DIE HERZKÖNIGIN, DIE DAS RO-SENLABYRINTH BEWOHNTE!
The Fairy of
The Queen of Hearts

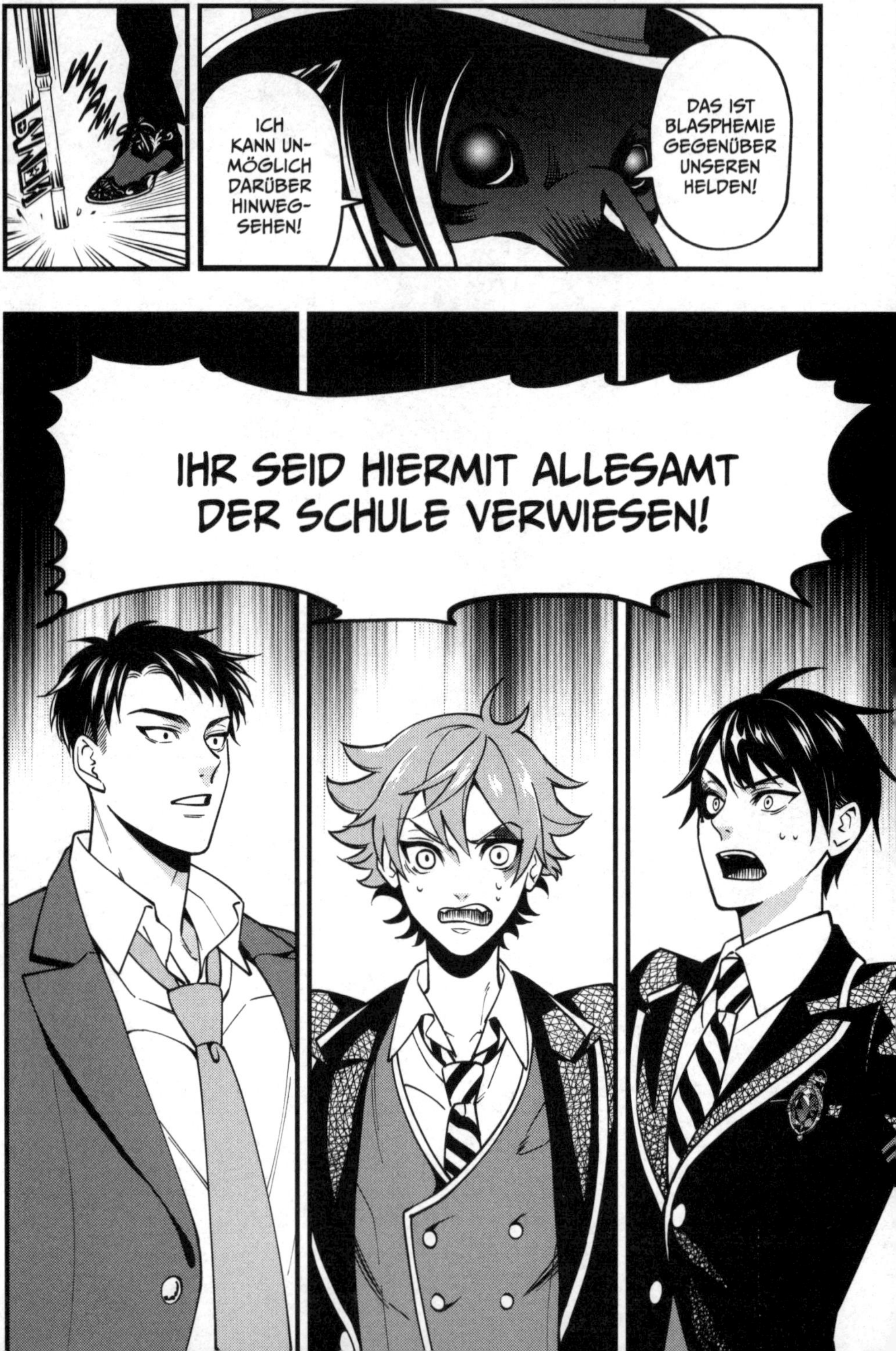
WHAMM
BUMM
DAS IST BLASPHEMIE GEGENÜBER UNSEREN HELDEN!
ICH KANN UNMÖGLICH DARÜBER HINWEGSEHEN!
IHR SEID HIERMIT ALLESAMT DER SCHULE VERWIESEN!

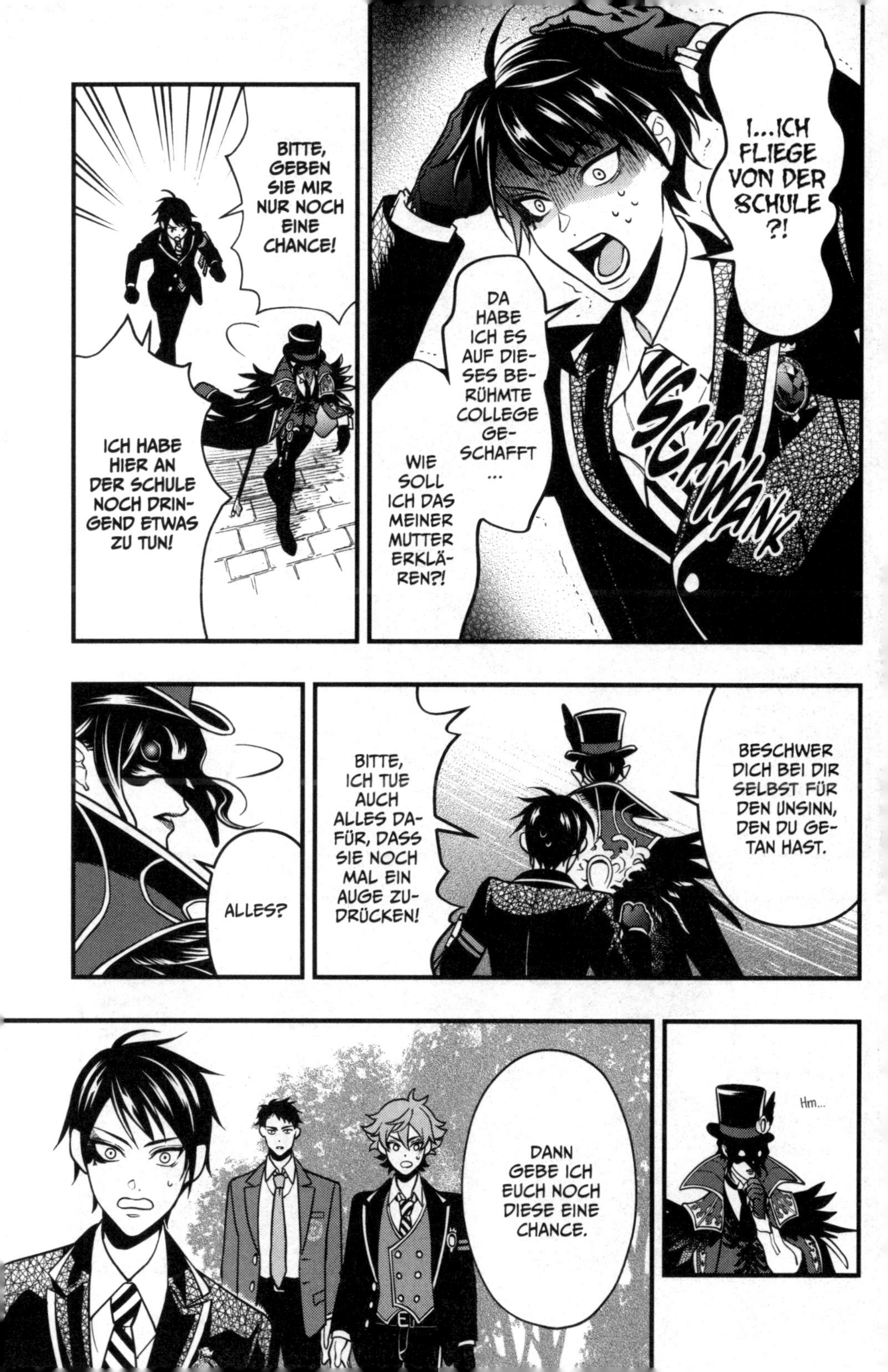
I...ICH FLIEGE VON DER SCHULE?!
DA HABE ICH ES AUF DIESES BERÜHMTE COLLEGE GESCHAFFT ...
SCHWANK
WIE SOLL ICH DAS MEINER MUTTER ERKLÄREN?!
BITTE, GEBEN SIE MIR NUR NOCH EINE CHANCE!
ICH HABE HIER AN DER SCHULE NOCH DRINGEND ETWAS ZU TUN!
BESCHWER DICH BEI DIR SELBST FÜR DEN UNSINN, DEN DU GETAN HAST.
BITTE, ICH TUE AUCH ALLES DAFÜR, DASS SIE NOCH MAL EIN AUGE ZUDRÜCKEN!
ALLES?
Hm...
DANN GEBE ICH EUCH NOCH DIESE EINE CHANCE.

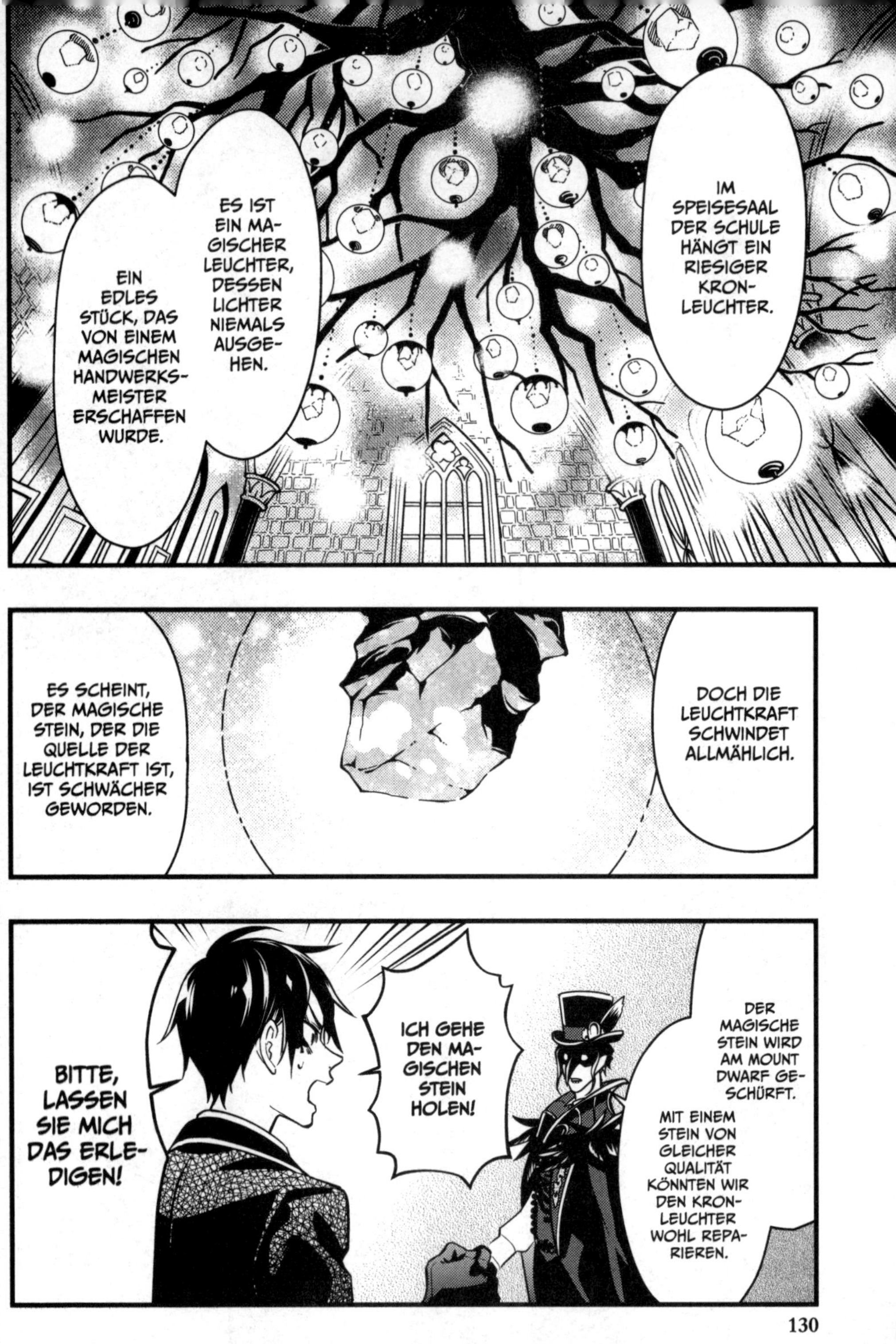
IM SPEISESAAL DER SCHULE HÄNGT EIN RIESIGER KRONLEUCHTER.
ES IST EIN MAGISCHER LEUCHTER, DESSEN LICHTER NIEMALS AUSGEHEN.
EIN EDLES STÜCK, DAS VON EINEM MAGISCHEN HANDWERKSMEISTER ERSCHAFFEN WURDE.
DOCH DIE LEUCHTKRAFT SCHWINDET ALLMÄHLICH.
ES SCHEINT, DER MAGISCHE STEIN, DER DIE QUELLE DER LEUCHTKRAFT IST, IST SCHWÄCHER GEWORDEN.
DER MAGISCHE STEIN WIRD AM MOUNT DWARF GESCHÜRFT.
MIT EINEM STEIN VON GLEICHER QUALITÄT KÖNNTEN WIR DEN KRONLEUCHTER WOHL REPARIEREN.
ICH GEHE DEN MAGISCHEN STEIN HOLEN!
BITTE, LASSEN SIE MICH DAS ERLEDIGEN!

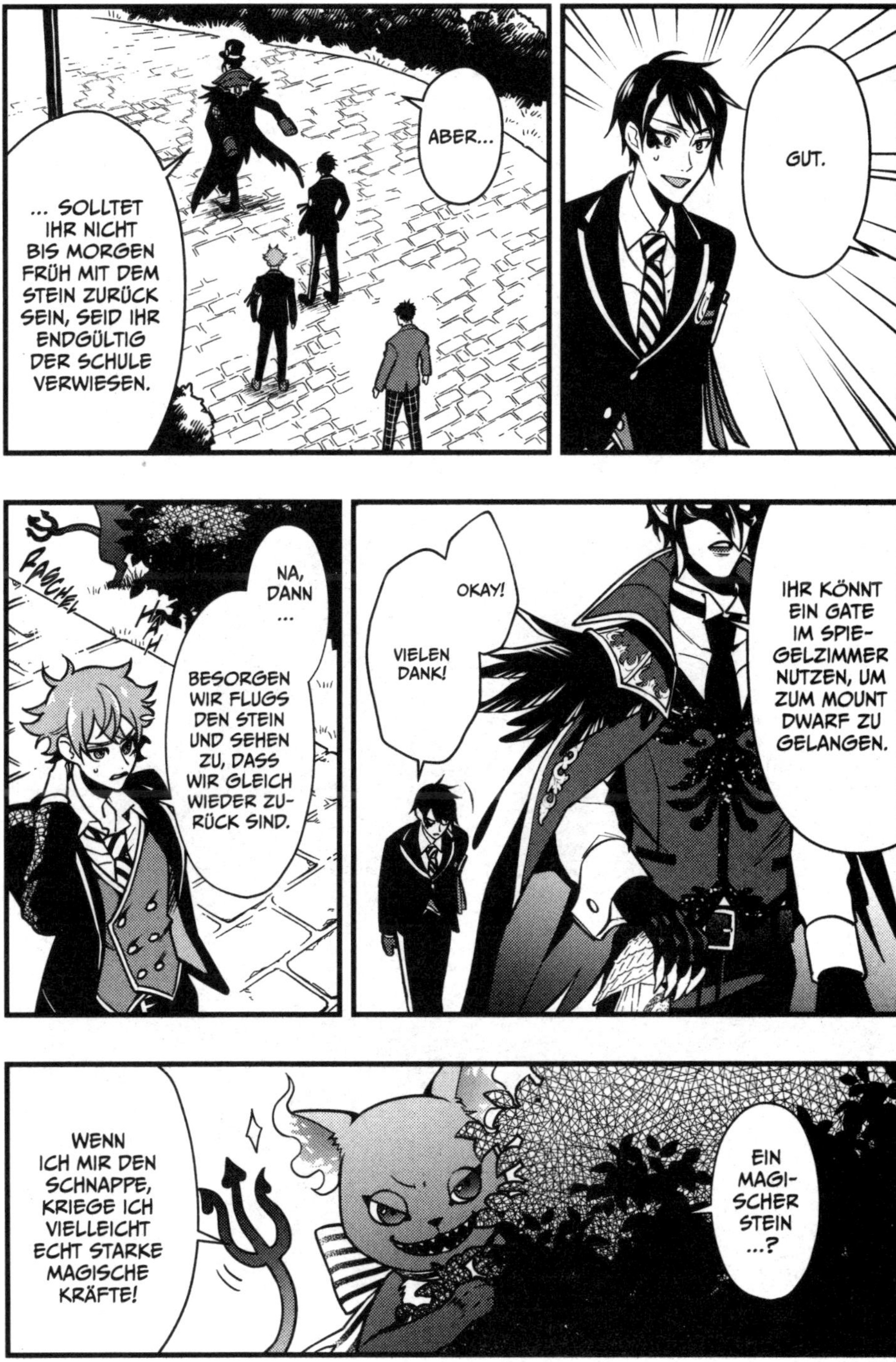
GUT.
ABER...
... SOLLTET IHR NICHT BIS MORGEN FRÜH MIT DEM STEIN ZURÜCK SEIN, SEID IHR ENDGÜLTIG DER SCHULE VERWIESEN.
IHR KÖNNT EIN GATE IM SPIEGELZIMMER NUTZEN, UM ZUM MOUNT DWARF ZU GELANGEN.
OKAY!
VIELEN DANK!
NA, DANN ...
BESORGEN WIR FLUGS DEN STEIN UND SEHEN ZU, DASS WIR GLEICH WIEDER ZURÜCK SIND.
EIN MAGISCHER STEIN ...?
WENN ICH MIR DEN SCHNAPPE, KRIEGE ICH VIELLEICHT ECHT STARKE MAGISCHE KRÄFTE!

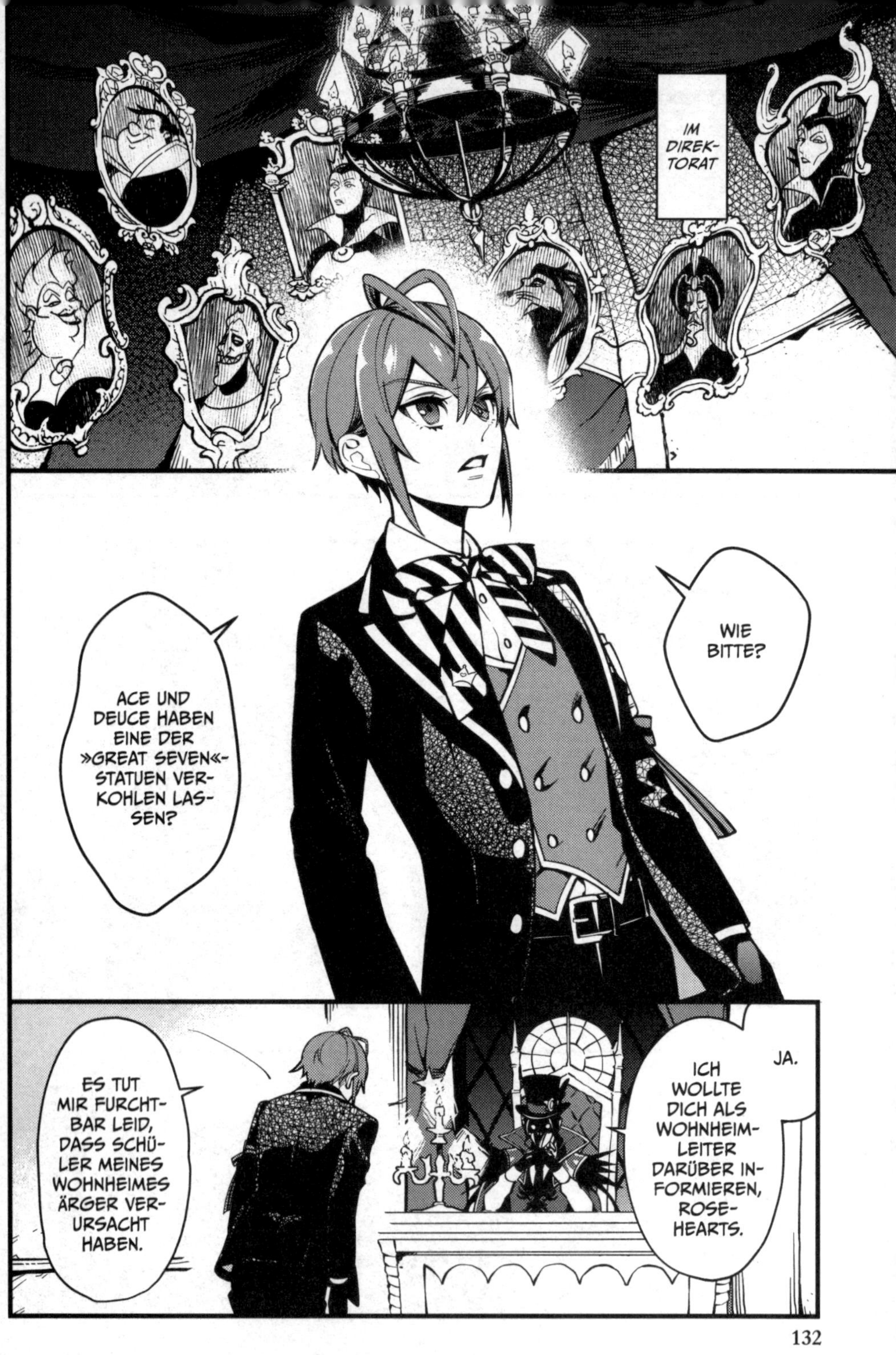
IM DIREKTORAT
WIE BITTE?
ACE UND DEUCE HABEN EINE DER »GREAT SEVEN«-STATUEN VERKOHLEN LASSEN?
JA.
ICH WOLLTE DICH ALS WOHNHEIMLEITER DARÜBER INFORMIEREN, ROSEHEARTS.
ES TUT MIR FURCHTBAR LEID, DASS SCHÜLER MEINES WOHNHEIMES ÄRGER VERURSACHT HABEN.

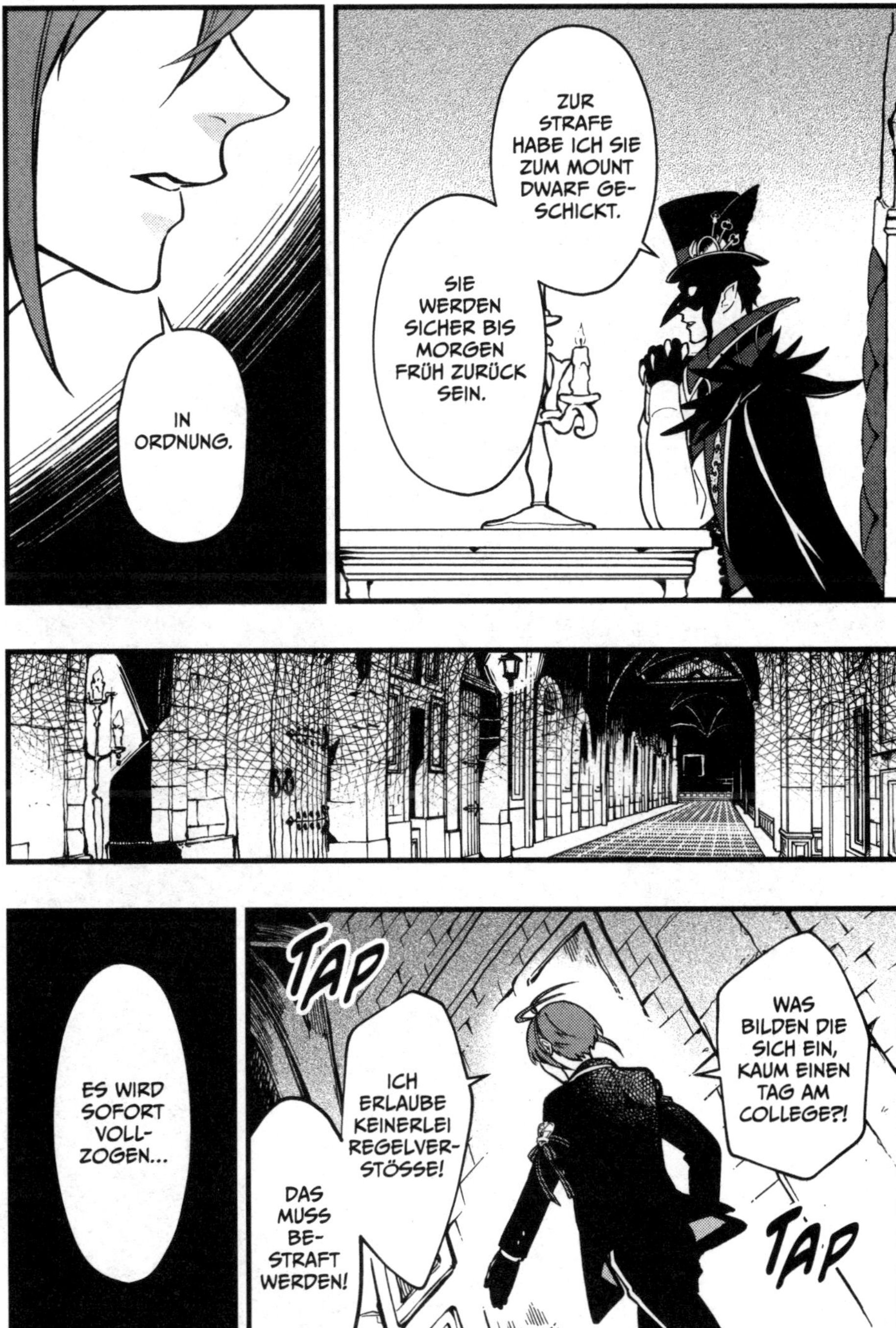
ZUR STRAFE HABE ICH SIE ZUM MOUNT DWARF GE-SCHICKT.
SIE WERDEN SICHER BIS MORGEN FRÜH ZURÜCK SEIN.
IN ORDNUNG.
TAP
WAS BILDEN DIE SICH EIN, KAUM EINEN TAG AM COLLEGE?!
ICH ERLAUBE KEINERLEI REGELVER-STÖSSE!
DAS MUSS BE-STRAFT WERDEN!
TAP
ES WIRD SOFORT VOLL-ZOGEN...

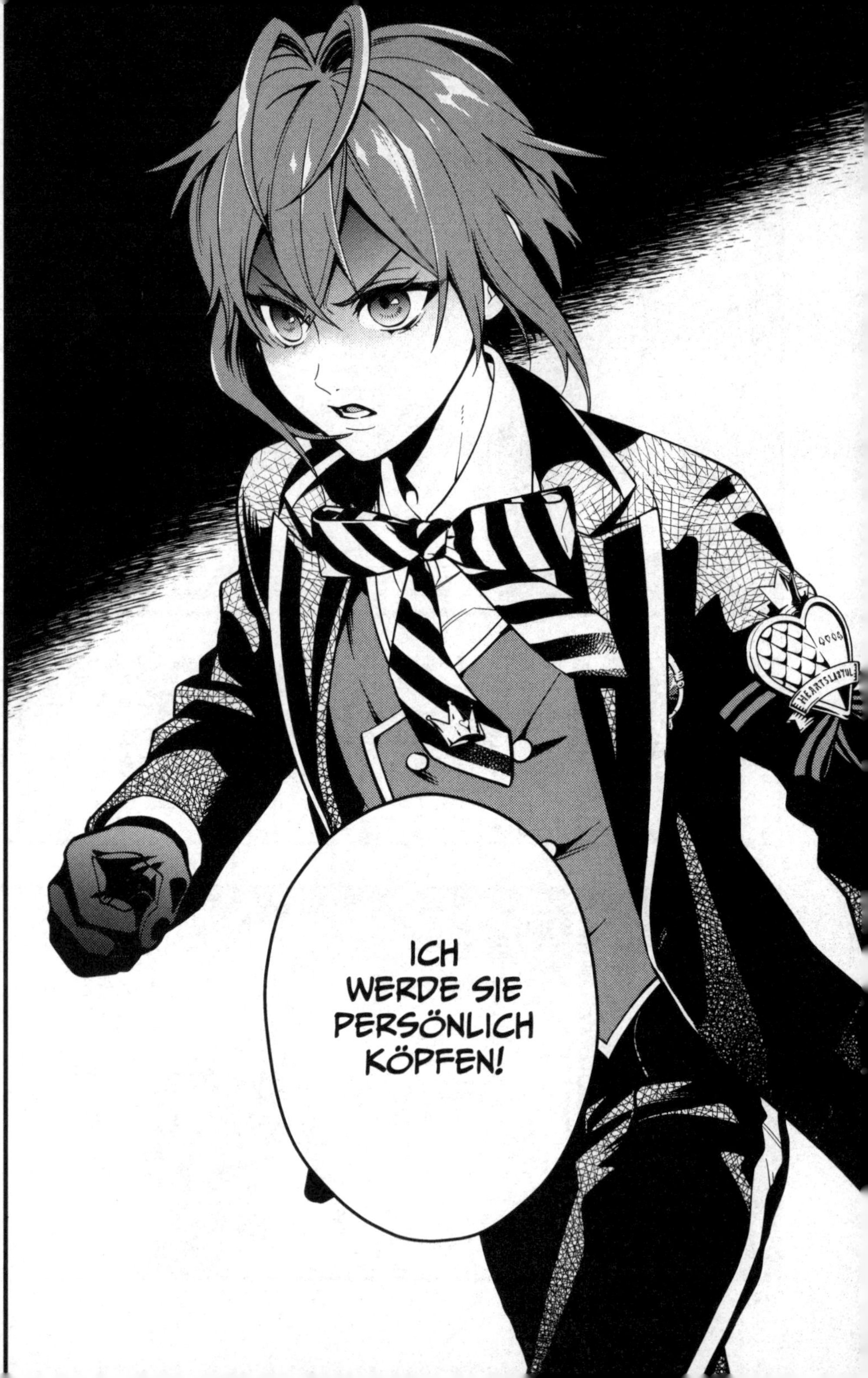
ICH WERDE SIE PERSÖNLICH KÖPFEN!

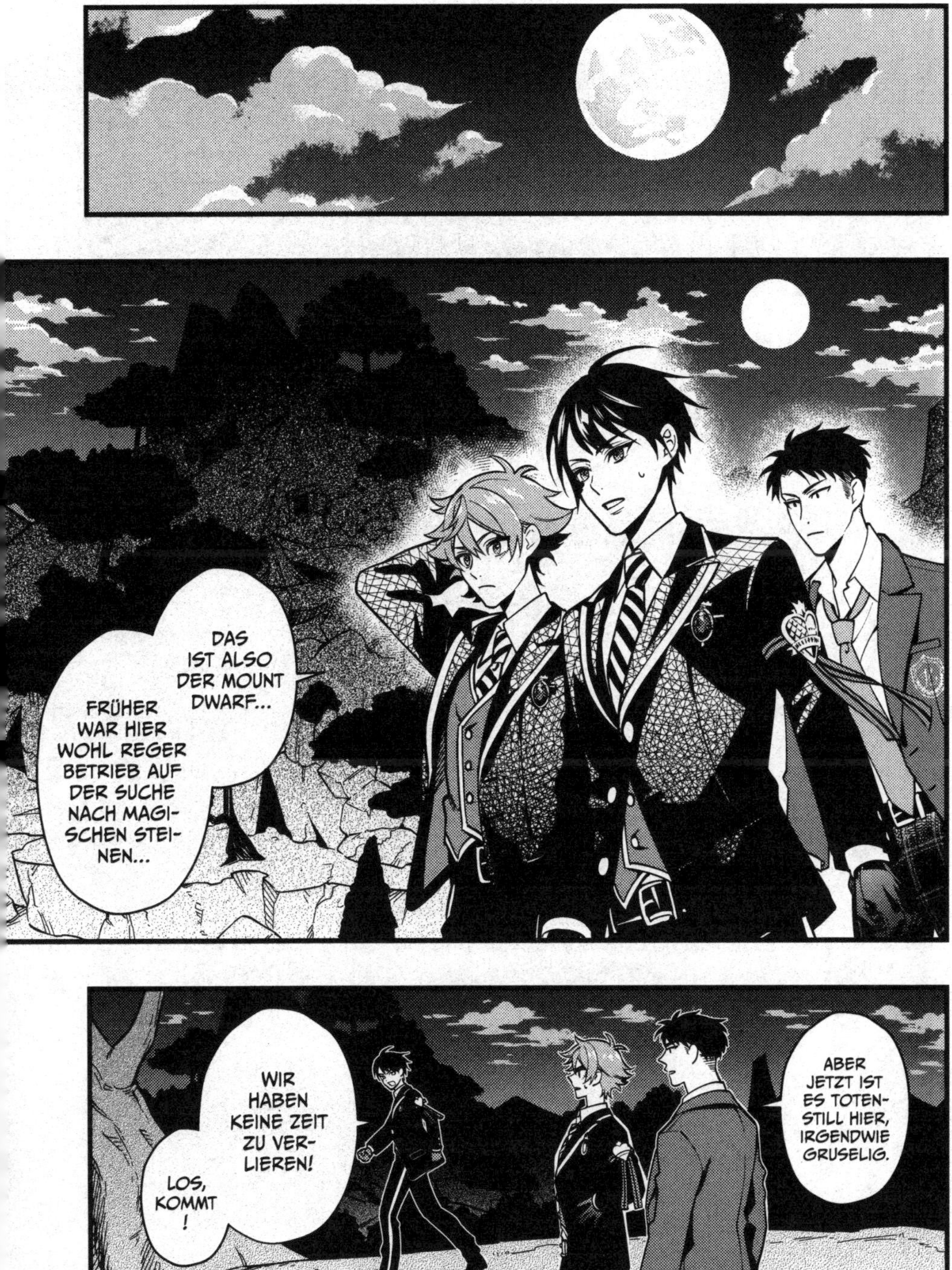
DAS IST ALSO DER MOUNT DWARF...
FRÜHER WAR HIER WOHL REGER BETRIEB AUF DER SUCHE NACH MAGISCHEN STEINEN...
ABER JETZT IST ES TOTENSTILL HIER, IRGENDWIE GRUSELIG.
WIR HABEN KEINE ZEIT ZU VERLIEREN!
LOS, KOMMT!

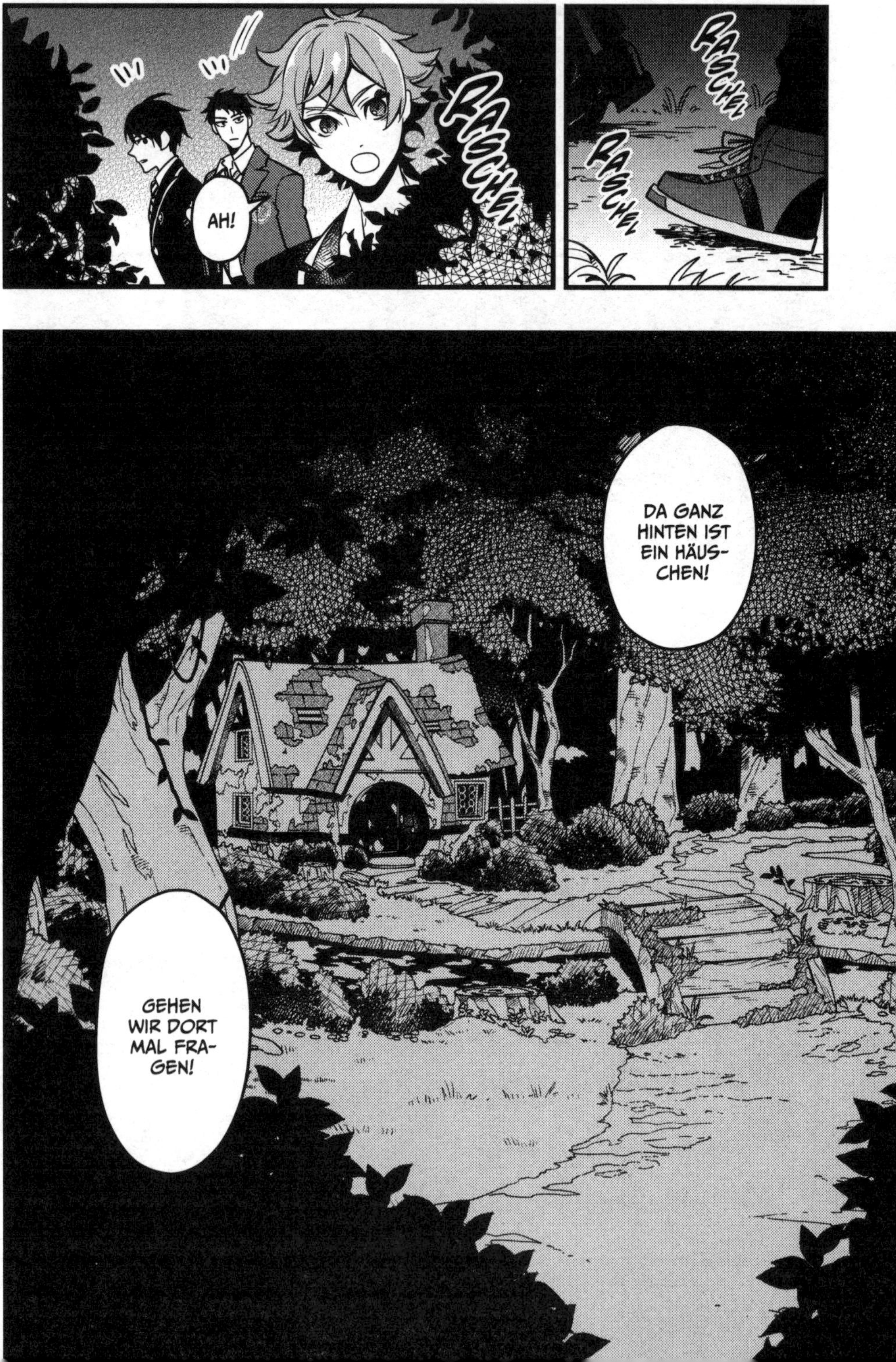
RASCHEL
RASCHEL
RASCHEL
AH!
DA GANZ HINTEN IST EIN HÄUS-CHEN!
GEHEN WIR DORT MAL FRA-GEN!

Disney

TWISTED WONDERLAND

DER MANGA

~EPISODE of HEARTSLABYUL~

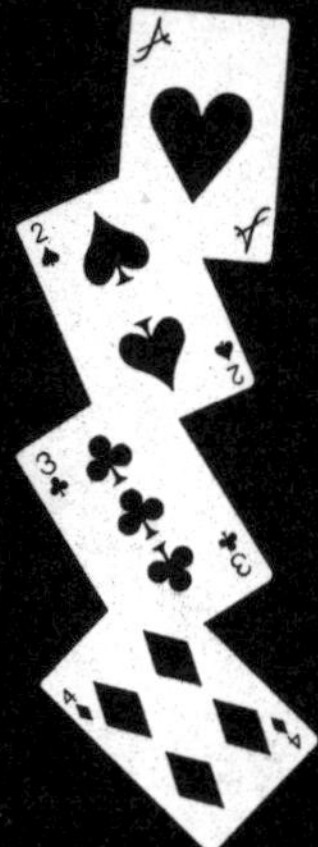

Disney

Twisted Wonderland

DER MANGA

~ Episode of Heartslabyul ~

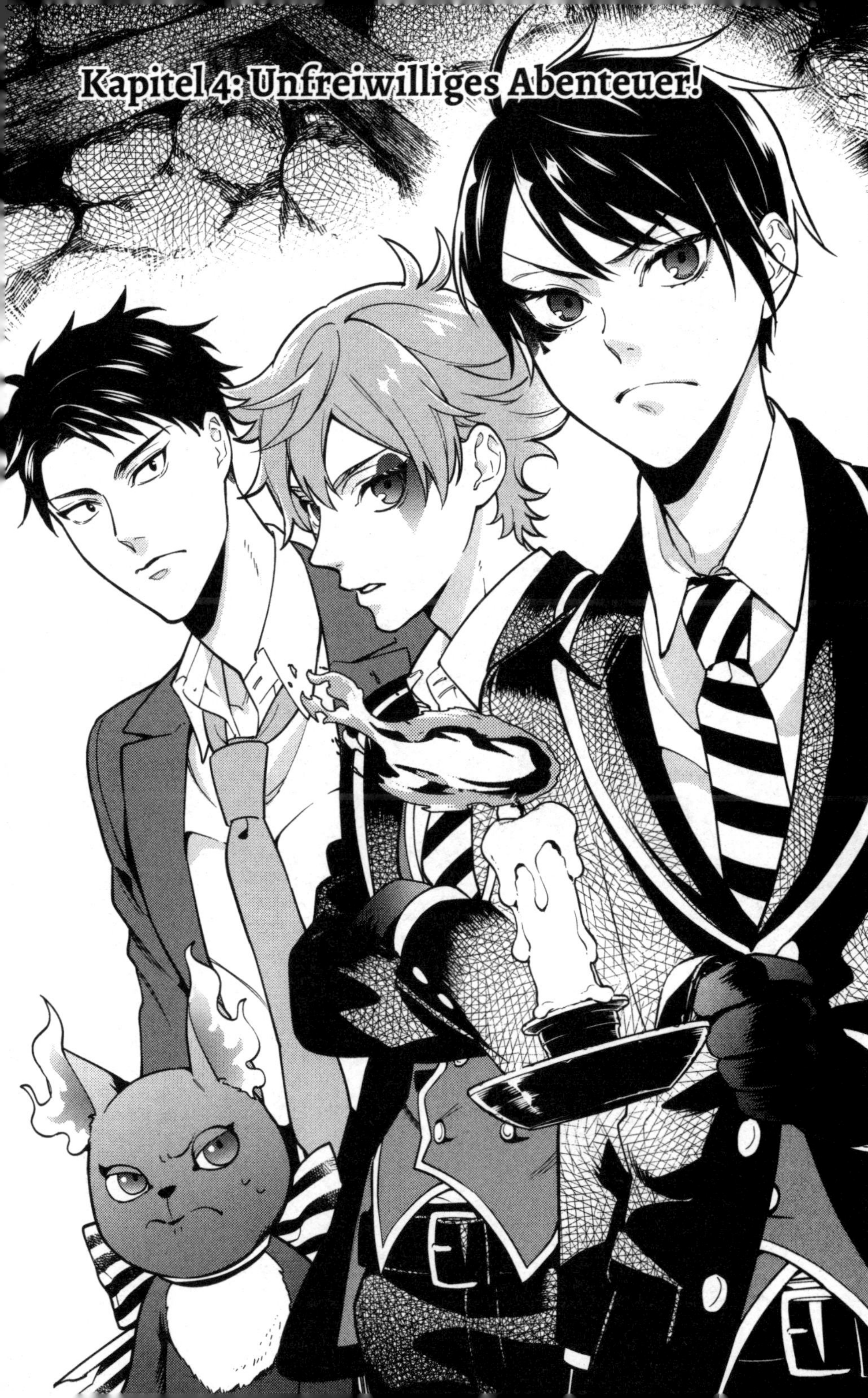
Kapitel 4: Unfreiwilliges Abenteuer!

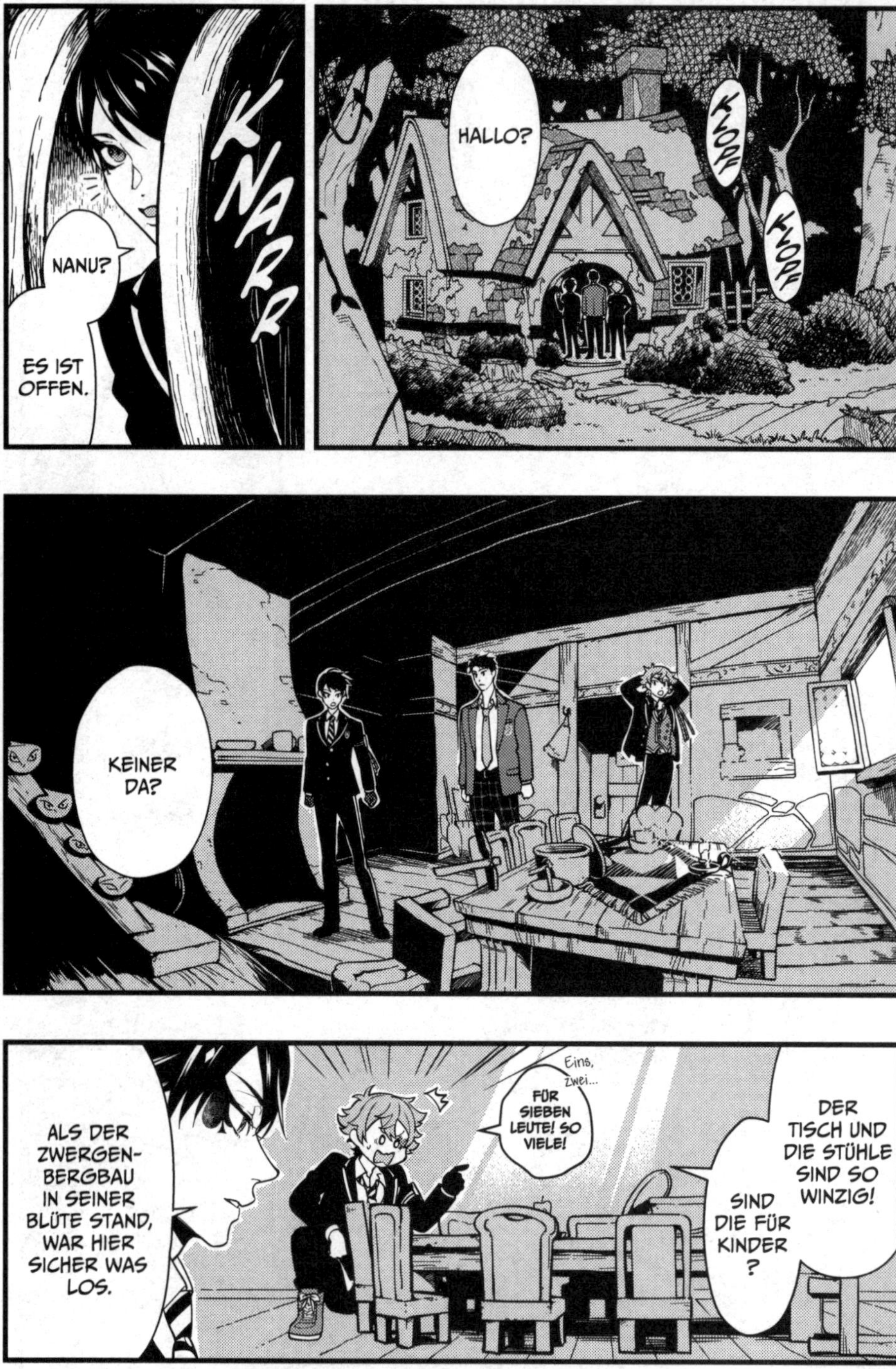
KLOPF
KLOPF
HALLO?
KNARR
NANU?
ES IST OFFEN.
KEINER DA?
DER TISCH UND DIE STÜHLE SIND SO WINZIG!
SIND DIE FÜR KINDER ?
FÜR SIEBEN LEUTE! SO VIELE!
Eins, zwei...
ALS DER ZWERGEN-BERGBAU IN SEINER BLÜTE STAND, WAR HIER SICHER WAS LOS.

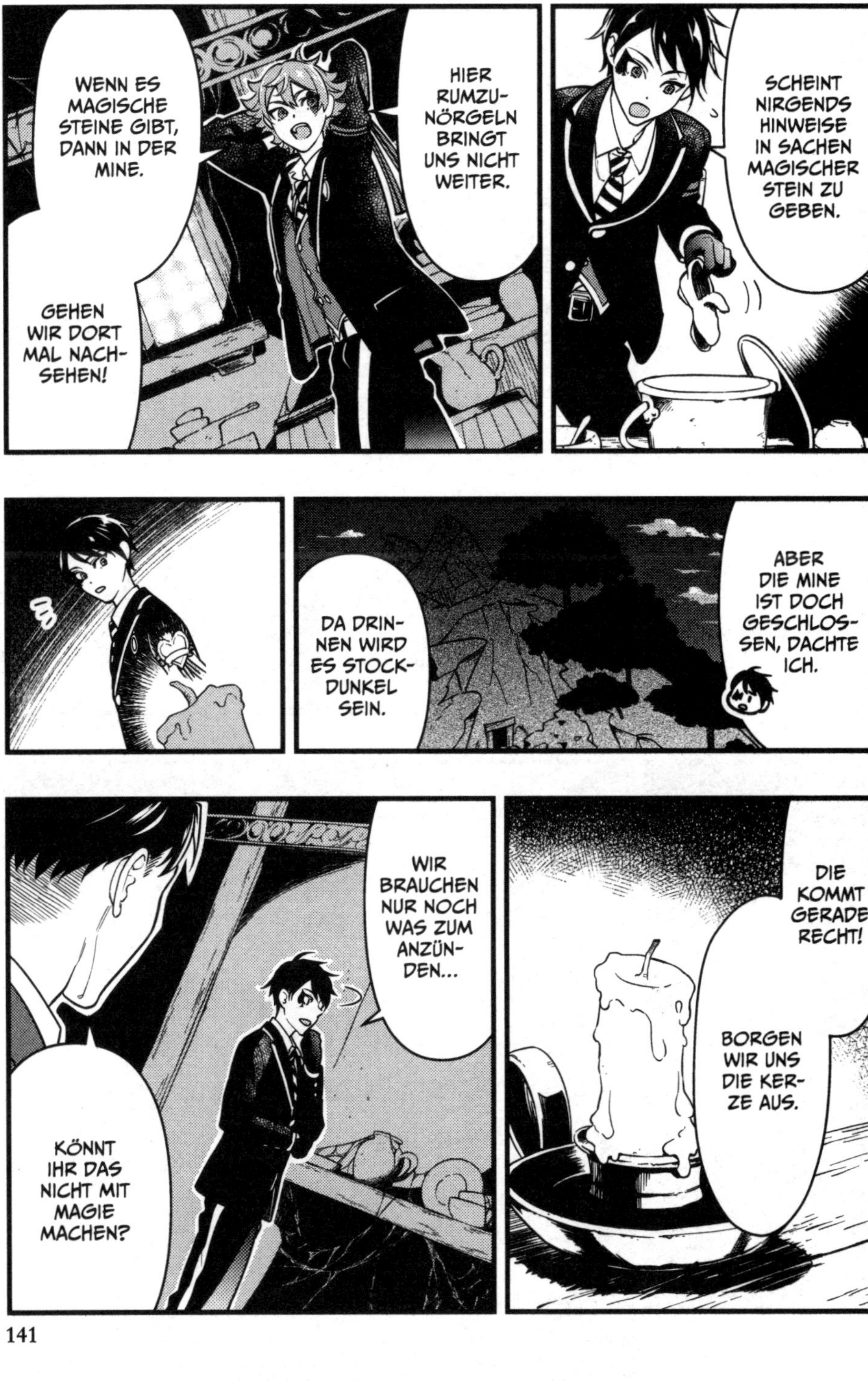
SCHEINT NIRGENDS HINWEISE IN SACHEN MAGISCHER STEIN ZU GEBEN.
HIER RUMZUNÖRGELN BRINGT UNS NICHT WEITER.
WENN ES MAGISCHE STEINE GIBT, DANN IN DER MINE.
GEHEN WIR DORT MAL NACHSEHEN!
ABER DIE MINE IST DOCH GESCHLOSSEN, DACHTE ICH.
DA DRINNEN WIRD ES STOCKDUNKEL SEIN.
DIE KOMMT GERADE RECHT!
BORGEN WIR UNS DIE KERZE AUS.
WIR BRAUCHEN NUR NOCH WAS ZUM ANZÜNDEN...
KÖNNT IHR DAS NICHT MIT MAGIE MACHEN?

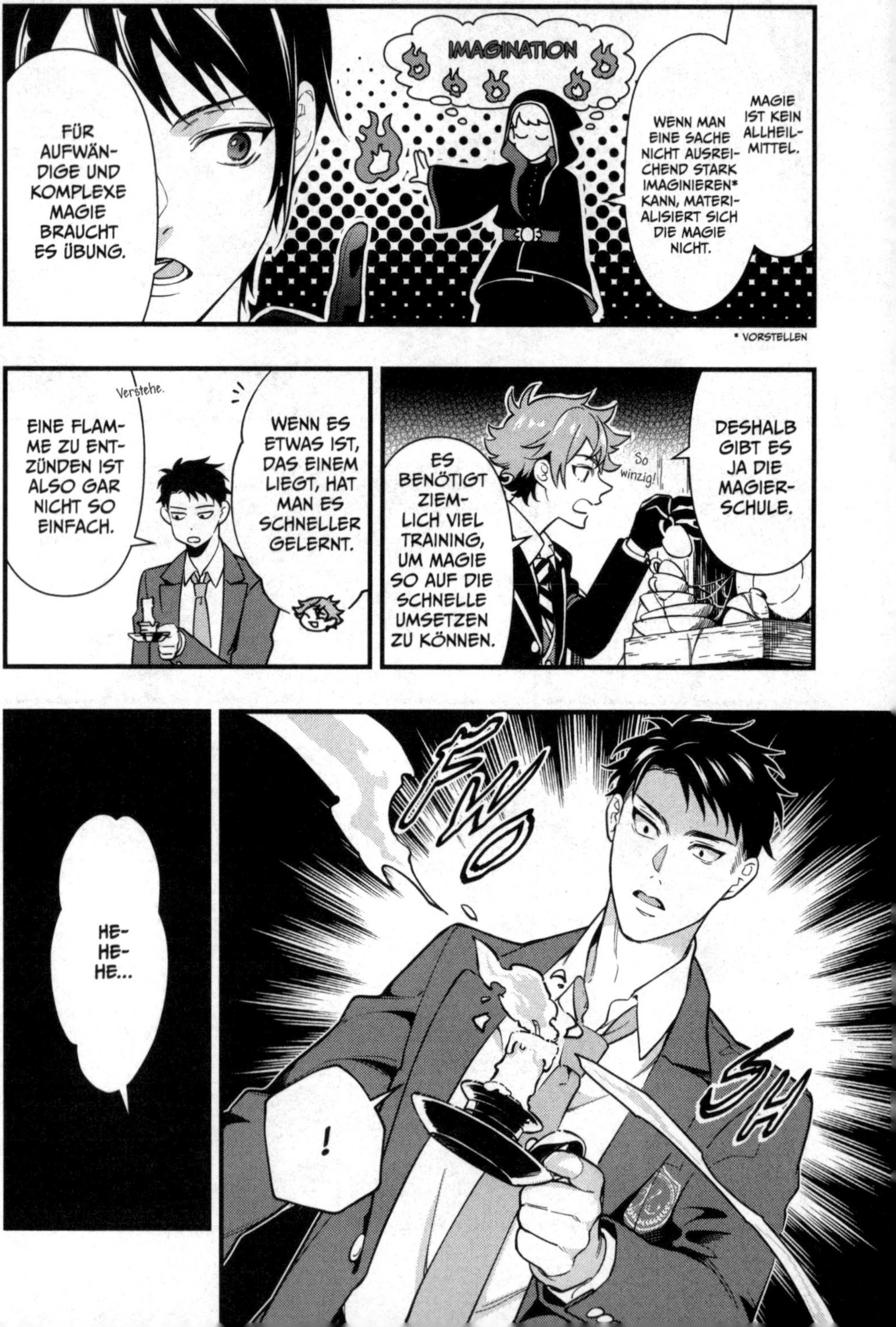
MAGIE IST KEIN ALLHEILMITTEL.
WENN MAN EINE SACHE NICHT AUSREICHEND STARK IMAGINIEREN* KANN, MATERIALISIERT SICH DIE MAGIE NICHT.
IMAGINATION
FÜR AUFWÄNDIGE UND KOMPLEXE MAGIE BRAUCHT ES ÜBUNG.
* VORSTELLEN
DESHALB GIBT ES JA DIE MAGIERSCHULE.
So winzig!
ES BENÖTIGT ZIEMLICH VIEL TRAINING, UM MAGIE SO AUF DIE SCHNELLE UMSETZEN ZU KÖNNEN.
WENN ES ETWAS IST, DAS EINEM LIEGT, HAT MAN ES SCHNELLER GELERNT.
Verstehe.
EINE FLAMME ZU ENTZÜNDEN IST ALSO GAR NICHT SO EINFACH.
FWOO
SH
!
HEHEHE...

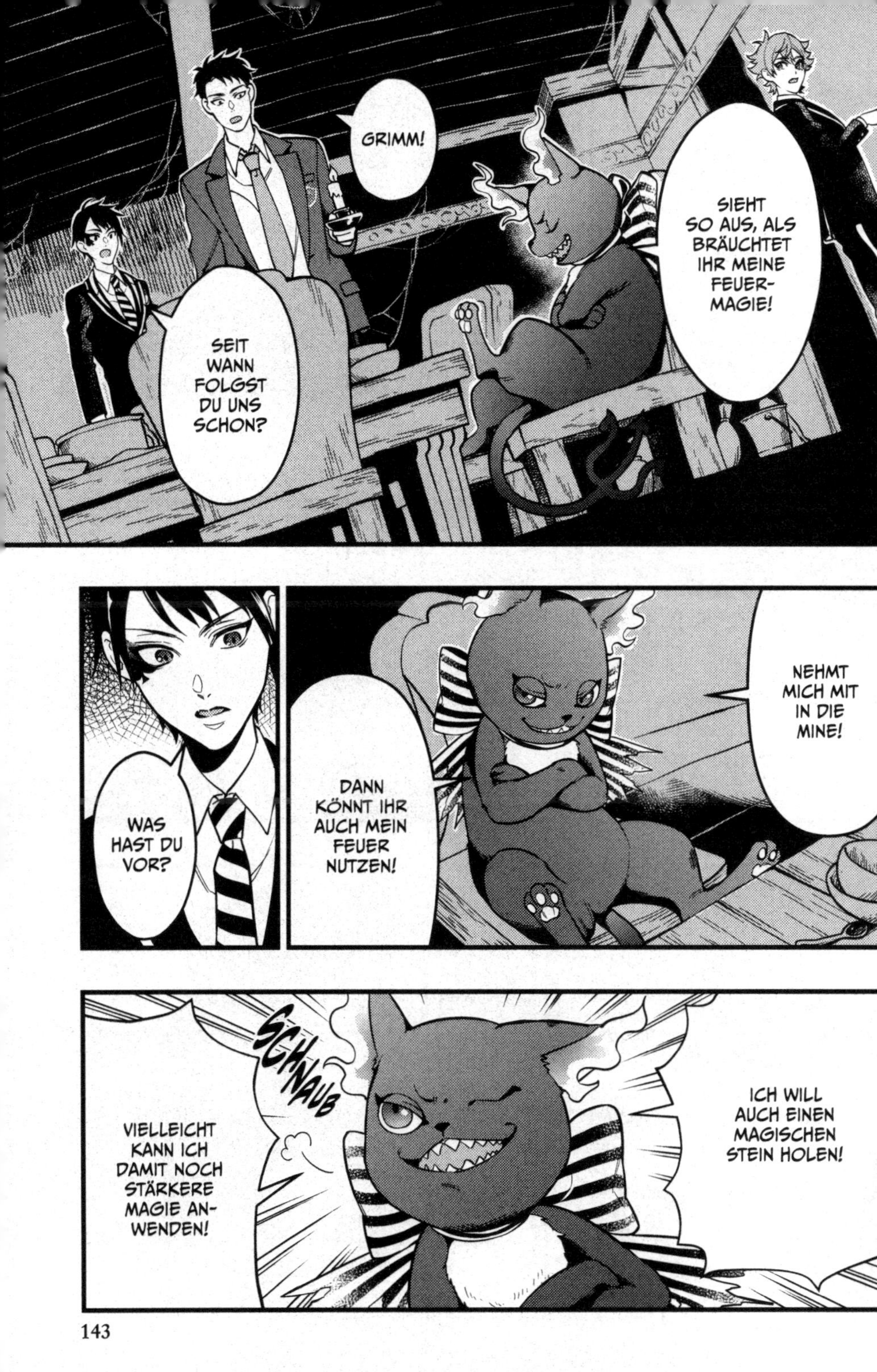
GRIMM!
SEIT WANN FOLGST DU UNS SCHON?
SIEHT SO AUS, ALS BRÄUCHTET IHR MEINE FEUER-MAGIE!
NEHMT MICH MIT IN DIE MINE!
DANN KÖNNT IHR AUCH MEIN FEUER NUTZEN!
WAS HAST DU VOR?
ICH WILL AUCH EINEN MAGISCHEN STEIN HOLEN!
SCHNAUB
VIELLEICHT KANN ICH DAMIT NOCH STÄRKERE MAGIE AN-WENDEN!

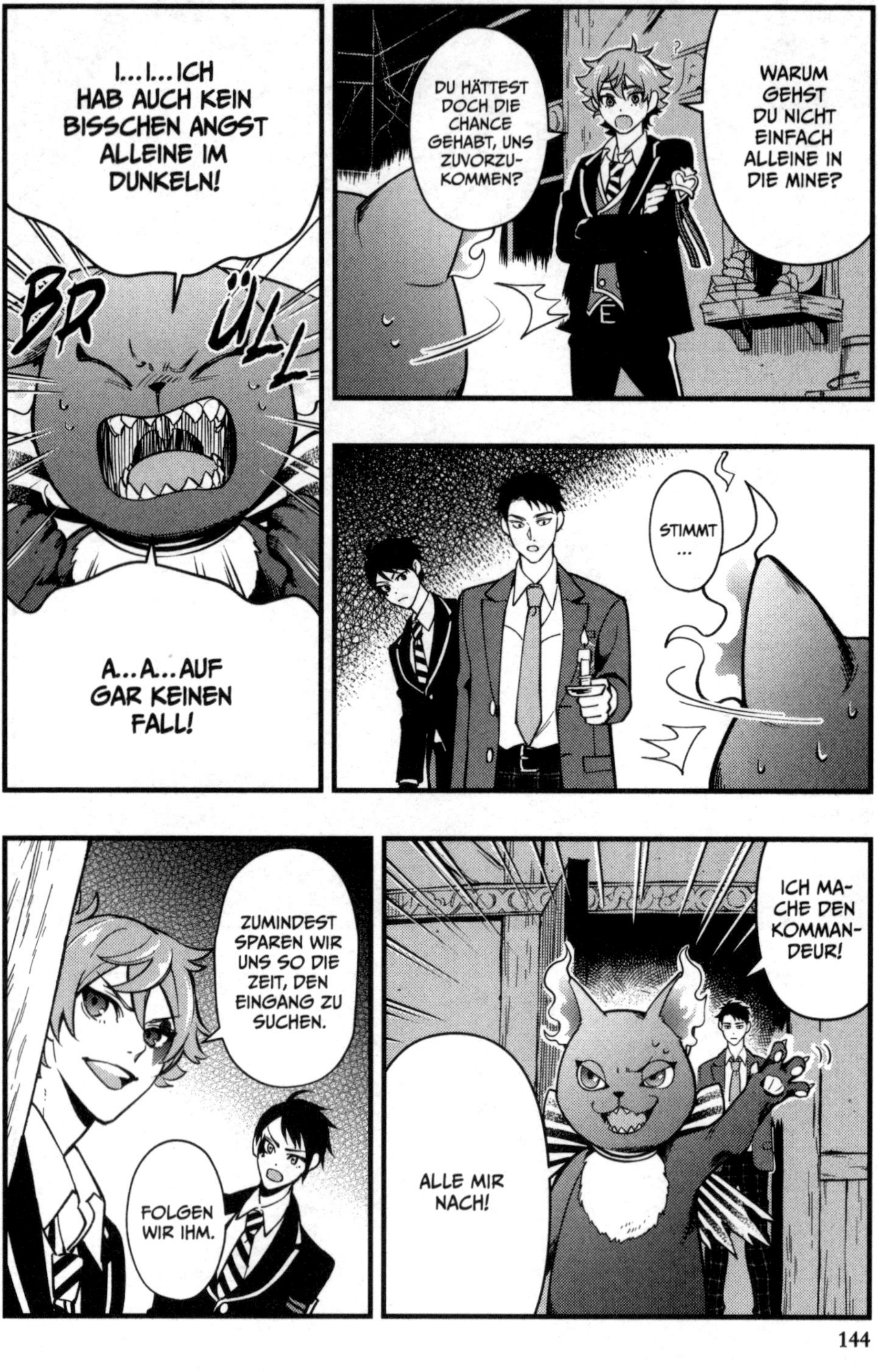
WARUM GEHST DU NICHT EINFACH ALLEINE IN DIE MINE?
DU HÄTTEST DOCH DIE CHANCE GEHABT, UNS ZUVORZU-KOMMEN?
STIMMT ...
I...I...ICH HAB AUCH KEIN BISSCHEN ANGST ALLEINE IM DUNKELN!
BRÜLL
A...A...AUF GAR KEINEN FALL!
ICH MA-CHE DEN KOMMAN-DEUR!
ALLE MIR NACH!
ZUMINDEST SPAREN WIR UNS SO DIE ZEIT, DEN EINGANG ZU SUCHEN.
FOLGEN WIR IHM.

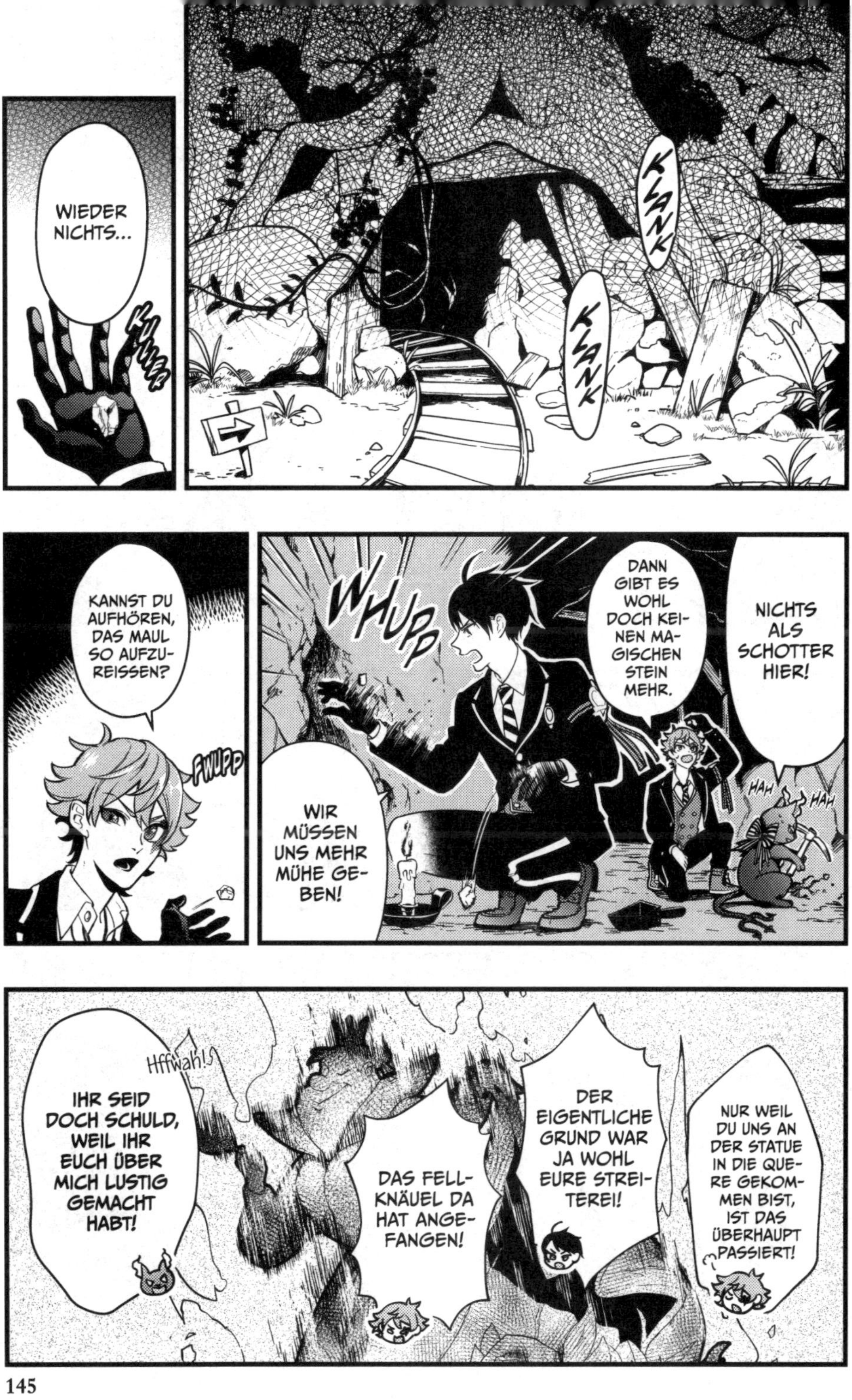
KLANK
KLANK
WIEDER NICHTS...
NICHTS ALS SCHOTTER HIER!
DANN GIBT ES WOHL DOCH KEINEN MAGISCHEN STEIN MEHR.
HAH
HAH
WHUPP
WIR MÜSSEN UNS MEHR MÜHE GEBEN!
KANNST DU AUFHÖREN, DAS MAUL SO AUFZUREISSEN?
FWUPP
NUR WEIL DU UNS AN DER STATUE IN DIE QUERE GEKOMMEN BIST, IST DAS ÜBERHAUPT PASSIERT!
DER EIGENTLICHE GRUND WAR JA WOHL EURE STREITEREI!
DAS FELLKNÄUEL DA HAT ANGEFANGEN!
Hffwah!
IHR SEID DOCH SCHULD, WEIL IHR EUCH ÜBER MICH LUSTIG GEMACHT HABT!

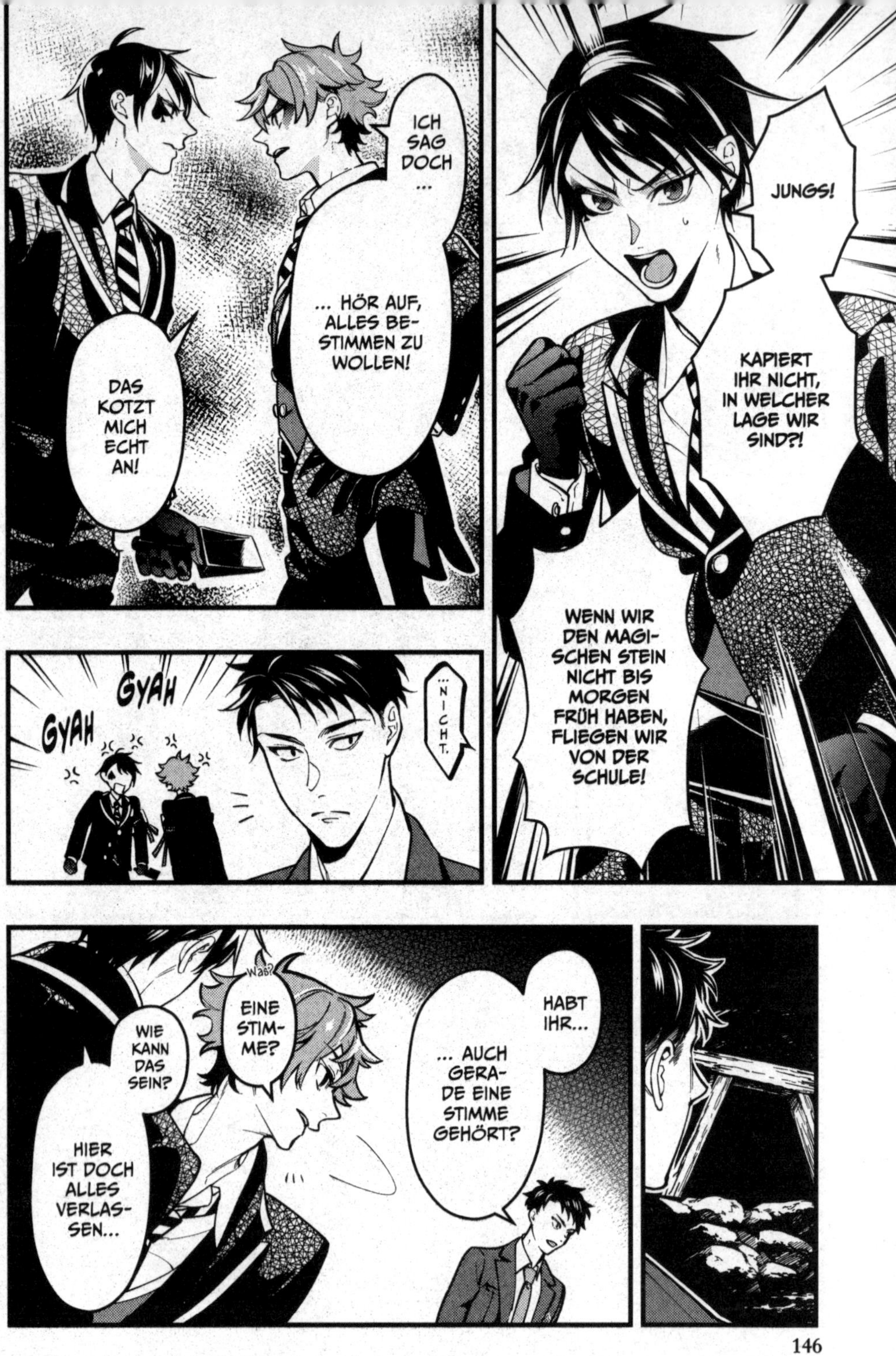
ICH SAG DOCH ...
... HÖR AUF, ALLES BE-STIMMEN ZU WOLLEN!
DAS KOTZT MICH ECHT AN!
JUNGS!
KAPIERT IHR NICHT, IN WELCHER LAGE WIR SIND?!
WENN WIR DEN MAGI-SCHEN STEIN NICHT BIS MORGEN FRÜH HABEN, FLIEGEN WIR VON DER SCHULE!
GYAH
GYAH
... NICHT.
HABT IHR...
... AUCH GERA-DE EINE STIMME GEHÖRT?
Was?
EINE STIM-ME?
WIE KANN DAS SEIN?
HIER IST DOCH ALLES VERLAS-SEN...

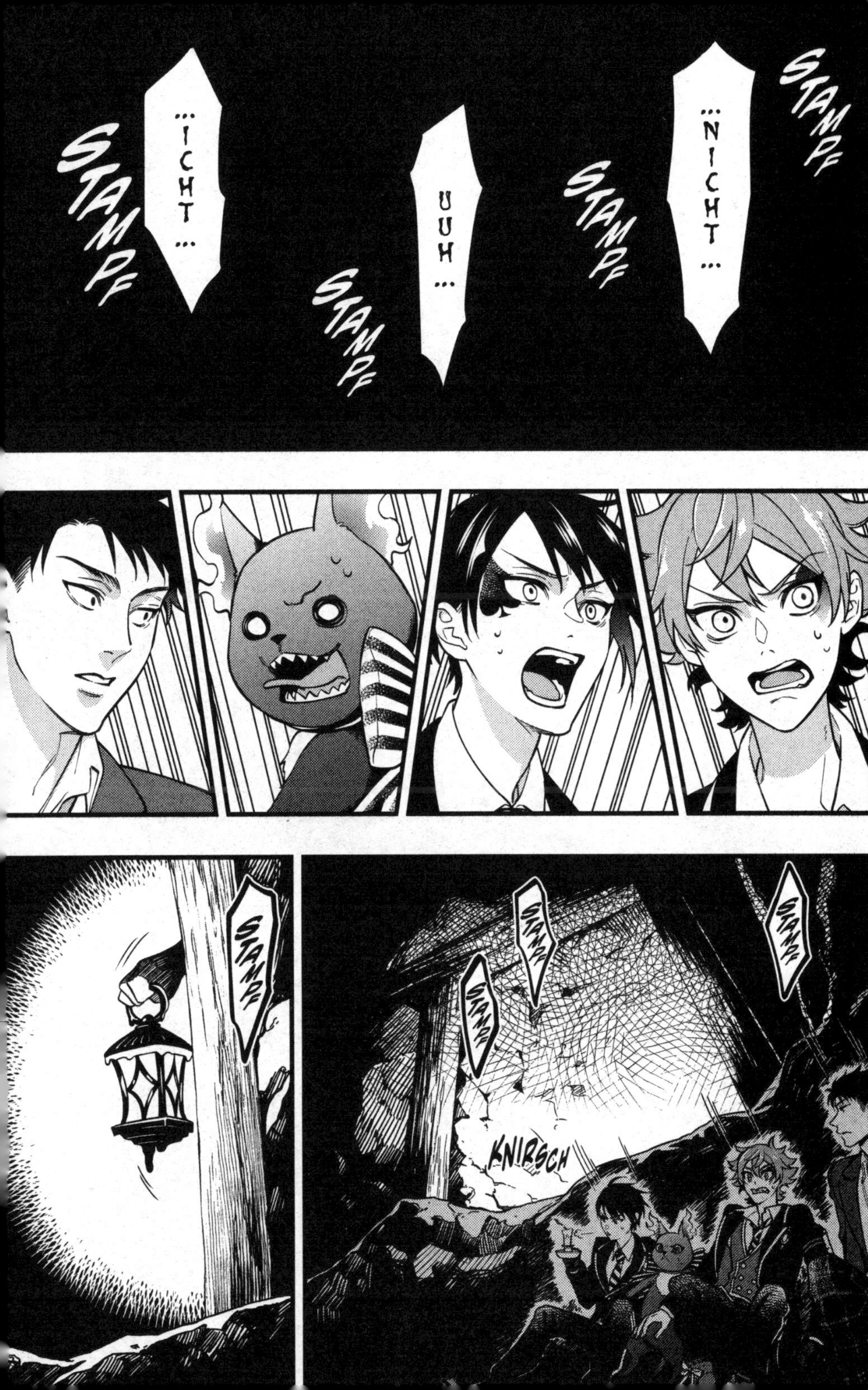
STAMPF
...NICHT...
STAMPF
UUH...
STAMPF
...ICHT...
STAMPF
STAMPF
STAMPF
STAMPF
STAMPF
KNIRSCH

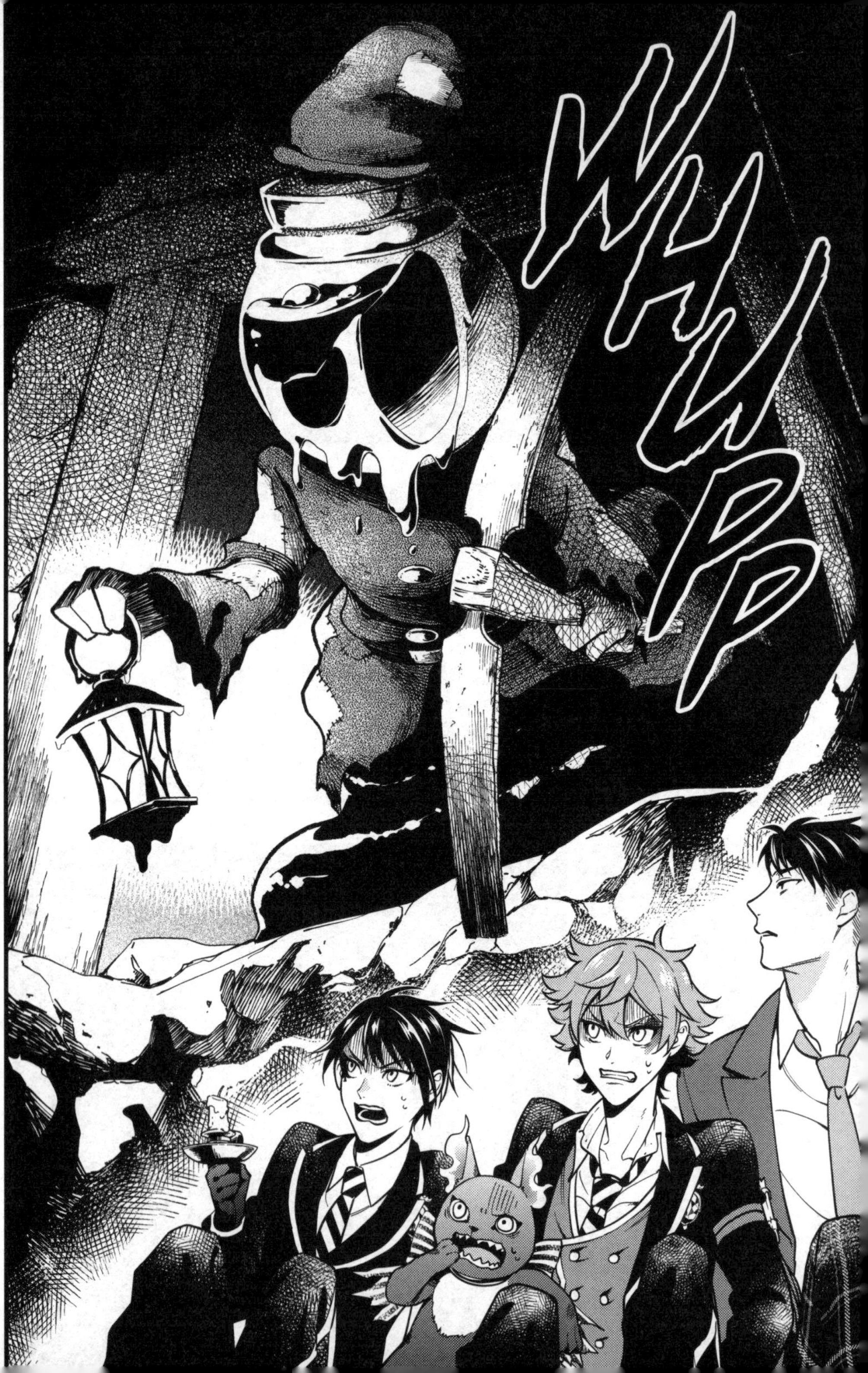
WHUPP

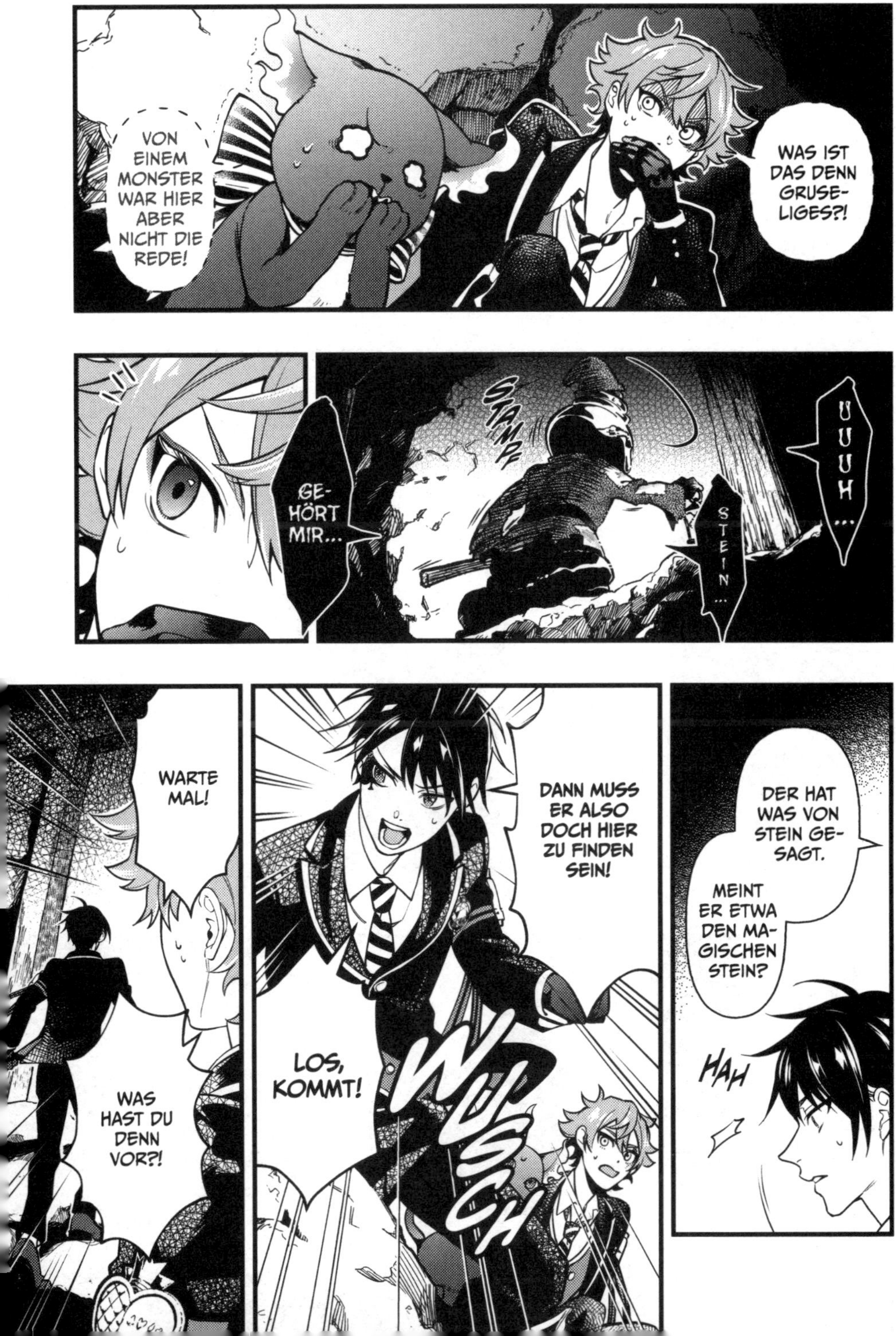
WAS IST DAS DENN GRUSE-LIGES?!
VON EINEM MONSTER WAR HIER ABER NICHT DIE REDE!
UUUH ...
STEIN ...
STAMPF
GE-HÖRT MIR ...
DER HAT WAS VON STEIN GE-SAGT.
MEINT ER ETWA DEN MA-GISCHEN STEIN?
HAH
DANN MUSS ER ALSO DOCH HIER ZU FINDEN SEIN!
LOS, KOMMT!
WUSCH
WARTE MAL!
WAS HAST DU DENN VOR?!

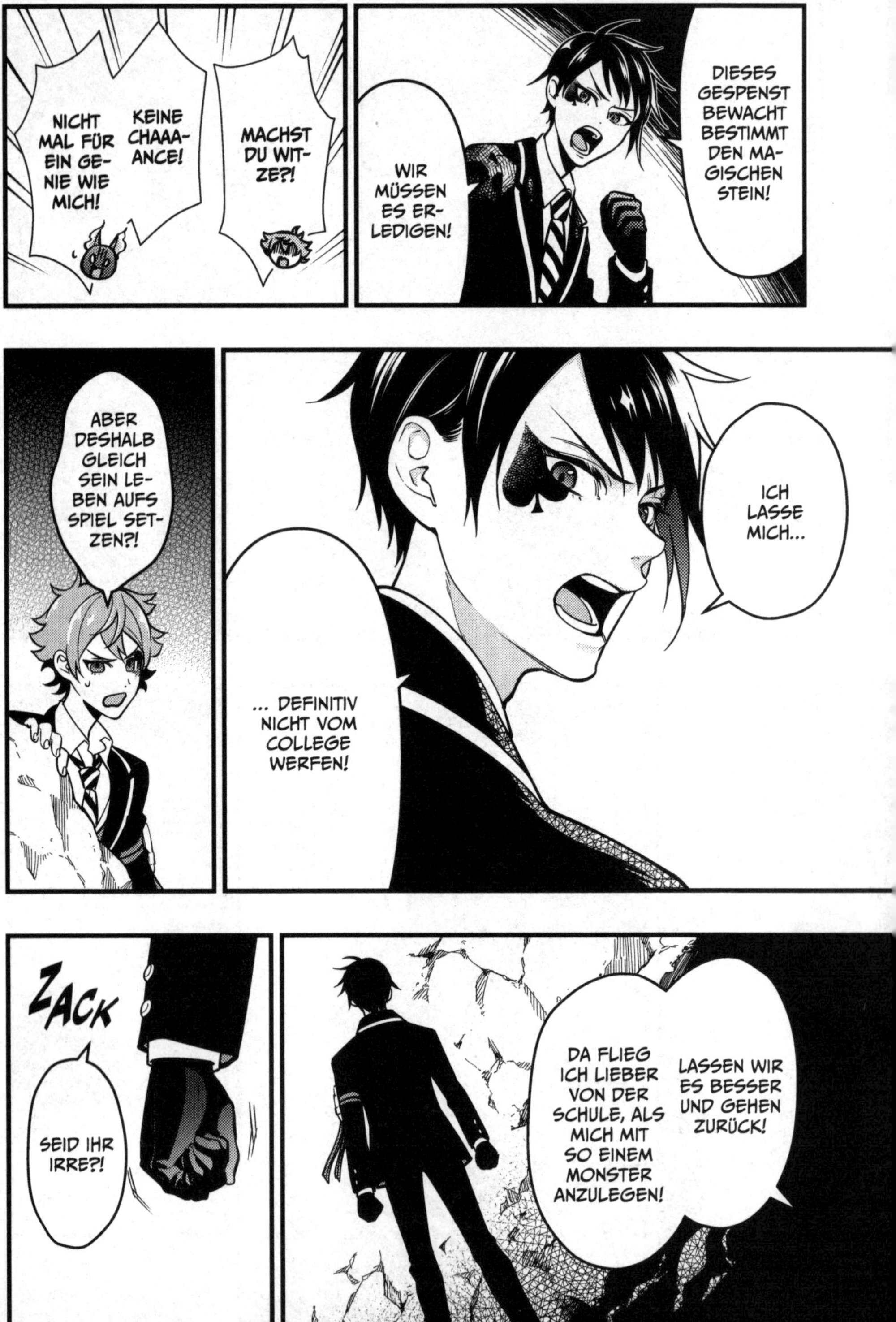
DIESES GESPENST BEWACHT BESTIMMT DEN MAGISCHEN STEIN!
WIR MÜSSEN ES ERLEDIGEN!
MACHST DU WITZE?!
KEINE CHAAAANCE!
NICHT MAL FÜR EIN GENIE WIE MICH!
ICH LASSE MICH...
... DEFINITIV NICHT VOM COLLEGE WERFEN!
ABER DESHALB GLEICH SEIN LEBEN AUFS SPIEL SETZEN?!
LASSEN WIR ES BESSER UND GEHEN ZURÜCK!
DA FLIEG ICH LIEBER VON DER SCHULE, ALS MICH MIT SO EINEM MONSTER ANZULEGEN!
ZACK
SEID IHR IRRE?!

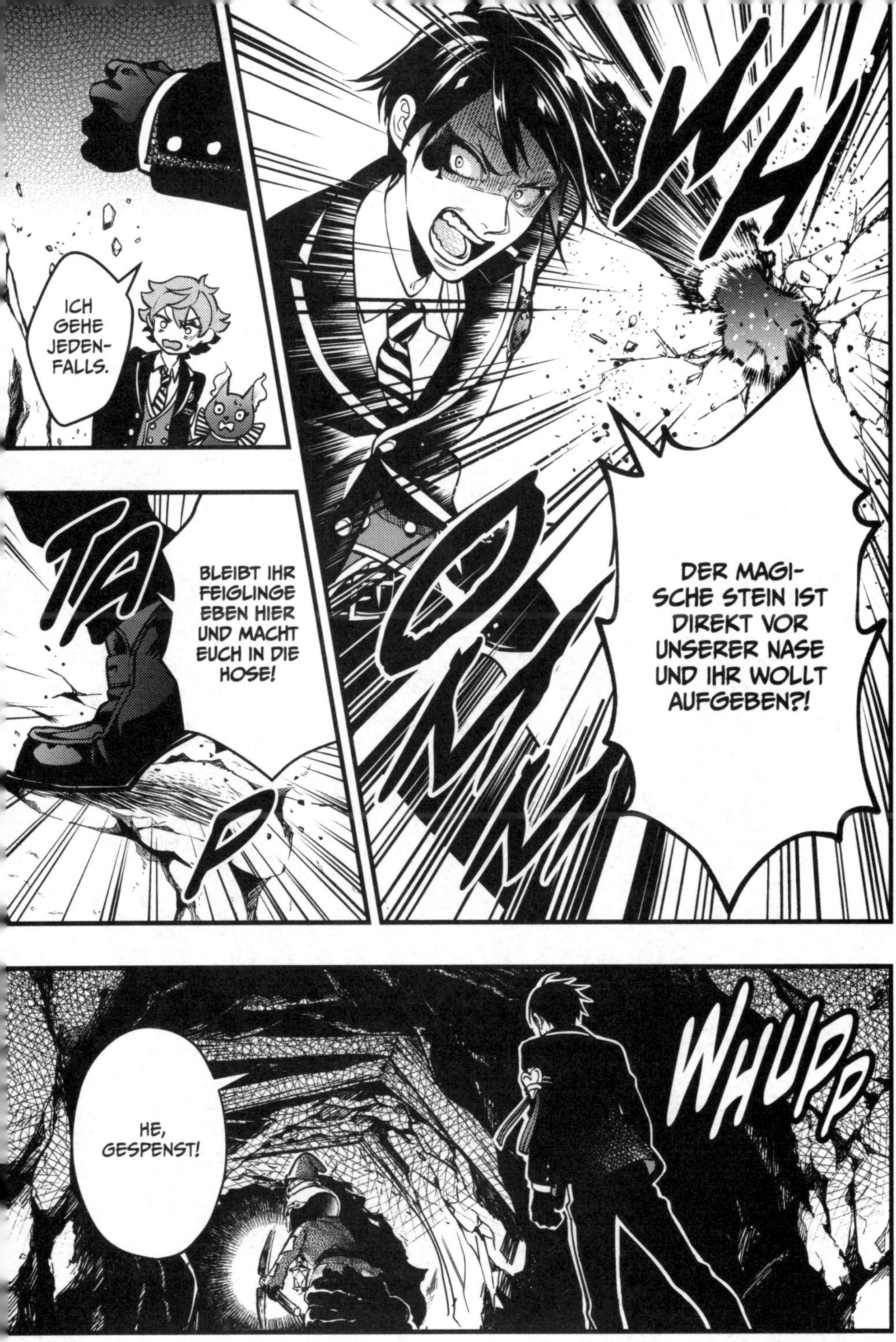
DER MAGISCHE STEIN IST DIREKT VOR UNSERER NASE UND IHR WOLLT AUFGEBEN?!
ICH GEHE JEDENFALLS.
BLEIBT IHR FEIGLINGE EBEN HIER UND MACHT EUCH IN DIE HOSE!
WHUPP
HE, GESPENST!

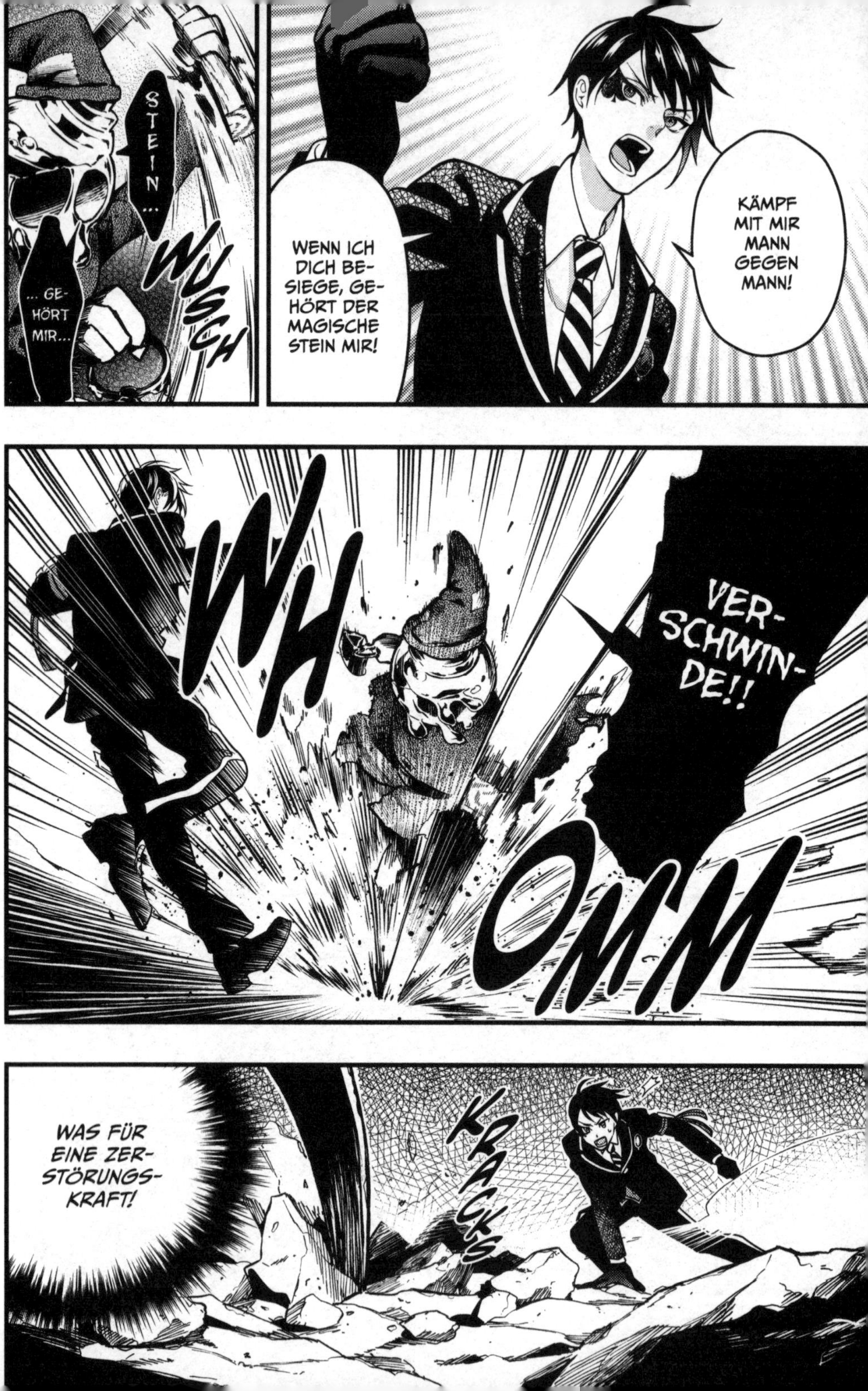
KÄMPF MIT MIR MANN GEGEN MANN!
WENN ICH DICH BESIEGE, GEHÖRT DER MAGISCHE STEIN MIR!
STEIN ...
... GEHÖRT MIR ...
WUSCH
VERSCHWINDE!!
WHOMM
KRACKS
WAS FÜR EINE ZERSTÖRUNGSKRAFT!

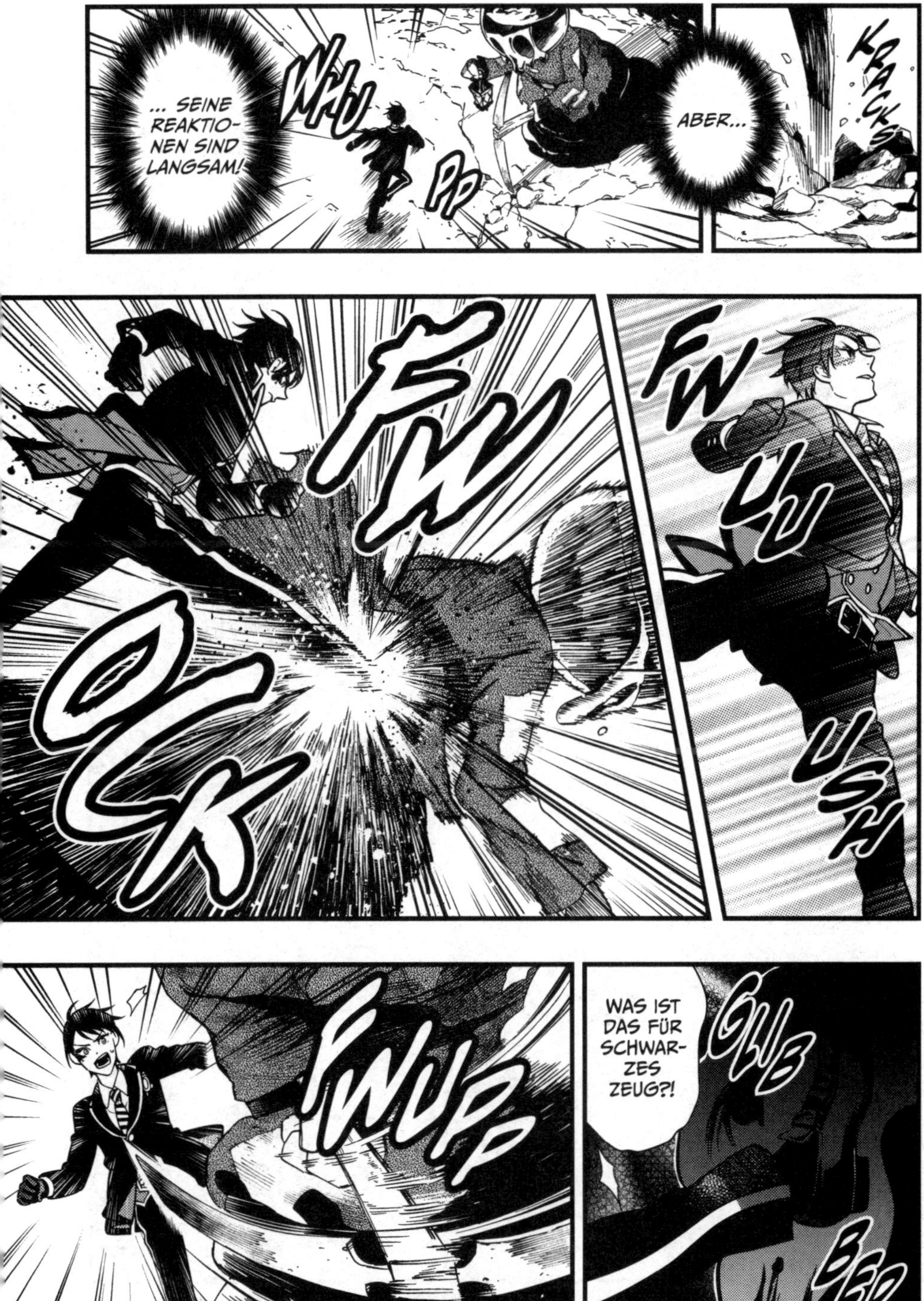
KRACKS
... SEINE REAKTIONEN SIND LANGSAM!
ABER...
WHUPP
FWUUUSH
FWUPP
WAS IST DAS FÜR SCHWARZES ZEUG?!
GLUBBER

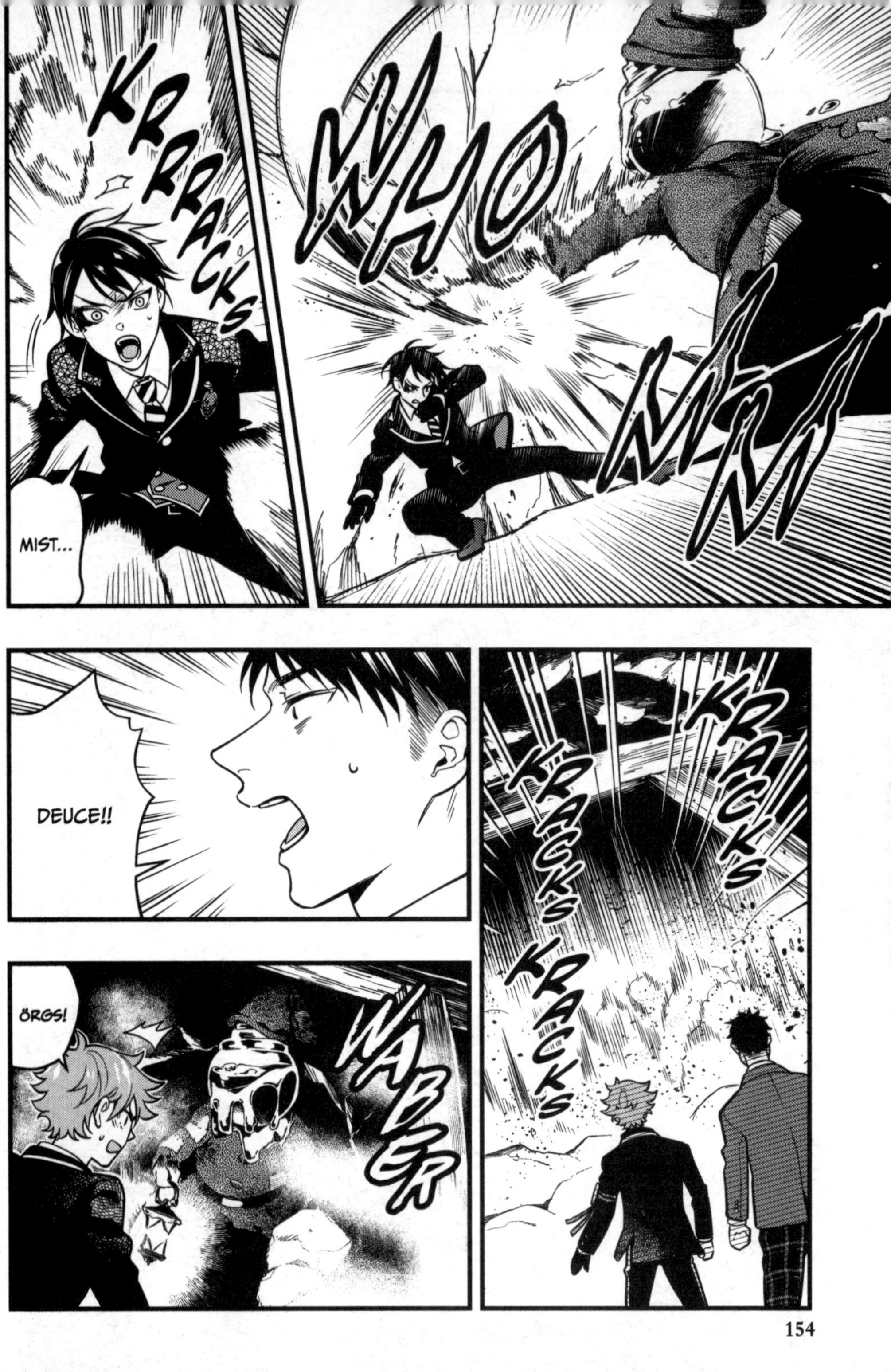
KRRRACKS
MIST...
KRACKS
KRACKS KRACKS
DEUCE!!
ÖRGS!
WABER

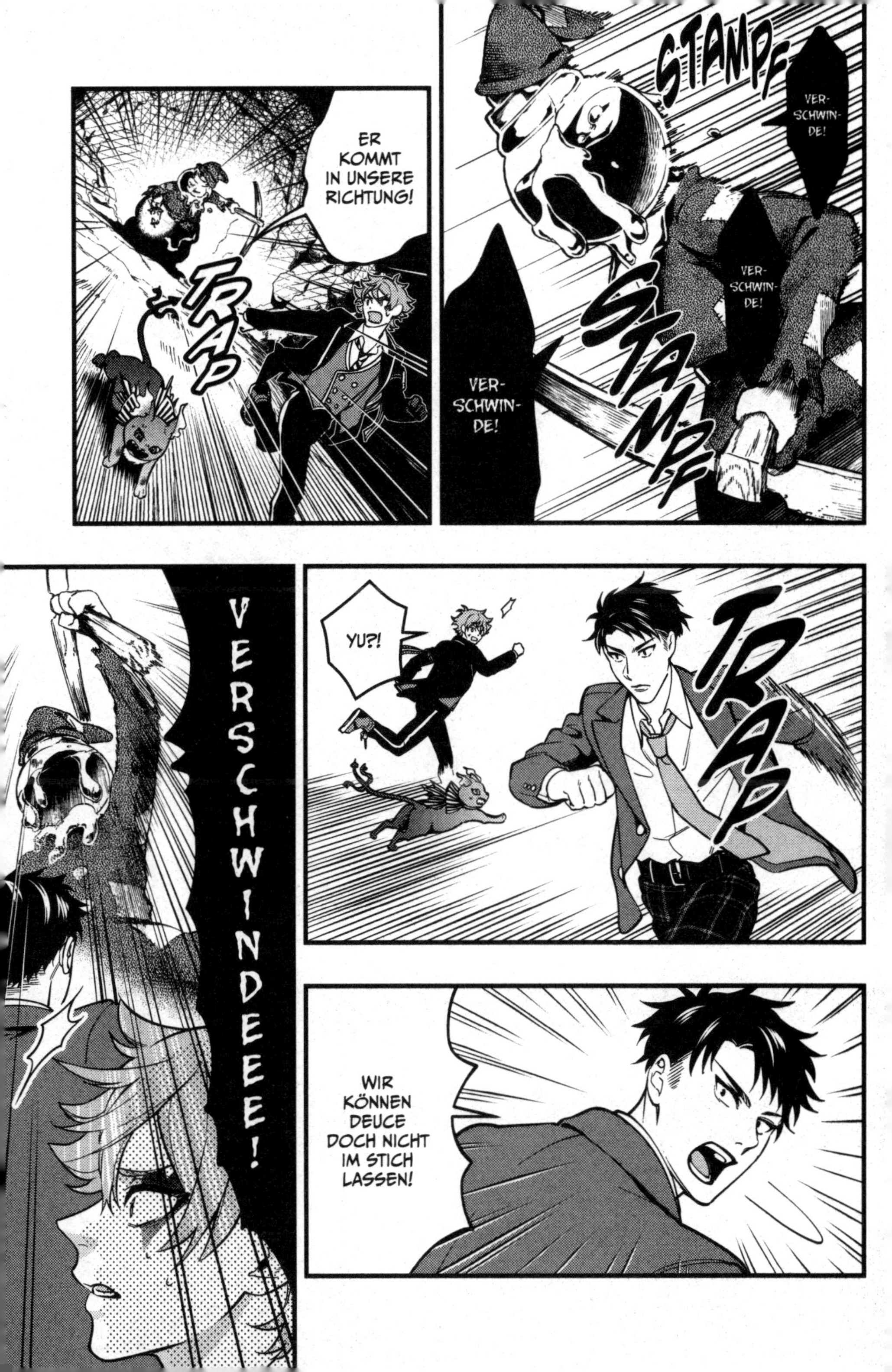
STAMPF
VER-SCHWIN-DE!
VER-SCHWIN-DE!
VER-SCHWIN-DE!
STAMPF
ER KOMMT IN UNSERE RICHTUNG!
TRAP
TRAP
YU?!
VERSCHWINDEEE!
WIR KÖNNEN DEUCE DOCH NICHT IM STICH LASSEN!

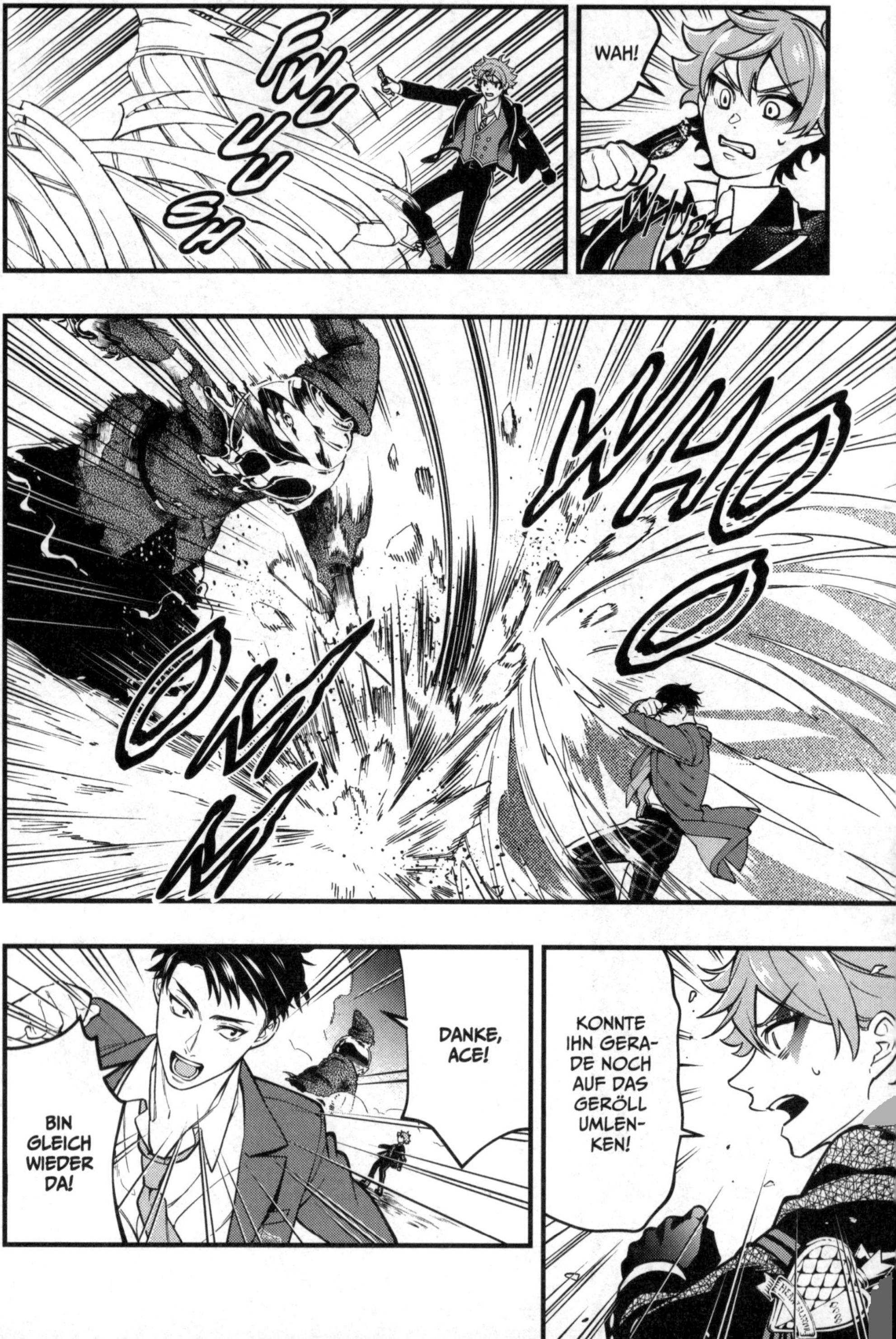
WAH!
KONNTE IHN GERA-DE NOCH AUF DAS GERÖLL UMLEN-KEN!
DANKE, ACE!
BIN GLEICH WIEDER DA!

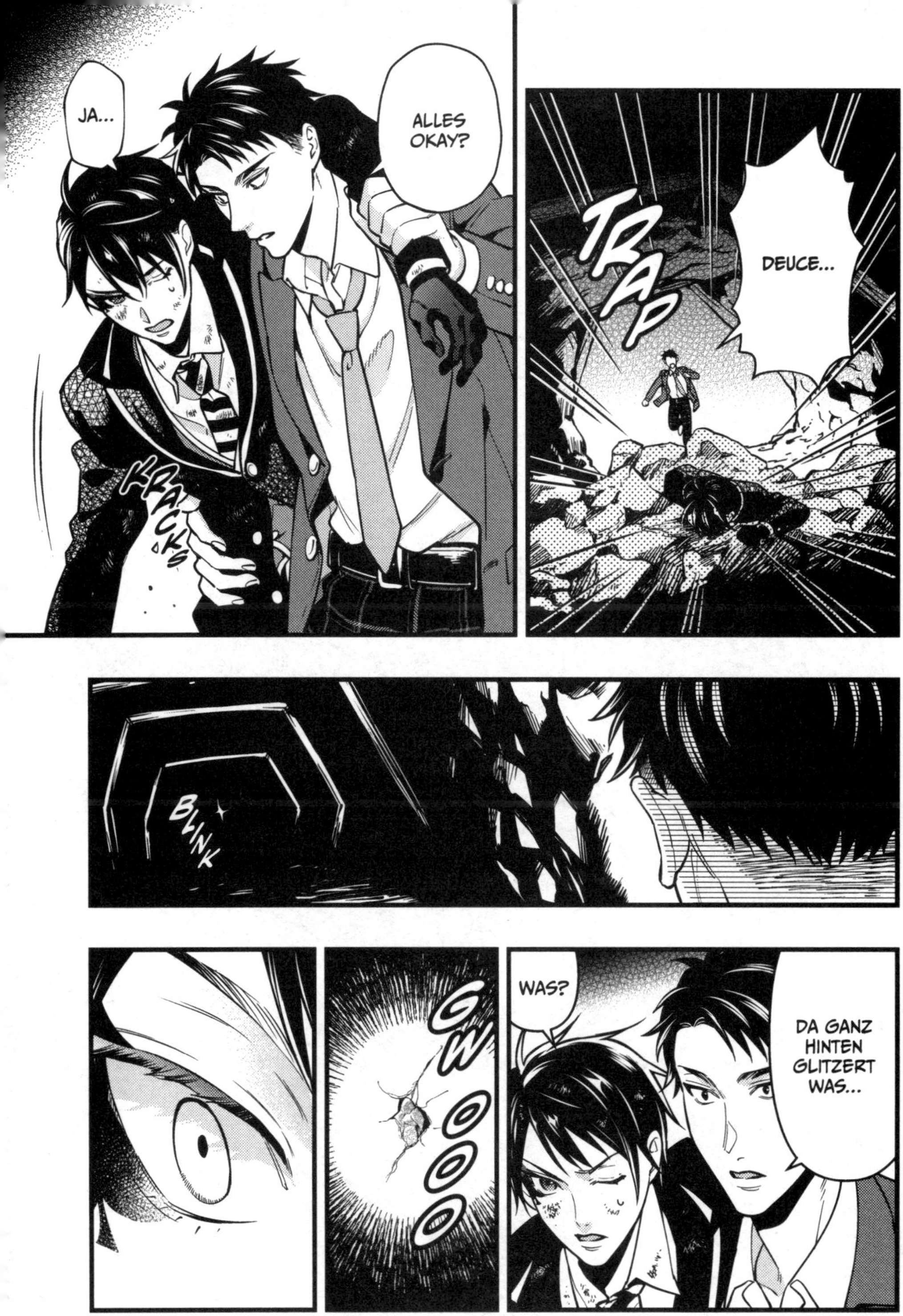
TRAP
DEUCE...
ALLES OKAY?
JA...
KRACKS
BLINK
DA GANZ HINTEN GLITZERT WAS...
WAS?
GWOOOOO

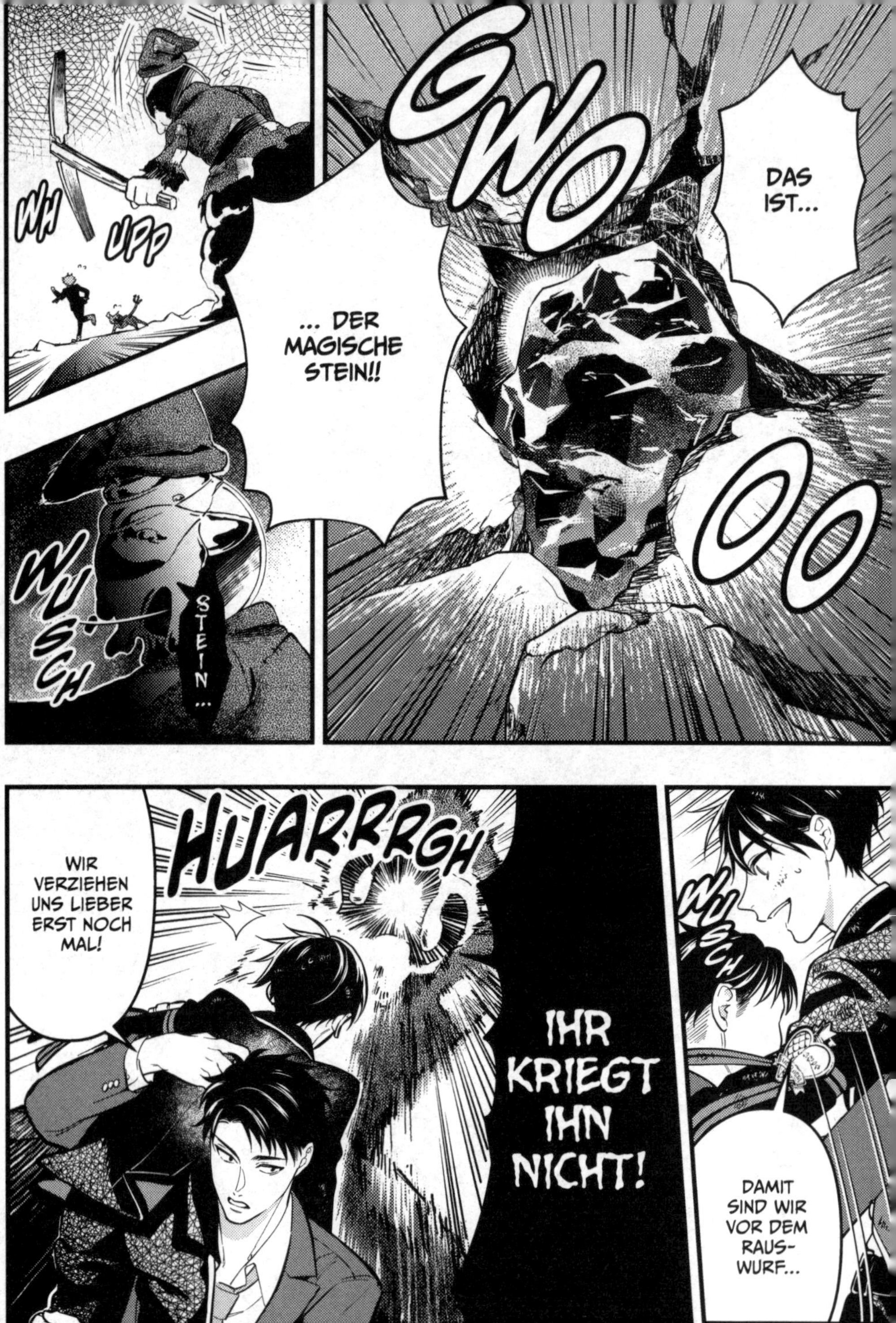
GWOOOO
DAS IST...
... DER MAGISCHE STEIN!!
WHUPP
WUSCH
STEIN ...
WUSCH
DAMIT SIND WIR VOR DEM RAUS-WURF...
IHR KRIEGT IHN NICHT!
HUARRRGH
WIR VERZIEHEN UNS LIEBER ERST NOCH MAL!

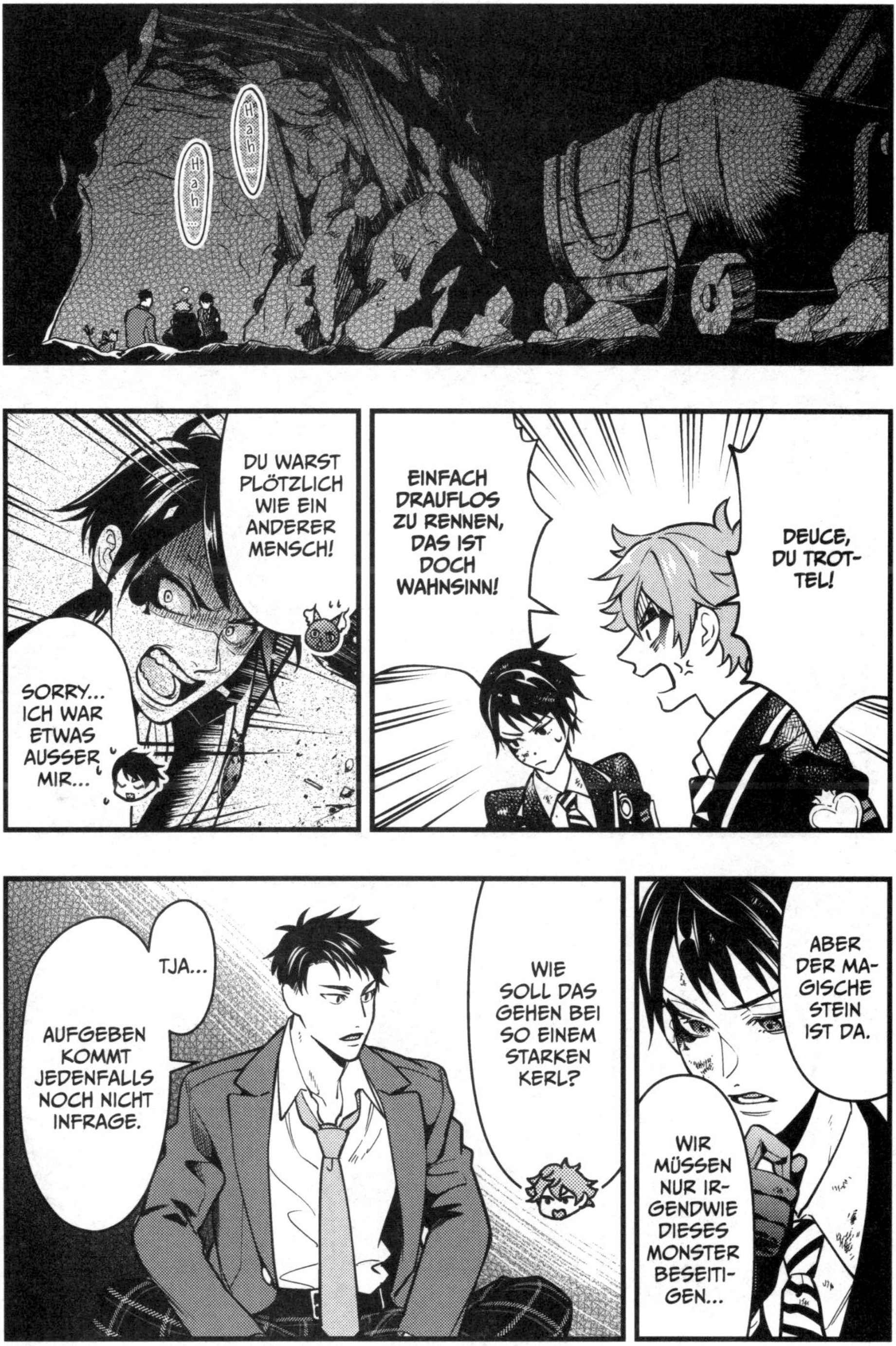
Hah...
Hah...
DEUCE, DU TROTTEL!
EINFACH DRAUFLOS ZU RENNEN, DAS IST DOCH WAHNSINN!
DU WARST PLÖTZLICH WIE EIN ANDERER MENSCH!
SORRY... ICH WAR ETWAS AUSSER MIR...
ABER DER MAGISCHE STEIN IST DA.
WIR MÜSSEN NUR IRGENDWIE DIESES MONSTER BESEITIGEN...
WIE SOLL DAS GEHEN BEI SO EINEM STARKEN KERL?
TJA...
AUFGEBEN KOMMT JEDENFALLS NOCH NICHT INFRAGE.

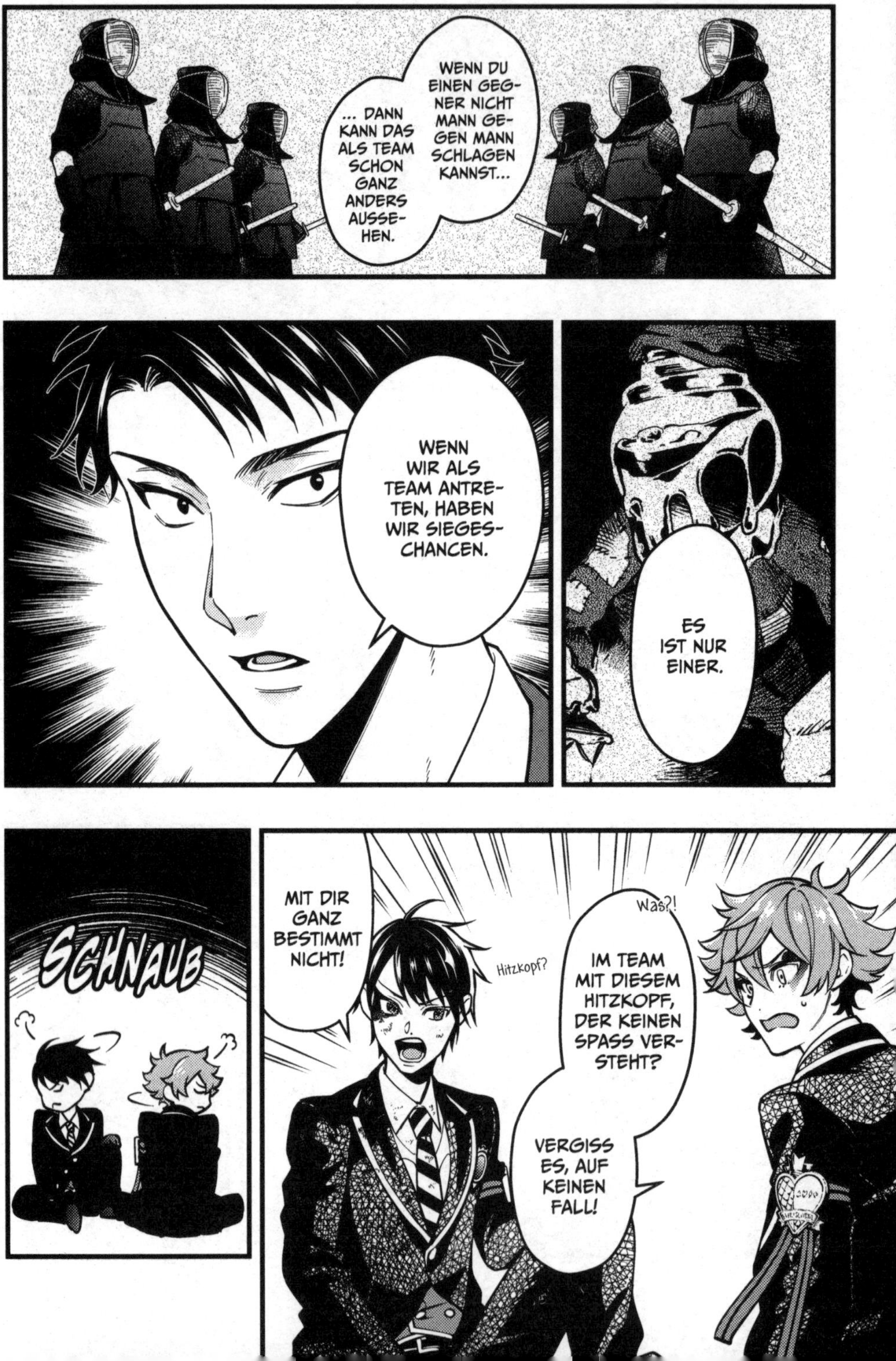
WENN DU EINEN GEGNER NICHT MANN GEGEN MANN SCHLAGEN KANNST...
... DANN KANN DAS ALS TEAM SCHON GANZ ANDERS AUSSEHEN.
ES IST NUR EINER.
WENN WIR ALS TEAM ANTRETEN, HABEN WIR SIEGESCHANCEN.
Was?!
IM TEAM MIT DIESEM HITZKOPF, DER KEINEN SPASS VERSTEHT?
Hitzkopf?
MIT DIR GANZ BESTIMMT NICHT!
VERGISS ES, AUF KEINEN FALL!
SCHNAUB

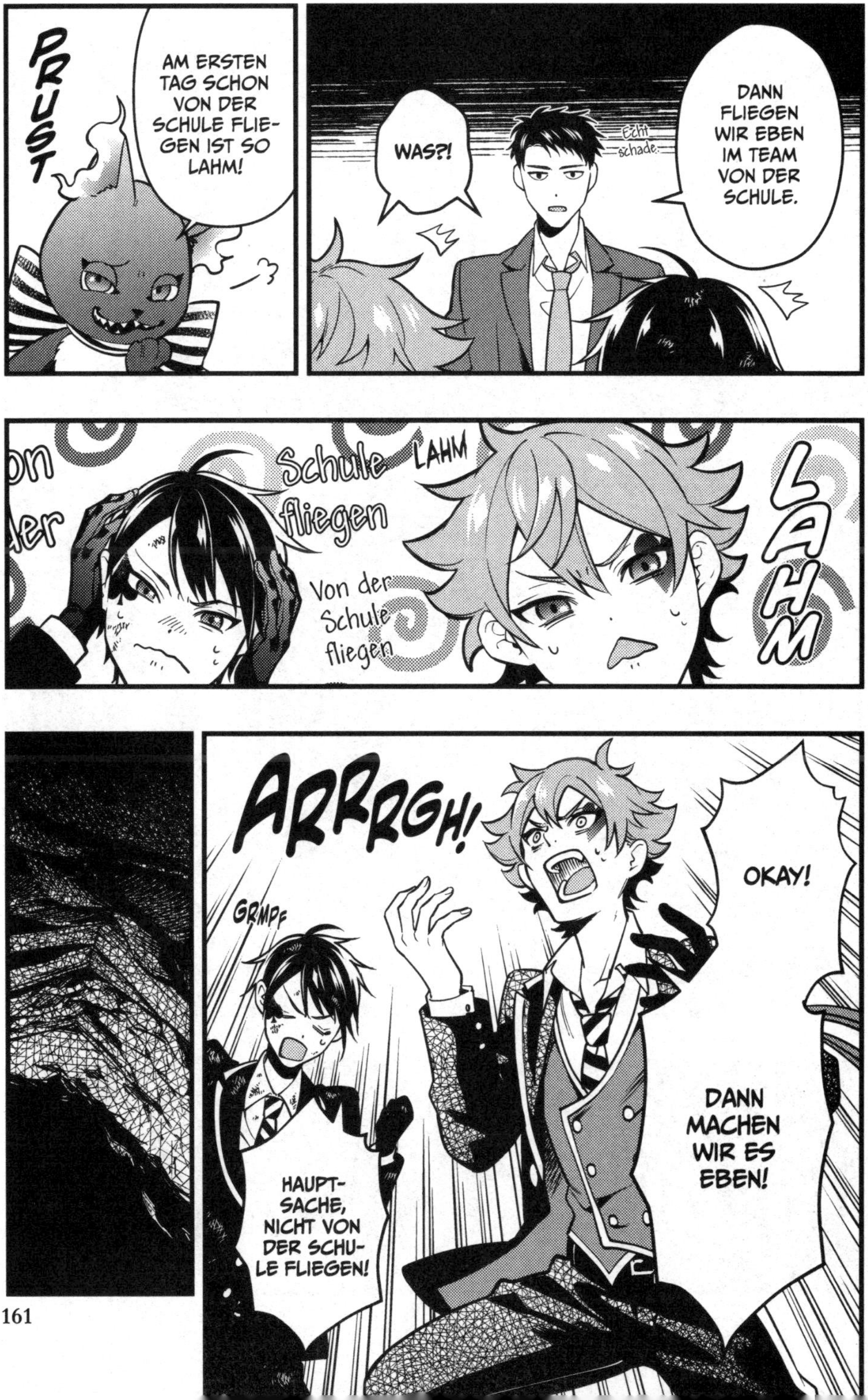
DANN FLIEGEN WIR EBEN IM TEAM VON DER SCHULE.
Echt schade.
WAS?!
AM ERSTEN TAG SCHON VON DER SCHULE FLIE-GEN IST SO LAHM!
PRUST
LAHM
LAHM
Schule fliegen
Von der Schule fliegen
OKAY!
DANN MACHEN WIR ES EBEN!
ARRRGH!
GRMPF
HAUPT-SACHE, NICHT VON DER SCHU-LE FLIEGEN!

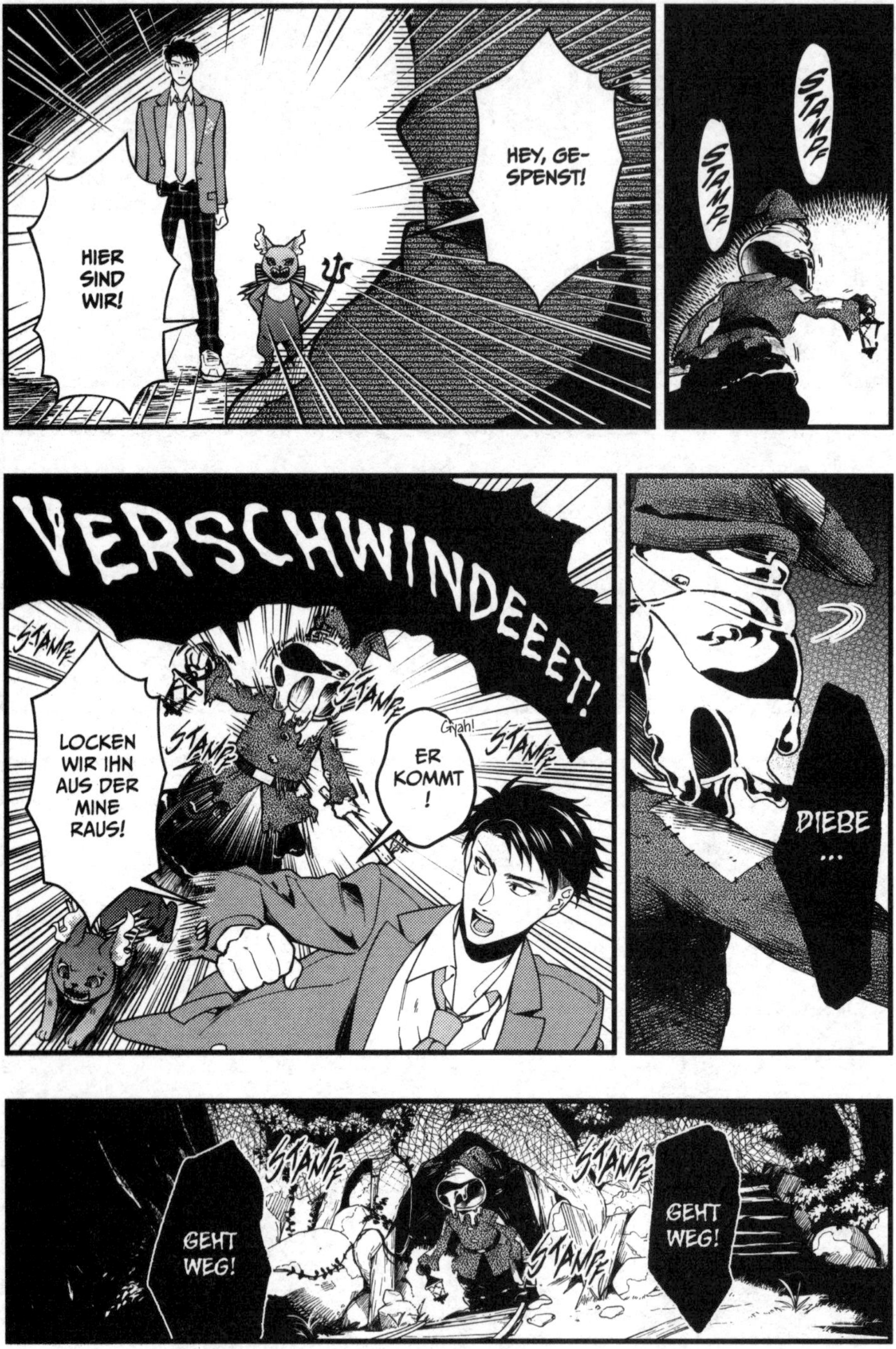

STAMPF
STAMPF
HEY, GE-SPENST!
HIER SIND WIR!
DIEBE ...
VERSCHWINDEEEET!
STAMPF
STAMPF
STAMPF
STAMPF
ER KOMMT!
Gyah!
LOCKEN WIR IHN AUS DER MINE RAUS!
STAMPF
GEHT WEG!
STAMPF
STAMPF
GEHT WEG!

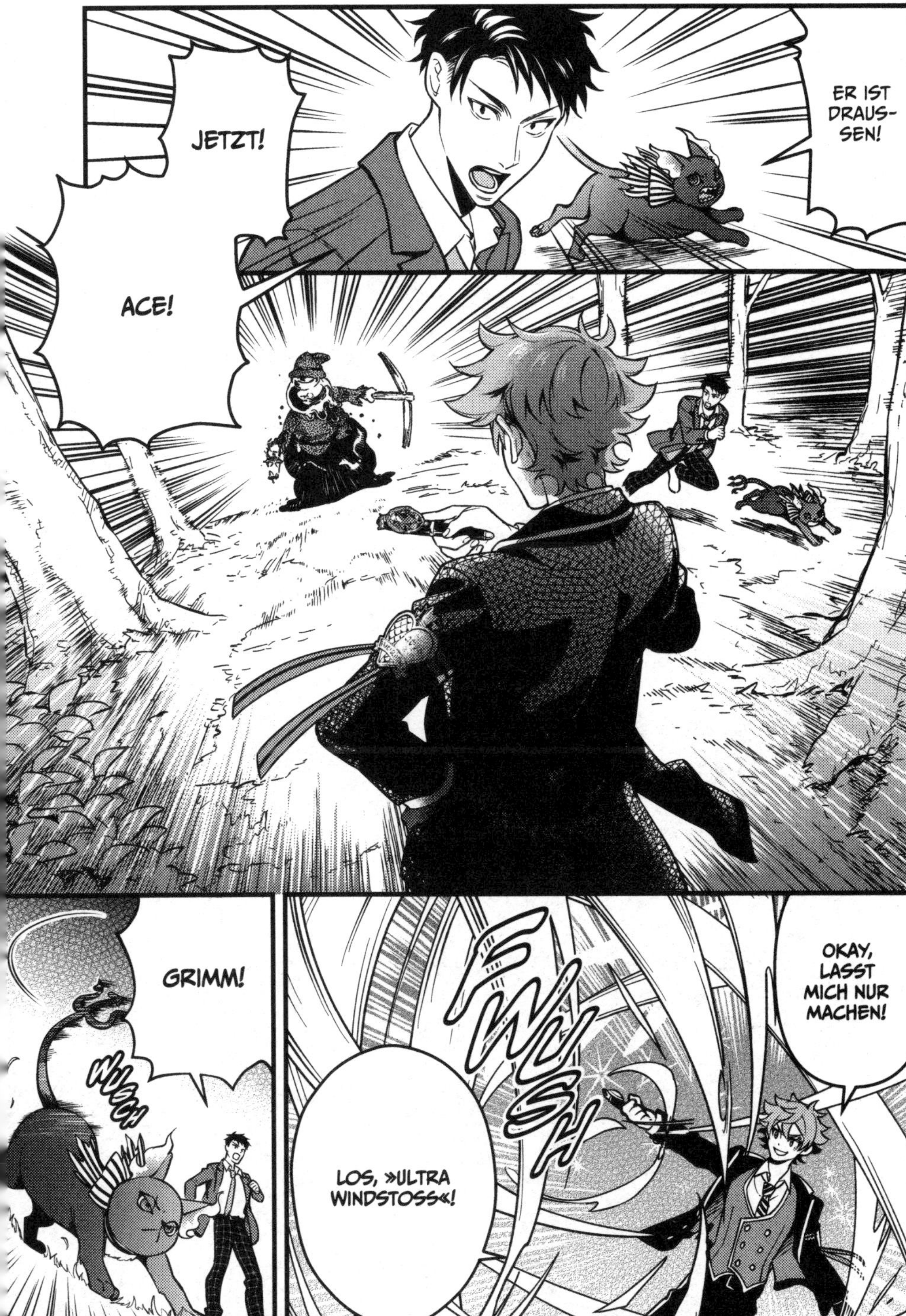
ER IST DRAUS-SEN!
JETZT!
ACE!
OKAY, LASST MICH NUR MACHEN!
FWUSH
LOS, »ULTRA WINDSTOSS«!
GRIMM!
WUSCH

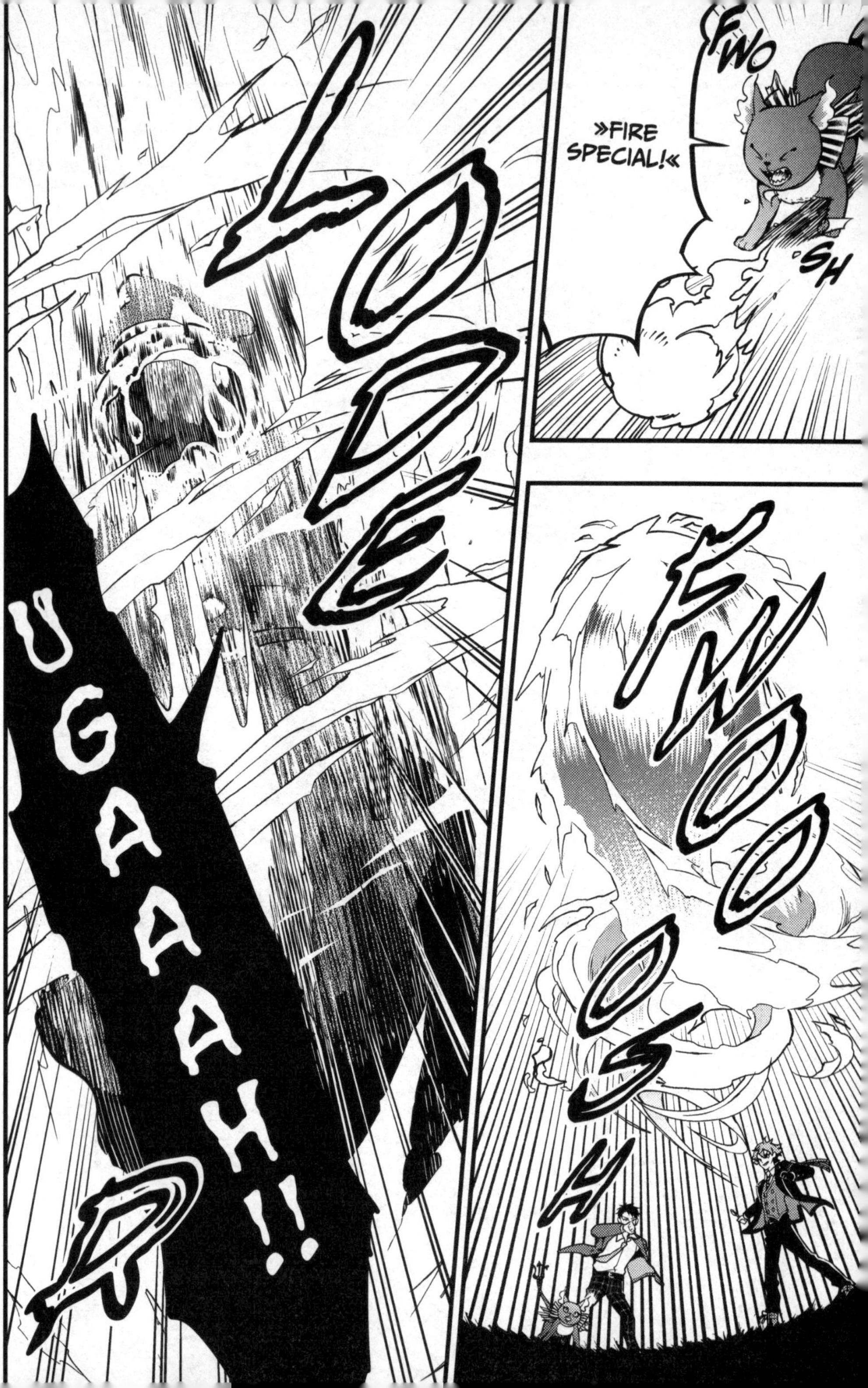
FWO
»FIRE SPECIAL!«
SH
FWOOOOSH
UGAAAH!!

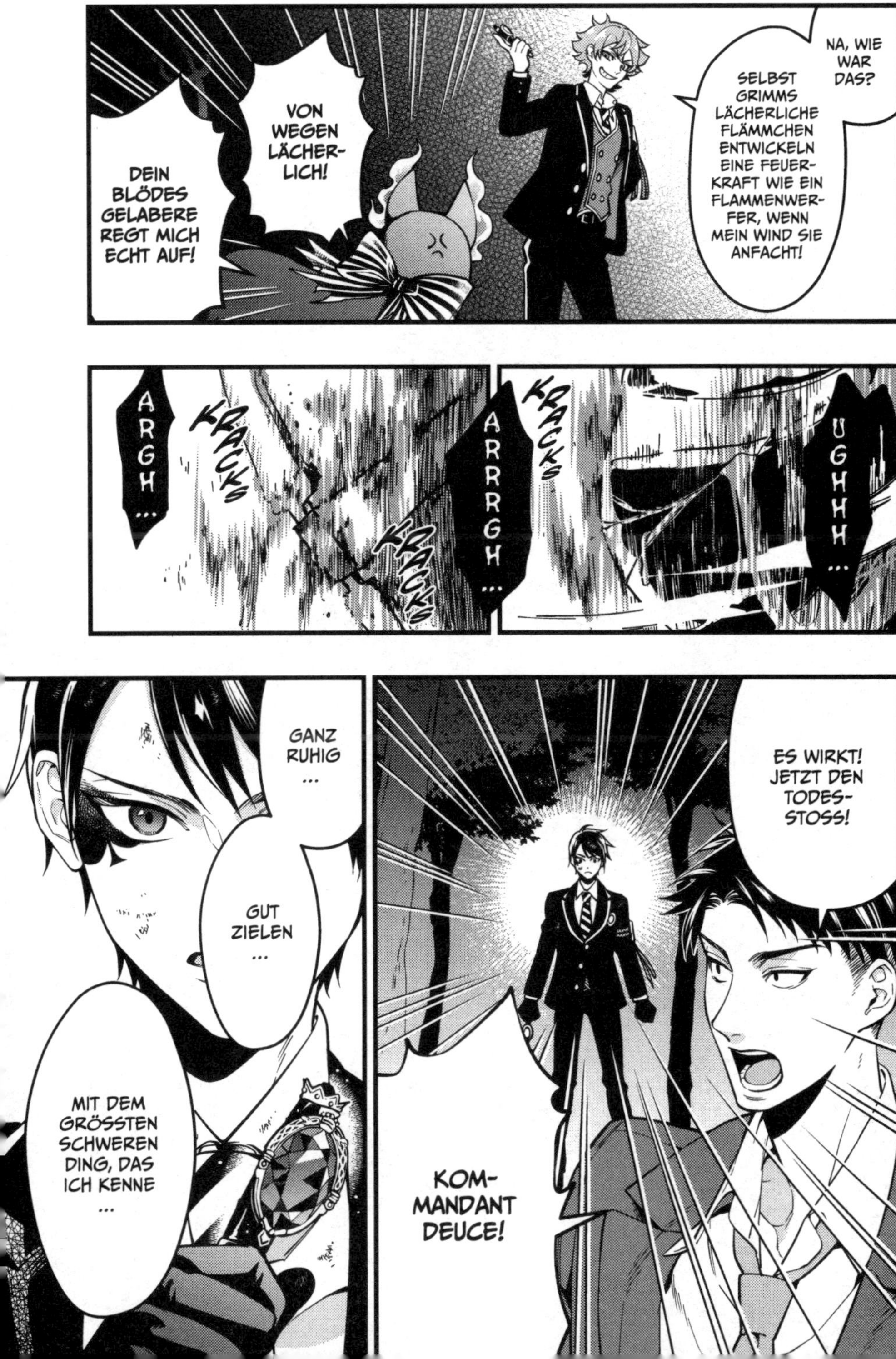
NA, WIE WAR DAS?
SELBST GRIMMS LÄCHERLICHE FLÄMMCHEN ENTWICKELN EINE FEUERKRAFT WIE EIN FLAMMENWERFER, WENN MEIN WIND SIE ANFACHT!
VON WEGEN LÄCHERLICH!
DEIN BLÖDES GELABERE REGT MICH ECHT AUF!
ÜGHHH ...
KRACKS
ARRRGH ...
KRACKS
KRACKS
ARGH ...
KRACKS
ES WIRKT! JETZT DEN TODESSTOSS!
KOMMANDANT DEUCE!
GANZ RUHIG ...
GUT ZIELEN ...
MIT DEM GRÖSSTEN SCHWEREN DING, DAS ICH KENNE ...

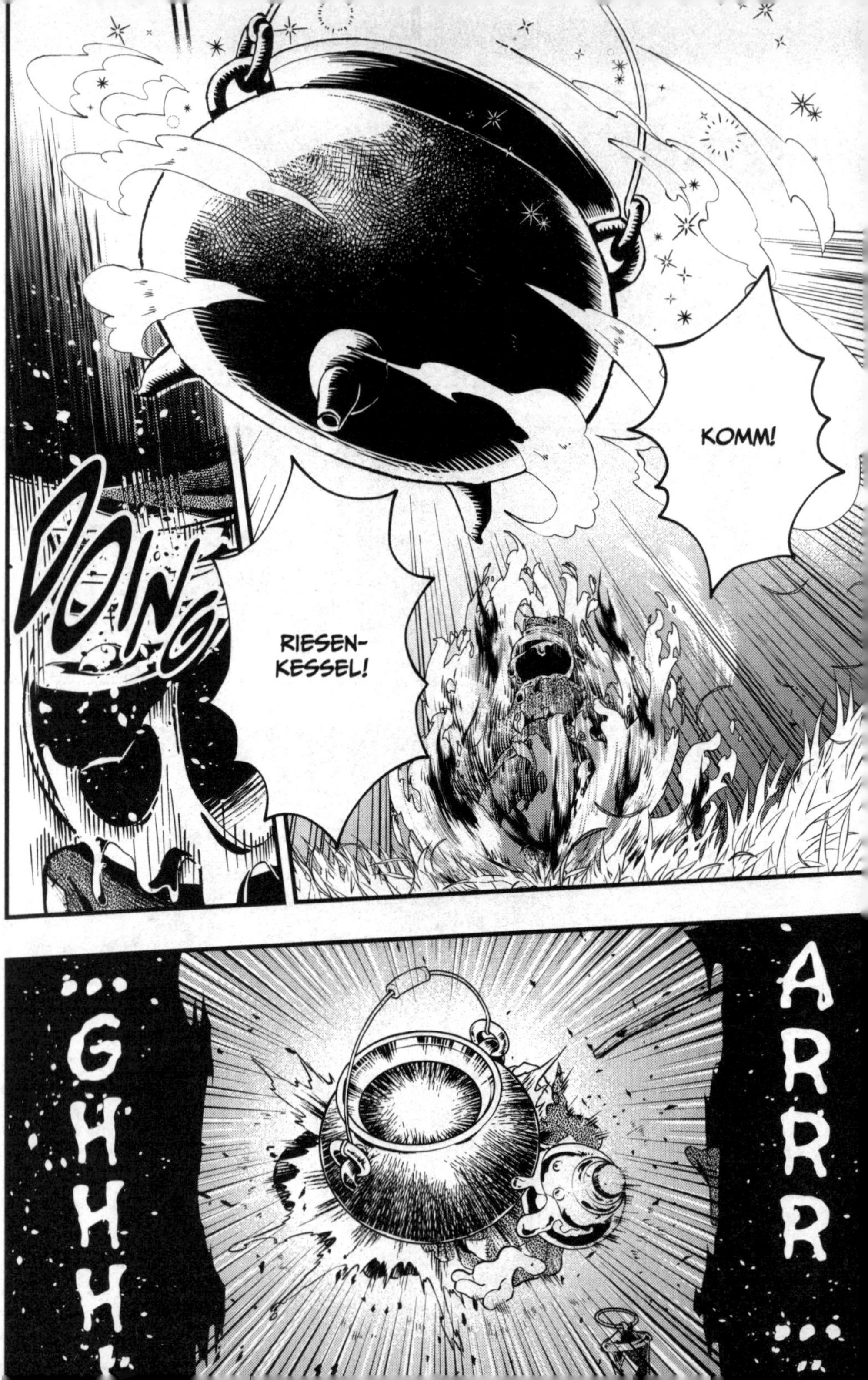
KOMM!
RIESEN-
KESSEL!
DOING
ARRR..
GHHH!

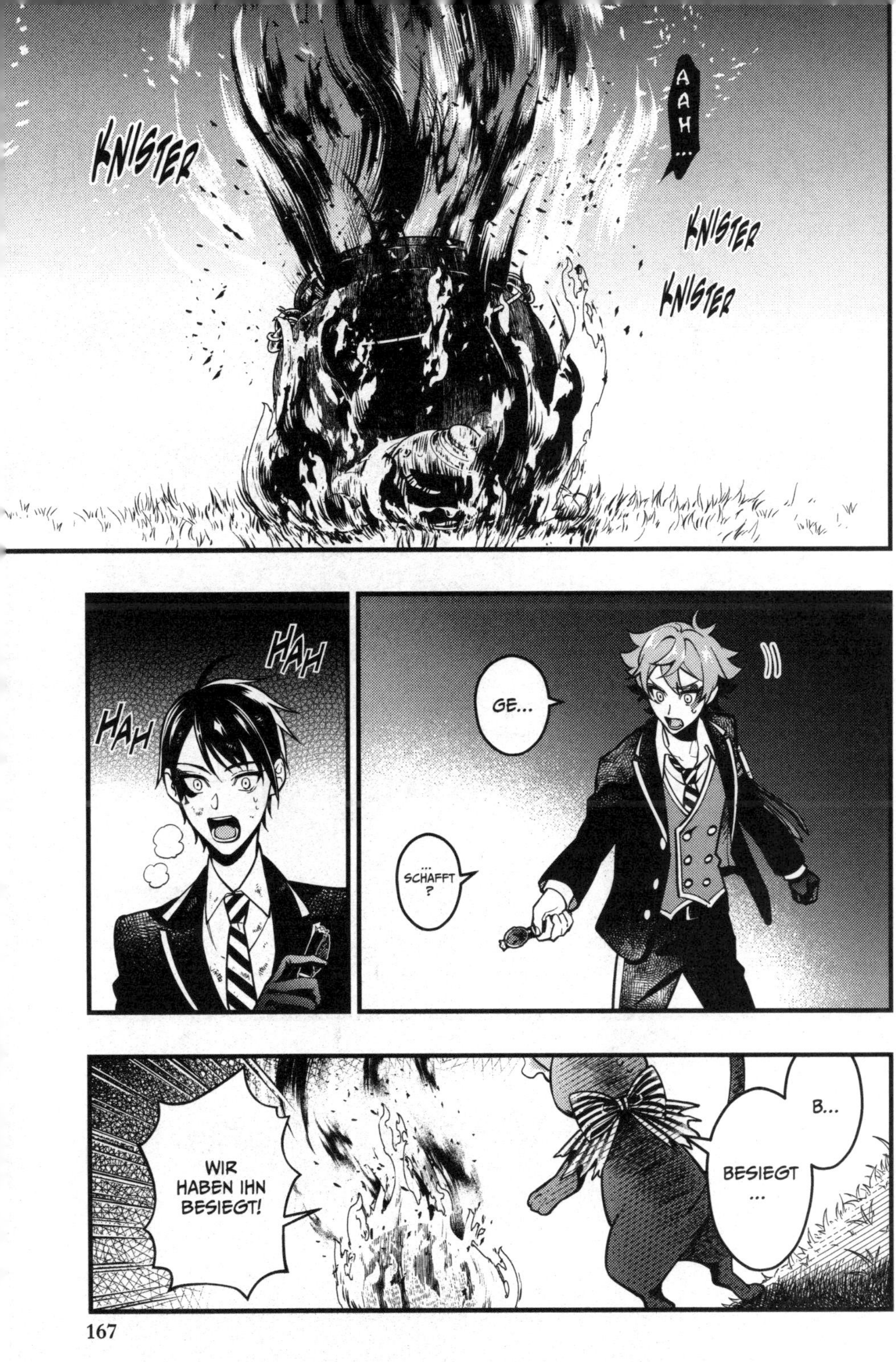
AAH ...
KNISTER
KNISTER
KNISTER
GE...
... SCHAFFT ?
HAH
HAH
B...
BESIEGT ...
WIR HABEN IHN BESIEGT!

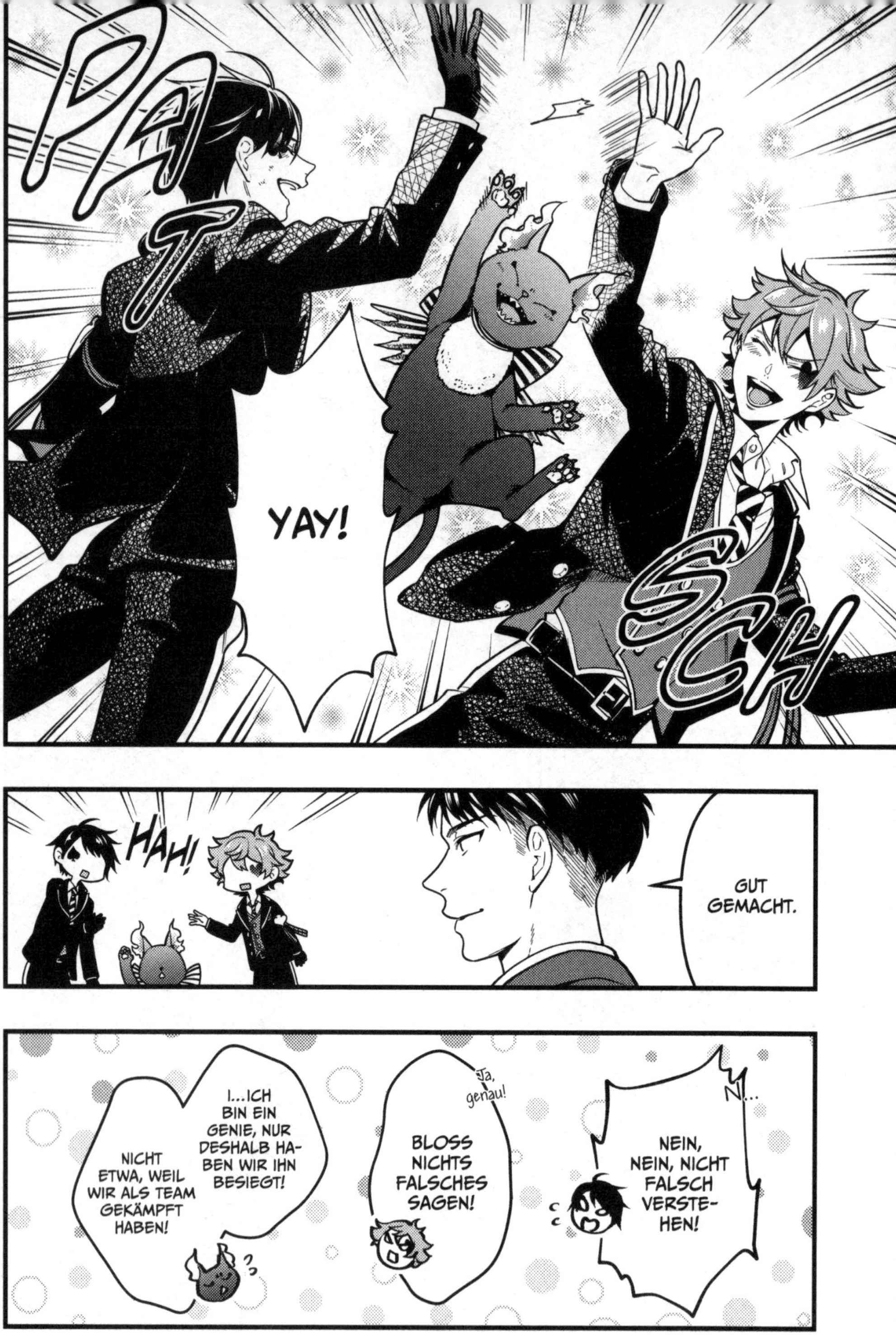
PAT
YAY!
SCH
GUT GEMACHT.
HAH!
N...
NEIN, NEIN, NICHT FALSCH VERSTE-HEN!
Ja, genau!
BLOSS NICHTS FALSCHES SAGEN!
I...ICH BIN EIN GENIE, NUR DESHALB HA-BEN WIR IHN BESIEGT!
NICHT ETWA, WEIL WIR ALS TEAM GEKÄMPFT HABEN!

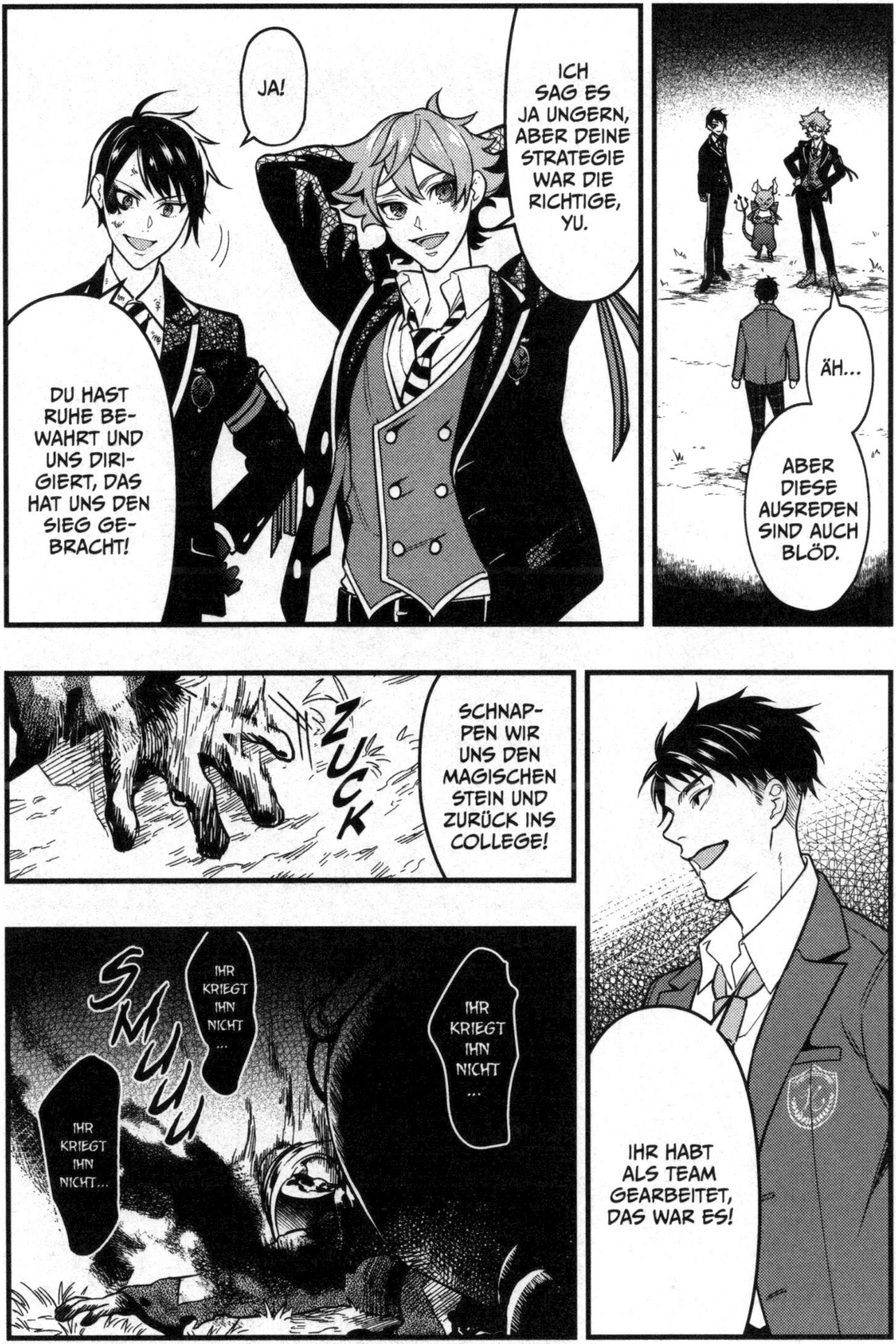
ÄH…
ABER DIESE AUSREDEN SIND AUCH BLÖD.
ICH SAG ES JA UNGERN, ABER DEINE STRATEGIE WAR DIE RICHTIGE, YU.
JA!
DU HAST RUHE BEWAHRT UND UNS DIRIGIERT, DAS HAT UNS DEN SIEG GEBRACHT!
IHR HABT ALS TEAM GEARBEITET, DAS WAR ES!
SCHNAPPEN WIR UNS DEN MAGISCHEN STEIN UND ZURÜCK INS COLLEGE!
ZUCK
IHR KRIEGT IHN NICHT …
IHR KRIEGT IHN NICHT …
SMUUU
IHR KRIEGT IHN NICHT…

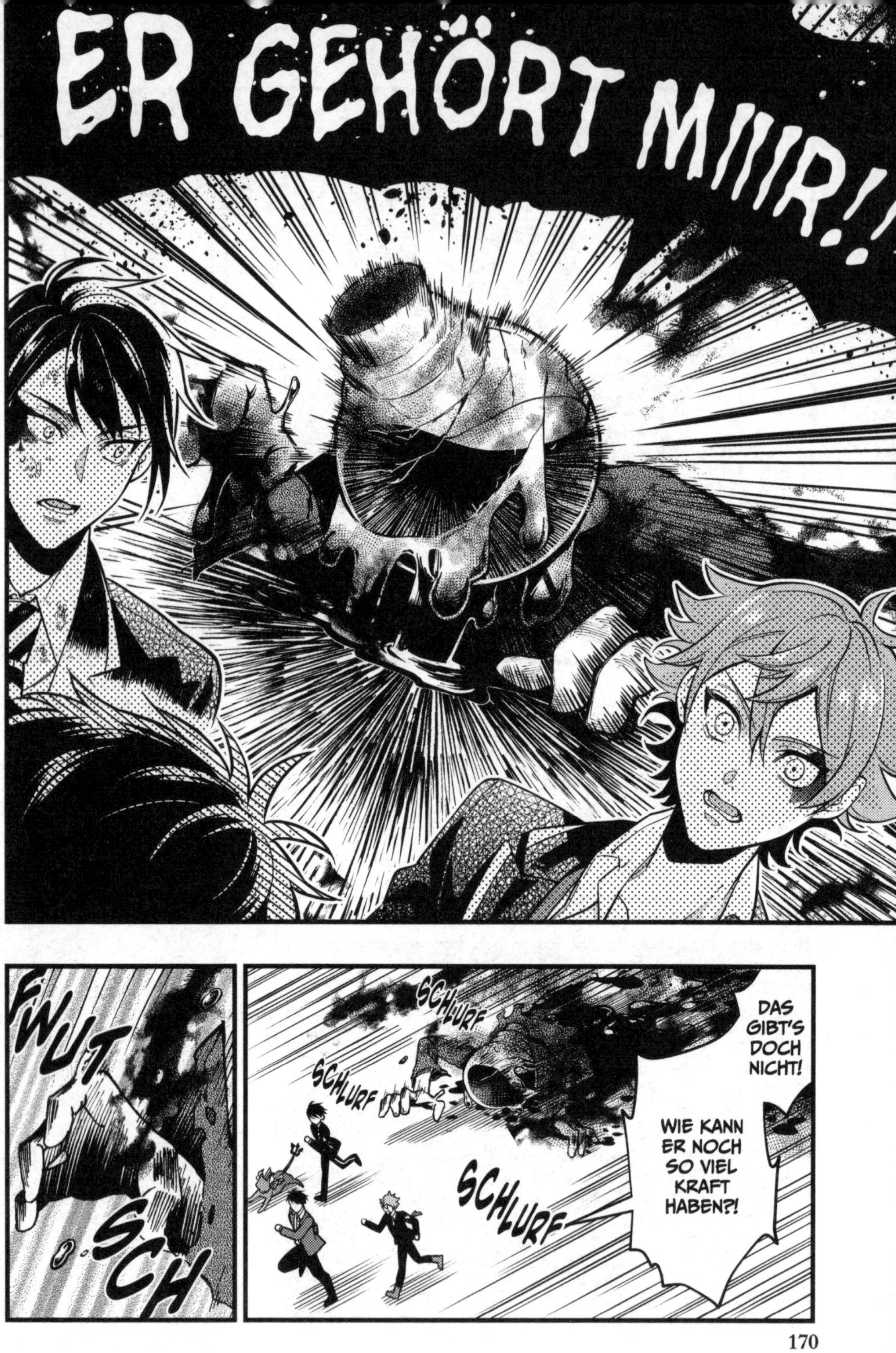
ER GEHÖRT MIIIR!!
FWUT
SCH
SCHLURF
SCHLURF
DAS GIBT'S DOCH NICHT!
WIE KANN ER NOCH SO VIEL KRAFT HABEN?!
SCHLURF

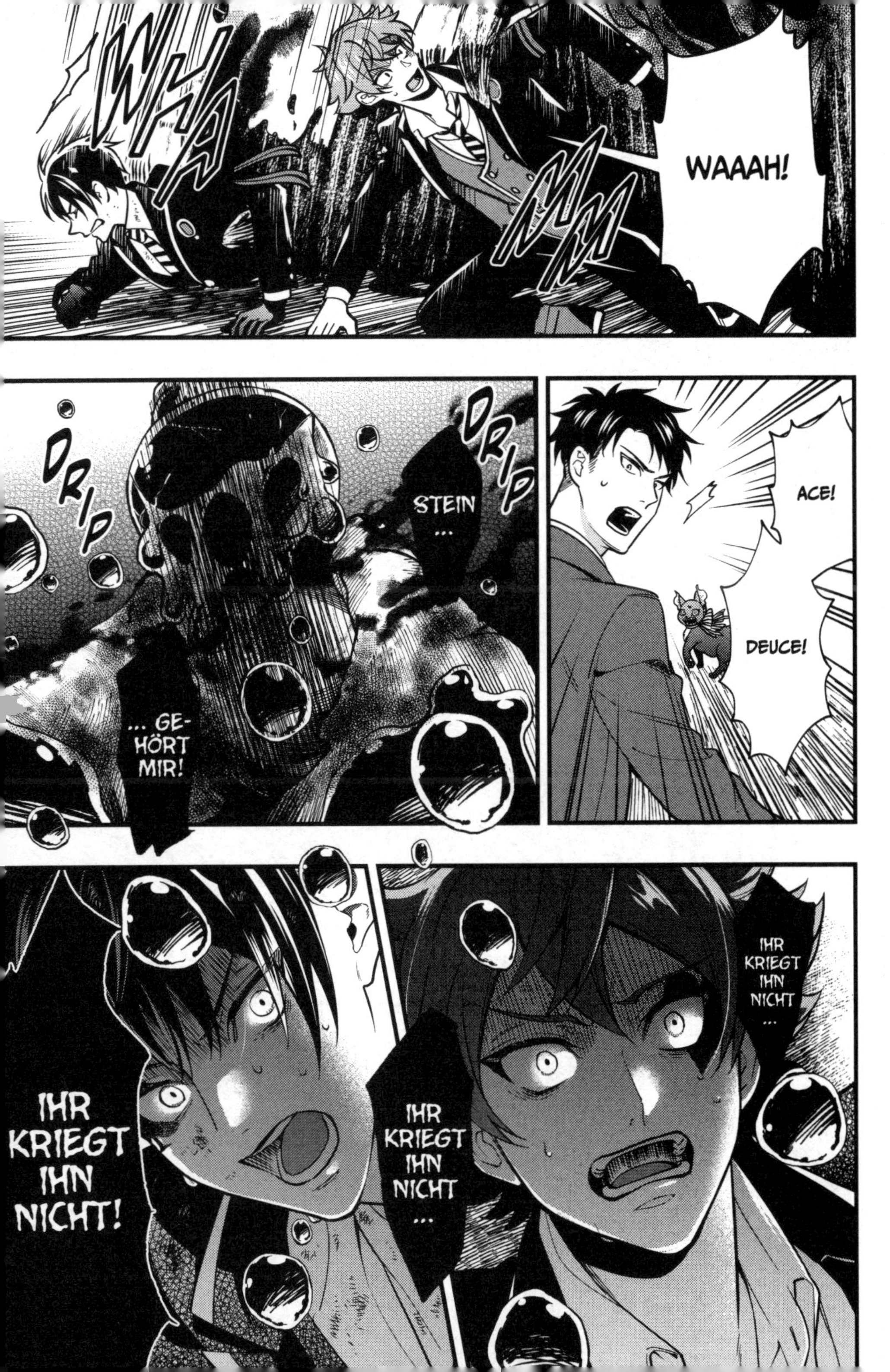

WAAAH!
ACE!
DEUCE!
DRIP
STEIN ...
... GEHÖRT MIR!
DRIP
IHR KRIEGT IHN NICHT ...
IHR KRIEGT IHN NICHT ...
IHR KRIEGT IHN NICHT!

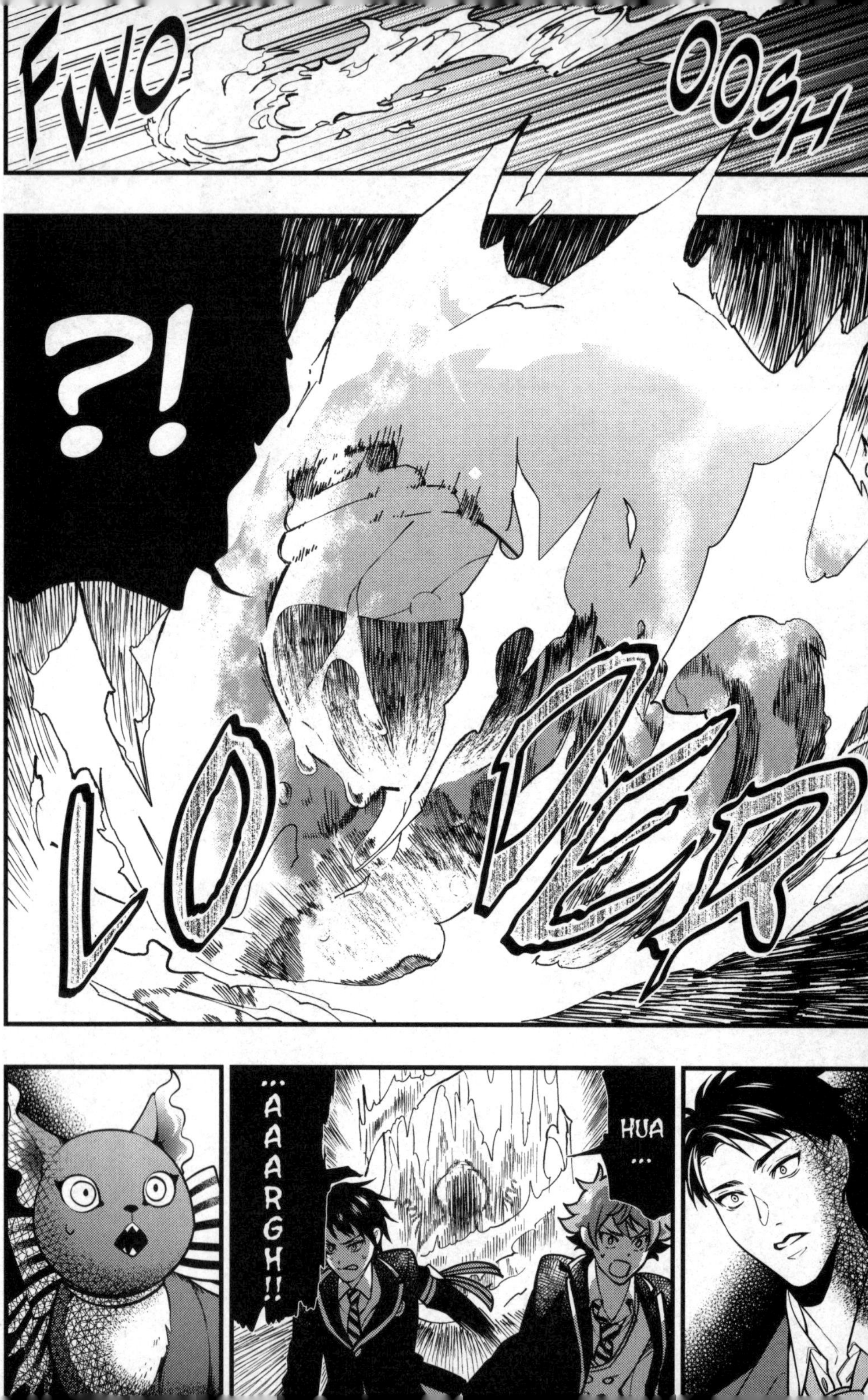
FWOOOSH
?!
LOOOOR
...AAAARGH!!
HUA...

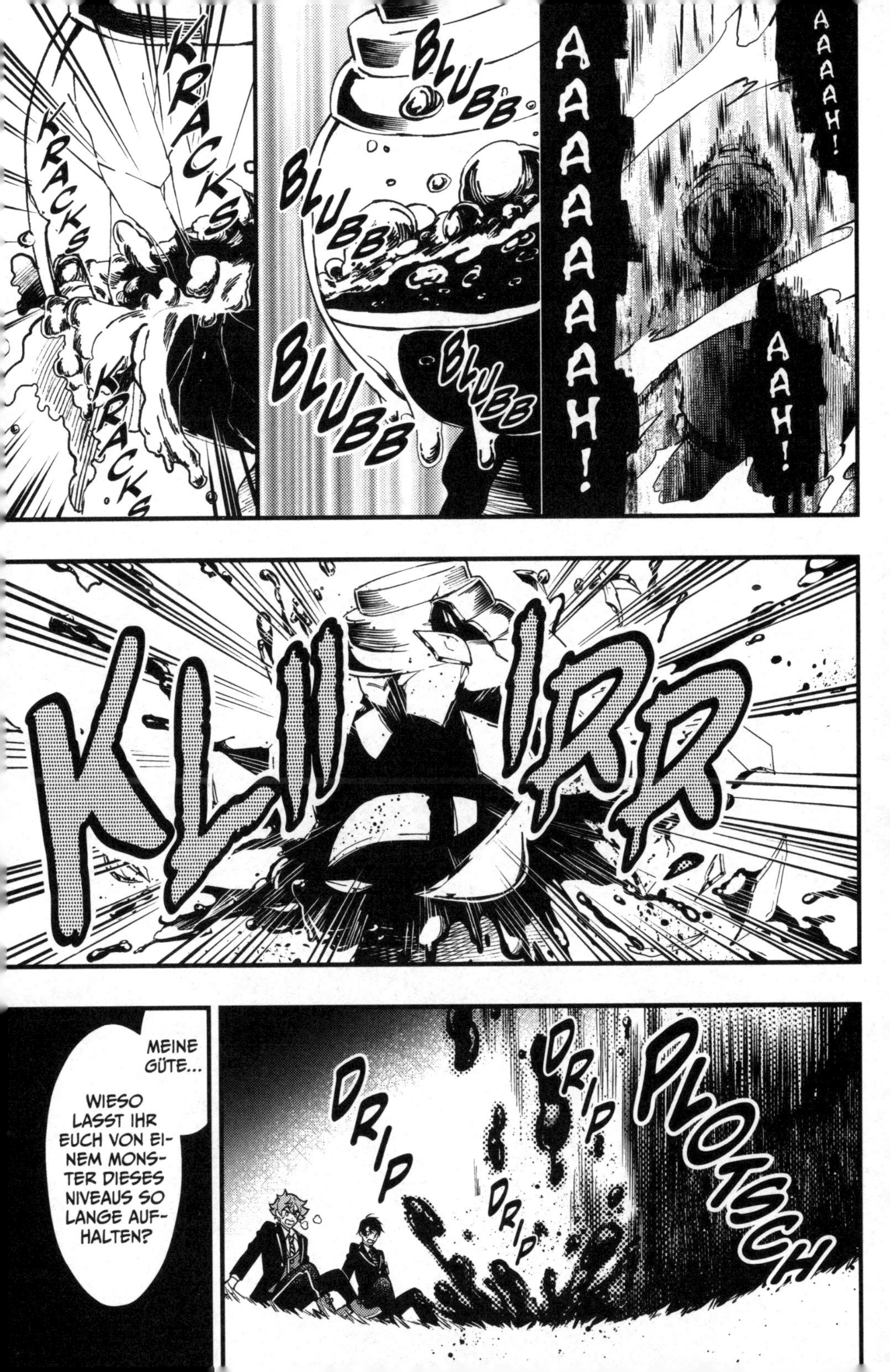
AAAAH!
AAH!
AAAAAAAAH!
BLUBB
BLUBB
BLUBB
BLUBB
KRACKS
KRACKS
KRACKS
KLIIRR
PLOTSCH
DRIP
DRIP
DRIP
MEINE GÜTE...
WIESO LASST IHR EUCH VON EINEM MONSTER DIESES NIVEAUS SO LANGE AUFHALTEN?

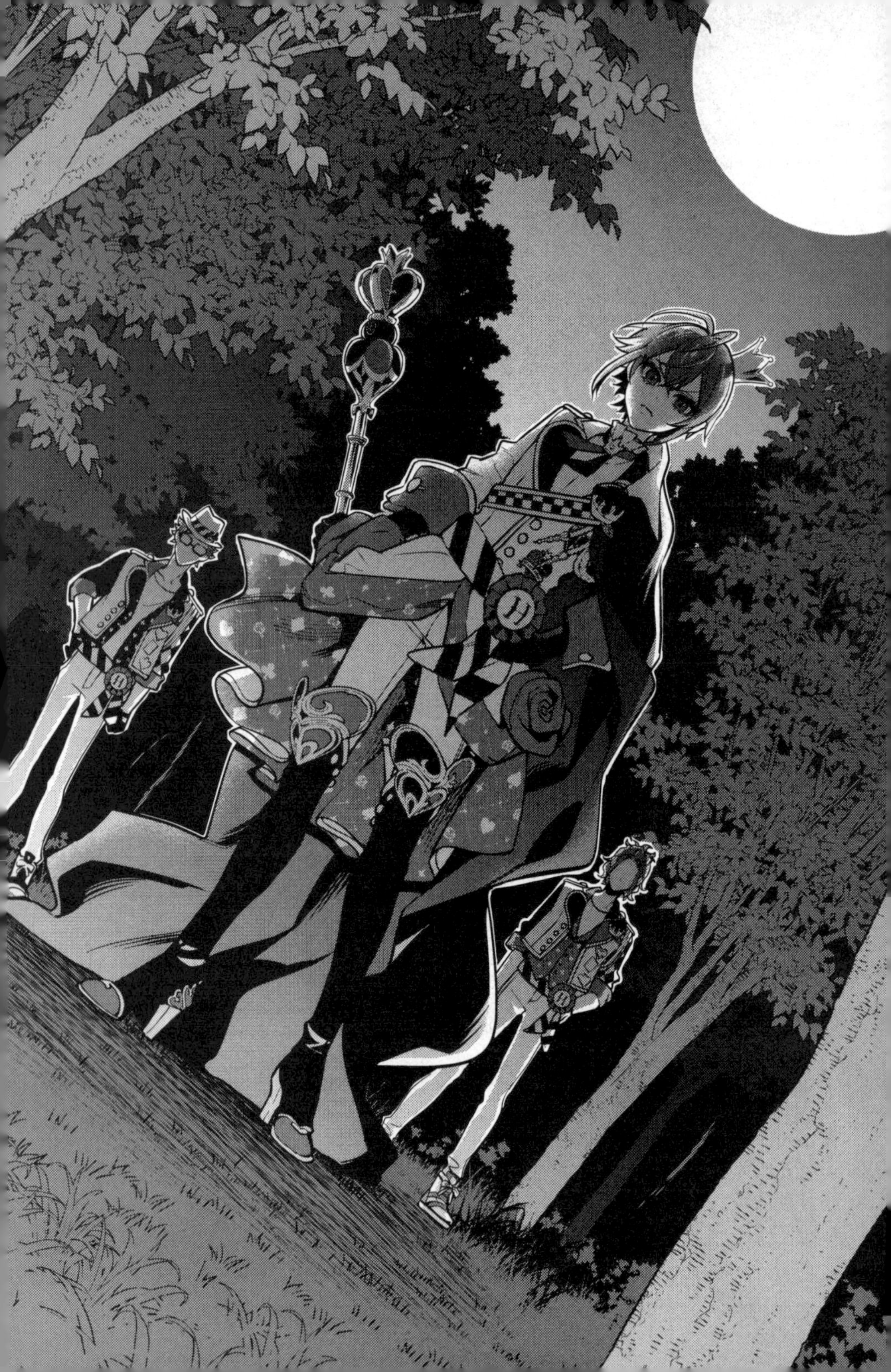

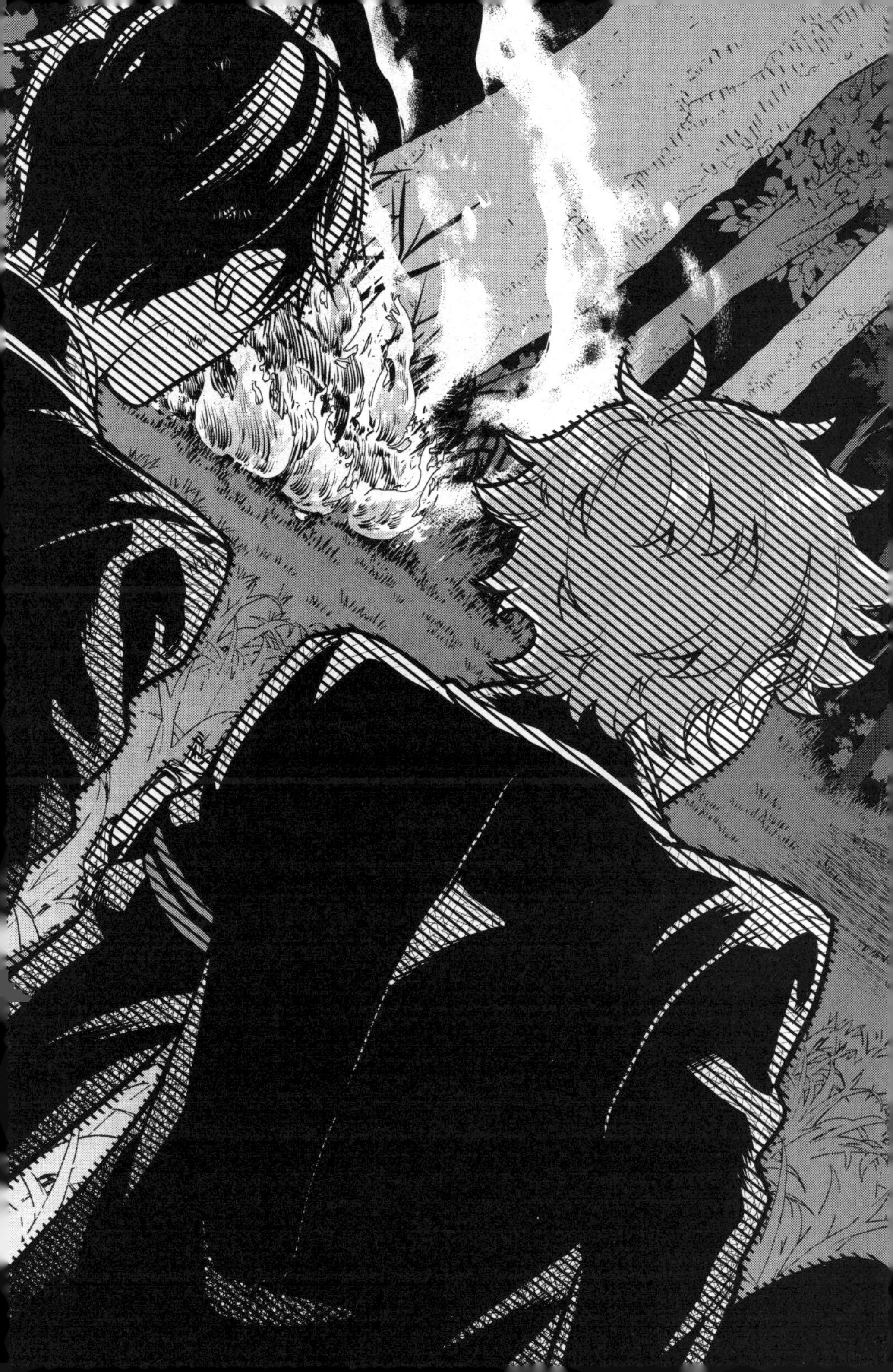

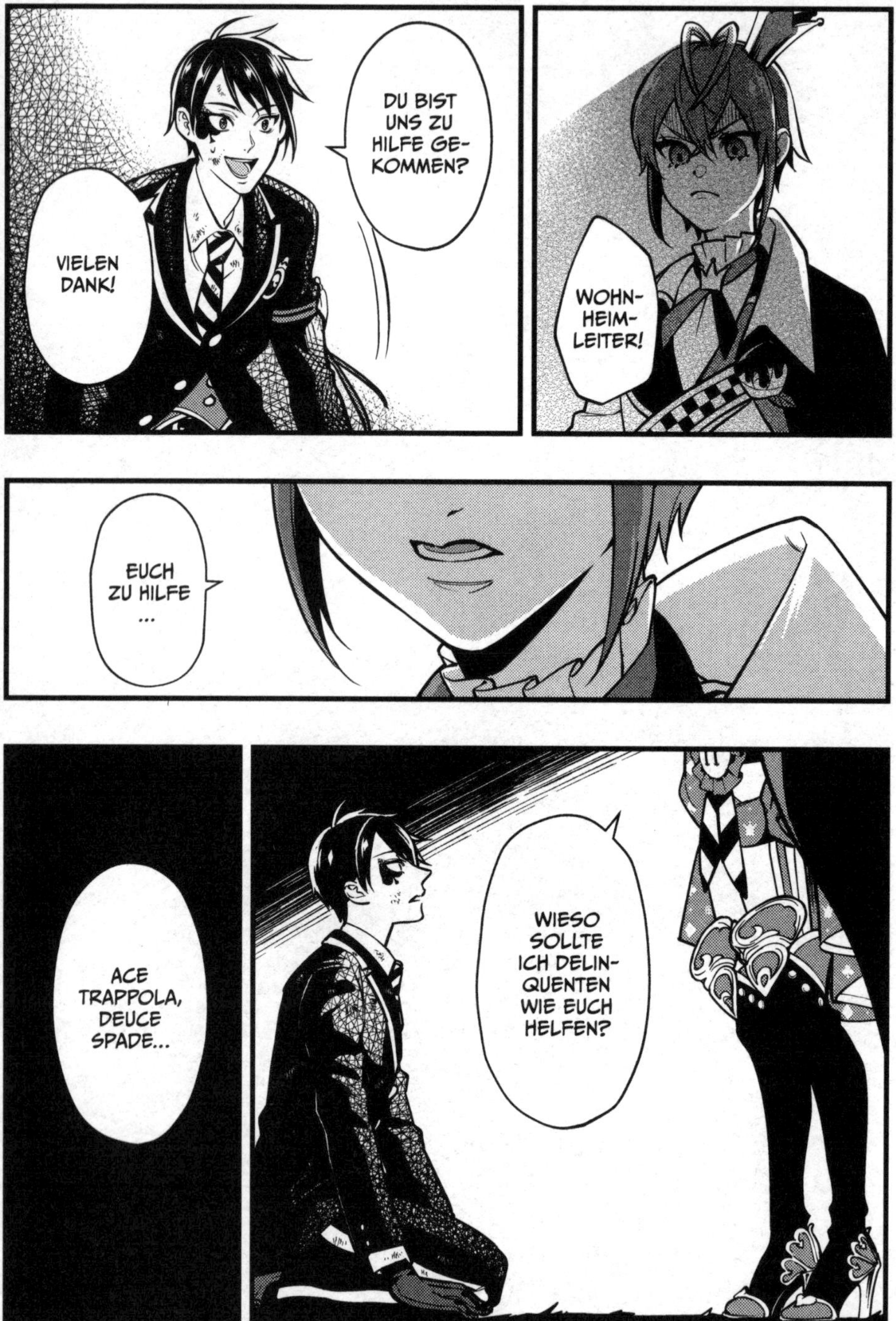
WOHN-HEIM-LEITER!
DU BIST UNS ZU HILFE GE-KOMMEN?
VIELEN DANK!
EUCH ZU HILFE ...
WIESO SOLLTE ICH DELIN-QUENTEN WIE EUCH HELFEN?
ACE TRAPPOLA, DEUCE SPADE...

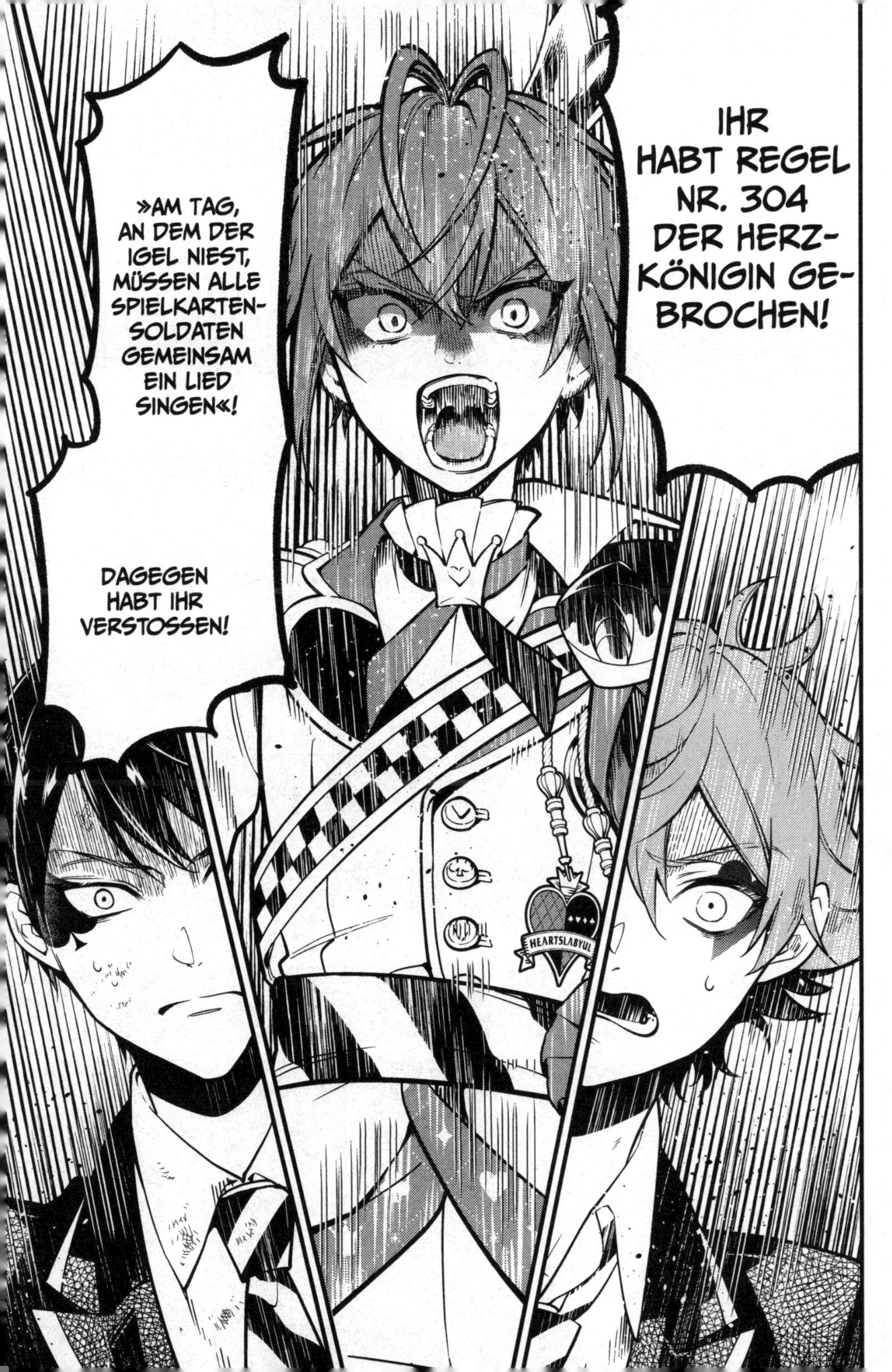
IHR HABT REGEL NR. 304 DER HERZ-KÖNIGIN GE-BROCHEN!
»AM TAG, AN DEM DER IGEL NIEST, MÜSSEN ALLE SPIELKARTEN-SOLDATEN GEMEINSAM EIN LIED SINGEN«!
DAGEGEN HABT IHR VERSTOSSEN!
HEARTSLABYUL

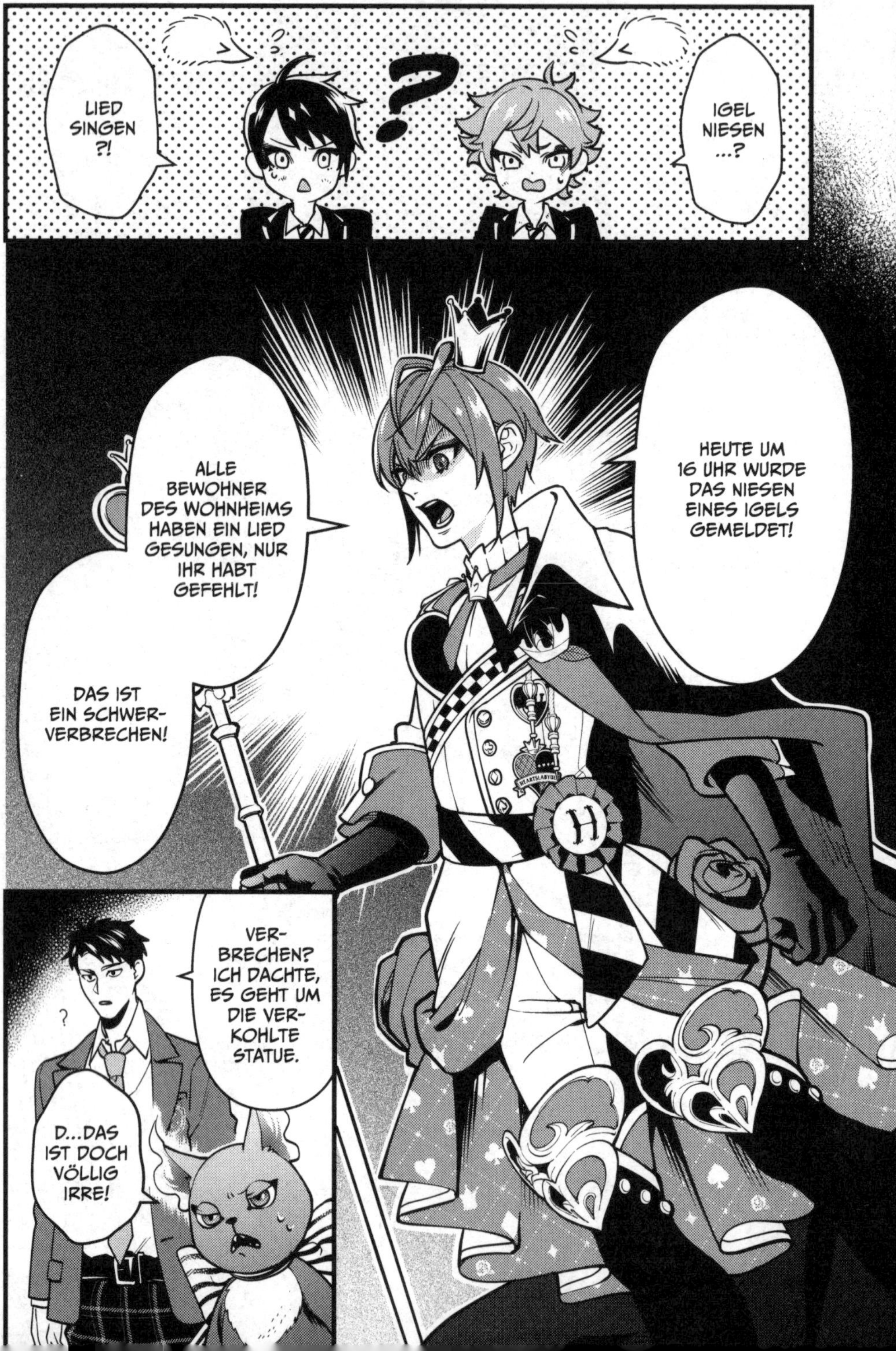
IGEL NIESEN …?
LIED SINGEN ?!
HEUTE UM 16 UHR WURDE DAS NIESEN EINES IGELS GEMELDET!
ALLE BEWOHNER DES WOHNHEIMS HABEN EIN LIED GESUNGEN, NUR IHR HABT GEFEHLT!
DAS IST EIN SCHWER-VERBRECHEN!
VER-BRECHEN? ICH DACHTE, ES GEHT UM DIE VER-KOHLTE STATUE.
D…DAS IST DOCH VÖLLIG IRRE!

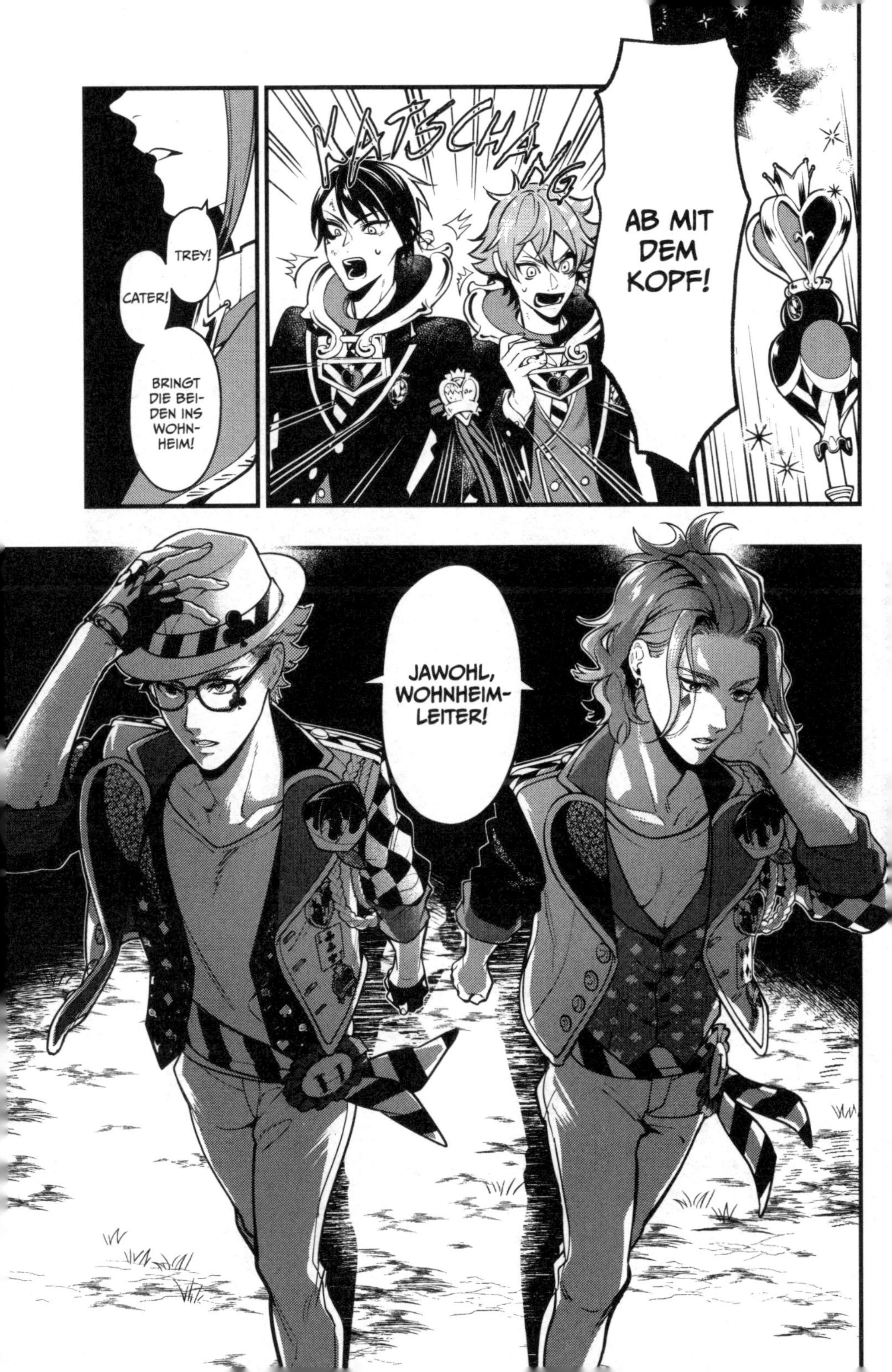
AB MIT DEM KOPF!
KATSCHANG
TREY!
CATER!
BRINGT DIE BEIDEN INS WOHNHEIM!
JAWOHL, WOHNHEIMLEITER!

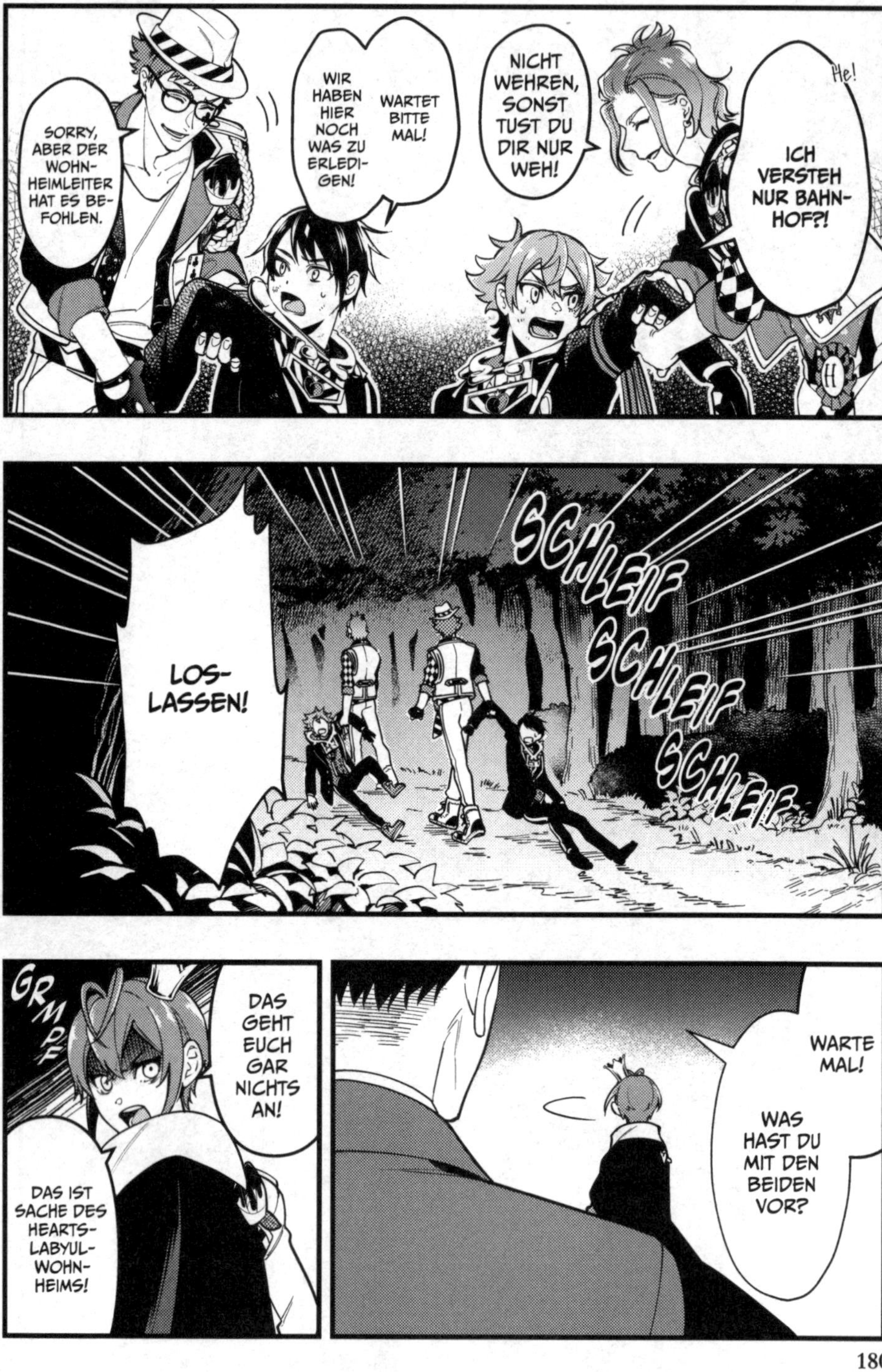

He!
ICH VERSTEH NUR BAHNHOF?!
NICHT WEHREN, SONST TUST DU DIR NUR WEH!
WARTET BITTE MAL!
WIR HABEN HIER NOCH WAS ZU ERLEDIGEN!
SORRY, ABER DER WOHNHEIMLEITER HAT ES BEFOHLEN.
SCHLEIF
SCHLEIF
SCHLEIF
LOS-LASSEN!
WARTE MAL!
WAS HAST DU MIT DEN BEIDEN VOR?
GRMPF
DAS GEHT EUCH GAR NICHTS AN!
DAS IST SACHE DES HEARTSLABYUL-WOHNHEIMS!

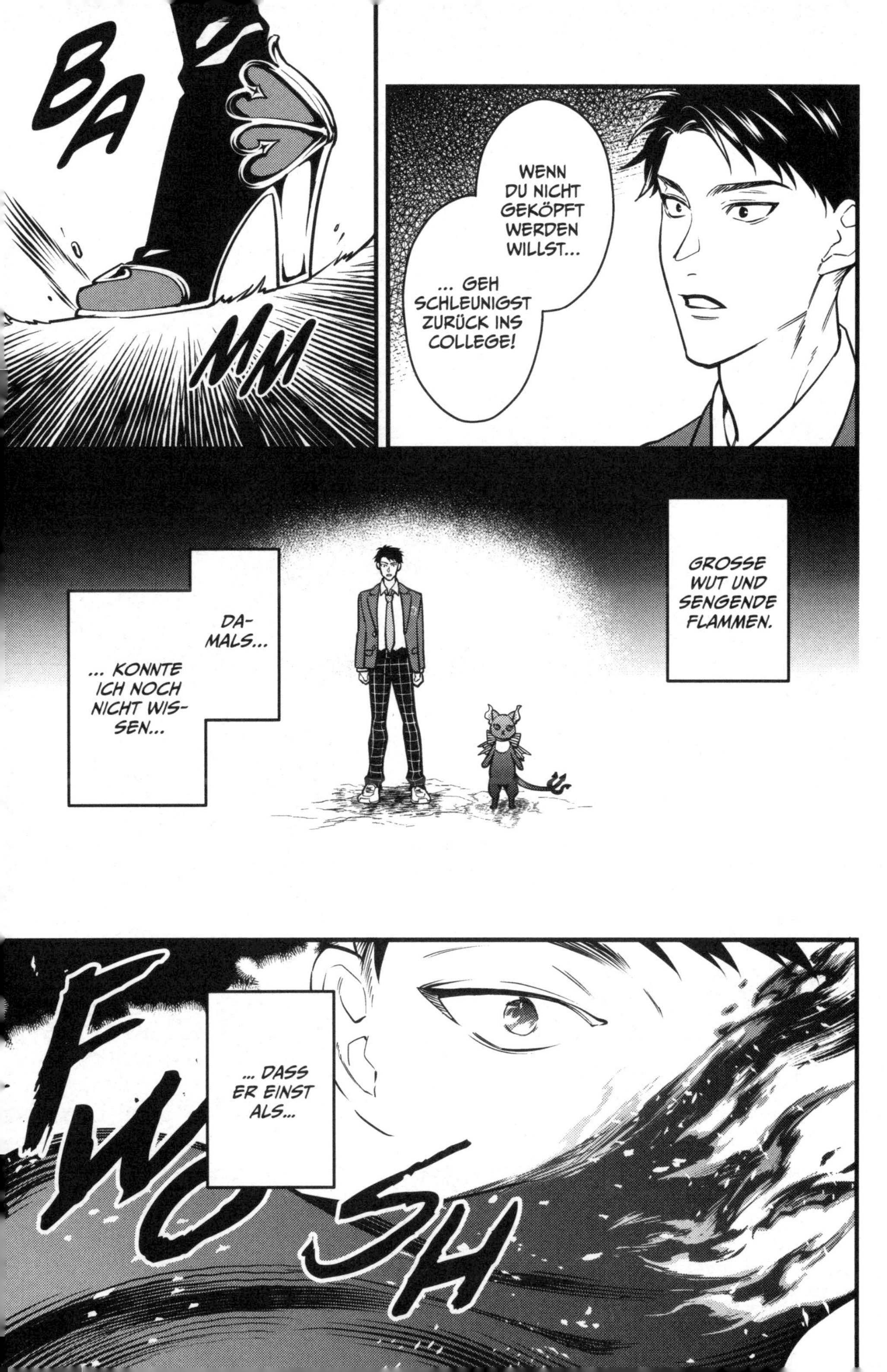
BAMM
WENN DU NICHT GEKÖPFT WERDEN WILLST...
... GEH SCHLEUNIGST ZURÜCK INS COLLEGE!
GROSSE WUT UND SENGENDE FLAMMEN.
DA-MALS...
... KONNTE ICH NOCH NICHT WIS-SEN...
... DASS ER EINST ALS...
FWOOSH

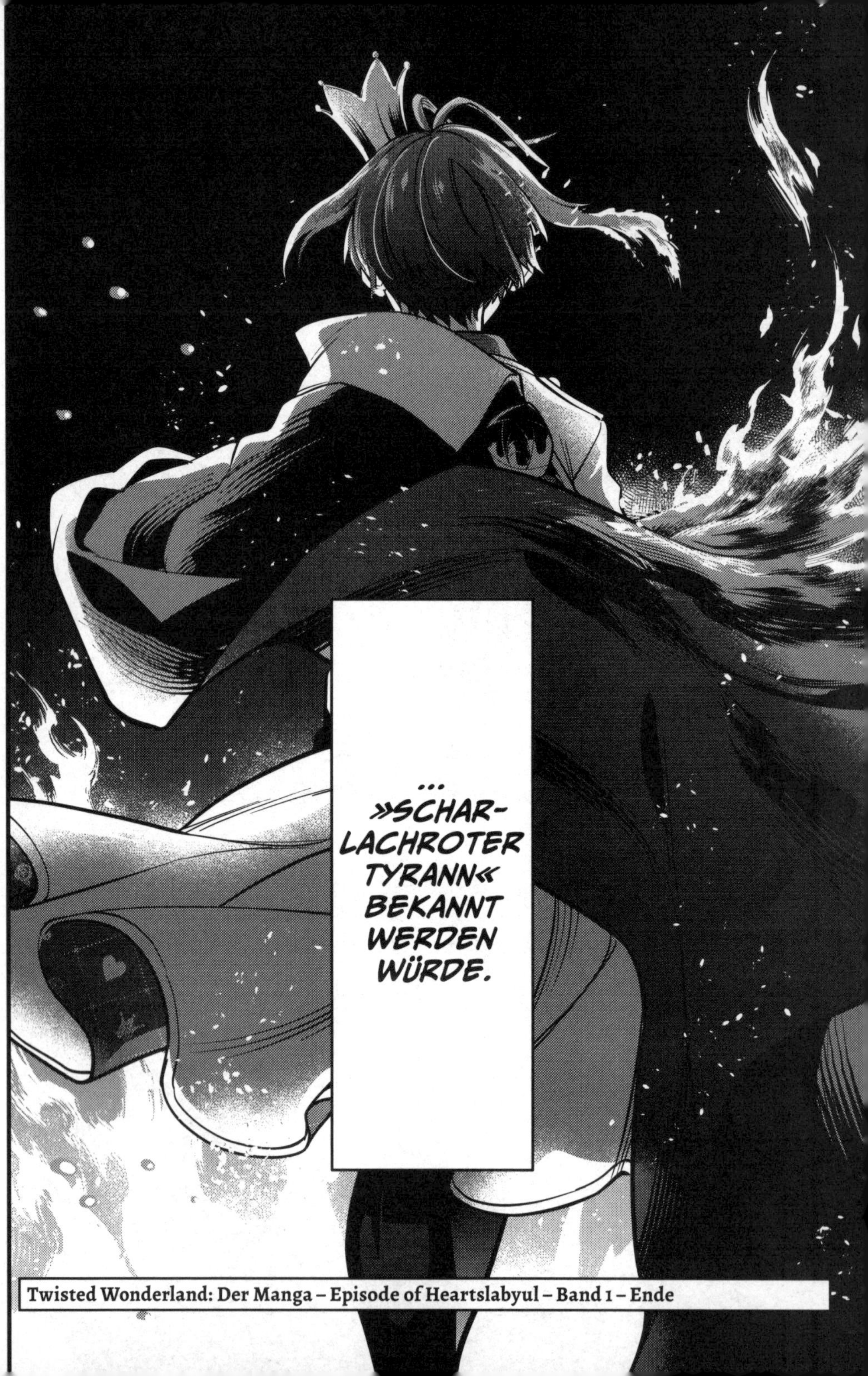

Twisted Wonderland: Der Manga – Episode of Heartslabyul – Band 1 – Ende

Disney

TWISTED WONDERLAND

DER MANGA

~EPISODE of HEARTSLABYUL~

Vorschau auf den nächsten Band

DER ÄRGER, DEN ACE UND DEUCE VERURSACHT HABEN, FÜHRT ZU EINER VERÄNDERUNG BEI RIDDLE.

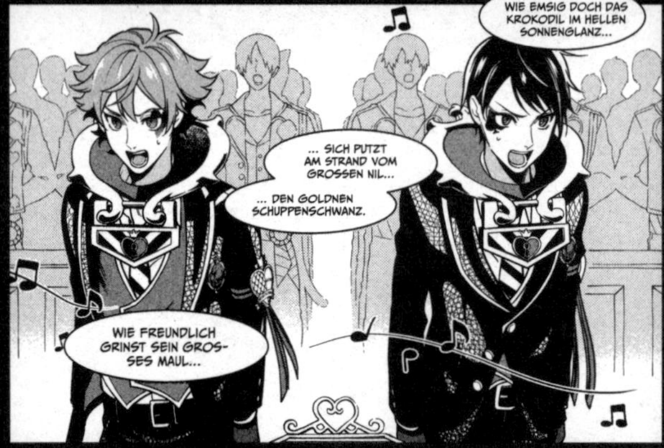

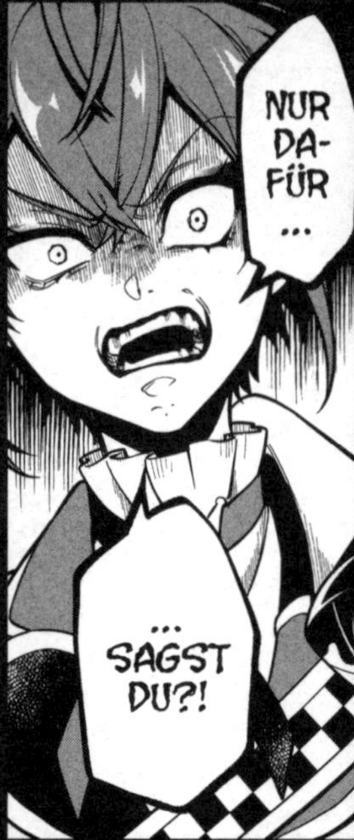

UND YU, UM DIE SITUATION IN DEN GRIFF ZU BEKOMMEN...

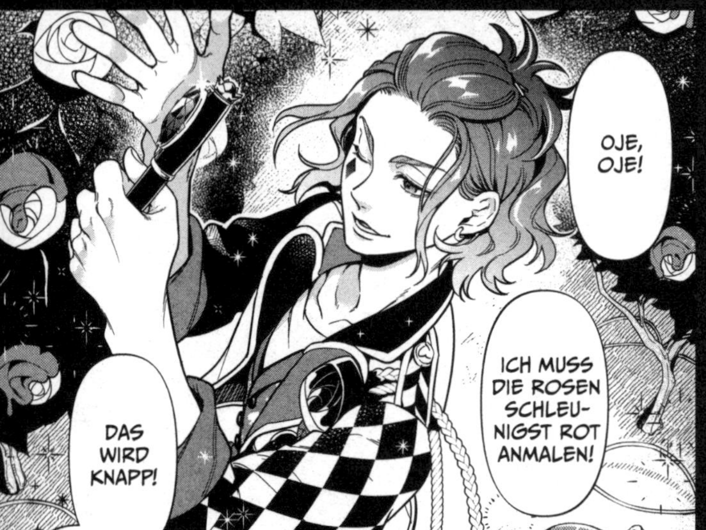

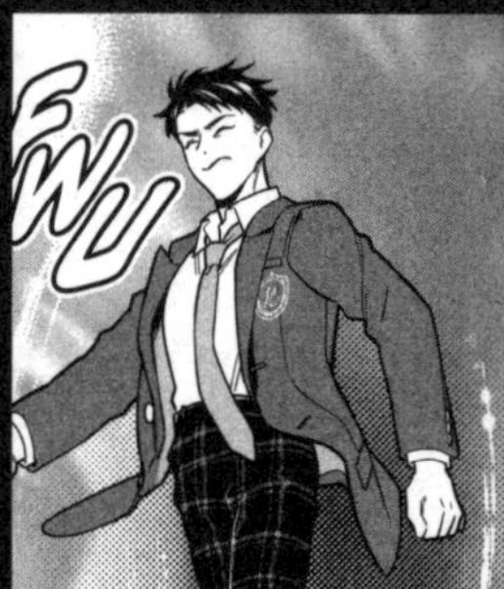

AUF GEHT'S INS WOHNHEIM VON HEARTSLABYUL!!

Band 2 erscheint voraussichtlich im Frühjahr 2024!

Special Content:

Charaktere

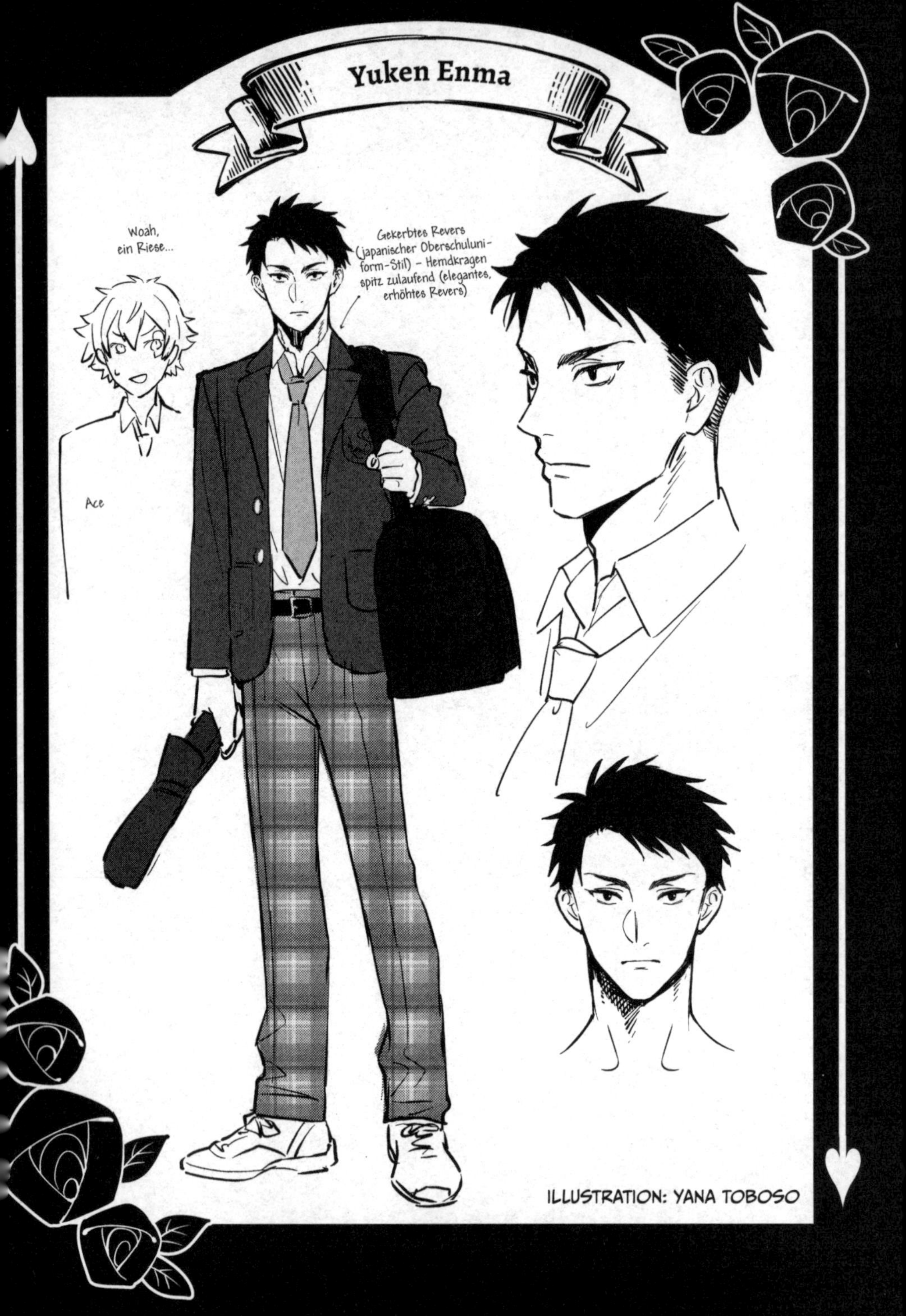
Yuken Enma
Woah, ein Riese...
Ace
Gekerbtes Revers (japanischer Oberschuluniform-Stil) – Hemdkragen spitz zulaufend (elegantes, erhöhtes Revers)
ILLUSTRATION: YANA TOBOSO

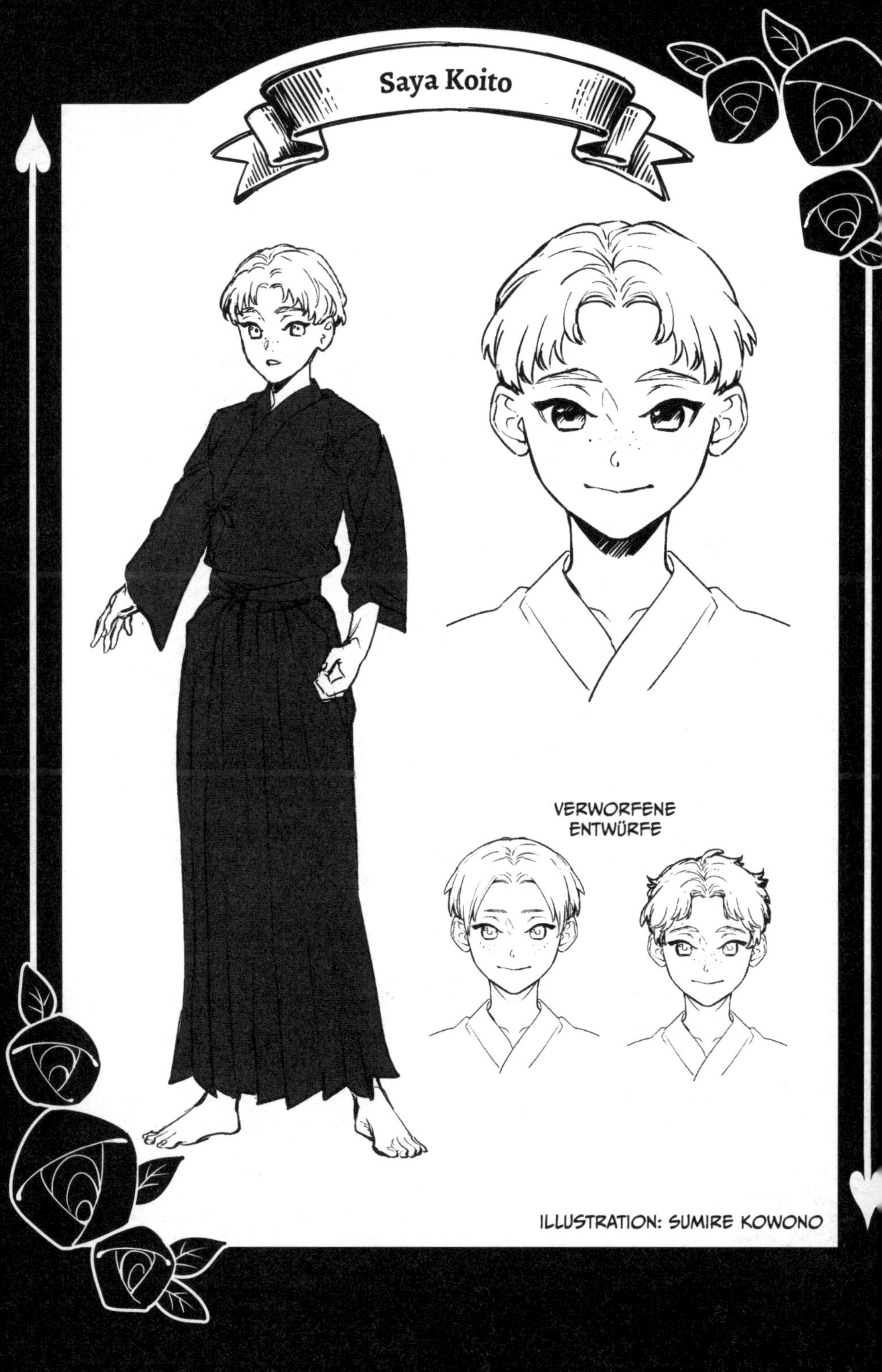
Saya Koito
VERWORFENE ENTWÜRFE
ILLUSTRATION: SUMIRE KOWONO

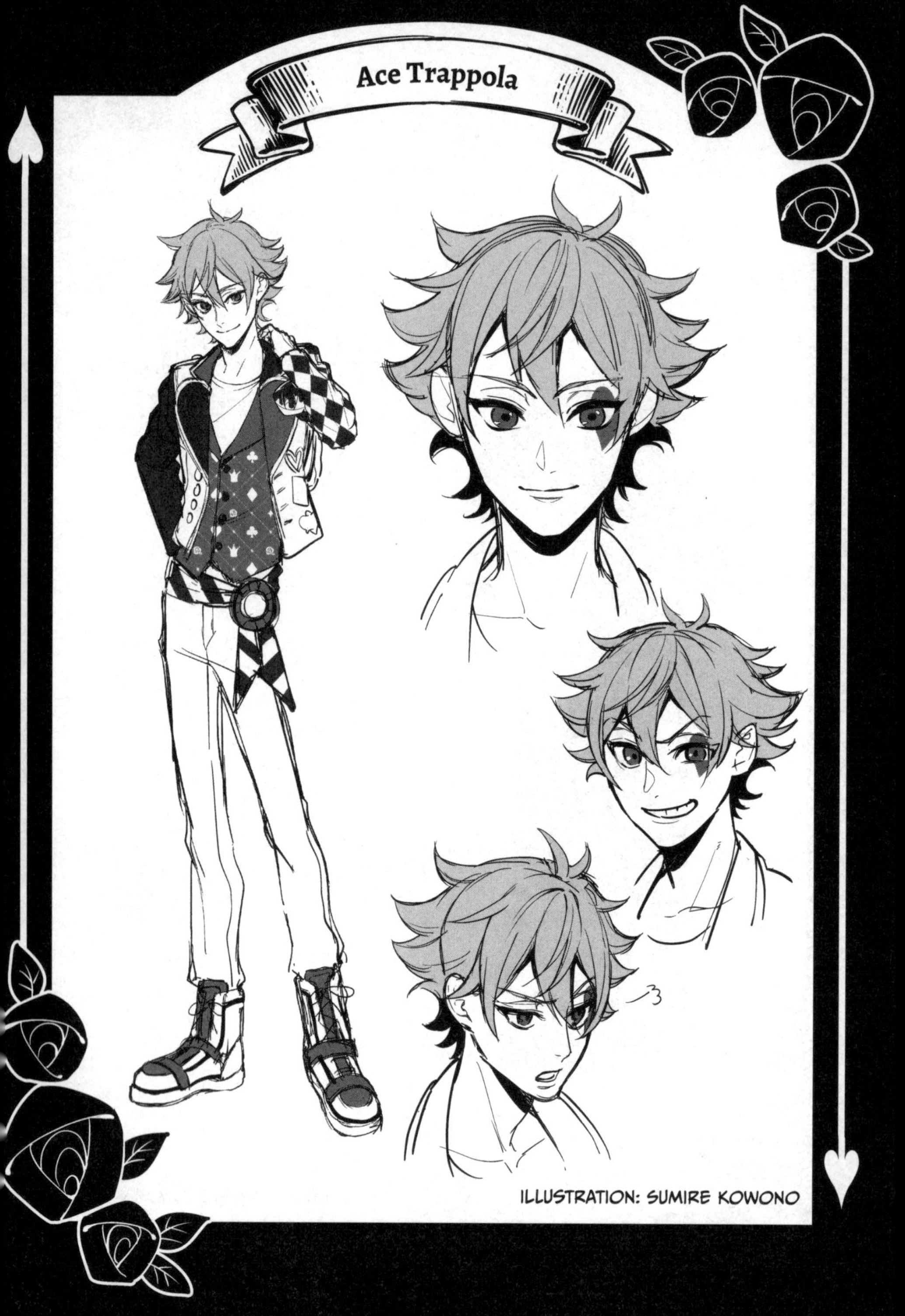
Ace Trappola
ILLUSTRATION: SUMIRE KOWONO

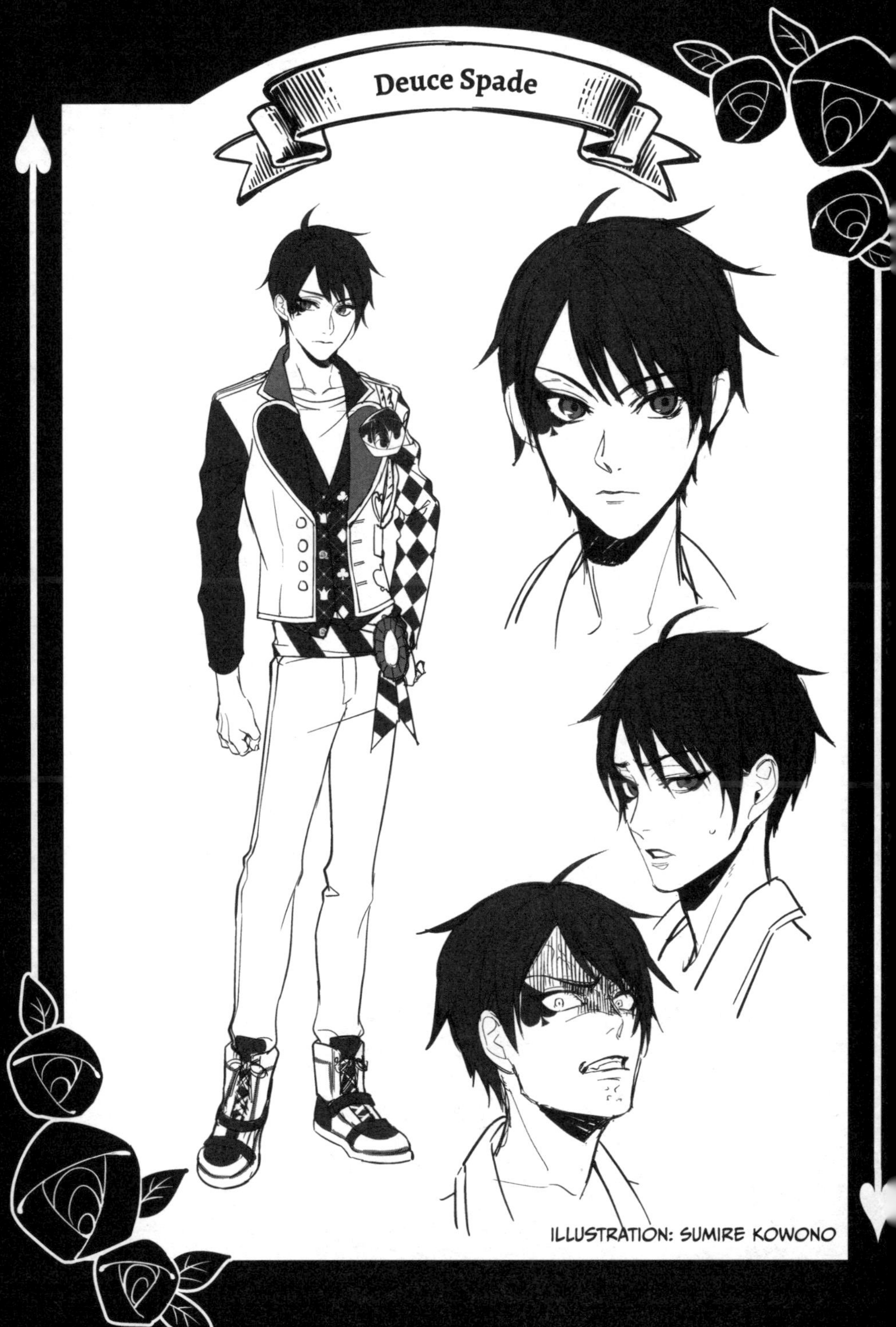
Deuce Spade
ILLUSTRATION: SUMIRE KOWONO

Cater Diamond

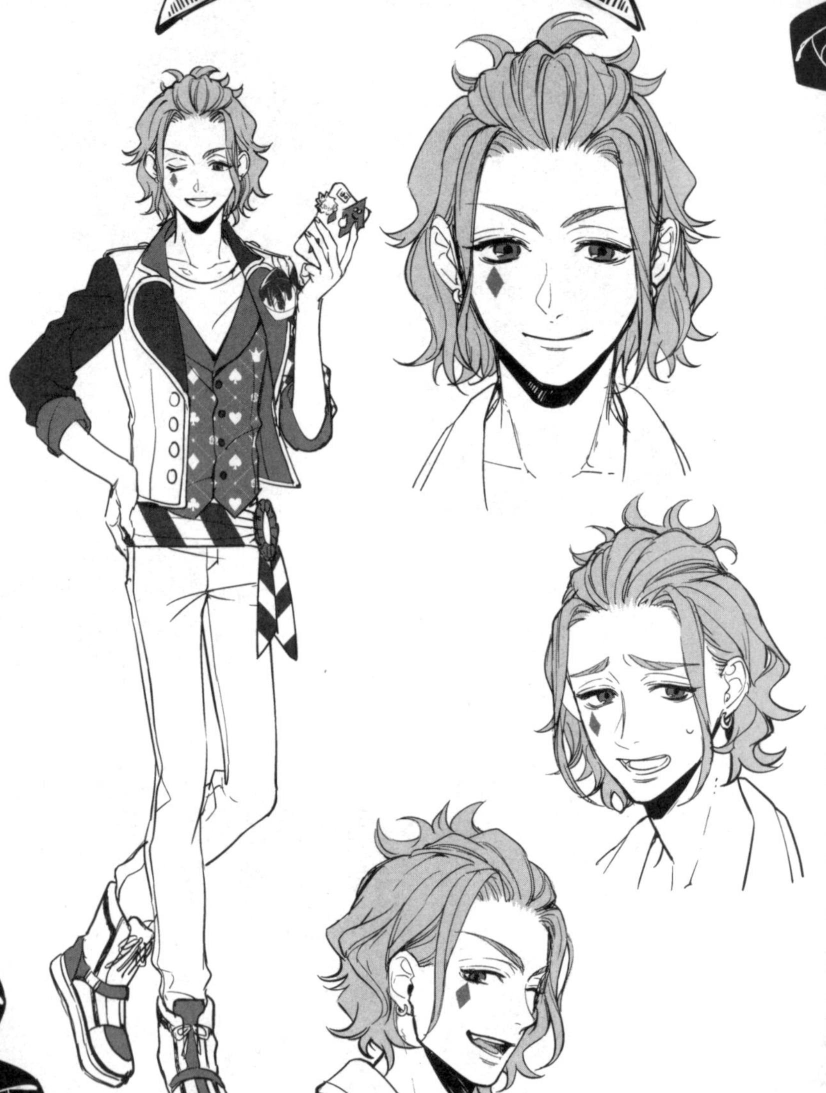

ILLUSTRATION: SUMIRE KOWONO

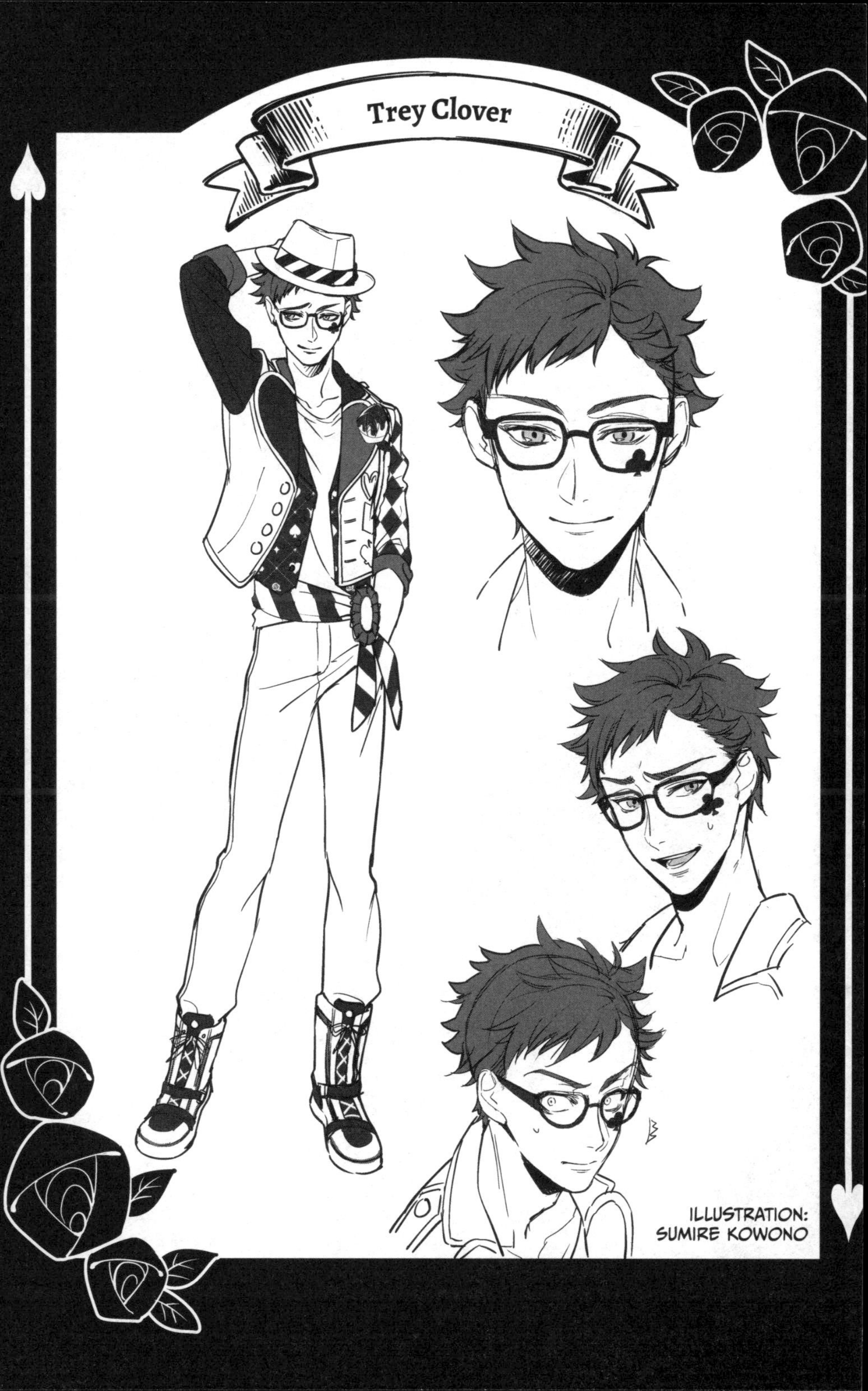
Trey Clover
ILLUSTRATION:
SUMIRE KOWONO

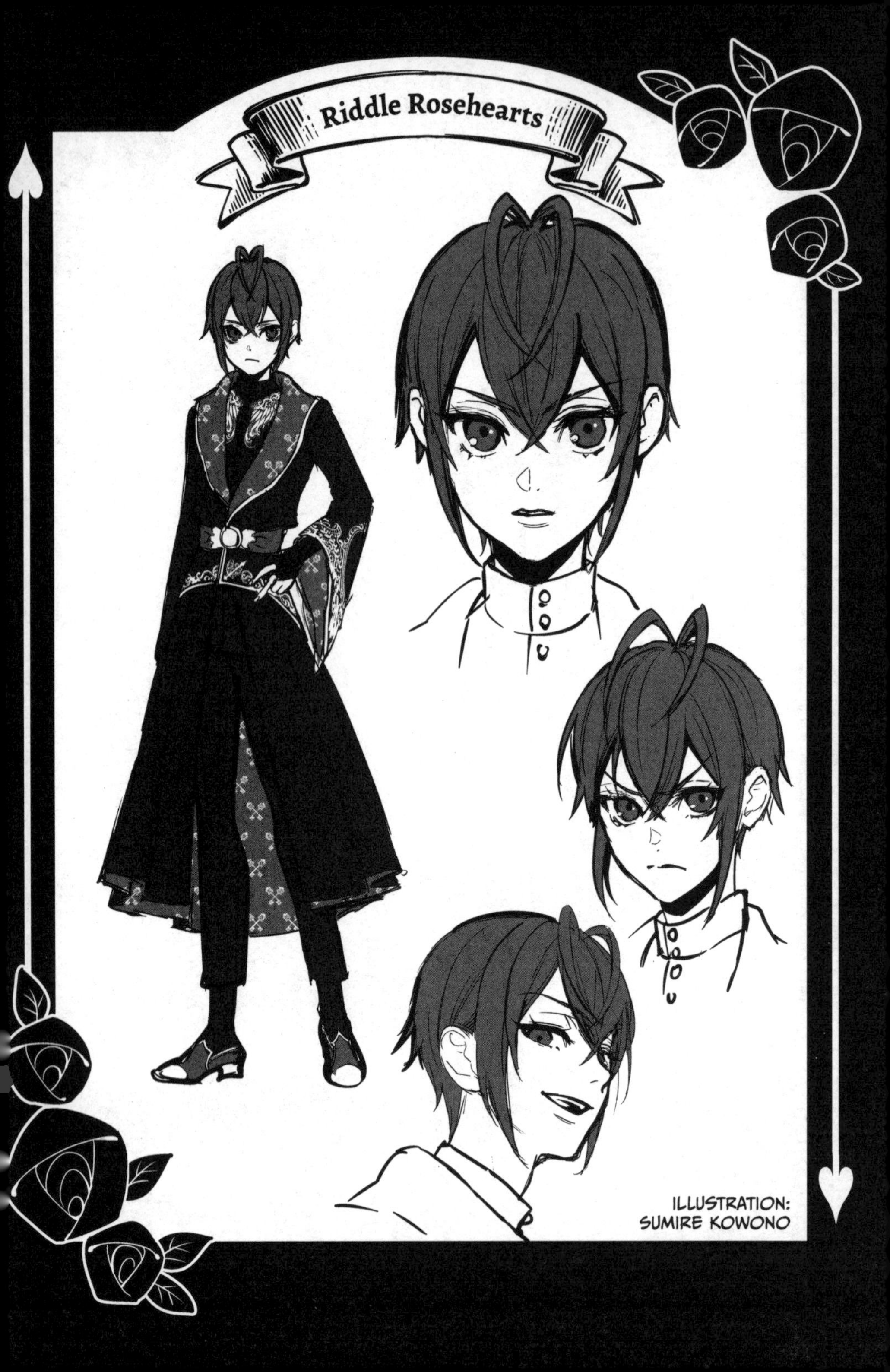
Riddle Rosehearts
ILLUSTRATION:
SUMIRE KOWONO

SPECIAL THANKS

Vas
Kushino
Yutaka

♠♥♦♣

[D-6th]
7
Tsuki Sorano
Jun Hioki
Mine

♠♥♦♣

Yana Toboso

♠♥♦♣

Takeshi Kuma
Nanae Hirasawa

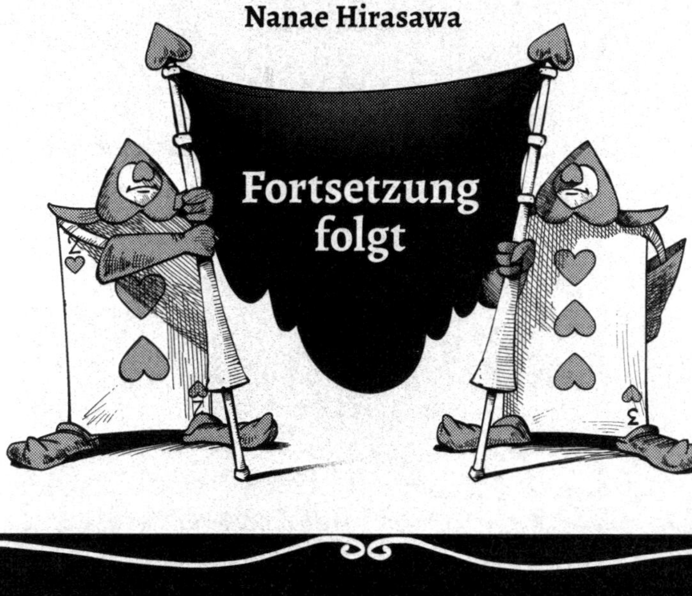

Disney

Twisted Wonderland

DER MANGA

~ Episode of Heartslabyul ~

1

Original Story &
Character Design: YANA TOBOSO
Story: WAKANA HAZUKI
Art: SUMIRE KOWONO

Carlsen Manga! News – jeden Monat neu per E-Mail!
www.carlsenmanga.de | www.carlsen.de

Aus dem Englischen von Dorothea Überall

Textbearbeitung: Ina Schiele
Redaktion: Britta Hellwig
Produktionsmanagement: Wiebke Düsedau

ISBN: 978-3-551-74992-5

FSC www.fsc.org
MIX
Papier | Fördert gute Waldnutzung
FSC® C014496

Wir produzieren nachhaltig
- Klimaneutrales Produkt
- Papiere aus nachhaltigen und kontrollierten Quellen
- Hergestellt in Deutschland

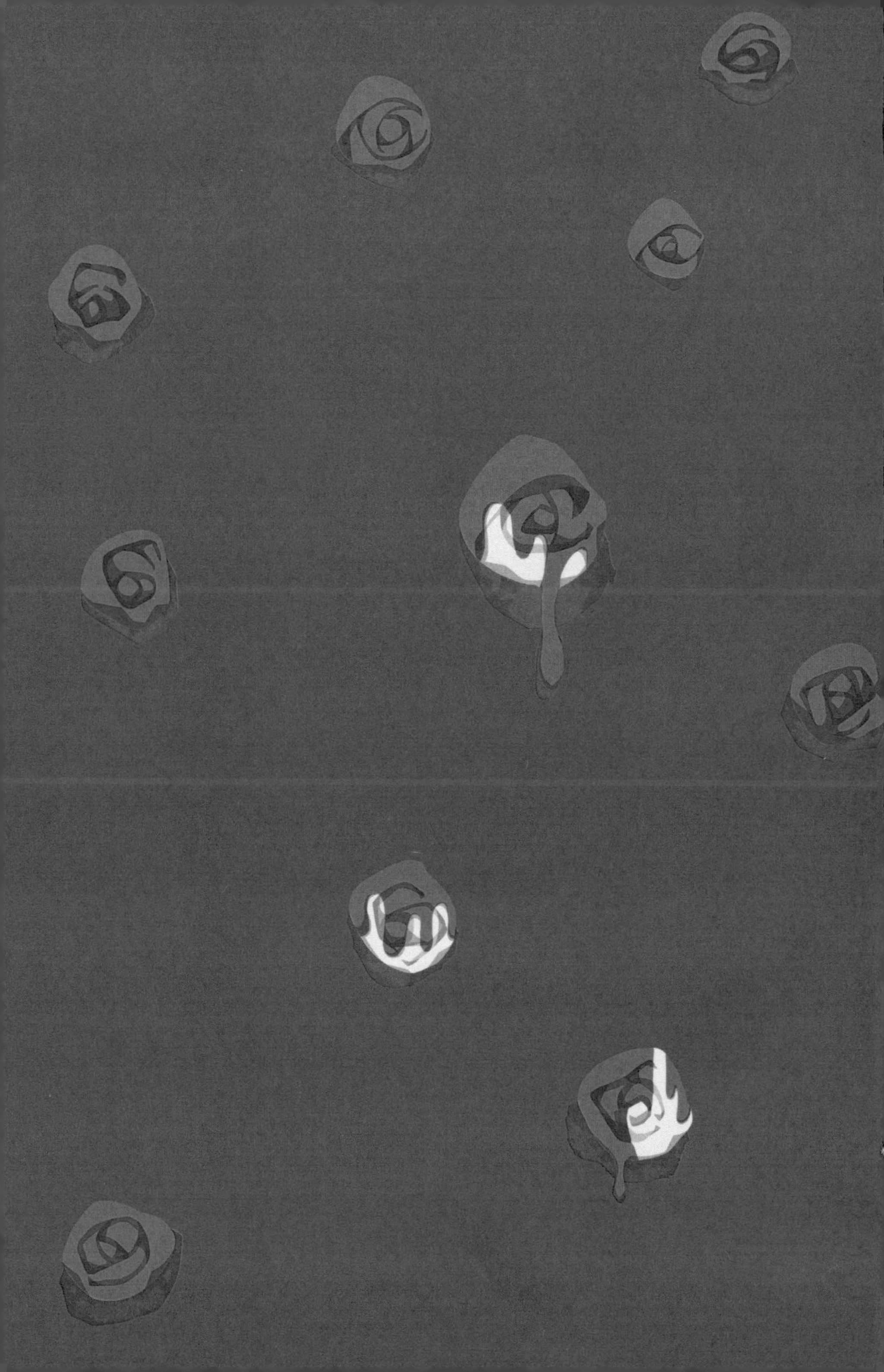